Cesar Funes
6212 Wildomar Way
Carmichael, CA 9

D0601870

Conversando con Dios

MEDITACIONES MATINALES PARA ADULTOS

Mario Veloso

Cada vez que leo la Biblia me encuentro con Dios en su Palabra, y conversamos.

PACIFIC PRESS PUBLISHING ASSOCIATION
PUBLICACIONES INTERAMERICANAS
BOISE, IDAHO

APIA

ASOCIACION PUBLICADORA INTERAMERICANA
BELICE - BOGOTA - CARACAS - GUATEMALA - MEXICO
PANAMA - SAN JOSE, C.R. - SAN JUAN, P.R. - SAN SALVADOR
SANTO DOMINGO - TEGUCIGALPA

Redacción: Miguel A. Valdivia, Tulio N. Peverini
Ilustración de la portada: © Correl Stock Photo Library
Diseño de la portada: Tim Larson
Diseño del interior: Lilia W. Peverini

Los textos bíblicos, a menos que se indique lo
contrario, se han tomado de la Versión Reina-Valera,
revisión de 1960.

El autor asume la responsabilidad por
la exactitud de las citas bíblicas.

Publicado conjuntamente por:
● PACIFIC PRESS PUBLISHING ASSOCIATION
  P.O. Box 5353, Nampa, Idaho 83653, EE. UU. de N.A.
  18.000 ejemplares en circulación. ISBN 0-8163-9487-3

● ASOCIACION PUBLICADORA INTERAMERICANA
  1890 NW 95 Avenue, Miami, Florida 33172, EE. UU. de N.A.
  40.000 ejemplares en circulación. ISBN 1-57554-096-7

Printed by Pacific Press Publishing Association
in the United States of America

SOBRE EL AUTOR

El Dr. Mario Veloso nació en Pitrufquén, en el sur de Chile. Estudió y trabajó en varios lugares. En 1954 se graduó en el Colegio Adventista de Chile. De 1955 a 1962 trabajó como pastor en varias ciudades de Argentina. Mientras ejercía esa función, estudiaba historia en la Universidad Nacional de Córdoba. En 1962, se le concedió una beca para estudiar una Licenciatura en Teología en la Universidad Adventista del Plata.

Fue llamado para enseñar Teología en el Colegio Adventista de Chile (actualmente Universidad), y luego pasó a ser vicedirector general. Estudió Filosofía en la Universidad de Concepción. En 1967, recibió una beca para estudiar en la Universidad Andrews, en Berrien Springs, Michigan. Obtuvo dos maestrías: una en Historia y otra en Divinidad. Regresó a la Universidad Adventista del Plata como profesor de Teología. De nuevo trabajó y estudió al mismo tiempo, recibiendo dos títulos: Licenciatura Superior y Doctorado en Teología, de la Universidad del Salvador, en Buenos Aires.

Posteriormente fue departamental de Educación y Jóvenes en la Unión Austral. En la División Sudamericana actuó como Departamental de Jóvenes, Asistente Administrativo del Presidente y Secretario. Fue también fundador del Seminario Adventista Latinoamericano de Teología (SALT). En 1990 fue electo Secretario Asociado de la Asociación General.

A pesar de sus muchos trabajos y estudios, Mario Veloso siempre ha encontrado tiempo para escribir. Es un poeta ampliamente conocido, autor de varios libros, entre ellos: *Libre para amar*, y *Comentario del Evangelio de Juan*.

Está casado con Lucy Vyhmeister y tienen dos hijos: Liliana y Eloy, ambos médicos. Eloy vive en México y Liliana en California.

EXTRAVIADOS

Cualquiera que se extravía, y no persevera en la doctrina de Cristo, no tiene a Dios; el que persevera en la doctrina de Cristo, ése sí tiene al Padre y al Hijo. 2 Juan 9.

Llueve. São Paulo ha sufrido grandes inundaciones por causa de una lluvia intensa y fuera de época, la más abundante de los últimos cincuenta años. Responsable: La corriente cálida de El Niño, en el océano Pacífico, al otro lado del continente. Los fenómenos atmosféricos nos alcanzan desde muy lejos e influyen y modifican la vida humana con una fuerza inalterable. Escribo esto de paso por São Paulo, el 4 de febrero de 1995. Mañana estaré en México. Pero no habré conseguido huir de su influencia.

Y te pregunto, Señor.

¿Por qué huye de ti el ser humano? ¿Puede acaso esconder su vida de tu extendida omnipresencia, como un ciego de ojos abiertos que no ve luces ni sombras ni cosas y sólo camina sus pasos vacilantes sin confiar confiando y dudando sin dudar, como la propia intermitencia de la más porfiada lluvia persistente?

Extraviados. Caminando por el camino que no es, como si fuera. ¿Conscientes del desvío?

Como ellos no aprobaron tener en cuenta a Dios, Dios los entregó a una mente reprobada, para hacer cosas que no convienen (Rom. 1:28).

Sí, entiendo. No te tienen, Dios, porque no te toman en cuenta, no porque estés lejano o ausente. No te tienen porque hacen cosas que no convienen, porque realizan acciones extraviadas, porque te aborrecen. ¿Pero, son ellos conscientes de su desprecio? ¿Saben que son malas sus acciones?

Habiendo entendido *el juicio de Dios, que los que practican tales cosas son dignos de muerte, no sólo las hacen, sino que también se complacen con los que las practican* (Rom. 1:32).

Claro, muy claro. Gracias. Pero no deja de espantarme el hecho de que ese alejamiento, aunque aparentemente proviene de la ignorancia que los incrédulos tienen de ti, realmente procede de un rechazo consciente, claramente registrado en la conciencia.

Porque lo que de Dios se conoce les es manifiesto, pues Dios se lo manifestó (Rom. 1:19).

Año Bíblico: Génesis 1-3

SIN EXCUSA

Porque las cosas invisibles de él, su eterno poder y deidad, se hacen claramente visibles desde la creación del mundo, siendo entendidas por las cosas hechas, de modo que no tienen excusa. Romanos 1:20.

Caminaban bajo la lluvia, sólo en ropas interiores, con el agua de la inundación hasta la mitad de la pierna, conversando, mientras los reporteros de la Rede Globo filmaban su aparente indiferencia. Jóvenes todavía, los dos hombres daban la impresión de estar paseando, pero sufrían. La inundación había destruido sus pertenencias y las de muchos más.

Indiferentes. Pero toda la creación les grita. Un verdadero diluvio de información les llega de todo lo creado, pero no se inmutan. Desde la simple semilla con su escondida grandeza de plantas y troncos y frutos en multiplicación inagotable, hasta el extendido firmamento que titila su mensaje de existencias infinitas; desde la pequeña hormiga con su hacendosa y sabia persistencia, hasta los genes de la vida humana repletos de incontables maravillas que asombran sin cesar por la extraña perfección de sus registros; todos los seres animados y las cosas quietas, sin cesar repiten y repiten con sana claridad irrefutable que hay Alguien más grande que la vida, mayor que la existencia, más bueno que las cosas buenas, y más sabio que las leyes escritas por su dedo en genes y en átomos y en cielos y maderas. Nada es mudo en este mundo. Todo testifica de Aquel que lo hizo todo. Todo proclama su amor y su grandeza. Todo anuncia cada día y siempre que él es Dios y no hay excusa para rechazarlo.

Cuando pienso, Señor, que tú escribiste en forma viva, con los seres simples y los más complejos, con la flor y los metales y los bosques, con la tierra y los planetas y los cielos, con la vida misma que palpita por mi sangre y en mis acciones, que tú no estás distante ni ausente ni olvidado; me lleno de un pleno sentimiento de ser persona creada por ti, para ti mismo. Más pleno que un vaso de alfarero saliendo perfecto de sus manos. Más nítido que un vaso de cristal formado al fuego ardiente con un molde. Más apreciado que un vaso de metal precioso hecho por manos artistas para el reino.

Nosotros los humanos, con nuestra propia realidad diferenciada, presentimos tu existencia y, por el amplio testimonio de todo lo creado, sabemos que tú existes y nos buscas. Pero huimos. Hay algo como un oscuro vacío en nuestro cosmos diminuto, que retuerce nuestro ser y nos confunde. Deshace nuestro juicio y lo que somos. Desvía nuestra mente y no sabemos. Nos torna seres insensatos y en tinieblas.

Año Bíblico: Génesis 4-7

UN NECIO CORAZON

Pues habiendo conocido a Dios, no le glorificaron como a Dios, ni le dieron gracias, sino que se envanecieron en sus razonamientos, y su necio corazón fue entenebrecido. Romanos 1:21.

Se apagó la luz y el ascensor la dejó presa. No podía subir y descender era imposible. Detenida, Evelyn no podía continuar y su marido se atrasaba sin que los trabajadores del hotel pudieran rescatarla.

—Llamemos a los bomberos —dijo Ruy, ya un poco ansioso.

—No —le respondieron—, de nada servirá llamarlos.

Pero esa fue la solución, los bomberos la sacaron del ascensor, aunque los encargados del hotel no conseguían pensar correctamente y sólo de mala gana aceptaron llamarlos, como si quisieran que nada funcionara. Extraña paradoja. Todos ellos estaban entrenados para atender cualquier necesidad de los turistas y para eso trabajaban. Una especie de curiosa necedad, en las tinieblas.

Todo está relacionado. Los pequeños problemas de la vida diaria con los grandes conflictos que, como si fueran tormentas de truenos y rayos y centellas, transitan por el alma humana. Nada existe solo y hasta la misma soledad que nos destroza es una especie de absurdo triste del propio corazón oscurecido.

Tú bien lo sabes, Señor. A veces se empaña también la luz de mi ventana como si se apagase el sol de tu presencia, y miro yo tan sólo hacia mí mismo. Mi propio pensamiento elabora su pequeña candela mortecina y razona con la sola intimidad de mi razón como si ella fuera un cielo ilimitado; cuando sólo repite su camino en laberinto, construyendo nuevos laberintos sin salida. Y todo lo hace más complejo, y me confunde, y me envanece.

La metálica caja cerrada del racionalismo se opaca con su gloria. Sin dejar que tú penetres, sin aceptar que tú eres grande, más grande que la efímera grandeza de los hombres grandes; sólo produce la extraña vanidad del humanismo y siempre hace sufrir con el absurdo.

Pero tú eres Dios. Lo reconozco y lo repito porque sé que sólo tú trajiste a la existencia lo que existe, y a mí me abres ventanas de luces transparentes e infinitas por donde contemplo tus obras y comprendo; por donde veo tus gracias y te alabo; por donde me hablas y te escucho; por donde transita hacia mi vida la fuerza vital de tus verdades y mi horizonte crece, y crecen mis ideas con el propio tamaño de tu ser eterno y trascendente. Y te revelas.

Año Bíblico: Génesis 8-11

EL SABER DE DIOS

Porque lo que de Dios se conoce les es manifiesto, pues Dios se lo manifestó. Romanos 1:19.

El saber de la ciencia es restringido. El saber de la filosofía es cambiante. El saber de la sociología es incierto. El saber de la historia es limitado. ¿Por qué? Todo saber racionalista sólo sabe por teorías y por paradigmas. Las teorías se envejecen y los paradigmas cambian. El saber del ser humano sigue una búsqueda con ciclos y retornos como círculos extraños de un perdido en el desierto. Transitó del animismo hacia la ciencia y hacia la superconciencia de la Nueva Era.

El saber del animismo era un imperio absolutista sin división de espíritus y cosas y seres: un sólo mundo panteísta. La ciencia presenta un mundo dividido en cosas y seres separados entre sí, inconfundibles. Su saber, basado en la razón y la experiencia, se obtiene por la observación y la experimentación, y se aprehende en teorías, paradigmas y filosofías. El saber de la Nueva Era es un neopanteísmo. Su visión holista de la realidad vuelve a concebirla como un manto sin costura, en el que Dios, el ser humano y todo lo que existe, sea material o espiritual, existen integrados unos con otros y todos entre sí, sin ninguna división. Este nuevo saber propicia un cambio total de paradigmas y el desarrollo de una superconciencia para aprehenderlo todo, integradamente.

Hay muchas cosas que los seres humanos piensan que saben, pero en casi todo viven inquietos por sus dudas y conjeturas. En cambio aquello que tú, Dios, me revelas, yo lo sé. Lo sé de un modo diferente. Mucho más simple que el saber de las cosas ideadas por el ser humano. No lo sé con teorías, ni lo sé con paradigmas. Yo lo sé con la fe.

Es, pues, la fe la certeza *de lo que se espera, la convicción de lo que no se ve* (Heb. 11:1).

Para mí, Señor, tú eres y eres. Nunca dejas de estar porque jamás dejas de ser. Cuando creo, me aproximo a ti. Me pongo dentro de tu revelación y me pasa lo mismo que cuando escucho por haberme colocado dentro del radio de acción de una onda sonora. Cuando estoy fuera de su alcance, no escucho. Sería necio decir que ese sonido no existe porque estoy demasiado lejos y no lo percibo. Pero muchos seres humanos, por estar muy lejos de ti, niegan el saber absoluto y se engañan. La fe me aproxima a ti, me coloca al alcance de tu revelación y sé. Sé sin tener ninguna duda. Como saber que escucho, cuando escucho. La fe me aproxima a ti, la duda me separa. La duda me niega el saber de tu revelación y tú, Señor, no dudas nunca y no es dudosa tu revelación. Yo sólo quiero tu certeza tan clara como el alba, tan firme como es firme la roca en la montaña.

Año Bíblico: Génesis 12-15

SABIDURIA CON FE

Y si alguno de vosotros tiene falta de sabiduría, pídala a Dios, el cual da a todos abundantemente y sin reproche, y le será dada. Pero pida con fe, no dudando nada; porque el que duda es semejante a la onda del mar, que es arrastrada por el viento y echada de una parte a otra. Santiago 1:5-6.

La sabiduría incluye conocimiento verdadero, plena inteligencia para sacar conclusiones correctas y buen juicio para saber decidir y para actuar en armonía con la divina escala de valores. Esta sabiduría se obtiene por la fe, no por la duda. El sabio sabe por la fe. Siente la humilde seguridad sin petulancia que proviene de Dios. En Dios no hay arrogancia. No hay orgullo. No hay desprecio. Sólo una certeza visible que se proyecta con la misma espontaneidad con que se expande el perfume de los naranjos en flor. El sabio posee una entereza inalterable. El que duda cabalga las furiosas olas del mar, siempre estrellando contra las rocas su efímera grandeza, y hablando con el viento. Soplo sin sentido, su vacilación.

Tú, Señor, me lo decías, y yo tardaba en responder. Era un canto de voces andariegas, una música llamando con la voz de la ilusión, una búsqueda de un algo indefinido, como un sueño. Y yo quería. Quería yo ser alguien, alguien que yo hiciera por mí mismo. Solo. Sin las manos de mi padre, sin los ruegos de mi madre, sin la voz de mis maestros, sin nadie que pudiera reclamar los méritos del logro. Yo quería ser yo solo, por mí mismo. Como un árbol, yo pensaba, creciendo entre las rocas contra el viento, en la montaña. Y tú me lo decías, Señor. Con la luz me lo decías, con la noche y con el día.

Un día emite palabra a otro día, y una noche a otra noche declara sabiduría. No hay lenguaje, ni palabras, ni es oída su voz. Por toda la tierra salió su voz, y hasta el extremo del mundo sus palabras (Sal. 19:2-4).

Pero era otra la voz que yo seguía. La voz de mis deseos, la voz de mis pasiones, la voz de mis lejanos mundos soñados sobre un grueso tronco de árbol extendido desde el bosque y sobre el río. Mis pies se balanceaban sobre el agua en tránsito hacia el mar y hacia las nubes. Y yo a mí mismo me soñaba sobre un barco. Capitán de mi navío, navegando por los siete mares, como un nuevo Simbad de la grandeza. Marino. ¿Qué más? Si nada más había que alcanzara más distancias, y más puertos, y más gentes, y más fama, y más grandeza. Al fin oí tu voz que me decía:

Con Dios está la sabiduría y el poder; suyo es el consejo y la inteligencia (Job 12:13).

Y te escuché. Y juntos hemos ido ya por mar y continentes. Y por mundos y mundos de tu reino; seguiremos juntos, para siempre.

Año Bíblico: Génesis 16-19

SABIDURIA SIN INCERTIDUMBRE

Pero la sabiduría que es de lo alto es primeramente pura, después pacífica, amable, benigna, llena de misericordia y de buenos frutos, sin incertidumbre ni hipocresía. Santiago 3:17.

Existe una sabiduría terrenal y otra celestial.

La sabiduría terrenal brota de los sentidos. Es sensual, animal, diabólica (Sant. 3:15). Sólo busca la satisfacción de los deseos y propensiones del ser humano natural. Nada sabe de la verdad, ni de la buena conducta, ni de la mansedumbre. Sólo conoce la autogratificación, los celos, la contención y las obras perversas. Sobre todo la perturbación. Esta inestabilidad produce desorden, rebeldía, infelicidad y confusión. ¿Incertidumbre? Por supuesto. Está basada en la duda.

La sabiduría celestial proviene de Dios. Origina un espíritu manso, un intenso deseo de conocer y compartir la verdad, una rectitud de vida que da satisfacción y satisface, una simpatía espontánea que evita toda lucha partidaria y contribuye a la unidad. La sabiduría divina es estable. Sin incertidumbre. Su estabilidad es espiritual y por ende, verdadera y plena. Tiene una sola cara. La cara de la autenticidad.

A veces, Señor, yo me confundo, y tú lo sabes. Pienso con plena certidumbre que la eternidad será mi realidad tan sólo cuando esté unido contigo para siempre: una vida sin angustias, de plena identidad contigo y sin alteraciones ni tropiezos, la eternidad. Pienso que aquí vivimos con un pie bien sumergido en lodo de la tierra y el otro tan sólo aproximado a la frontera de tu reino. Conflicto entre creerte y no creerte, entre la fe y la duda. Pareciera que tener certidumbre total fuera una especie de petulancia. Un falso orgullo sobre el ficticio pedestal de la ignorancia. Parece que hubiera algo de noble en la constante convivencia con la incertidumbre. Una especie de rango intelectual que hace mi mente más abierta, superior y más humana en el sentido tierno. Una sabiduría particular. Yo sé de donde viene. Lo aprendí de libros y maestros. Entró en mi subconsciente cultural como una droga de contrabando. Es ilegal. Va contra tu sistema y lo destruye. No en tu reino. Lo destruye dentro de mí mismo y me hace menos. Menos tuyo, menos mío, menos de todos. Menos creyente, menos eficaz, menos viviente y menos ser.

Entonces te lo cuento, y tú me lo confirmas. Ya no existe incertidumbre en mi camino. Sólo una blanda sensación de estar contigo, y un modo especial de comprensión y juicio. Tu modo. Con tu propia sabiduría, sin incertidumbre.

Porque yo os daré palabra y sabiduría (Luc. 20:15).

Año Bíblico: Génesis 20-22

LA SABIDURIA OCULTA

Mas hablamos sabiduría de Dios en misterio, la sabiduría oculta, la cual Dios predestinó antes de los siglos para nuestra gloria, la que ninguno de los príncipes de este siglo conoció; porque si la hubieran conocido, nunca habrían crucificado al Señor de gloria. 1 Corintios 2:7-8.

La sabiduría de Dios no está naturalmente accesible a los seres humanos. Ninguna persona llegará a ella por la vía racional. Sus gemas no se venden en el mercado humano como están a la venta las matemáticas o las ciencias o la filosofía. Para la mente humana es un misterio. Sabiduría oculta, mas no con la intención de estar secreta para siempre. Dios mismo la destinó a los seres humanos desde los tiempos más remotos, porque está relacionada con la vida. Vida o muerte, nos concierne. Todos queremos la vida.

¿Cómo alcanzar la vida para siempre? ¿Cómo ser, y ser sin restricciones de ninguna clase? ¿Cómo ser sin contradicciones ni incertidumbres? Un manzano cargado de frutas dulces. Un cielo nocturno tachonado de estrellas encendidas. Un ser humano completo, con la incesante plenitud de Cristo, sin mal ni rebeldía, sin lodo y sin espinas, sin límites de tiempo ni angustias del espíritu que acaban la vida en este mundo y para siempre.

Señor, ¿cómo tener, ya sin misterio, la oculta sabiduría de Dios? ¿Cómo saber todas las cosas suyas que nos hacen sabios para la vida presente y la futura?

Dios las reveló a nosotros por el Espíritu; porque el Espíritu todo lo escudriña, aun lo profundo de Dios (1 Cor. 2:10).

Yo sé, Señor, Dios abre su cofre del misterio y lo revela. Pablo mirando en su interior dijo: *Por revelación me fue declarado el misterio... misterio que en otras generaciones no se dio a conocer a los hijos de los hombres, como ahora es revelado a sus santos apóstoles y profetas por el Espíritu* (Efe. 3:3, 5). *La revelación del misterio que se ha mantenido oculto desde tiempos eternos* (Rom. 16:25).

Nadie sabe las cosas de Dios a menos que Dios mismo las revele. El fotógrafo trabaja en una pieza oscura con imágenes grabadas en la película, pero completamente invisibles a los ojos de sus clientes. E invisibles permanecerán hasta que él se las revele. Pero cuando el fotógrafo revela las películas, ¡qué nítidas y claras y visibles son todas las fotografías! Los hechos de la vida, la vida en cada rostro, los rostros de cada persona, las personas recordadas, los seres que amamos y el amor con que nos aman; todo, hasta nosotros mismos y las cosas aparecen en un nuevo contexto, con un nuevo significado: Son parte de la vida y la vivimos.

Año Bíblico: Génesis 23-25

LA SABIDURIA DE DIOS

Porque los judíos piden señales, y los griegos buscan sabiduría; pero nosotros predicamos a Cristo crucificado, para los judíos ciertamente tropezadero, y para los gentiles locura; mas para los llamados, así judíos como griegos, Cristo poder de Dios, y sabiduría de Dios. 1 Corintios 1:22-24.

En Cristo Jesús, Padre, tu sabiduría se hace persona visible. Desde la entrada del pecado, y desde antes aún, tu actividad se dedica a salvar a los perdidos. Toda tu sabiduría está al servicio de la redención. Y tu Hijo es, al mismo tiempo, cada uno de los aspectos de la salvación.

Pues por él estáis vosotros en Cristo Jesús, el cual nos ha sido hecho por Dios sabiduría, justificación, santificación y redención (1 Cor. 1:30).

Tu sabiduría nos llega como un paso previo a la justificación. Cuando Cristo viene a nosotros como justificación, que nosotros aceptamos por la fe, ya ha llegado como sabiduría tuya, como llamado o invitación, como Evangelio; porque por medio del Evangelio, tú nos llamas.

Pero nosotros —escribía Pablo a los tesalonicenses— *debemos dar siempre gracias a Dios respecto a vosotros, hermanos amados por el Señor, de que Dios os haya escogido desde el principio para salvación, mediante la santificación por el Espíritu y la fe en la verdad, a lo cual os* llamó *mediante nuestro evangelio, para alcanzar la gloria de nuestro Señor Jesucristo* (2 Tes. 2: 13-14).

Tu invitación a la vida eterna nos llega por medio del Evangelio. A muchas personas, el Evangelio les parece una vetusta insensatez y hasta una injusticia. Cómo puede un hombre justo morir por los injustos, dicen; esto sería una injusticia. Primero, contra Cristo, porque él, siendo justo, no merece sufrir. Segundo, contra el pecador, porque mientras sea injusto no merece ser tratado como justo. Este razonamiento parece correcto, para la razón humana; sin embargo para ti, Padre, no así.

Y es en este contraste donde reside la diferencia entre lo sabio y lo insensato. Lo sabio proviene de ti; lo insensato, de los seres humanos. Y porque somos insensatos, evaluamos todo en forma racional. Lo que no puede ser comprobado, o explicado, o descubierto por la razón humana, lo declaramos necedad. Pero lo insensato de ti es más sabio que los seres humanos; y lo que en ti parece débil, es más fuerte que la humanidad entera. Tu Hijo nos trajo la sabiduría del Evangelio llamando lo más necio del mundo para avergonzar a los sabios. Y lo débil, y lo vil, y lo menospreciado llamó, y lo que no es para deshacer lo que es y para que nadie se jacte; porque tu sabiduría es Cristo y nada más.

Año Bíblico: Génesis 26-27

LAS SAGRADAS ESCRITURAS

Lámpara es a mis pies tu palabra, y lumbrera a mi camino. Salmo 119:105.

"Las Sagradas Escrituras, que abarcan el Antiguo y el Nuevo Testamento, constituyen la Palabra de Dios escrita, transmitida por inspiración divina mediante santos hombres de Dios que hablaron y escribieron siendo impulsados por el Espíritu Santo. Por medio de esta Palabra, Dios ha comunicado a los seres humanos el conocimiento necesario para alcanzar la salvación. Las Sagradas Escrituras son la infalible revelación de la voluntad divina. Son la norma del carácter, el criterio para evaluar la experiencia, la revelación autorizada de las doctrinas, y un registro fidedigno de los actos de Dios realizados en el curso de la historia (2 Ped. 1:20-21; 2 Tim. 3:16-17; Sal. 119:105; Prov. 30:5-6; Isa. 8:20; Juan 17:17; 1 Tes. 2:13; Heb. 4:12)" (*Manual de la iglesia*, Creencia Fundamental N.º 1).

Nada tuyo está más próximo de mí que tu Palabra. Cuando la leo, te siento; y cuando te siento, yo te vivo de un modo tan real y tan cercano que me alteras. Modificas mi pensar, reformas mis acciones, transformas mis costumbres, elevas mis emociones, reconstruyes mis creencias. Me haces otro. Y cada vez que leo tu Palabra, soy diferente; como es un poco diferente, cada día, el fruto que madura un poco más, hasta que entrega la semilla para el pan y la cosecha.

Yo nací distante de tu voz y tu palabra. Y era triste, sin saber porqué. Cuando llovía y el agua descolgaba su cortina transitoria en mi ventana, yo sentía que algo me faltaba. Lo sentía de nuevo cuando solitario caminaba por los campos, por el bosque y por el río. Más tarde, cuando comencé a andar contigo por la vida, de repente descubrí que ese vacío ya no estaba. Había, en cambio, una sensación de bienestar. Como una tranquila certeza, como una seguridad confiada, como un pan sobre la mesa cuando uno siente su perfume y su presencia. Me llegó con tu Palabra. Y al leerla cada día, me sentí como integrado, hecho de nuevo, pleno.

Es una luz. Cuánta oscuridad existe en las pisadas y en los pensamientos. Los caminos de la mente, los senderos de la vida y cada calle literal de las ciudades requieren una luz en las tinieblas. Una noche viajando en motocicleta, de Villa Ocampo a Reconquista, en el norte de Santa Fe, Argentina, se me apagó la lámpara y la noche se hizo negra, impenetrable, sin camino. Ya no pude seguir. Tuve que empujar la motocicleta hasta la casa más próxima que identifiqué por una luz en su ventana. La lámpara no se arregló y yo tuve que esperar el día nuevo. Sin luz era un peligro y un peligro se nos vuelve la vida sin la luz de la Escritura.

Año Bíblico: Génesis 28-30

QUE ES LA REVELACION

Y al que puede confirmaros según mi evangelio y la predicación de Jesucristo, según la revelación del misterio que se ha mantenido oculto desde tiempos eternos, pero que ha sido manifestado ahora, y que por las Escrituras de los profetas, según el mandamiento del Dios eterno, se ha dado a conocer a todas las gentes para que obedezcan a la fe. Romanos 16:25-26.

Antes, Señor, me parecías tan inmenso, tan vasto, tan profundo. Tan invisible para mis limitados ojos que sólo perciben lo que es obvio y lo cercano. Tan distante y tan lejano que mis pasos recorriendo cada día sus caminos tristes, jamás te alcanzarían. Jamás te harían vecino a mis pisadas. Jamás podrían sumar sus huellas a las tuyas en forma paralela, en compañía. Sólo era yo un solitario ser humano buscando tu camino a tientas, un ser que se había perdido entre las sombras, un deseo de saber que no sabía por sí mismo dónde estaba la luz, ni por qué alumbra. Cómo llegar a ti, cómo alcanzar tu reino sin dejar de estar en este mundo, cómo vivir en el camino tuyo, en tu presencia, sin fábula inventada, ni cuento, ni ilusión, ni misticismo. Cómo lograr en realidad lo que parece ausente de las cosas y los niños, lejano a las mujeres y a los hombres. ¿Cómo?

Y entonces me aclaraste tú el misterio. Lo oculto me mostraste, lo escondido me hiciste manifiesto, y lo que nadie supo en forma natural volviste conocido para mí como mi propio sueño. ¿Cómo? Por revelación.

Abriste tu misterio ante mis ojos. Corriste el velo negro que había entre mi mundo y el oculto mundo tuyo. Me abriste la puerta hacia ti mismo que estaba cerrada por mi propia vanidad inadvertida. Me mostraste los secretos de la tierra y de las cosas, creadas por tu mano y escondidas de mí por mi ignorancia incrédula y vacía. Tu gracia me diste como un regalo nuevo de santas vestiduras, ausentes en mi cuerpo por causa de mi orgullo y mi miseria.

Y tú eres y apareces. Dios viviente sin misterio. Declarado y abierto. Conocido. Tu amistad me es un regalo tan real que cuando tú hablas conmigo, yo te entiendo. Y me hablas en la revelación escrita en tu Palabra con la simple claridad de un compañero.

Para que el Dios de nuestro Señor Jesucristo, el Padre de gloria, os dé espíritu de sabiduría y de revelación en el conocimiento de él, alumbrando los ojos de vuestro entendimiento, para que sepáis cuál es la esperanza a que él os ha llamado, y cuáles las riquezas de la gloria de su herencia en los santos, y cuál la supereminente grandeza de su poder para con nosotros los que creemos, según la operación del poder de su fuerza, la cual operó en Cristo, resucitándole de los muertos y sentándole a su diestra en los lugares celestiales (Efe. 1:17-20).

Año Bíblico: Génesis 31-33

COMO REVELA DIOS

Hay un Dios en los cielos, el cual revela los misterios, y él ha hecho saber al rey Nabucodonosor lo que ha de acontecer en los postreros días. He aquí tu sueño, y las visiones que has tenido en tu cama: Estando tú, oh rey, en tu cama, te vinieron pensamientos por saber lo que había de ser en lo por venir; y el que revela los misterios te mostró lo que ha de ser. Daniel 2:28-29.

Tu revelación, Señor, es una luz que llega hasta nosotros porque quieres. Por sueños, por visiones, hablaste a los profetas y a personas que sin llegar a ser videntes, o mensajeros tuyos revestidos del don de profecía, tú querías que supieran lo que de otro modo permanecería oculto para siempre, como el futuro.

El rey estaba orgulloso, pero inquieto.

—¿Qué será de mi reino en el futuro? —se preguntaba—. ¿Permanecerá mi imperio para siempre? ¿Estará mi nombre en la mente de todos los pueblos como hoy está sin rivales, ni enemigo visible, ni adversarios?

Futuro: oculto y misterioso, inaccesible. Bien sabía el rey que no disponía de medio alguno capaz de atender su deseo. Lo comprobó, luego, de manera dramática. Soñó un extraño sueño y lo olvidó. Inquieto, preguntó a todos los sabios de la corte. Pero la puerta estaba cerrada.

No hay hombre sobre la tierra —dijeron sus magos— *que pueda declarar el asunto del rey... salvo los dioses cuya morada no es con la carne* (Dan. 2:11).

Y el rey, enfurecido, quiso aclarar el problema recurriendo a su despótico poder. Su mejor instrumento: Una horrible sentencia; muerte para todos. El estaba seguro que ante la muerte, los magos usarían todo su poder oculto para restituir el sueño y explicarlo. ¿Posible? Imposible. Ni el poder real, ni los poderes ocultos pueden revelar el futuro. Los medios son otros.

El misterio que el rey demanda —dijo Daniel—, *ni sabios, ni astrólogos, ni magos ni adivinos lo pueden revelar al rey. Pero hay un Dios en los cielos, el cual revela los misterios, y él ha hecho saber al rey Nabucodonosor lo que ha de acontecer en los postreros días* (Dan. 2:27-28).

Sueños que no son sueños. Visiones sin fantasía. Sólo hay verdad en el sueño cuando es Dios quien lo utiliza.

El gran Dios ha mostrado al rey lo que ha de acontecer en lo por venir; y el sueño es verdadero, y fiel su interpretación (Dan. 2:45).

Año Bíblico: Génesis 34-36

REVELACION POR LOS PROFETAS

Tenemos también la palabra profética más segura, a la cual hacéis bien en estar atentos como a una antorcha que alumbra en lugar oscuro, hasta que el día esclarezca y el lucero de la mañana salga en vuestros corazones; entendiendo primero esto, que ninguna profecía de la Escritura es de interpretación privada, porque nunca la profecía fue traída por voluntad humana, sino que los santos hombres de Dios hablaron siendo inspirados por el Espíritu Santo. 2 Pedro 1:19-21.

Tú nos hablaste, Señor, por los profetas y guardaste para nosotros sus profecías en la Escritura. Me resulta claro también que no fue la voluntad de los profetas, ni su propia creatividad literaria lo que trajo a la existencia la palabra profética y la profecía de la Escritura; sino tu propia voluntad, que reveló su contenido, dispuso también que fuera escrito. Y lo escrito en la Escritura, aunque moldeado en las palabras que los profetas conocían, contiene mucho más que las palabras o las formas literarias por ellos empleadas, mucho más que su cultura y su enseñanza, mucho más que su historia y su ambiente social, y mucho más que las costumbres de su tiempo. Este mucho más —tu propia voluntad— que existe en la Escritura, sólo está en ella por una razón muy simple y muy cierta: La Escritura es tu propia revelación. ¿Cómo la entregaste a los profetas?

Hablaron siendo inspirados por el Espíritu Santo (2 Ped.1:21).

La inspiración es un movimiento de la mente del profeta. El Espíritu Santo conduce la mente hacia la revelación como el viento empuja un barco dentro del mar. Y el profeta piensa cosas que, por iniciativa propia, jamás lograría pensar. Esta forma de pensar bajo la completa dirección del Espíritu, afecta la personalidad entera del profeta. Lo torna un portavoz de Dios. El profeta dice o escribe las palabras, pero lo que las palabras dicen, lo dice Dios, por medio del Espíritu Santo.

¿Debo entender, entonces, Señor, que la palabra dicha por los profetas y por todos los hombres inspirados por el Espíritu Santo para escribir la Biblia, es palabra de Dios?

Cuando recibisteis la palabra de Dios que oísteis de nosotros, la recibisteis no como palabra de hombres, sino según es en verdad, la palabra de Dios (1 Tes. 2:13).

¿Inspirada por Dios? ¿Todo lo que está en la Escritura?

Todo la Escritura es inspirada por Dios (2 Tim. 3:16).

Año Bíblico: Génesis 37-39

QUE REVELO DIOS POR LOS PROFETAS

Los profetas que profetizaron de la gracia destinada a vosotros, inquirieron y diligentemente indagaron acerca de esta salvación, escudriñando qué persona y qué tiempo indicaba el Espíritu de Cristo que estaba en ellos, el cual anunciaba de antemano los sufrimientos de Cristo, y las glorias que vendrían tras ellos. 1 Pedro 1:10-11.

Dios reveló a los profetas su gracia, la persona de Cristo, el tiempo de su venida, los sufrimientos de Cristo y las glorias que vendrían por causa de él. El plan de salvación.

Yo no puedo, Señor, dejar de preguntarte si sabían los profetas quiénes eran los verdaderos destinatarios de sus mensajes.

A éstos se les reveló que no para sí mismos, sino para nosotros, administraban las cosas que ahora os son anunciadas por los que han predicado el evangelio (1 Ped. 1:12).

Los profetas investigaban lo que no estaba destinado a ellos sino a nosotros, todos los que hemos escuchado y los que escucharán el Evangelio, en todos los tiempos. Nosotros, como los profetas, escudriñando el Evangelio, fuente verdadera de todas nuestras glorias desde la resurrección-ascensión hasta la segunda venida de Cristo y su reino eterno.

Y entonces me pregunto: ¿Cómo lograron ellos entender lo que estudiaban? ¿Fue acaso por su esfuerzo, ya que se dedicaron intensamente a comprenderlo? Por supuesto. Pero hubo más que simple esfuerzo de estudio. El Espíritu Santo que estaba en ellos les dio la revelación y los indujo a estudiar lo que los otros profetas anunciaron, ayudándoles a entender su contenido y aclarándoles exactamente a quiénes estaba destinado. Un estudio diligente guiado por el Espíritu Santo es lo que ayudó a los profetas y es lo que necesitamos nosotros para comprender tu revelación.

Porque el Espíritu todo lo escudriña, aun lo profundo de Dios (1 Cor. 2:10-11).

Para conocer tu persona, Señor, y tu revelación completa, cuyo objetivo era el Evangelio, necesito del Espíritu Santo, y yo quiero estar abierto a su trabajo. Pero permíteme una sola pregunta más sobre este asunto: La revelación dada a los profetas sobre el Evangelio que incluye tu gracia, la persona de Cristo, el tiempo de su sacrificio y las glorias posteriores, ¿era sólo para nosotros, no para los antiguos?

El evangelio es poder de Dios para salvación de todo aquel que cree (Rom. 1:16).

Año Bíblico: Génesis 40-42

QUE ES EL EVANGELIO

Porque no me avergüenzo del evangelio, porque es poder de Dios para salvación a todo aquel que cree; al judío primeramente, y también al griego. Romanos 1:16.

El Evangelio es la buena noticia de que el poder de Dios está activo en la salvación de todos los pecadores, en todos los tiempos. Un poder que atrae hacia Dios y atrae a cada ser humano que, por su pecado, estaba separado de él. Un poder que, al mismo tiempo, une a los pecadores entre sí porque, al estar con Dios, ya no son seres en rebelión, sino nuevas criaturas. El Evangelio es la salvación por la fe en Cristo en unidad con los creyentes, en la iglesia.

Dime, Señor, ¿cuán vital es la unidad de los creyentes para la realidad del Evangelio?

Ahora en Cristo Jesús, vosotros que en otro tiempo estabais lejos, habéis sido hechos cercanos por la sangre de Cristo... [y] de ambos pueblos [judíos y gentiles] hizo uno, derribando la pared intermedia de separación... para crear en sí mismo de los dos un solo y nuevo hombre, haciendo la paz, y mediante la cruz reconciliar con Dios a ambos en un solo cuerpo... y vino y anunció las buenas nuevas de paz a vosotros que estabais lejos, y a los que estaban cerca; porque por medio de él los unos y los otros tenemos entrada por un mismo Espíritu al Padre (Efe. 2:13-18).

Yo sé, Señor, y tú lo sabes mejor que yo, que algunos dicen: Quien salva no es la iglesia, es Cristo; tampoco es esencial estar en la iglesia para ser salvos, hay que estar en Cristo. ¿Cómo reconcilio esta verdad con el poder del Evangelio que exige mi plena integración con los otros creyentes para vivir la auténtica realidad del Evangelio?

Que el Dios de nuestro Señor Jesucristo... os dé espíritu de sabiduría y de revelación... para que sepáis... cuál [es] la supereminente grandeza de su poder para con nosotros los que creemos... la cual operó en Cristo resucitándole... y sentándole a su diestra... y sometió todas las cosas bajo sus pies, y lo dio por cabeza sobre todas las cosas a la iglesia, la cual es su cuerpo, la plenitud de Aquel que todo lo llena en todo (Efe. 1:17-23).

¿Debo entonces estar en la iglesia, completamente integrado con los fieles, para estar en Cristo y para glorificar debidamente a Dios?

Y a Aquel que es poderoso para hacer todas las cosas mucho más abundantemente de lo que pedimos o entendemos, según el poder que actúa en nosotros, a él sea gloria en la iglesia en Cristo Jesús por todas las edades, por los siglos de los siglos. Amén (Efe. 3:20-21).

Año Bíblico: Génesis 43-45

QUE REVELA EL EVANGELIO

Porque en el evangelio la justicia de Dios se revela por fe y para fe, como está escrito: Mas el justo por la fe vivirá. Romanos 1:17.

El objetivo de toda la revelación es Cristo, en misión redentora: el Evangelio. Y el Evangelio revela la justicia de Dios, ofrecida gratuitamente en Cristo, por la fe. Entonces, el punto focal de la revelación es el regalo de Dios: su justicia.

La justicia de Dios no es un concepto teológico para ser entendido racionalmente o discutido como una idea que necesita ser aclarada y aceptada. Se trata de una justificación. Un acto justificador, de parte de Dios. Y del lado humano, una verdadera vivencia de justicia, en el sentido doble de ser declarado justo por la buena voluntad de Dios, y de ejecutar acciones justas por la todopoderosa ayuda del Espíritu Santo.

Josué, en lugar de estar cubierto con la atractiva y vistosa vestimenta que como sumo sacerdote le correspondía, estaba desfigurado con un vestido mugriento y vil. Su vida era de desechos miserables. Basura de la vida humana: rebelde, independiente, llena de orgullo, terca de egoísmo. Pecado. Cubierta de pecado como un lodo pegajoso que resiste la limpieza. Y el dedo duro del demonio señalándole sus males, su culpa y su destino. Mas el ángel del Señor dijo a los otros que con él estaban:

—Quitadle esas vestiduras viles. —Y se las quitaron.

—Mira —dijo a Josué—, he quitado de ti tu pecado, y te he hecho vestir ropas de gala.

Una mitra limpia. Ropas hermosas de sumo sacerdote. Una apariencia externa nueva. Pero también un cambio interno fundamental: su pecado había sido eliminado de él. También se le prometió justicia para todos los seres humanos.

He aquí, yo traigo a mi siervo el Renuevo...y quitaré el pecado de la tierra en un día (Zac. 3:8-9).

Todos los profetas, toda la revelación de todos los tiempos, siempre tuvo por objetivo el Evangelio. Revelar la justicia de Dios al pecador. Contarle la esperanza, hablarle del misterio, abrirle un nuevo rumbo y darle vida nueva, distante del pecado y muy cercana del único que sabe y que revela, del único que es justo y justifica. De Dios, el Redentor.

Año Bíblico: Génesis 46-47

REVELACION POR EL HIJO

Dios, habiendo hablado muchas veces y de muchas maneras en otro tiempo a los padres por los profetas, en estos postreros días nos ha hablado por el Hijo. Hebreos 1:1-2.

Cuando habla Dios, su dicho es mucho más que las palabras, mucho más que la simple expresión de unas ideas, cuya absoluta validez en este día pueda perderse y no existir en el mañana. Cuando habla Dios, él habla en las palabras y con los hechos. La palabra de Dios es una revelación —para hoy, para mañana, para siempre— y son también revelación los hechos que ejecuta. Habló por los profetas las palabras, y por el Hijo habló los hechos que hicieron realidad el Evangelio. La propia realidad de la justicia. No más tan sólo en la promesa. El Hijo era la misma realidad de lo divino haciendo realidad la salvación por su justicia. El era mucho más que una palabra de Dios al ser humano. El era el mismo Dios viviente haciendo realidad el Evangelio.

Hay algo, Señor, que siempre me conmueve. Lo veo en la semilla cuando brota en dos menudas hojas sobre el suelo. Lo veo en el rocío al titilar la luz en su pequeño cuerpo de agua. Lo veo en el vaivén de olas sin fin que se repiten sin cesar en cada playa. Lo veo en el volcán, en la vertiente, en la pradera. Lo veo también cuando en galope libre relincha el potro en la montaña y cuando el niño recuesta su cuerpo sin grandeza entre los brazos apretados de su madre. Lo veo en todo ser, en toda cosa, en toda vida. Existe aquí un poder más fuerte que la vida.

Hay algo aquí, Señor, que es todo tuyo. Vivimos y sufrimos y morimos. Pero algo nos dice desde adentro y desde afuera que hay más, hay mucho más que una distancia de tiempo hasta la muerte, hay mucho más que una constante gotera de dolor hasta el olvido, y es mucho más que el solo caminar ansioso del éxito volátil que logramos. Hay algo aquí que es tuyo y yo lo necesito.

En estos postreros días nos ha hablado por el Hijo, a quien constituyó heredero de todo, y por quien asimismo hizo el universo; el cual, siendo el resplandor de su gloria, y la imagen misma de su sustancia, y quien sustenta todas las cosas con la palabra de su poder, habiendo efectuado la purificación de nuestros pecados por medio de sí mismo, se sentó a la diestra de la Majestad en las alturas, hecho tanto superior a los ángeles, cuanto heredó más excelente nombre que ellos (Heb. 1:2-4).

Hay algo aquí mayor que tu poder. Tú mismo, Señor, con tu justicia. Y yo te necesito. Las cosas y el mundo me dicen que tú estás. Testigos son de tu poder, de tu grandeza, y aún de tu presencia. Pero testigos sólo. Yo quiero tu propia presencia. Tu misma realidad. Te quiero a ti, Señor, viviendo la justicia en mis acciones. Pues sé que sólo el justo te vive plenamente y en ella tú estás y te revelas.

Año Bíblico: Génesis 48-50

LA REVELACION DE LOS APOSTOLES

Por esto, yo no dejaré de recordaros siempre estas cosas, aunque vosotros las sepáis, y estéis confirmados en la verdad presente... Yo procuraré con diligencia que después de mi partida vosotros podáis en todo momento tener memoria de estas cosas. 2 Pedro 1:12, 15.

¿Qué cosas?

Las cosas que pertenecen a la vida y a la piedad (2 Ped.1:3).

¿Cómo las recibieron ustedes si ellas dependen de un poder especial, distante de los seres humanos?

Por su divino poder, mediante el conocimiento de aquel que nos llamó por su gloria y excelencia (2 Ped. 1:3).

¿En qué forma llegaron hasta ustedes?

No os hemos dado a conocer el poder y la venida de nuestro Señor Jesucristo siguiendo fábulas artificiosas, sino como habiendo visto con nuestros propios ojos su majestad. Pues cuando él recibió de Dios Padre honra y gloria, le fue enviada desde la magnífica gloria una voz que decía: Este es mi Hijo amado, en el cual tengo complacencia. Y nosotros oímos esta voz (2 Ped. 1:16-18).

Esa es una experiencia que ustedes tuvieron y captaron con sus sentidos. Válida, por supuesto, pero ¿es la experiencia suficientemente autoritativa para determinar que se trataba de una revelación divina?

Tenemos también la palabra profética más segura, a la cual hacéis bien en estar atentos como a una antorcha que alumbra en lugar oscuro (2 Ped. 1:19). *Así que, hermanos, estad firmes, retened la doctrina que habéis aprendido, sea por palabra, o por carta nuestra* (2 Tes. 2:15).

Y ¿qué relación tenía la palabra de ustedes con la palabra de Dios?

Nosotros sin cesar damos gracias a Dios, de que cuando recibisteis la palabra de Dios que oísteis de nosotros, la recibisteis no como palabra de hombres, sino según es en verdad, la palabra de Dios, la cual actúa en vosotros los creyentes (1 Tes. 2:13).

Por medio de los apóstoles reveló Dios la persona de Cristo, las cosas que pertenecen a la vida y a la piedad, y la doctrina. Sus escritos, igual que los de los profetas, eran palabra de Dios.

Año Bíblico: Exodo 1-4

UNIDAD Y AUTORIDAD DE LA ESCRITURA

Toda la Escritura es inspirada por Dios, y útil para enseñar, para redargüir, para corregir, para instruir en justicia, a fin de que el hombre de Dios sea perfecto, enteramente preparado para toda buena obra. 2 Timoteo 3:16-17.

Toda, desde el Génesis al Apocalipsis, la Escritura es *una* porque cada una de sus partes procede de la misma inspiración y de la misma fuente: Dios. Muchos escritos, una sola Escritura. Muchos escritores, un solo Autor. El mismo Dios que da unidad a la Escritura, le concede también su propia autoridad.

A veces me pregunto: ¿por qué algunas personas tienen tanta dificultad para aceptar que todas las muchas partes de la Biblia se complementan entre sí formando una unidad perfecta, y que esta unidad posee la misma autoridad de Dios, en todo su contenido? Por no encontrar en mi mente una forma clara de entenderlo, voy a las palabras que Cristo dirigió a los incrédulos cuando rechazaron la presencia de la autoridad del Padre en su persona.

Nunca habéis oído su voz, ni habéis visto su aspecto, ni tenéis su palabra morando en vosotros; porque a quien él envió, vosotros no creéis. Escudriñad las Escrituras; porque a vosotros os parece que en ellas tenéis la vida eterna; y ellas son las que dan testimonio de mí; y no queréis venir a mí para que tengáis vida (Juan 5:37-40).

La base de cualquier dificultad con la Escritura está en la falta de fe. Quien no cree, no acepta su autoridad y quien no acepta la autoridad de la Biblia realmente no cree en Cristo. Creer es un acto de mucha intimidad espiritual con el Padre, muy fácil de realizar y al mismo tiempo muy difícil. Fácil porque es un don del Espíritu y todo lo que necesitamos es aceptarlo. Difícil porque demanda una entrega personal completa. Entrega que acepta la Biblia como autoridad en doctrina, en conducta moral, y en toda práctica espiritual y formal de la vida cristiana.

El que quiera hacer la voluntad de Dios, conocerá si la doctrina es de Dios, o si yo hablo por mi propia cuenta (Juan 7:17), dijo Cristo.

Por otro lado, la Escritura también posee autoridad para verificar cualquier clase de enseñanza y toda clase de espíritus.

Y si os dijeren: Preguntad a los encantadores y a los adivinos, que susurran hablando, responded: ¿No consultará el pueblo a su Dios? ¿Consultará a los muertos por los vivos?; A la ley y al testimonio! Si no dijeren conforme a esto, es porque no les ha amanecido (Isa. 8:19-20).

Año Bíblico: Exodo 5-8

EL EVANGELIO REVELADO EN LA ESCRITURA

Pablo... apartado para el evangelio de Dios, que él había prometido antes por sus profetas en las santas Escrituras. Romanos 1:1-2.

Toda la Escritura revela el Evangelio. El mensaje más importante que Dios tiene para la humanidad es el plan de salvación.

¿Cómo puedo yo, Señor, alcanzar la sabiduría de la salvación?

Persiste tú en lo que has aprendido y te persuadiste, sabiendo de quién has aprendido; y que desde la niñez has sabido las Sagradas Escrituras, las cuales te pueden hacer sabio para la salvación por la fe que es en Cristo Jesús (2 Tim. 3:14-15).

Estaba yo sentado en un banco de la calle Derech Yafo, cerca de una parada de ómnibus, en Jerusalén. Una jovencita judía, posiblemente estudiante de los últimos años de secundaria, se sentó en el mismo banco y sin intervalo alguno me preguntó:

—¿Ha leído usted el Nuevo Testamento?

—Sí, le respondí, lo he leído muchas veces.

—¿Y cree usted lo que dice? —preguntó, con una especie de necesidad sin camuflaje.

—Creo —le dije— y creo porque es el cumplimiento de todo lo que los profetas antiguos anunciaron bajo la inspiración de Dios.

No había mucha gente en la calle. Era viernes de tarde. Ella extrajo de su mochila un Nuevo Testamento en hebreo y comentó algunas secciones. Concordamos.

—Parece que usted conoce este libro —dijo con calma—. Hay una sección que no recuerdo dónde está. Habla de alguien llamando a la puerta.

—Está en el último libro —le dije—. Busca Apocalipsis 3 versículo 20.

Ella lo buscó rápidamente y comenzó a leer: "He aquí yo estoy a la puerta y llamo". Se detuvo.

—¿Qué significa esto? —preguntó. Pero siguió leyendo—: "Si alguno oye mi voz y abre la puerta, entraré a él, y cenaré con él, y él conmigo". —Me intriga —dijo pausadamente, como meditando, y volvió a leer.

(Continúa mañana.)

Año Bíblico: Exodo 9-11

LA REVELACION, UN ACTO DIVINO PARA SALVAR

Al que venciere, le daré que se siente conmigo en mi trono, así como yo he vencido, y me he sentado con mi Padre en su trono. Apocalipsis 3:21.

—Habla de victoria —dijo con nostalgia, como sintiendo que la necesitaba personalmente. Levantó la cabeza y me miró con decisión.

—¿Quién es el que llama? —preguntó—. ¿Quién es el que vence? ¿Cuándo ocurre esto?

—El Mesías —le dije con naturalidad, como si fuera algo que ella debía saber y sabía—. El que vence, seguí diciendo, somos nosotros, los que estamos viviendo en el fin de los tiempos. Después que ha pasado casi toda la historia de las iglesias cristianas, presentadas aquí por la revelación en siete períodos, todo vuelve a la misma básica cuestión del Mesías, válida para judíos y cristianos, para todo habitante de esta tierra: Aceptamos o rechazamos al Mesías. Como tú sabes, él viene. Ya estamos en el tiempo de su *venida* para ustedes, judíos. Para nosotros, cristianos, tiempo de su *regreso*.

Ella seguía mirándome con decisión. Como quien sabe. Como alguien que sólo está confirmando lo que ya presentía.

—¿Quiere decir que, según la Escritura, el Mesías viene en nuestro tiempo y nos invita a participar en su victoria? —preguntó como afirmando, como quien expresa una convicción que echa raíces.

—Así es —le dije. Toda la ley y los profetas, todo el Nuevo Testamento sólo hablan del Mesías y su victoria, y la buena noticia revelada en ellos es que nosotros podemos participar en su victoria final que está por ocurrir con su regreso, en nuestro tiempo.

—Gracias —dijo—, ese es mi ómnibus. —Y se levantó con prisa. Mientras guardaba el Nuevo Testamento en su mochila y caminaba rápidamente hacia el bus, repetía—: Gracias, muchas gracias.

Y el ómnibus se fue dejándome una extraña sensación de haber vivido un acto de la revelación divina. Una lectura de ella, sí. Pero algo más. Una clara realidad de algo que ocurre más cerca de uno que las páginas de un libro. Como que su contenido hubiera salido de la Escritura hacia nosotros para ser realmente lo que pretendía ser desde el mismo minuto de su revelación. Divina acción para salvarnos.

Año Bíblico: Exodo 12-13

EL UNICO DIOS

Y esta es la vida eterna: que te conozcan a ti, el único Dios verdadero, y a Jesucristo, a quien has enviado. Juan 17:3.

"Hay un sólo Dios, que es una unidad de tres personas coeternas: Padre, Hijo y Espíritu Santo. Este Dios uno y trino es inmortal, todopoderoso, omnisapiente, superior a todos y omnipresente. Es infinito y escapa a la comprensión humana, no obstante lo cual se lo puede conocer mediante la revelación que ha efectuado de sí mismo. Es eternamente digno de reverencia, adoración y servicio por parte de toda la creación (Deut. 6:4; Mat. 28:19; 2 Cor. 13:14; Efe. 4:4-6; 1 Ped. 1:2; 1 Tim. 1:17; Apoc. 14:7)" (*Manual de la iglesia*, Creencia Fundamental N.º 2).

Tú eres y eres. El tiempo no te ahoga, ni limita tus pasos, ni detiene tu vida en un sepulcro. Tú eres uno y eres tres. Eres persona individual y al mismo tiempo comunitaria. Siendo individual, no eres individualista; y siendo comunitario, colectivo no eres. Tú eres uno de unidad, como un racimo de tres frutas, como un canto de tres voces, como el agua que es hielo, y es líquido y vapor. Tres Personas Divinas en un Dios. Un solo Dios en tres Personas.

Yo no puedo conocerte por mí mismo. Tú me hiciste solitario. Aún Adán, perfecto y ocupado, en plena integración con su tarea y siendo el principal de todo lo creado, estaba *solo* (Génesis 2:18). No puedo, desde mí, comprender tu dimensión comunitaria. Jamás podría descubrirlo por mí mismo. Yo sólo sé que Tú eres tres porque lo dices. Yo sé que siendo tres eres plural y al mismo tiempo singular, en unidad, porque lo dices. Cuando leo tu Palabra te descubro y te comprendo. Te conozco.

Y te conozco porque entro en comunión contigo. Participo en tu propia comunidad por el Espíritu, gracias a la revelación de tu Hijo. Porque a ti no te conoce nadie, salvo aquel a quien tu Hijo quiera revelarte (Mateo 11:27). Yo te conozco con mi ser entero, en una relación completa de mi vida, limitada por el tiempo y por la muerte, con tu vida ilimitada que, al aceptarme en comunión de gracia, por el don del Hijo, me concede vida eterna. El conocimiento que me da la vida eterna viene a mí por mi intelecto y mucho más: me viene a través de todo mi ser en Cristo. A través de Cristo, tu Hijo, en mi ser entero porque él es "el verdadero Dios, y la vida eterna" (1 Juan 5:20).

En este conocimiento-comunión yo dejo de estar solo. Estoy contigo, con tu Hijo y con el Espíritu Santo. Estoy con tu iglesia, los otros solitarios que dejaron de estar solos. Y estoy con los lejanos que, con tu iglesia, buscamos para ti, para tu reino. Y sólo así yo te comprendo personal-comunitario porque distante ya no estoy. Estoy contigo en *koinonía* por una vida eterna.

Año Bíblico: Exodo 14-15

LA DEIDAD CREADORA

En el principio creó Dios los cielos y la tierra. Y la tierra estaba desordenada y vacía, y las tinieblas estaban sobre la faz del abismo, y el Espíritu de Dios se movía sobre la faz de las aguas. Y dijo Dios: Sea la luz; y fue la luz. Génesis 1:1-3.

Creaste Tú la luz en las tinieblas. Tú-triuno, porque nada haces tú solo, ni estás en soledad como los hombres. Tú vives y tú actúas, Deidad-en-compañía, para alumbrar los seres y las cosas. Tú eres la luz del universo y nada existe sin tu verbo.

Y el Verbo, en el principio del mundo, contigo estaba. Uno contigo; contigo, Dios. Y mientras tú lo dirigías todo, él llamaba cada cosa a la existencia, y nada fue hecho sin él porque en él estaba la vida, y la vida era la luz de los hombres (Juan 1:1-3).

Tu Espíritu, presente también, como incubando la vida, como ambientando la existencia de cosas y seres vivos, minerales y plantas, agua y tierra y tiempo y expansión y humanos nuevos.

Nada quedó sin tu llamada porque por tu palabra fueron hechos los cielos y todo el ejército de ellos por el espíritu de tu boca. Tu dicho hace las cosas y tus órdenes las crean (Sal. 33:6, 9). Tú eres Dios, y en ti vivimos, y nos movemos, y somos (Hech. 17:28).

Tus huellas están en cielo y tierra (Sal. 19:1) y tu existencia se testifica en cada cosa que creaste (Rom. 1:20). Y cuando pienso en lo que soy: *mi cuerpo* con su intrincado laberinto de miembros y órganos, sistemas y elementos, en equilibrio acompañado y en total concurso de asistencia mutua; *mi mente* bien provista de sentidos para conectarse al mundo externo y equipada con abundantes recursos racionales para ordenar los datos en mil formas necesarias; *mi psiquis* con toda su fuerza emocional, afectiva y sentimental que capta el canto y la sonrisa, la lágrima, el asombro y la sorpresa; *mi esencia espiritual* que extiende mi horizonte más allá de la razón, del hombre y la materia, y me abre a ti y a tu verdad y a tu experiencia. Y cuando pienso en lo que soy, también encuentro huellas de tu hacer inteligente, las huellas de tu Verbo que hace todo en armonía, las huellas de tu Espíritu que cuida y que sustenta para atender la vida, para extender la vida en este mundo y para siempre. Y siento que tú existes. Y pienso que tú existes. Y veo que tú existes.

Callado y alegre y asombrado, yo ante ti me postro con la fe. Te creo y te conozco. Te sigo y te obedezco. Te acepto como Dios porque eres Dios, y no reniego.

Año Bíblico: Exodo 16-17

EL NOMBRE DE DIOS

Alaben el nombre de Jehová, porque sólo su nombre es enaltecido. Salmo 148:13.

Tú eres mi *Dios Altísimo* (El Elyon, Gén. 14:23), nada existe superior a ti. Tú no dependes de nadie. Todo está bajo tu sombra y de tu brazo me aferro para vivir y morir, para crecer y multiplicarme, para ser y no ser porque en tu mano yo estoy y nadie, en ti, podrá dañarme.

Tú eres mi *Dios Omnipotente* (El Shadai, Exo. 6:3; Sal. 91:1), en ti confío. No me espanta el enemigo, ni me duele su lanza. No me aflige la miseria, ni la abundancia me inquieta. No me molesta el tiempo, ni la muerte me desgarra. Yo sólo vivo y confío, yo confío y sólo vivo porque tu fuerza me cubre, porque me abriga tu manto.

Tú eres mi *Señor* (Adonai, Isa. 6:1), yo soy tu siervo. Gobiernas tú mi vida y el universo. Nada está tan lejos de ti que no controles. Nada tan distante que no alcances. Tú ordenas el sistema de la tierra y de los mundos y haces que se muevan en orden y en concierto. Unos equilibran su ser en microcosmos y otros en galaxias y constelaciones. Tus leyes naturales me gobiernan y me cuidan tus órdenes morales. Yo soy cuando te sirvo, y cuando grito rebelión me descompongo.

Tú eres Yahweh, mi Señor conmigo y con tu pueblo todo. Tú eres fiel. Nunca te apartas de tu pacto, no te alejas de tu pueblo propio. Tú eres y estás cuando el peligro me persigue con su carro de guerra y enemigos me alcanzan con sus tropas traicioneras (Exo. 15:2-4). Tú eres y estás para librarme cuando mis pasos de ajeno mercader me llevan hacia pesos falsos y busco la opresión contra los hombres (Ose. 12:5-7). Tú eres y estás cuando oprimido y triste, y explotado y solo, sufro la mano de mis opresores; para extenderme tu camino en el desierto y abrirme un paso de mar hacia tu reino (Exo. 3:14-15).

Tú eres mi *Padre* en redentora intimidad conmigo (Isa. 63:16; Mat. 6:9). Y alabo yo tu nombre porque tú eres grande, porque para siempre estás y siempre me amas. Te alabo por tu don y tu justicia. Porque es para siempre tu misericordia. Y yo te llamo cada día, de mañana llamo tu nombre y en la noche no ceso de llamarte.

> Yo te llamo con tu nombre,
> pero no es un nombre lo que llamo.
> Llamo lo que en cada letra
> de tu nombre yo amo,
> porque yo amo cada seña propia
> que tu nombre llama.

Año Bíblico: Exodo 18-20

LA SOBERANIA DE DIOS

Todo lo que Jehová quiere, lo hace, en los cielos y en la tierra, en los mares y en todos los abismos. Salmo 135:6.

Libre tú me hiciste y soberano eres tú solo. Nadie ordena tus pasos, ni tus obras, ni tu mente. Tú defines, yo elijo. Tú determinas, yo escojo. El bien y el mal tú distingues, no soy yo quien decide lo que es bueno y lo que es malo. Yo sólo opto por el bien, y así te agrado; o por el mal, y me declaro en rebelión contra tu propia persona y tu gobierno.

Tú gobiernas las cosas, las personas, el mundo, el universo. El mismo Nabucodonosor, después de vivir con animales durante siete tiempos, cuando tú le devolviste el uso de la razón, reconoció que tu "dominio" es sempiterno y que tú haces todo según tu propia "voluntad", sin que haya nadie que te diga: "¿Qué haces?" (Dan. 4:34-35).

Cuando Satanás, por medio de la serpiente, dijo a Eva: *Seréis como Dios, sabiendo el bien y el mal* (Gén. 3:5), no mintió en cuanto a que serían como tú porque tú mismo, después, lo confirmaste cuando dijiste: *He aquí el hombre es como uno de nosotros, sabiendo el bien y el mal* (Gén. 3:22). Yo estaba un poco confundido en esto hasta que leí lo que Ana dijo, en su oración, cuando dedicó a Samuel:

Porque el Dios de todo saber es Jehová, y a él toca el pesar las acciones (1 Sam. 2:3).

Sólo tú pesas las acciones, tú solo decides si algo es bueno o malo. Tú dijiste que comer del árbol de la ciencia del bien y del mal era moralmente malo y así fue. Adán y Eva fueron tentados a ocupar tu lugar, a definir por ellos mismos lo que era bueno y lo que era malo, usurpando, de esta forma, tu lugar, en rebelión contra ti. La mentira estaba en la insinuación de que esto traería buenas consecuencias para ellos. No fue así. Tu soberanía no puede ser usurpada, ni robada. La rebelión contra ti no es un progreso para la familia humana, es su desgracia.

El libre albedrío que me diste me otorga libertad para elegir, pero no me da el derecho de invadir tu lugar, arrogándome el poder de definir lo bueno y lo malo. Al darme libertad no redujiste tu soberanía, haciéndote menos Dios. Por el contrario, cuando yo elijo, sólo confirmo tu autoridad. Si yo cambio los valores y a lo bueno llamo malo, y a lo malo llamo buen, no estoy eligiendo entre el bien y el mal, ya definidos por ti; estoy redefiniendo el bien y el mal como que mi criterio fuera mejor que el tuyo y mi poder más elevado. No es así. Tú solo, y sólo tú, porque eres Dios, puedes saber lo que se necesita saber para tal definición.

Año Bíblico: Exodo 21-23

LA PREDESTINACION DE DIOS

Porque a los que antes conoció, también predestinó para que fuesen hechos conformes a la imagen de su Hijo. Romanos 8:29.

Tú predestinaste, determinaste de antemano, a todos por igual. Como grupo, no como individuos. No significa que a algunas personas determinaste para la salvación y a otras para la perdición. A todos predestinaste para que sean hechos conforme a la imagen de tu Hijo (Rom. 12:29), y cada uno elige, ya sea la salvación que tú deseas para todos, o la perdición que para nadie quieres. Tu propósito para todos era y es siempre el mismo: Que seamos santos, hijos adoptivos tuyos, para alabanza de tu gloria (Efe. 1:4-5, 11).

Tu predestinación no es un decreto inalterable, es un llamado, una elección (Efe. 1:4) que requiere aceptar a Cristo, creer en él y ser justificado por él (Juan 1:12; Efe. 1:3-11; Rom. 8:28-30). Tanto tu propia intención de vida como mi libre opción, revelan igualmente que al predestinarme no me fuerzas, ni dejas de ser el Dios que ejerce su soberana voluntad en plenitud. Tú quieres salvar y así lo determinas para todos. Y el proceso de la cruz para otorgarla, y la manifestación de tu misericordia para que esto ocurra, me dicen claramente que tú no me la impones. Tu salvación no es universal, sólo es para el que cree.

Soy salvo por tu gracia y por la fe no te rechazo. Si te rechazo, yo me pierdo. No porque tú hayas decretado mi perdición, porque nada has decretado nunca sobre esto. Tú sólo me escogiste para la salvación y aunque esto fue así, desde antes de la fundación del mundo, mucho antes de que yo existiera, nunca fue un sino inalterable. Nunca un despótico decreto de tu imperio. Sólo un designio de tu amor, sólo una intención de tu misericordia, sólo un propósito de tu buena voluntad que es siempre voluntad y es soberana.

Y tú me conoces desde siempre y siempre me impresiona saber que tú me conociste antes que yo fuera engendrado. ¿Cómo es esto? Y me pregunto: ¿Cómo puedes tú saber lo que no existe? Y entonces me respondo: ¿Cómo podría ser Dios y no saberlo? Y tú eres Dios. Todo lo supiste desde siempre. Pero tu conocimiento no determinó lo que yo haría. Lo que yo hago hoy, determinó tu conocimiento de mí, desde tu tiempo a mi presente, si es que hay tiempo para ti. En todo caso en ti ya hubo conocimiento de mí antes que viniera yo a existir y antes que ocurriera lo que yo hago. Tu saber no es predeterminación, sino presciencia (1 Ped. 1:2). Y no es predestinación porque soy libre. Yo elijo y hago. Y tú, lo que yo iba a elegir ya conocías porque nada queda oculto para ti. Nada, ni el futuro, ni el cambiante misterio de mis intenciones. Aunque supieses que yo no fuera a responder como tú quieres, tú me atenderías igual y a pesar de mi rechazo, tan sólo porque tú eres Dios, un soberano Dios de gracia, amor y misericordia.

Año Bíblico: Exodo 24-27

RELACION DE LAS TRES PERSONAS DIVINAS

Elegidos según la presciencia de Dios Padre en santificación del Espíritu, para obedecer y ser rociados con la sangre de Jesucristo: Gracia y paz os sean multiplicadas. 1 Pedro 1:2.

Todo el proceso redentor revela, Dios, tu relación con el Espíritu Santo y con tu Hijo Jesucristo. No existe independencia, ni objetivos separados, ni acciones en conflicto. Ninguno es más ni es menos misericordioso. Ninguno es más estricto, ni más duro, ni más blando. Tú, Padre, ofreces salvación, y juntamente contigo la ofrecen Jesucristo y el Espíritu Santo, por gracia. Pura gracia del amor porque en amor ustedes tres se tornan uno como se unen los colores en el blanco, estando todos allí sin que pueda percibirse su propia independencia separada, sin que nunca se distinga la acción individual como un tono disonante; estando todos allí como un dador inextinguible para otorgar una presencia acompañada que el solitario ser humano necesita y busca desesperadamente.

Ustedes tres son uno inalterable y cada uno, un ser individual que, sin perder jamás su propia persona independiente, nunca actúa para su propia satisfacción personal, como buscando su autorrealización, como esperando el reconocimiento de los demás para sentir la propia dignidad recompensada. Ustedes siempre son y siempre están. Nunca me faltan.

Yo sé que han conocido los pasos de mi vida antes que fuera yo formado, antes que el rayo de la vida apareciera en las entrañas de mi padre, antes que el flujo de la savia hiciera un nuevo fruto dentro del vientre de mi madre. Yo sé que ya me amaban desde siempre porque siempre, y desde el mismo amor que los integra en uno, han integrado a cada ser humano con ustedes para vida eterna.

Y cuando siento y cuando vivo la sangre de Jesús como un rocío, como lluvia matinal en campo herido, como el propio corazón que late un nuevo ritmo restaurado, yo sé que están en mí, los tres en uno. Y el Espíritu de Dios me hace de nuevo, un nuevo ser, una persona nueva que siente la presencia y el poder del Infinito. Nada me falta y no me sobra nada. Yo soy una persona hecha de nuevo para vivir la vida en permanente santificación por el Espíritu. Y así, yo los conozco sin saber todas las cosas. Hay mucho de los tres que no comprendo. Los modos de su ser, la forma de integrarse —sin las brechas tan comunes en toda relación de los humanos—, las maneras de su presencia y tanto más que yo no entiendo. Pero vivo. Yo vivo en el poder que me transforma, y cuando siento su acción haciendo lo imposible, estoy seguro. Yo sé que están los tres. Conmigo, con todos los demás, con todo aquel que quiera. Un día y cada día y para siempre, mientras quiera.

Año Bíblico: Exodo 28-29

LA ENCARNACION COMO OBRA TRINITARIA

Respondiendo el ángel, le dijo: El Espíritu Santo vendrá sobre ti, y el poder del Altísimo te cubrirá con su sombra; por lo cual también el Santo Ser que nacerá, será llamado Hijo de Dios. Lucas 1:35.

María, perturbada y tú sin vacilar actuando en favor de los humanos. Salvación era tu anhelo. La plena salvación para el perdido. María, temerosa, lo escuchaba y no entendía.

¿Cómo se hará esto? —dijo—, *pues no conozco varón* (Luc. 1:34).

Y tu ángel, cumpliendo tus órdenes sin miedo, sin dudar de tu poder y en plena certeza de tu imperio, le abrió el arcano de tu acción acompañada; y tu obra trinitaria de la encarnación se hizo visible para ella, y también para nosotros, con su compartido poder que es siempre ilimitado. Ustedes tres, en plena acción, y es un poder.

El poder del Altísimo —le dijo— *te cubrirá con su sombra* (Luc. 1:35).

No era en forma cabalística, ni mágica, ni mística, ni era espiritista. No era humanista, no era shamanista, ni tampoco era gnosticista. La forma de actuar de este poder era divina. Tan divina como el Altísimo mismo. Lo ejercería el propio Espíritu Santo, uno con Dios, para obrar la encarnación real del Hijo de Dios.

Hágase conmigo —dijo María— *conforme a tu palabra* (Luc. 1:38).

Y así fue. Esta decisión puso en marcha los poderes del cielo y de la tierra. Cuando la voluntad humana se une a la voluntad divina, el ser humano se vuelve un escenario real donde actúa todo el poder del propio Señor del universo. Augusto César dictó el decreto de empadronamiento. Cirenio, gobernador de Siria, lo puso en marcha. José subió de Galilea a Belén para empadronarse y cumplir la cita preanunciada por la profecía. Y María dio a luz a su hijo primogénito, en un pesebre.

He aquí os doy nuevas de gran gozo —dijo el ángel a los pastores—, ... *os ha nacido hoy, en la ciudad de David, un Salvador, que es Cristo el Señor* (Luc. 2:10-11).

Y el poder del Dios Triuno, que actuó en la encarnación trayendo vida eterna y nuevas de gran gozo, vuelve a actuar, con toda realidad, cuando aceptamos al Señor, y lo vivimos.

Año Bíblico: Exodo 30-31

DIOS ES PADRE

Sólo hay un Dios, el Padre, del cual proceden todas las cosas, y nosotros somos para él; y un Señor, Jesucristo, por medio del cual son todas las cosas, y nosotros por medio de él. 1 Corintios 8:6.

"Dios el Padre Eterno, es el Creador, Origen, Sustentador y Soberano de toda la creación. Es justo, santo, misericordioso y clemente, tardo para la ira y abundante en amor y fidelidad. Las cualidades y las facultades del Padre se manifiestan también en el Hijo y el Espíritu Santo (Gén. 1:1; Apoc. 4:11; 1 Cor. 15:28; Juan 3:16; 1 Juan 4:8; 1 Tim. 1:17; Exo. 34:6-7; Juan 14:9)" (*Manual de la iglesia*, Creencia Fundamental N.º 3).

Procedo de ti. Tú eres mi Padre. No me engendraste tú como mi padre terrenal juntó sus genes a los genes de mi madre para procrearme. Sólo son ellos progenitores. Simples eslabones de la vida, cercanos a mí, los más cercanos. Y la cadena sigue, después de mí, haciendo que en cada generación exista un padre que transmite la vida sin cortarla. Tú eres más. Tú eres mi origen. El Padre de todos los padres. Sin ti yo no existiera. Nada yo sería en este mundo, ni en ninguno de todos los mundos que has creado por tu sola bondad. Nada. Ni una idea, ni un deseo, ni una sombra. Sólo existo si eres Padre. Y bien sé yo que existo.

La tierra me lo dice. Me lo dice el propio corazón cuando palpita. Desde el pétalo callado hasta la piedra. Desde la simple gota de mi sangre hasta el sistema equilibrado que transita la vida por mis venas. Todo lo que existe me lo dice. Me lo dice el ser que soy y lo que vivo. Tú eres Padre.

Mi Padre tú eres, y lo dices. Lo dices con mi ser y con las cosas, lo dices con profetas y testigos, lo dices con el Hijo y tu Palabra.

El que me ha visto a mí, ha visto al Padre (Juan 14:9).

¿Así pagáis a Jehová, pueblo loco e ignorante? ¿No es él tu padre que te creó? Él te hizo y te estableció (Deut. 32:6).

Tú eres mi originador, eres mi Padre; y Padre mío eres tú por redimirme. Tu Hijo vino "para que redimiese a los que estaban bajo la ley, a fin de que recibiésemos la adopción de hijos". Y ahora que somos tus hijos, y por serlo, colocas tú en nosotros el Espíritu de tu Hijo para que sin cesar, y con su propio clamor, clamemos: ¡Abba, Padre! (Gál. 4:5-6).

Hijo tuyo soy, tú eres mi Padre, y sólo deseo vivir como tu heredero.

Año Bíblico: Exodo 32-33

DIOS ES UN PADRE CON HERENCIA

Así que ya no eres esclavo, sino hijo; y si hijo, también heredero de Dios por medio de Cristo. Gálatas 4:7.

Llovía cuando sepultamos a mi padre. Sus inviernos repetidos no lo dejaron en paz hasta la muerte. La lluvia hizo la huella de los pasos al sepulcro más profunda, y más confusa. Nadie supo de su herencia. Los dineros o las casas, y las cosas. Sólo huellas muy confusas. Una trágica y volátil relación de propiedad sin posesión. Una simple posesión sin propiedad que se deshace.

Cada vez que pienso en padres con herencia retorna a mi memoria una familia muy rica de mi pueblo. El padre falleció. Y se repartieron la herencia. Cada uno disfrutó de una abundancia propia, ya no más la de su padre. Pero ellos no sabían ser hijos con herencia. La perdieron. Y entonces la abundancia propia se tornó en la propia realidad de la miseria.

Tu herencia, Padre, no es volátil. Incluye cosas, cierto; pero aquéllas que duran para siempre. Las cosas de tu reino, en una tierra nueva renovada para ser incorruptible por los siglos sin fin del tiempo eterno. Incluye vida. La vida que no muere, la vida restaurada por la cruz, reconstruida en el milagro del nuevo nacimiento y confirmada por el otro milagro de la santificación en el Espíritu Santo. Incluye al propio Espíritu de Dios. Tú me lo das en garantía y anticipo de todo lo demás, como una prueba que asegura el resto de la herencia porque el Espíritu Santo es "las arras de nuestra herencia hasta la redención de la posesión adquirida" (Efe. 1:14). Tu herencia, Padre, también me incluye a mí. Por redención y afiliación y creación te pertenezco. Yo soy tu propiedad y parte de tu herencia.

Bienaventurada la nación cuyo Dios es Jehová, el pueblo que él escogió como heredad para sí (Sal. 33:12).

Tú eres un Padre con herencia y me la das de tal manera que me incorporas a ella por medio del Espíritu Santo. Mientras yo viva en el Espíritu, tu herencia está conmigo y yo vivo en medio de tu herencia sin que nada me separe de lo tuyo. Tú y yo vivimos juntos la plena maravilla de tu reino, desde ahora. No tengo que esperar. Ya el tiempo no es distancia para mí porque yo soy un hijo pródigo que ha vuelto de la tierra extraña y vivo en casa para siempre. Ya recibí tu abrazo de amor y bienvenida. Ya recibí tu ropa nueva y me vestiste "de lino fino, limpio y resplandeciente" (Apoc. 19:8). Ya me lavó la sangre del Cordero y soy persona nueva para vivir la herencia de tu reino sin esperar hasta el futuro. La eternidad ya ha comenzado para mí porque tu herencia está conmigo. Tú eres un Padre con herencia y por tu Espíritu yo sé cómo vivir la herencia de mi Padre sin perderla.

Año Bíblico: Exodo 34-36

DIOS ES UN PADRE QUE AMA

En esto se mostró el amor de Dios para con nosotros, en que Dios envió a su Hijo unigénito al mundo, para que vivamos por él. En esto consiste el amor: no en que nosotros hayamos amado a Dios, sino en que él nos amó a nosotros, y envió a su Hijo en propiciación por nuestros pecados. 1 Juan 4:9-10.

Amar no es difícil. Todos los seres humanos aman y, muchas veces, con pasión intensa. Tan intensa que hasta pueden destruir todo lo que se interpone entre ellos y lo que aman, incluyendo personas. Extraño amor el nuestro. Pero el tuyo, Padre Eterno, es diferente. Tú no siegas la vida por amor; la otorgas. Y es tu amor tan bueno, tan lleno como un vaso desbordando.

Nada externo causa tu amor. No me amas tú porque yo lo merezca, ni porque haya hecho alguna cosa que te agrade y quieras tú recompensarme. Tú amas por tu propia naturaleza; eres amor. No te pones el amor como un traje especialmente adaptado para una circunstancia particular. No lo muestras controlándote a ti mismo para ser benevolente con el malo. Tú no simulas el amor, tú eres.

Eres un Padre muy cercano, siempre abierto a mi persona y a cada ser humano por igual. No eres una deidad pagana, distante en el espacio; en el afecto, ajeno. Tú no dejas espacio entre tú y yo para que invente yo una adoración a espíritus malignos que aplaque sus iras y sus actos destructivos. Tú estás cercano en el espacio, cercano en el afecto; me amas. Y me amas porque sí. Tú sólo eres amor y me amas sólo porque estás.

Tú eres un Padre personal. Una persona entera. No humana, sino divina; pero persona real, llena de afecto. Tú no eres una mente indiferente que lo llena todo. No tengo yo que andar buscando ser un algo de la nada, ni ser nada de un algo que no existe. Tú eres un divino Padre personal que me ama siempre.

Nadie es dueño de tu amor. Tú no me amas porque yo pertenezca al grupo de tu pueblo. No eres una deidad tribal que sólo se interesa por los miembros de su tribu, ni eres un padre familiar que ama sólo a sus propios hijos buenos. Tú eres un árbol cargado de maduros frutos que está junto al camino, para todos. Arbol que crece por sí mismo. Arbol de amor universal.

Tú eres un Padre que ama. No eres tirano poderoso, en iras de rechazo universal. No eres un ser supersensible que se ofende cuando pienso mi propio pensamiento, cuando realizo mis acciones propias como un pequeño ser centrado en mí por mis deseos. Tú me socorres por amor. Me abres la fuente de tu afecto para hacerme vivir la vida abierta que sale de tu amor de Padre personal.

Año Bíblico: Exodo 37-38

DIOS ES UN PADRE QUE DA

De cierto, de cierto os digo: No os dio Moisés el pan del cielo, mas mi Padre os da el verdadero pan del cielo. Porque el pan de Dios es aquel que descendió del cielo y da vida al mundo. Juan 6:32-33.

El tránsito de tus obras, Padre, no es nunca en dirección a tus pasiones. Tú no tienes pasiones. Tú no tienes un yo de mórbidos deseos buscando sus propios recónditos rincones de fuerzas egoístas, insaciables y ambiciosas, vacías y tiranas. Tú eres un Padre amante que da. Tu amor inalterable indica el tránsito de todas tus acciones y tú das.

Das todo, y a ti mismo te das. Sin restricción, como un arroyo que va dando porque pasa, como un canto que hace sentir la música cercana tan sólo porque es canto.

La medida de tu amor es tu regalo. El unigénito Hijo que tú diste —uno contigo, esencia de tu misma esencia, divina persona de existencia eterna, único en su genero, gloria de tu propia gloria, divina persona como tu persona propia— me dice que tu amor rompió los límites de todo límite que abrimos al amor los que te amamos. Tú nos amaste más.

Con el regalo de tu Hijo tú también me diste la plena riqueza de tus dones todos. La misma verdad de tu palabra, la propia grandeza de tus obras, la inmensa infinitud de vida eterna, las cosas, todas las cosas en cantidades iguales al mundo y lo creado. Todo, así de simple, todo tú me diste en la persona de tu Hijo. Y cuando diste todo abriste tú mi propio entendimiento a tu grandeza.

Tú no me diste al Hijo para mi mundo racional tan limitado. No fue un concepto para aguzar mi mente. No me lo diste para la especulación racional. Para la fe lo diste, para la vida. Para que yo lo acepte, para que yo lo siga, para que yo lo viva. Y al vivirlo, tenga vida eterna. Tú me lo diste para que me asocie con él en la misión de compartir la vida. Para que también yo sea un ser que da. Una persona siguiendo la misma dirección que tú caminas. Compartidor de tu regalo. Compañero de tu amor. Tu socio en la misión porque lo quieres.

Y ahora que yo creo, vamos juntos. Hablando y regalando. Contando de tu amor y tu regalo. Viviendo tu regalo por amor. Y al detener mi pensamiento en el regalo, para pensarlo una vez más, en plena calma, con la simple sensación de poseerlo, te siento y te revivo. Tú sólo eres mi Padre. Mi Dios. Y no hay más dioses, ni deseos, ni ambiciones, ni pasiones que arrastren mi camino hacia el dolor del egoísmo. Yo creo. Y creo por tu amor, y por tu amor yo tengo tu regalo.

Año Bíblico: Exodo 39-40

DIOS ES UN PADRE FIEL

Conoce, pues, que Jehová tu Dios es Dios, Dios fiel, que guarda el pacto y la misericordia a los que le aman y guardan sus mandamientos, hasta mil generaciones; y que da el pago en persona al que le aborrece, destruyéndolo; y no se demora con el que le odia, en persona le dará el pago. Deuteronomio 7:9-10.

Tú nunca olvidas. Tu amor no apaga mi mal como resultado automático de tus bondades. Tú eres un Dios justo que sabe causas, y motivaciones, y acciones, y error, y consecuencias. Tú nunca engañas ni te engañas. Tú sabes el camino y siempre sigues el camino que tú sabes. No hay olvido en tu programa. Los hechos de la vida tú los ves como ellos son. Y como son, tú los recuerdas.

El mal que yo cometo cuando peco, jamás tú lo percibes como bien. Tú ves lo que yo pienso, tú sabes lo que siento y tú conoces muy bien lo que deseo. Motivaciones, objetivos y designios, todo abierto ante tus ojos. Nada dejas de saber de lo que pasa en mis acciones. Todo tú lo ves. Tu amor no es ciego.

Hay una forma correcta de vivir y tú la vives. Tú eres fiel. Tú no eres un esposo viviendo en adulterio. Tú no eres vendedor que adapta sus pesos y medidas, que engaña con los precios, que explota circunstancias, que roba lo que puede. Tú no eres un actor que muestra lo irreal como si fuera realidad, tornando la existencia una ficción de los deseos. Tú no eres abogado vendiendo la razón si no concuerda con vida de verdad y de justicia. Tú eres fiel.

Cuando me dices que el camino no es fingir, ni es esperar que tú te olvides por amor, porque eres bueno, porque son ilimitadas tus misericordias. Cuando me dices que el camino para salir del mal está en que reconozca mi pecado y me arrepienta, yo sé que sólo así mi redención será posible. Lo sé porque eres fiel. Tú nunca engañas.

Tampoco olvidas tú, tu pacto. Me ofreces el perdón y me lo entregas. Prometes aceptarme cuando vuelva y tú me aceptas. Prometes integrarte tú a mi vida y tú te integras. Me ofreces el Espíritu —poder que me trasforma—, y me lo otorgas. Me ofreces vida eterna y me la cedes. Tú eres fiel.

Yo me siento muy bien sabiendo que eres fiel. Tengo la paz de tu justicia, la esperanza del advenimiento, la confianza en tu poder, la fe que me aproxima, la presencia constante de tu Espíritu. Tengo certeza de la salvación. Te tengo a ti para ser fiel. Y así, no hay nada que me angustie, aunque me vengan aflicciones; no hay nada que me aparte, aunque me vengan tentaciones. Yo soy lo que tú quieres porque eres tú lo que yo quiero.

Año Bíblico: Levítico 1-4

DIOS ES UN SEÑOR PODEROSO

Ahora, pues, yo te ruego que sea magnificado el poder del Señor, como lo hablaste, diciendo: Jehová, tardo para la ira y grande en misericordia, que perdona la iniquidad y la rebelión, aunque de ningún modo tendrá por inocente al culpable; que visita la maldad de los padres sobre los hijos hasta los terceros y hasta los cuartos. Números 14:17-18.

Más poderoso eres tú cuando perdonas que cuando aplicas tu castigo a los culpables. Israel vivió sus rebeliones como la raza humana entera se apartó de tus caminos. Nadie es justo.

Aquella noche el pueblo se quejó. Habían escuchado el informe de sus doce espías. La tierra era buena. Abundancia de leche y miel. Superabundancia de frutos.

Mas el pueblo que habita aquella tierra es fuerte —dijeron diez de los espías—, *y las ciudades muy grandes y fortificadas;... No podremos subir contra aquel pueblo... la tierra... es tierra que traga a sus moradores; y todo el pueblo que vimos en medio de ella son hombres de grande estatura... gigantes, hijos de Anac,... y éramos nosotros... como langostas* (Núm. 13:27-28, 31-33).

Caleb sintió la angustia del desvío. Falta de visión, exceso de temor, pequeña fe o ausencia total de sus valores. ¡Tamaña cobardía! No puede el pueblo del Señor actuar como pagano.

Subamos luego —dijo, confiando en el Señor—, *y tomemos posesión de ella; porque más podremos nosotros que ellos* (Núm. 13:30).

Pero los diez lograron más. Más voluntades malas apoyando su derrota. Más queja negativa contra Aarón, contra Moisés y contra Dios. Los líderes no sirven. ¿Y Dios? ¿Qué sabe Dios de los peligros?

¿Y por qué nos trae Jehová a esta tierra para caer a espada, y que nuestras mujeres y nuestros niños sean por presa? —dijeron como sabiendo lo que hablaban—. *¿No nos sería mejor volvernos a Egipto?* (Núm. 14:3).

Creció la rebelión. Josué y Caleb trataron de impedirla, pero la multitud quiso apedrearlos. Y entonces, la gloria de Jehová se hizo visible. Su voz llegó a Moisés con todo su poder.

¿Hasta cuándo me ha de irritar este pueblo? ¿Hasta cuándo no me creerán, con todas las señales que he hecho en medio de ellos? Yo los heriré de mortandad y los destruiré, y a ti te pondré sobre gente más grande y más fuerte que ellos (Núm. 14:11-12).

Más poderoso eres tú, Jehová, cuando perdonas que cuando destruyes.

Año Bíblico: Levítico 5-7

DIOS ES UN PADRE QUE PERDONA

Perdona ahora la iniquidad de este pueblo según la grandeza de tu misericordia, y como has perdonado a este pueblo desde Egipto hasta aquí. Números 14:19.

Y tú, mi Dios, los perdonaste. Tú siempre me sorprendes. ¡Cómo es que puedes tú escuchar a un ser humano y atenderlo! Tu mano estaba alzada, tus labios pronunciando la sentencia, tus actos preparados para hacer que todos perecieran. ¡Y oíste tú a Moisés para salvar al pueblo! Tú eres, Señor, tan poderoso que puedes controlar tus propios juicios cuando ellos ya están a punto de realizarse. Me asombras y te admiro. Confío y te respeto. Sí, tú eres Dios y tu poder no te controla nunca. Eres tú quien lo controla porque eres tú solo el que domina con poder todas las cosas.

Pero esto no es todo. Hay algo más en tu poder que me anonada. Su falta de violencia. Tú nunca fuerzas voluntades que no quieren hacer lo que deseas. Pusiste libertad en cada ser humano y la respetas. De todas, la más noble, la mejor, la que es más propia, más profunda, más auténtica y más plena, la libertad de la elección: libre albedrío. Tú nunca lo violentas.

Y el pueblo en el desierto, en plena rebelión, gritando su deseo, su propia decisión, su más extraño anhelo.

¡Ojalá muriéramos en este desierto! (Núm. 14:2).

Y tú escuchando el ruego de Moisés contrario a lo que el pueblo decidía. ¿Será que tú esa vez harías diferente? Mas no, tú siempre eres igual. Tu coherencia inalterable muestra un brillo de poder que nunca falta en tu diamante. La ley de libertad, tu propia ley de voluntades, tú cuidas y respetas. Diste al pueblo tu perdón, pedido por Moisés, que el pueblo no quería. Mas tú no lo otorgaste para salvar a los rebeldes. Fue sólo un medio tuyo para salvar a la nación que tú elegiste, porque también tus elecciones deben ser inalteradas.

Yo lo he perdonado conforme a tu dicho —le dijiste a Moisés—. *Mas tan ciertamente como vivo yo, y mi gloria llena toda la tierra, todos los que vieron mi gloria y mis señales que he hecho en Egipto y en el desierto, y me han tentado ya diez veces, y no han oído mi voz, no verán la tierra de la cual juré a sus padres; no, ninguno de los que me han irritado la verá* (Núm. 14:20-23).

Y todos los adultos, de acuerdo a su pedido, menos Josué y Caleb, murieron en ese desierto donde querían morir; y a la Tierra Prometida que no querían entrar, jamás entraron. Pero los dos que sí querían entrar, no sólo entraron en ella, también la poseyeron bajo el poder que tú les diste.

Año Bíblico: Levítico 8-10

DIOS EL HIJO

Cuando Jesús vio a Natanael que se le acercaba, dijo de él: He aquí un verdadero israelita, en quien no hay engaño. Le dijo Natanael: ¿De dónde me conoces? Respondió Jesús y le dijo: Antes que Felipe te llamara, cuando estabas debajo de la higuera, te vi. Respondió Natanael y le dijo: Rabí, tú eres el Hijo de Dios; tú eres el Rey de Israel. Juan 1:47-49.

"Dios el Hijo Eterno, es uno con el Padre. Por medio de él fueron creadas todas las cosas; él revela el carácter de Dios, lleva a cabo la salvación de la humanidad y juzga al mundo. Aunque es verdaderamente Dios, sempiterno, también llegó a ser verdaderamente hombre, Jesús el Cristo. Fue concebido por el Espíritu Santo y nació de la virgen María. Vivió y experimentó tentaciones como ser humano, pero ejemplificó perfectamente la justicia y el amor de Dios. Mediante sus milagros manifestó el poder de Dios y éstos dieron testimonio de que era el prometido Mesías de Dios. Sufrió y murió voluntariamente en la cruz por nuestros pecados y en nuestro lugar, resucitó de entre los muertos y ascendió al Padre para ministrar en el santuario celestial en nuestro favor. Volverá otra vez con poder y gloria para liberar definitivamente a su pueblo y restaurar todas las cosas (Juan 1:1-3,14; Col. 1:15-19; Juan 10:30; 14:9; Rom. 6:23; 2 Cor. 5:17-19; Juan 5:22; Luc. 1:35; Fil. 2:5-11; Heb. 2:9-18; 1 Cor. 15:3-4; Heb. 8:1-2; Juan 14:1-3)" *(Manual de la iglesia,* Creencia Fundamental N.º 4).

Una simple conversación. Felipe de Betsaida, después de encontrarse con Jesús, contaba esta experiencia a Natanael, su amigo.

—*Hemos hallado a aquel de quien escribió Moisés en la ley, así como los profetas: a Jesús, el hijo de José, de Nazaret.*

—¿De Nazaret puede salir algo de bueno? —le replicó Natanael.

—*Ven y ve* —respondió Felipe (Juan 1:45-46).

No era necesario entrar en discusión. La realidad armonizaba con las Escrituras. Sólo faltaba verlo. Y Natanael fue a ver. Pensaba encontrar a un nazareno y, sorpresa de las sorpresas, encontró a tu Hijo.

Todo parece tan simple en el relato, como un hecho de la vida rutinaria. Pero aquello no era rutina. Era la experiencia mayor de una persona, el mayor evento de la historia, tu presencia más clara y más directa, mi Dios, sobre la tierra. Cuando pienso que Natanael, sin siquiera buscarlo, conversó con tu Hijo como vecinos, descubro que tu propia persona es tan cercana, tan familiar como un amigo de mi amigo.

Año Bíblico: Levítico 11-12

EL HIJO ETERNO

En el principio era el Verbo, y el Verbo era con Dios, y el Verbo era Dios. Juan 1:1.

Tu Hijo era el *Lógos*, la Palabra. Creador, restaurador, dador de vida eterna, revelador y salvador y juez y soberano (Juan 1:1-3; 1 Juan 1:1; Apoc. 19:13).

En el principio, cuando las cosas fueron creadas, tu Hijo ya existía. Él era, ya estaba. Nada precede al Hijo. Su tiempo no posee pasado, ni futuro. Él vive en un presente eterno, previo a todo y posterior a cuanta cosa pueda deshacerse. *Y él es antes de todas las cosas, y todas las cosas en él subsisten* (Col. 1:17). Antes del tiempo él era. Él es y siempre ha sido.

¿Qué es el tiempo? De tiempo yo no soy y no lo entiendo. Yo sólo sé que es una línea horizontal que viene del pasado posando en mi presente sólo un segundo breve y seguirá viajando hacia el futuro con su flecha que no puedo detener. Yo sólo soy persona viva. Con vida que me diste y yo destruyo como ahogándola en el tiempo. Suspiro transitorio, la vida. Fuego de artificio. Llama sin cuerpo levantando en el aire una existencia transitoria y ya se extingue. El tiempo es un segundo mío y el resto todo es tuyo y me lo ofreces.

Cuando te pienso viviendo desde siempre y para siempre, me siento como extraño en un país desconocido. Como escuchando palabras de un idioma ininteligible. Tu vida de existencia eterna es algo que yo no sé. Yo sólo tengo una intuición que viene a mi conciencia por vía del principio. En el principio, tú me dices que tu Hijo ya existía. Para mí el principio es el comienzo, cuando todo lo que no existía se inicia en la existencia. Si tu Hijo y tú mismo, mi Dios, ya estaban allí, se me abre una existencia más allá de la frontera temporal que entiendo y que conozco, y el tiempo se me extiende. Hay tiempo más atrás de lo que entiendo y tu Hijo estaba en él y más allá del tiempo. Él es eterno. ¿Hubo un momento cuando el tiempo comenzó? Y si esto fue así, tu Hijo ya existía antes del tiempo. ¿Qué es el tiempo? No lo sé, ni es necesario que lo sepa. Tu Hijo sigue siendo eterno. Es la Palabra.

Por la palabra de Jehová fueron creados los cielos y la tierra y todo el ejército de ellos por el aliento de su boca... Porque él dijo, y fue hecho; él mandó, y existió (Sal. 33:6, 9).

La eternidad de tu Hijo no crea un problema para mí. Cuanto más cosas inexplicables él tenga, más divino es para mí. Si yo pudiera explicar todo lo que él es, posiblemente llegaría a la conclusión de que es otro ser humano. Pero es Dios, como tú, oh Padre Eterno, y como el Espíritu Santo.

Año Bíblico: Levítico 13-14

UN SACRIFICIO PLANEADO

Sabiendo que fuisteis rescatados de vuestra vana manera de vivir, la cual recibisteis de vuestros padres, no con cosas corruptibles, como oro o plata, sino con la sangre preciosa de Cristo, como de un cordero sin mancha y sin contaminación, ya destinado desde antes de la fundación del mundo. 1 Pedro 1:18-20.

Tú todo lo sabes, desde siempre. Cuando planeaste la creación, juntamente con el Hijo y el Espíritu Santo, ya sabías que el pecado entraría en la experiencia humana, con todas sus consecuencias. Planeaste la salvación de la humanidad, por sustitución. El Hijo vendría como un cordero sin mancha para derramar su sangre, en propiciación, para rescatar a los perdidos.

Yo y cada ser humano entramos, sin discriminación, en tu proyecto. Pensaste en nosotros y lo conversaste con el Hijo. Fue un pensar en las personas de un modo diferente. Cuando nosotros, los humanos, pensamos en alguien, recordamos. La dirección de nuestro pensamiento va hacia el pasado. No tenemos conocimiento de nadie que existirá en el futuro. Tú puedes pensar a las personas en las dos direcciones: hacia el pasado, cuando recuerdas, y tú no olvidas; o hacia el futuro, porque tú sabes la vida de aquellos que no viven aún. Y por saberlo, los tienes en tu mente, como nosotros tenemos a las personas conocidas en nuestra memoria. Nos amaste antes que llegáramos a la vida. Y el Hijo nos amó. Y nos amó también el Santo Espíritu.

El Hijo pudo amarnos y ofrecerse en sacrificio con tanta antecedencia, desde antes de la fundación del mundo, porque estaba allí, porque sabía de nosotros, porque él es Dios. Yo tengo que admitirlo ingenuamente, aunque ingenuidad en esto no haya nada: Es tan bueno saberlo. Es como volver de un largo viaje y encontrarse ya en el barrio de la casa propia. Como haber sentido un hambre insoportable y estar a punto de comer el plato favorito. Hay algo muy grato que uno siente con las emociones, con el recuerdo lo goza, lo gusta con la mente, con el cuerpo lo disfruta, lo vive con el ser, con todo el ser sin restricciones. Ese algo es puro amor. Amor que uno recibe, amor que uno devuelve. Tu amor que es fruto y es semilla, se entrega todo entero y engendra nuevo amor, como la espiga.

Amados, si Dios nos ha amado así, debemos también amarnos unos a otros... Y nosotros lo amamos a él, porque él nos amó primero (1 Juan 4:11, 19).

Y a causa de tu amor, yo te recuerdo. Y sé que tú estarás en el futuro, en tu eterno futuro y en mi futuro propio, porque te amo.

Y todo aquel que ama, es nacido de Dios, y conoce a Dios (1 Juan 4:7).

Año Bíblico: Levítico 15-16

EL HIJO ENCARNADO

Y aquel Verbo fue hecho carne, y habitó entre nosotros (y vimos su gloria, gloria como del unigénito del Padre), lleno de gracia y de verdad. Juan 1:14.

¿Cómo puedo yo entender la encarnación sin destruirte? Tú sabes, y con qué tristeza tú lo sabes. Yo puedo internarme en una idea y trabajar con el concepto de la encarnación sin nunca percibir su utilidad para mi vida. Sin llegar a la experiencia de su simple realidad en mi existencia. Y así yo te destruyo. Tu morada entre los seres pecadores pierde la misma realidad que tú buscabas.

O puedo también argumentar el modo como tú encarnaste en esta vida. Si como Adán antes del mal o como él tornóse después de su pecado. Yo sé que este saber es bueno. Lo malo está en vivir argumentando el modo de la encarnación, la estructura de tu naturaleza doble, sin nunca comprender sus objetivos.

Es verdad, saber como encarnaste me ayuda a comprenderte. Porque si te hago muy humano, no eres tú de quien yo estoy hablando; y si divino tan sólo te conozco, tampoco eres tú a quien yo conozco. Tú eres hombre y eres Dios. El Hijo de Dios, con toda su eterna realidad, que se encarnó en la vida humana, como un hombre real, igual que todos los hombres de su tiempo. Divino, con ausencia total de todo lo que torna a un ser pecaminoso. Y humano, con la misma realidad que diferencia al hombre de un ser divino. Dios encarnado. ¿Eras entonces más Dios que hombre? No, tú no eras Dios con apariencia humana. Tú eras un hombre real. Pero no eras un hombre divinizado. Tú no podías ser más Dios, ni tampoco más hombre. Tú eras plenamente divino y eras plenamente humano. Verdadero Dios y hombre verdadero. Sin propensión al mal, con el estado físico de un hombre israelita de tu tiempo.

¿Cuál era tu objetivo al encarnarte? ¿Hacerte menos divino despojándote de tu divinidad y vistiendo humanidad tan limitada? No, por supuesto. Tampoco pretendías hacer del ser humano un ser divino, ni hacerlo superior a lo que hiciste cuando creaste la raza humana en el principio. Querías tú estar cerca, como cercano está un regalo de su dueño. Querías tú tornarte un don para la raza humana. Un regalo de Dios, sin lejanías. Un íntimo amigo de cada pecador, para salvarlo. Un sustituto, un vicario, un redentor.

Como viviste, un Dios encarnado, quiero que vivas en mi vida. Morando tú, por medio de tu Espíritu, en la persona mía. No para hacerme Dios, sino para llevarme con tu propio poder a una nueva vida, para rehacerme una persona viva que vive de verdad, y en la verdad, contigo y para ti, como una nueva criatura, transitando siempre tu camino bueno que conduce hacia la vida eterna. Y así, yo soy. Soy uno de los tuyos, de aquellos que en verdad te recibieron.

Año Bíblico: Levítico 17-19

LA PLENITUD DE CRISTO

Juan dio testimonio de él, y clamó diciendo: Este es de quien yo decía: El que viene después de mí, es antes de mí; porque era primero que yo. Porque de su plenitud tomamos todos, y gracia sobre gracia. Pues la ley por medio de Moisés fue dada, pero la gracia y la verdad vinieron por medio de Jesucristo. Juan 1:15-17.

Juan el Bautista fue el último predicador de los tiempos precristianos, fue el profeta mayor de todos los tiempos, fue un testigo. El vino predicando, en el desierto de Judea, con un mensaje universal para el judío y el romano, para el incrédulo que busca sus razones falsas de la vida, para el incierto malhechor que tergiversa las acciones y falsifica la vida con sus malas obras, para el hipócrita engañado, para el falso saduceo, para el fariseo engreído, para mí. Todos pecamos.

Vacíos, sin la vida. Buscando siempre un algo: incierto, nebuloso, indefinido. Buscando donde no hay. Somos tan solo pordioseros escarbando un tarro viejo repleto de basura y nada más. Y así, nos vamos por la vida, cansados de buscar y nunca hallar, y cuando hallamos, es siempre un poco menos lo que está, y es lo que falta un mucho más, que nunca existe y nunca da.

Y Juan, testigo tuyo, describió tu plenitud. ¡Tan grande plenitud! Todos podemos tomar lo que nos falta y sigue siendo plenitud. De gracia, y gracia sobre gracia. No hay excusa. Tu abundancia lo tiene todo. Tiene la ley, que diste por medio de Moisés, tiene la gracia y la verdad visibles plenamente en Jesucristo. No hay contradicción entre la ley, la gracia y la verdad. (En el texto original no existe la conjunción adversativa *pero,* que produce la oposición de la ley con la gracia y la verdad). Las tres se complementan, son parte cada una de la misma plenitud que vino de ti, con Jesucristo.

Vivir la plenitud es estar lleno. Moralmente lleno, por la clara orientación que viene de tu ley; espiritualmente lleno, por la abundancia de tu gracia; y lleno mentalmente por toda tu verdad. Todo viene a nosotros en el don de Jesucristo. El es la fuente de la vida que se abre hacia nosotros sin cesar. El es el pozo de Jacob donde bebemos curación para el pecado. El es el estanque de Betesda que se agita desde la cruz para sanarnos. El es el río Jordán que nos sepulta del pecado y nos levanta para vida eterna.

Tu plenitud es inagotable. Gracia sobre gracia, como las olas del mar, una sobre otra, repitiendo inmensidad sin detenerse; como las cataratas del Iguazú, fluyendo sin interrupción, en una entrega de abundancia repetida, que siempre ofrece más. Vino tu Hijo desde antes de los tiempos, y en el tiempo presente se repite. Viene a mí, aún hoy, con su abundancia y me enriquece. Yo me siento hecho de nuevo y de nuevo me siento restaurado.

Año Bíblico: Levítico 20-22

LA PROMESA DE ABUNDANCIA

Y haré de ti una nación grande, y te bendeciré, y engrandeceré tu nombre, y serás bendición. Bendeciré a los que te bendijeren, y a los que te maldijeren maldeciré; y serán benditas en ti todas las familias de la tierra. Génesis 12:2-3.

Abrahán, hijo de Taré, hermano de Harán y de Nacor, tío de Lot, esposo de Sara, respondiendo a tu llamado, salió de Ur de los caldeos, ciudad ubicada al noroeste del golfo Pérsico, para ir a la tierra de Canaán. Salió de la cultura, del saber, del gran comercio y la política. Salió de un paganismo centrado en el culto a Sin, la diosa luna. Y se detuvo en Harán, donde murió su padre. Mitad del viaje a su destino. Lugar donde tú, Dios poderoso, conocedor de todos los misterios, volviste a hablarle con poder.

Yo me imagino que Abrahán estaba tremendamente impresionado. Sintiendo una profunda seguridad, una especie de canto espiritual, lleno de voces alumbradas que daban a su espíritu la bella sensación de haber llegado a la victoria. El ya estaba en el camino; y tú, presente y junto a él, mostrándole el futuro.

Haré de ti una nación grande, le decías.

Y él sentía esa grandeza. La sentía de verdad, porque verdadera grandeza sólo hay una: la que tú regalas por tu gracia. Y disfrutaba la grandeza de toda su familia. Descendencia él no tenía. Sin hijos, sin nietos, sin nadie más que Sara y una orden tuya, para dejar su parentela, la casa de su padre, y seguir viaje. Pero él, creyente, veía tus palabras tornadas realidad en su futuro, y te creía.

Y te bendeciré, y engrandeceré tu nombre, y serás bendición, le repetías.

Y ahora, la abundancia, tu abundancia. Bendición: Una abundancia de bienes y prestigio, una abundancia de familia y protección, una abundancia de tu propia presencia en su familia.

Y serán benditas en ti todas las familias de la tierra, concluías.

Promesa de toda plenitud, en Cristo. El único que trae bendición consigo mismo, el único que alcanza a las familias todas de la tierra, el único que imparte la grandeza, vendría en su familia, para la tierra entera. Y aún hoy, la bendición que diste a Abrahán cuando salía del culto de la luna y dejaba atrás una cultura de humanismo, nos llega de nuevo con la fuerza de la vida, y con la misma abundancia de todo tu poder, más grande que el culto ecologista, y más real que la grandeza humana forjada por el hombre, y para sí.

Año Bíblico: Levítico 23-25

EL GOZO DE TENER UN SALVADOR

Se les presentó un ángel del Señor, y la gloria del Señor los rodeó de resplandor; y tuvieron gran temor. Pero el ángel les dijo: No temáis; porque he aquí os doy nuevas de gran gozo, que será para todo el pueblo: que os ha nacido hoy, en la ciudad de David, un Salvador, que es Cristo el Señor. Lucas 2:9-11.

Temor por la visión, gozo por el Salvador. Estábamos viajando de Lima a Santiago de Chile. El pasillo del avión repleto de pasajeros, mientras avanzábamos, lentamente, para tomar nuestros asientos. Al llegar a mi número, me correspondía el de la ventana, una señora de apariencia distinguida, estaba en él.

—Disculpe —me dijo, cuando me senté en el asiento del medio—, posiblemente éste sea su asiento. Pero siempre quise ver la cordillera de Los Andes y mi única oportunidad es ésta.

—Está bien, no se preocupe. ¡Yo la he visto tantas veces!

Dueña de una agencia de viajes de San Francisco, estaba viajando a Chile con un grupo. Su asiento estaba en otro lugar del avión, con gente amiga, pero ahora, lo importante era la cordillera.

—Y usted, ¿qué hace? —preguntó, como mostrándose cortés, ya un poco menos agitada.

—Soy pastor de la Iglesia Adventista —respondí.

—Yo soy presbiteriana —dijo—, pero voy a la iglesia sólo de vez en cuando. Tengo una vida muy ocupada y es difícil disponer de tiempo cada semana, usted sabe.

Y hablamos de su iglesia, una congregación muy agradable que la trata con mucha simpatía.

—Por eso voy —dijo— cada vez que puedo.

—¿Y Cristo? —me aventuré a preguntarle, con riesgo de parecer entrometido—. ¿Cómo está su relación con él?

Me contó de su divorcio, de su lucha para enfrentar tantos problemas que surgieron como consecuencia. Yo le hablé de Cristo. Cómo uno puede vivir con él en medio de toda circunstancia. La manera de estar relacionados, en un diálogo mental inacabable. Y estos tiempos son los tiempos del fin. Las profecías. Lo que está ocurriendo en su país, en todo el mundo. Y ella suspiraba, temerosa a veces, y a veces llena de gozo. Anunciaron nuestro aterrizaje.

—¿Y la cordillera? —dijo, asombrada. Ni una vez miró por la ventana.

(Continúa mañana.)

Año Bíblico: Levítico 26-27

EL PESEBRE, UNA SEÑAL

Esto os servirá de señal: Hallaréis al niño envuelto en pañales, acostado en un pesebre. Lucas 2:12.

Cuando me despedí de la agente de viajes, en medio del confuso movimiento de los pasajeros, aglomerados en el pasillo del avión, tratando de salir, sentía la agradable sensación de estar con Cristo. Como que él estuviese presente, en plena realidad, como otro pasajero.

—Muchas gracias —dijo ella, como despidiéndose—, me hacía falta, mucho más que ver la Cordillera.

—No se preocupe —respondí—, de todas maneras la verá. En esta época está llena de nieve y en los días claros, sin nubes, parece que estuviera a pocos metros de distancia. No podrá olvidarla.

—Tampoco olvidaré lo que conversamos. Nunca me di cuenta que su regreso fuera tan evidente, y tan cercano. Las señales —decía, como meditando— tan claras, y tantas.

Ella quedó dando instrucciones a sus pasajeros, yo seguí el movimiento de los que bajaban.

Señales. El cristianismo está lleno de señales. Desde el pesebre de Belén, con su quieta realidad casi olvidada, hasta los cambios de la historia, que hoy suceden tan abruptamente. ¡Las señales!

Los pastores velaban y guardaban cuidadosamente su rebaño. De repente todo el campo se llenó de luz. La gloria del Señor se hizo presente y un Angel los visitó. Después de su mensaje, apareció una verdadera multitud de seres celestiales. Los pastores escucharon su alabanza a Dios.

¡Gloria a Dios en las alturas, y en la tierra paz, buena voluntad para con los hombres!

Cuando los ángeles se fueron, los pastores comenzaron a hablar unos a otros. No podían quedar indiferentes al anuncio. Tenían que ver al Salvador.

Pasemos, pues, hasta Belén —dijeron—, y veamos esto que ha sucedido, y que el Señor nos ha manifestado (Luc. 2:15).

Si hubiese estado allí, también yo me hubiera apresurado. Buscando la señal. Establo por establo, mirando cada pesebre hasta encontrarme la señal: Un niño envuelto en pañales y acostado en un pesebre. No era complicada. Suficiente para identificar. Y, al mismo tiempo, era grandiosa. Más grandiosa que la visita de los ángeles. El mismo Salvador estaba allí.

Año Bíblico: Números 1-3

SEÑALES QUE LO IDENTIFICAN

Este principio de señales hizo Jesús en Caná de Galilea, y manifestó su gloria; y sus discípulos creyeron en él. Juan 2:11.

Me gustaría haber estado allí. Verte haciendo esta señal, este milagro, y ver la fe de tus discípulos. Tú estabas al comienzo de tu ministerio; ellos, al inicio de una nueva vida. Un tipo de vida que ni siquiera discernían. Pero tuvo un buen comienzo: la fe, como acción de creer.

Me gustaría haber visto la seguridad que tú tenías, mientras María, preocupada, buscaba una solución. Ella, junto con varios parientes del novio, había llegado a la boda hacía más de una semana. Conforme a la costumbre, todos ellos prepararon el vino para la boda. Utilizaron las uvas, reservadas en un rincón de la viña, próximo a la casa paterna del novio. Según las leyes, sólo podían casarse después de la última cosecha del otoño: la vendimia. Las vírgenes se casaban en días miércoles; las viudas, en jueves.

La boda duraba una semana y la familia del novio tenía la responsabilidad de proveer comida y bebida para sus invitados, todos los días de la boda. Si faltase alguna cosa, tenían que pagar una multa a cada amigo y pariente, por la afrenta que esto significaba.

María, ansiosa, sentía que la falta de vino deslucía la fiesta y desagradaría a los invitados. Además temía sus consecuencias: la multa. Como tú llegaste a la boda cuando ya había comenzado, no estuviste en la preparación del vino. Era muy claro que la responsabilidad caería sobre ti. Tendrías que pagar, y María sabía que tú no tenías dinero. Pero este problema a ti no te alcanzaba. Tú no lo sentías como tal. Tu objetivo era diferente. Tus acciones no eran motivadas por problemas personales. Las hacías para que pudieran identificarte, y así supieran quién eras tú, y creyeran.

Una señal. Tú sólo harías vino si, además de suplir la escasez, también los ayudara a creer en ti. Tú bien sabías lo que hacer, y cuándo. Los cántaros de la purificación, vacíos. Alguien se había descuidado. Esos cántaros no podían estar así. Pero ayudaron.

—Llenad estas tinajas de agua —dijiste a los siervos.

Y ellos, sin más, obedecieron. Con eficiencia. Las llenaron hasta arriba.

—Sacad ahora —concluiste.

Y, entonces, la señal. El agua ya era vino, del mejor. Y los discípulos creyeron en ti.

Año Bíblico: Números 4-6

LA IDENTIDAD DE JESUS

¿Quién dicen los hombres que es el Hijo del Hombre? Ellos dijeron: Unos, Juan el Bautista; otros, Elías; y otros, Jeremías, o alguno de los profetas... Y vosotros, ¿quién decís que soy yo? Respondiendo Simón Pedro, dijo: Tú eres el Cristo, el Hijo del Dios viviente. Mateo 16:13-16.

Es impresionante como tú, Señor, elegiste el ambiente y el contorno apropiado para hacer la pregunta por tu identidad.

En Cesarea de Filipo estaban presentes los elementos más atractivos y de mayor influencia en la vida humana de la época: La religión y la cultura de Grecia, la ley del judaísmo, el dominio de Idumea, y el poder romano. Los discípulos no podían dejar de pensar en todos ellos. Estaban tan cerca y tan visibles.

El mismo nombre de la ciudad, recientemente cambiado por Felipe, tetrarca de Galilea y hermano de Herodes Antipas, reflejaba la tensión de tales influencias. Cesarea, en honor de Tiberio Cesar y en reconocimiento de su poder. De Filipo, para gloria del propio tetrarca de Galilea, un idumeo. Y cerca de la ciudad todavía estaba activa la gruta dedicada a Pan, dios griego de los rebaños, las florestas, y los animales del campo. Era patrono de pastores y cazadores. El nombre anterior de la ciudad, Paneas, derivado de Pan, reflejaba la devoción de sus fundadores.

¿Quién dicen los hombres que es el Hijo del Hombre?, preguntaste.

Nadie asociaba tu identidad con las fuerzas mayores en la vida contemporánea de la sociedad humana. No había confusión alguna. Tus raíces provenían de la tradición hebrea: Elías, Jeremías, los profetas y Juan el Bautista. Pero tú eras, y eres, más que tradición.

Tú eres el Cristo, el Hijo del Dios viviente, dijo Pedro.

Tu identidad estaba en Dios, porque tú eres Dios. Y Pedro la entendió. ¿Por sí mismo? No, por revelación.

Bienaventurado eres, Simón, hijo de Jonás —tú le dijiste—, *porque no te lo reveló carne ni sangre, sino mi Padre que está en los cielos* (Mat. 16:17).

Tú y tu Padre, juntos. Siempre unidos. Nunca independientes. Siempre hablando al ser humano, por la revelación. Siempre otorgando poderes superiores a todos los poderes. Siempre abriendo su propia identidad, y compartiéndola. También la identidad cristiana se deriva de la tuya propia, y se confirma por la revelación. Señor, un hijo de Dios yo quiero ser.

LA MISION DEL HIJO

El Espíritu del Señor está sobre mí, por cuanto me ha ungido para dar buenas nuevas a los pobres; me ha enviado a sanar a los quebrantados de corazón; a pregonar libertad a los cautivos, y vista a los ciegos; a poner en libertad a los oprimidos; a predicar el año agradable del Señor. Lucas 4:18-19.

También tú, Señor, tenías tu misión. Como tú sabes bien, hay tanta gente que vive sin sentido. No saben para qué, y lo sufren. Eligen falsos objetivos, y se distorsionan. No viven, sólo padecen la vida.

Cada vez que leo este texto, me llama la atención la misma idea. Con mucha fuerza me impresiona. Tú no estabas solo en la misión. El Espíritu del Señor te acompañaba. Y me pregunto: ¿Por qué? ¿No tenías tú solo, todo el poder para cumplirla? Por supuesto, lo tenías. Tú eres Dios. Todo el poder de Dios estaba contigo. Nunca dejaste de tenerlo. La encarnación no te hizo menos Dios. Fue un nuevo modo de mostrar que nada te limita.

La entrada del pecado hizo imposible que la presencia divina transitara entre los seres humanos sin destruirlos. ¿Imposible? Tu poder todo lo puede, y lo probaste. Lo que no podías hacer directamente, como Dios, en plena gloria, lo hiciste con tu gloria velada por la encarnación. Y lo que era imposible, se hizo posible.

Y vimos su gloria, gloria como del unigénito del Padre, lleno de gracia y de verdad (Juan 1:14).

Y parte de esta gloria es la unidad de las personas divinas. Por eso estabas siempre en compañía. Siempre asociado con el Espíritu Santo, cumpliendo la misión.

Otra cosa que profundamente me impresiona es el tipo de personas que tu misión atiende: los pobres, los cautivos, los ciegos, los oprimidos; toda persona que el enemigo azota. Todos nosotros. Hay momentos de la vida, yo supongo, cuando todo ser humano se siente bien, muy bien. Su propio sentido de valor es claro, su estima propia es alta, su autorrealización es bien consciente, su percepción de pertenencia es plena, su propia dignidad se viste con las mejores ropas. Pero otras veces, es sólo un pordiosero. Mendigo errante, sin valor, ni dueño. Perdido por la vida, como intruso ajeno, como extraño entrometido, como el propio dolor de un mendicante. Y entonces, tú estás. Ahí, cerca del pozo, bien metido en él, para ayudarme.

Y tú me ayudas, nos ayudas a todos, con las buenas nuevas, con la sanidad, con la libertad, con nueva vista, con un año entero de tu agradable mensaje redentor.

Año Bíblico: Números 9-11

SE DESPOJO A SI MISMO

Haya, pues, en vosotros este sentir que hubo también en Cristo Jesús, el cual, siendo en forma de Dios, no estimó el ser igual a Dios como cosa a que aferrarse, sino que se despojo a sí mismo, tomando forma de siervo, hecho semejante a los hombres; y estando en la condición dc hombre, se humilló a sí mismo, haciéndose obediente hasta la muerte, y muerte de cruz. Filipenses 2:5-8.

Te despojaste de ti mismo. Esta es una expresión que puede entenderse mal, como una reducción, como una pérdida de atributos, como llegar a ser un poco menos. Y algunos han dicho que te vaciaste de tu naturaleza divina, de tu gloria, de tu divina autoridad, de aquello que identifica tu Deidad: sus atributos —omnisciencia, omnipresencia, omnipotencia. Leyendo el texto con cuidado, no parece así. Dejar de usar algo no significa que se ha perdido. El dinero que no se usa, no se gasta, ni se pierde.

Tu vaciamiento voluntario está más relacionado con tu disposición que con tu ser. Tú nunca puedes ser menos Dios. La idea de un Dios-menos, no pertenece al texto bíblico. Tú nunca actúas para destruirte, ni podrías. Tú eres Dios. Tu vaciamiento no era para sentir un vacío de algo. Eso es muy humano. Por causa del pecado, sentimos un vacío, estamos sujetos a la vanagloria, gloria vacía, muchas veces. Pero no tú. Tú no tienes vacíos existenciales, ni vacíos de ser, ni gloria vana, ni vacías opiniones.

Tú revelaste una actitud vacía de ti mismo, al ponerte totalmente a disposición del ser humano. Siendo Dios, no tenías por qué venir como hombre, pero tú quisiste agregar una nueva forma de manifestarte, y mostrar tu modo humilde de ser. Te vaciaste a ti mismo tomando la identidad de un siervo, te hiciste semejante a los hombres, con toda la humildad de la obediencia, y una obediencia sin condiciones ni restricciones, hasta la muerte. Y muerte de cruz; para los seres humanos, cargada de ignominia y de vergüenza. Para ti, sólo un sufrimiento redentor. Nunca te sentiste despreciado, ni disminuido. Tan vacío de ti mismo estabas, que la vergüenza era una sentimiento extraño para ti.

Tu humildad jamás te muestra como un Dios disminuido. Te revela, más bien, como un Dios ilimitado. Y es por eso, Señor, que tú eres siempre un Dios cercano. Tú puedes acercarte tan próximo a nosotros que tomaste nuestra propia identidad, sin jamás haber perdido tu identidad de Dios.

Yo sé que nada pierdes, cuando das. Nos ganas a nosotros, pues tu amor engendra amor. Yo sé que nada pierdes cuando te vacías. Sólo te entregas a ti mismo, en humildad, para aumentar al infinito tu servicio redentor. Y yo me siento tuyo, llamado a la humildad, para servirte, sin temor a la vergüenza; sin lástima de mí mismo cuando sufro; sintiendo que soy tuyo, en gratitud.

Año Bíblico: Números 12-14

DIOS CON NOSOTROS

He aquí, una virgen concebirá y dará a luz un hijo, y llamarás su nombre Emanuel, que traducido es: Dios con nosotros. Mateo 1:23.

José dormía. Se acostó muy preocupado. Su problema era difícil: "Tengo que dejarla —se decía—, mas no debo difamarla". El no sabía; ese embarazo nada tenía que ver con lo que él estaba pensando. Y a pesar de todo se durmió, porque dulce es el sueño del trabajador. Y soñó. Un sueño de hombre justo nunca es pesadilla.

Se le apareció un ángel. Dios estaba activo en el problema de José. Nunca deja Dios abandonado a un hombre justo, cuando sufre. Parece ausente, mas siempre se interesa, siempre ayuda al que padece. Transforma la ruindad del sufrimiento: evita que destruya, y lo usa para darle un saldo redentor a la experiencia. Nunca prometió a los justos quitar el sufrimiento de sus vidas. Su promesa es compañía, protección, liberación.

Y el ángel trajo a José un mensaje de plena tranquilidad para él, sin olvidarse de nosotros.

No temas recibir a María tu mujer, porque lo que en ella es engendrado, del Espíritu Santo es...Y llamarás su nombre Emanuel... Dios con nosotros (Mat. 1:20, 23).

Todos sufrimos: Unos de una forma; otros de otra. Pero la angustia de José se torna realidad en muchas vidas. El sólo imaginó que el mal estaba en ella, por las apariencias. Hay muchos que viven la traición, sin ser imaginaria. Su dura realidad destruye y atormenta. Empuja al ser humano hacia la boca negra de sus precipicios. Lo torna desconfiado, y hasta la sombra de sus huellas le borran la alegría y lo derrumban. Y entonces, la culpa cambia domicilio. ¡Ya no es más la culpa del infiel, la tiene el desconfiado! Hay tantas injusticias, Señor, pero no hay forma de apagarlas, destruyendo. Sólo se logran superar, si estás tú bien cercano, con nosotros.

Y hay males, tantos males en la vida diaria. Se suman las angustias, y empujan a las personas al insomnio. Las hacen repasar cada dolor que abrió sus grietas en el alma, y el tiempo se evapora entre la noche y la mañana. Nada puede abrir las puertas de su cárcel. Parece todo oscuro y solitario. Sólo penetra nueva luz, si tú te acercas.

Y cuando estás, de veras, con nosotros, porque aceptamos tu llegada como el Dios que nos redime, volvemos a vivir la misma vida que José vivió con tanta calma.

Y despertando José del sueño, hizo como el ángel del Señor le había mandado, y recibió a su mujer (Mat. 1:24).

Año Bíblico: Números 15-16

CRISTO VINO A TIEMPO

Pero cuando vino el cumplimiento del tiempo, Dios envió a su Hijo, nacido de mujer y nacido bajo la ley, para que redimiese a los que estaban bajo la ley, a fin de que recibiésemos la adopción de hijos. Gálatas 4:4-5.

La puntualidad es la cortesía de los reyes, dice un conocido proverbio. Y cuando la puntualidad proviene de Dios, es el regalo de un reino. Y tú, Señor, llegaste a tiempo, sin atraso.

El tiempo se ha cumplido —dijiste, en Galilea—, *y el reino de Dios se ha acercado; arrepentíos, y creed en el evangelio* (Mar. 1:15).

Era el comienzo de tu ministerio. Juan el Bautista ya te había bautizado; ya habías vencido a Satanás en el desierto; Herodes Antipas, hijo de Herodes el Grande, por causa de Herodías, la mujer de su hermano, había ya prendido a Juan. Y tú, sintiendo que era necesario estar más cerca de su prisión, te fuiste a Galilea.

Bajo estas circunstancias comenzaste tú a anunciar que el tiempo se había cumplido y el reino de Dios estaba entre los hombres.

Juan denunciaba al tetrarca por haberse corrompido con esa impía mujer, y Herodes quería matarlo. Orgulloso rey, poseedor de un reino, sin ser dueño. Temía la voluntad del pueblo, temía a Juan el Bautista, y su propia voluntad era un juguete que Herodías manejaba a su deleite.

Después de la danza, en la celebración de su cumpleaños, sintióse muy feliz y complacido. También había príncipes, tribunos y muchos principales de toda Galilea. Ocasión, por demás, muy apropiada para mostrar que él era poderoso.

Todo lo que me pidas te daré —dijo a la hija de Herodías—, *hasta la mitad de mi reino* (Mar. 6:23).

Ella no quiso el reino. Tampoco el rey podría darlo porque no era de él. El sólo gobernaba sobre Galilea, bajo la autoridad de Roma, y usaba el título de rey por cortesía del imperio. Además, el deseo de su madre estaba en otra cosa. Herodías sintió que era su día, "un día oportuno" para acabar con la denuncia de Juan, por su pecado. ¡Extraña forma de borrar la culpa! Y su hija, siguiendo su consejo, pidió la cabeza del Bautista, en un plato. El rey, sin regalar el reino, perdió también el otro Reino. Para él, el tiempo resultó ser por demás inoportuno.

Pero el tiempo de tu reino sigue siendo la mayor oportunidad de los humanos. Tu reino, presente como reino espiritual, desde los tiempos de tu ministerio aquí en la tierra, se acerca, en nuestros días, como reino real de gloria sin fin y vida eterna.

Año Bíblico: Números 17-19

EL TIEMPO DEL MESIAS PRINCIPE

Setenta semanas están determinadas sobre tu pueblo... para... poner fin al pecado, y expiar la iniquidad,... y [para] ungir al Santo de los santos. Sabe, pues, y entiende, que desde la salida de la orden para restaurar y edificar a Jerusalén hasta el Mesías Príncipe, habrá siete semanas, y sesenta y dos semanas; se volverá a edificar la plaza y el muro en tiempos angustiosos. Y después de las sesenta y dos semanas se quitará la vida al Mesías, mas no por sí;... Y por otra semana confirmará el pacto a muchos; a la mitad de la semana hará cesar el sacrificio y la ofrenda. Daniel 9:24-27.

Tu anuncio, Señor, del tiempo ya cumplido (Mar. 1:14), no era un tiempo en general, no era una ocasión de espacios temporales imprecisos. Era un tiempo definido, puntual, como un cumpleaños. Una fecha real, un día que marca el calendario. Y el tiempo escrito por la pluma del profeta, determinó la fecha de tu bautismo y la de tu muerte.

El pueblo de Israel estaba en Babilonia, cautivo. Sin poder determinar sus propios asuntos nacionales. Sujeto a los designios de sus opresores, tenía que esperar, pero confiaba. El profeta Jeremías, en el año 605 a.C., les había anunciado que pasarían setenta años en cautiverio (Jer. 25:11-12). En el año 536 a.C., sesenta y ocho años después, Daniel, atento a la fecha, oraba a Dios en Babilonia.

Ahora pues, Dios nuestro, oye la oración de tu siervo, y sus ruegos; y haz que tu rostro resplandezca sobre tu santuario asolado,... y mira nuestras desolaciones y la ciudad sobre la cual es invocado tu nombre (Dan. 9:17-18).

Y Dios, aprovechando el interés de Daniel en el tiempo profético, le dio otra profecía de tiempo, ya no relacionada con la próxima liberación del pueblo, sino con lo que ocurriría después de su retorno a Jerusalén. En ese instante, había dos hechos de supremo interés para cualquier israelita: la reconstrucción de Jerusalén, con la consiguiente restauración del templo; y la llegada del Mesías. Los dos, templo y Mesías, siempre asociados en la mente israelita, eran el centro mismo de la vida nacional, regida por la ley que Dios les dio a través de Moisés.

Dios dijo a Daniel que, desde la salida del decreto para la restauración de Jerusalén, hasta que viniera el Mesías y completara su obra, pasarían setenta semanas de años: 490 años. En siete semanas, 49 años, restaurarían Jerusalén. Sesenta y dos semanas después, vendría el ungimiento del Mesías y a la mitad de otra semana, tres años y medio más, sería muerto. El decreto salió en 457 a.C. De ahí en adelante, la cuenta es fácil y las fechas precisas. Todas se cumplieron. Su bautismo fue en el año 27 d.C. Su muerte, en el 31. Y ese fue el tiempo del Mesías Príncipe.

Año Bíblico: Números 20-21

EL VERDADERO SACRIFICIO

Mas Jesús, habiendo otra vez clamado a gran voz, entregó el espíritu. Y he aquí, el velo del templo se rasgó en dos, de arriba abajo; y la tierra tembló, y las rocas se partieron. Mateo 27:50-51.

Fin del sacrificio. El verdadero sacrificio por el pecado humano había sido ofrecido. Ya no era necesario el símbolo; la realidad había llegado. Desde que el pecado entró en el mundo, se ofrecieron animales y productos agrícolas como expresión de adoración, de gratitud y de dedicación, pero especialmente como expiación por el pecado.

En el Sinaí, Dios estableció un sistema de sacrificios que Israel debía ofrecer. En el santuario primero; después en el templo. Desde entonces, cada mañana y cada tarde se tenía el continuo sacrificio en el que se ofrecía un cordero sin defecto por los pecados inconscientes del pueblo. Cada día, sacrificios de expiación por el pecado cometido contra Dios y sacrificios de expiación por la culpa en delitos contra el prójimo, habían simbolizado el sacrificio perfecto que, en realidad, eliminaría el pecado y la culpa. Porque "sin derramamiento de sangre no se hace remisión [de pecados]" (Heb. 9:22). Una vez al año, en el Día de la Expiación, el sacrificio eliminaba el registro de la culpa (Lev. 16; Núm. 29:11).

El velo separaba el lugar santo del lugar santísimo en el templo. Nadie podía ver, ni podía nadie penetrar en el lugar santísimo, excepto el sumo sacerdote. Y él lo hacía, sólo una vez por año, en el Día de la Expiación. Llevaba la sangre del sacrificio, para eliminar los pecados de todo el pueblo, registrados en el velo, por la aspersión de la sangre que el sacerdote hacía cada día. Era el día del juicio: un día de reconciliación para todo arrepentido, y día de expulsión para cada pecador inconfeso.

Cuando el velo se rasgó, perdió el templo su misterio. Ya nada era grandioso en él. Se acabó su símbolo, su propio valor sagrado se acabó. Dejó de ser el centro de la expiación. De ahí en adelante, era la cruz. Y tú, Señor, como verdadero sacrificio, en forma vicaria, cargaste los pecados de todo el mundo, y por tu muerte limpiaste nuestra conciencia "de obras muertas" a causa de nuestra transgresión (Heb. 9:11-15).

Ciertamente llevó él nuestras enfermedades, y sufrió nuestros dolores; y nosotros lo tuvimos por azotado, por herido de Dios y abatido. Mas él herido fue por nuestras rebeliones, molido por nuestros pecados; el castigo de nuestra paz fue sobre él, y por su llaga fuimos nosotros curados (Isa. 53:4-5).

Año Bíblico: Números 22-24

EL HIJO ES LA RESURRECCION

Yo soy la resurrección y la vida; el que cree en mí, aunque esté muerto, vivirá. Y todo aquel que vive y cree en mí, no morirá eternamente. Juan 11:25-26.

Resucitaste. No podía el sepulcro retenerte, no eras de él. Te encarnaste para morir, no para quedar en el sepulcro para siempre, porque no pecaste. El sepulcro no tenía poder sobre tu muerte vicaria. El poder de la vida seguía contigo. Tú podías dejar la vida y retomarla. Tú podías ofrendar la vida y no perderla. Tú podías ofrecer la vida y regalarla. Porque no pecaste.

Y la regalas, al que cree en ti. Porque tampoco la muerte puede retener en su seno, para siempre, al que en ti cree. La fe en ti es una conexión espiritual contigo que te permite entregar a la persona creyente, todo lo que en forma vicaria hiciste y conquistaste. La victoria sobre la muerte eterna es una de estas conquistas.

Cuando a Marta le dijiste que tú eras la resurrección y la vida, ella creyó. Pero en forma postergada. Para ella era posible, sólo en el día postrero. ¿Y el presente? En el presente, la muerte. Y era verdad: Lázaro, su hermano, estaba muerto. María estaba un poco más cerca de la nueva realidad cristiana.

Señor —dijo—, *si hubieses estado aquí, no habría muerto mi hermano* (Juan 11:32).

Y tú, mirabas el futuro como Marta, es verdad. También tenías condiciones, como María. Pero el foco de tu dicho estaba en el presente.

¡Lázaro, ven fuera! —le ordenaste—. *Y el que había muerto salió* (Juan 11:43-44).

Tú eras ya lo que decías. Tú ya eras la resurrección y la vida. La vida eterna comienza ahora, en el presente de la fe, cuando creemos. La muerte de Lázaro era la primera que ocurría entre los creyentes. Tenían que saber: la muerte no era más una desgracia, ni la vida eterna una promesa que sólo se aplicaba al futuro.

El que oye mi palabra y cree al que me envió —dijiste a los incrédulos después de sanar al paralítico de Betesda—, *tiene vida eterna; y no vendrá a condenación, mas ha pasado de muerte a vida* (Juan 5:24).

De muerte a vida: Ahora, por la fe. El creyente ya se encuentra en posesión de la vida; porque tú tienes vida en ti mismo y ya inauguraste la época de su otorgamiento. La muerte, como estado de completa condenación, está extinguida. El que cree en Cristo, tiene vida, desde ahora y para siempre.

Año Bíblico: Números 25-27

HA RESUCITADO

¿Por qué buscáis entre los muertos al que vive? No está aquí, sino que ha resucitado. Acordaos de lo que os habló, cuando aún estaba en Galilea, diciendo: Es necesario que el Hijo del Hombre sea entregado en manos de hombres pecadores, y que sea crucificado, y resucite al tercer día. Lucas 24:5-7.

Dos veces lo anunciaste. La primera, en Galilea, en la ciudad semipagana de Cesarea de Filipo, cuando Pedro declaró que tú eras el Cristo de Dios. Tú dijiste, a los doce, que no debían decírselo a nadie, sin duda porque no lo entenderían. Más aún, para evitar que los mismos discípulos lo entendieran mal —y para sacarles la idea de que el Mesías vendría como rey, con poderes terrenos, para liberar a Israel de la opresión romana— les dijiste que padecerías muchas cosas, que serías muerto y resucitarías al tercer día. Pero ellos no lo entendieron.

—*Señor, ten compasión de ti* —dijo Pedro—; *en ninguna manera esto te acontezca* (Mat. 16:22).

Y por este dicho tú lo reprendiste. Le dijiste que se había vuelto un agente de Satanás, porque su mira no estaba en las cosas de Dios. Era, para ti, un tropiezo. Su manera de pensar se había tornado demasiado humana. Pensar en armonía con Dios era negarse a sí mismo, llevar la propia cruz, y seguirte. Tú estabas definido: No evitarías tu cruz. Pero la muerte no era tu destino. Tu destino con el sufrimiento era la vida, la resurrección.

—*Es necesario* —les dijiste— *que el Hijo del Hombre padezca muchas cosas,... y que sea muerto, y resucite al tercer día* (Luc. 9:22).

La segunda vez que anunciaste tu resurrección, en camino de Galilea a Jerusalén, ya estabas en Judea, al otro lado del Jordán, donde enseñaste sobre el divorcio, bendijiste a los niños, tuviste la conversación con el joven rico, les contaste la parábola del padre de familia que contrata obreros para su viña, y, continuando tu viaje hacia Jerusalén, en una conversación privada con los doce, volviste a anunciar tu resurrección.

—*Se cumplirán todas las cosas escritas por los profetas* —les dijiste— *acerca del Hijo del Hombre. Pues será entregado a los gentiles, y será escarnecido, y afrentado, y escupido. Y después que lo hayan azotado, lo matarán; mas al tercer día resucitará* (Luc. 18:31-33).

Pero ellos no entendieron nada. Sus muchos prejuicios seguían controlando sus pensamientos. Y fue así hasta el mismo día de la resurrección. Pero entonces, "se acordaron de sus palabras", y la propia realidad los convenció.

Año Bíblico: Números 28-30

LA RESURRECCION DE LA ESPERANZA

Bendito el Dios y Padre de nuestro Señor Jesucristo, que según su grande misericordia nos hizo renacer para una esperanza viva, por la resurrección de Jesucristo de los muertos, para una herencia incorruptible, incontaminada e inmarcesible, reservada en los cielos para vosotros. 1 Pedro 1:3-4.

Señor, tu resurrección es la base de la esperanza cristiana y el fundamento de la herencia incorruptible en los cielos. Tu resurrección me da la seguridad de mi propia resurrección. No que yo tenga derecho a ella, ni que me corresponda, por algún mérito especial que yo adquiera al aceptarte. La seguridad me viene por tu propia promesa. Yo creo en ti; y en tu Palabra no dudo.

Tu resurrección me muestra, de un modo particular y grandioso, que tu manejo de la vida es soberano. Tú haces lo que quieres; y lo que quieres tú, tú siempre puedes. Tu muerte fue la mayor oportunidad del enemigo. Si él hubiera tenido algún poder sobre ti, cuando dejaste a un lado la vida y entraste en el sepulcro, en un suspenso de tu propia vida, él podría haberte retenido para siempre en su presidio. No pudo. Su pretendido poder sólo es una ficción, un delirio tan sólo, un desvarío.

Tú dices, y haces. Y cuando haces lo que dices, todo mi ser se hace de nuevo por tu dicho. Todo tu dicho entra en mi ser, y sin capricho.

Poder. Mostraste tu poder en muchas formas. Ciertamente la creación te revela poderoso al transformar todos tus dichos en cosas, realidades y seres. También la encarnación me dice que administras tú las cosas imposibles. Cuando contemplo, sin embargo, tu propia vida volviendo del sepulcro, inalterada, después de haberla depuesto por propia voluntad, percibo tu poder de un modo nuevo: Actúa cuando estás; y cuando tú no estás, también actúa. Es decir, tú siempre estás. No hay nada que elimine tu poder, nada que borre tu existencia; ni la muerte.

Es por eso que conocerte a ti no incluye solamente saber de tu justicia, que otorgas por la fe; no incluye solamente saber usar el sufrimiento, para así imitarte; no incluye solamente saber tus mandamientos, para obedecerte; no incluye solamente saber las formas del amor, para servirte; incluye también saber el propio poder de tu resurrección, para esperarte. Y en la espera hay vida: Una vida de herencia incorruptible, y una herencia de vida rediviva, porque vives.

COMO VIVIR LA RESURRECCION

Si, pues, habéis resucitado con Cristo, buscad las cosas de arriba, donde está Cristo sentado a la diestra de Dios. Poned la mira en las cosas de arriba, no en las de la tierra. Porque habéis muerto, y vuestra vida está escondida con Cristo en Dios. Cuando Cristo, vuestra vida, se manifieste, entonces vosotros también seréis manifestados con él en gloria. Colosenses 3:1-4.

Tú, mi Cristo resucitado, eres mi vida. Y todos mis objetivos están donde tú estás. Mi muerte, fue tu muerte. Tu resurrección, la vida mía; y donde vives tú, también yo vivo. Porque nada soy sin tu poder; mas tengo, en tu poder, la vida eterna.

Para vivir tu resurrección tengo que poner mis intereses en las cosas tuyas. Hacer morir lo terrenal: lo que se asocia con la desobediencia; lo que nace en mis malos deseos. La fornicación y la impureza, las pasiones desordenadas y la avaricia, la envidia de la suerte ajena y la venganza. Con ellas yo no vivo. Sufro la vida en un camino hacia la muerte y me desprecio.

Para vivir tu resurrección debo vestir tus atributos: Tu misericordia y benignidad, tu humildad y mansedumbre, tu paciencia y buena voluntad, tus multiplicadas formas de perdón y tus amores. ¿Cómo podría yo vivir en paz contigo, sin vivir en unidad con mis hermanos? ¿Cómo exhortaría a los demás, en forma sabia, sin tener yo tu Palabra, con toda su abundancia, en mi memoria? ¿Cómo podría yo alegrar la vida de mis prójimos, si tuviera un corazón en el dolor, y solitario: sin himnos al Señor, sin cantos espirituales de alabanza?

Para vivir tu resurrección tengo que ser un ser resucitado. Como un nuevo jardín de primavera que se viste de luz y de colores. Todo es nuevo en el jardín que estaba triste en el invierno: las hojas en los troncos angustiados, las flores que en las vacías ramas crecen, la nueva mirada de la luz desde los pétalos nacientes, y el propio canto placentero de pájaros que empollan en sus nidos nuevos. Un nuevo ser con esperanza: una persona nueva que contigo vive y vive contigo para ser como tú fuiste en esta tierra.

¿Qué más quieres hacer en mí, Señor, con tu vigor de nueva vida, sin restricción, resucitada? Si yo pudiera haber estado en tu sepulcro cuando de él salías con poder, de madrugada, yo te habría acompañado con fe, como de fiesta. Cada palabra tuya hubiera yo aceptado, sin colocarle dudas. Cada deseo tuyo hubiera yo cumplido, sin resistencia alguna. Cada misión dada por ti yo hubiera ejecutado, sin ningún atraso. Yo sé que ahora estás, y tan real como te hubiera yo encontrado en el jardín de tu sepulcro. No quiero confundirte con el jardinero. Yo sólo quiero, hoy, seguir contigo andando; con la misma acción de tu poder, resucitado.

Año Bíblico: Números 33-34

LA ASCENSION DEL HIJO AL PADRE

Y el Señor, después que les habló, fue recibido arriba en el cielo, y se sentó a la diestra de Dios. Y ellos, saliendo, predicaron en todas partes, ayudándoles el Señor y confirmando la palabra con las señales que la seguían. Marcos 16:19-20.

Tu ascensión al Padre fue un regreso, triunfante. Habías cumplido la misión: desde la encarnación hasta el sacrificio. Nada más faltaba aquí en la tierra. Tu obra debía continuar a la diestra de Dios, y hacia allá tú fuiste.

"[Jesús] entra a la presencia de su Padre. Señala su cabeza herida, su costado traspasado, sus pies lacerados; alza sus manos que llevan la señal de sus clavos. Presenta los trofeos de su triunfo; ofrece a Dios la gavilla de las primicias, aquellos que resucitaron con él como representantes de la gran multitud que saldrá de la tumba en ocasión de su segunda venida...

"Se oye entonces la voz de Dios proclamando que la justicia está satisfecha. Satanás está vencido...

"Con gozo inefable, los principados y las potestades reconocen la supremacía del Príncipe de la vida. La hueste angélica se postra delante de él, mientras que el alegre clamor llena todos los atrios del cielo: '¡Digno es el Cordero que ha sido inmolado, de recibir el poder, y la riqueza, y la sabiduría, y la fortaleza, y la honra, y la gloria, y la bendición!' (Apoc. 5:12)" (*El Deseado de todas las gentes,* pp. 773-774).

Recuperaste la gloria que tenías antes de venir al mundo, y comenzaste tu obra sacerdotal en el santuario del cielo. Cada aspecto de la redención tiene su gloria. No una gloria propia, la tuya. Tu sencilla presencia de bebé indefenso llenó de gloria al olvidado pesebre de Belén. La majestuosa ofrenda de tu vida, en el Calvario, dio gloria inusitada a la ignominia y al desprecio de la cruz. Y cuando entraste en el santuario verdadero, que tú mismo levantaste, y no el hombre (Hebreos 8:2), tu gloria era más grande que la gloria del santuario terrenal.

Ahora bien, el punto principal de lo que venimos diciendo es que tenemos tal sumo sacerdote, el cual se sentó a la diestra del trono de la Majestad en los cielos, ministro del santuario, y de aquel verdadero tabernáculo que levantó el Señor, y no el hombre... Porque no entró Cristo en el santuario hecho de mano, figura del verdadero, sino en el cielo mismo para presentarse ahora por nosotros ante Dios (Heb. 8:1-2; 9:24).

Mientras yo remarco por la vida las huellas de tus pasos, tú sigues desde el cielo mostrándome el camino, intercediendo por mí, y haciendo que el regalo de la cruz, con el poder de la resurrección, se apliquen a mi vida, que vivo por la fe.

Año Bíblico: Números 35-36

LA COMUNION DEL ESPIRITU SANTO

La gracia del Señor Jesucristo, el amor de Dios, y la comunión del Espíritu Santo sean con todos vosotros. 2 Corintios 13:14.

"Dios el Espíritu Santo estuvo activo con el Padre y el Hijo en ocasión de la creación, la encarnación y la redención. Inspiró a los autores de las Escrituras. Infundió poder a la vida de Cristo. Atrae y convence a los seres humanos; y a los que responden, renueva y transforma a imagen de Dios. Enviado por el Padre y el Hijo está siempre con sus hijos, distribuye dones espirituales a la iglesia, la capacita para dar testimonio en favor de Cristo, y en armonía con las Escrituras conduce a toda verdad (Gén. 1:1-2; Luc. 1:35; 4:18; Hech. 10:38; 2 Ped. 1:21; 2 Cor. 3:18; Efe. 4:11-12; Hech. 1:8; Juan 14:16-18, 26; 15:26-27; 16:7-13)" (*Manual de la iglesia,* Creencia Fundamental N.º 5).

Y tú eres Dios, como el Padre y el Hijo. Uno con ellos. El que establece comunión, sustenta la vida, produce convicción, transmite la verdad, reparte dones, produce santidad, da testimonio y asegura la vida eterna.

Tú tienes poder. No eres una energía difusa, repartida por el mundo, por seres y por cosas. Tú eres una persona divina. Una persona que siente, desea, actúa y decide.

Pero todas estas cosas las hace uno y el mismo Espíritu, repartiendo a cada uno en particular como él quiere (1 Cor. 12:11).

Quieres con el querer de Dios. Tú eres Dios. Nada te falta en el tiempo, eres eterno (Heb. 9:14). Nada te falta de la vida, tú la creas (Job 33:4). Nada te falta de la verdad, tú la revelas (1 Cor. 2:10). Nada falta en tu poder, tú lo repartes (Rom. 8:11). Tú eres Dios, en toda la plenitud de la divinidad. Desde siempre y para siempre. Cuando vienes tú a la vida de una persona, contigo viene también el Padre y viene el Hijo.

Cuando habitas en mí, conmigo tengo también al Hijo y tengo al Padre. Y sólo soy cuando te tengo. Porque sin ti yo vivo solo. No tengo comunión con el Padre, ni con el Hijo. Soy tan sólo un peregrino, soy un errante perdido, un pordiosero del tiempo que transita sin destino. Un pecador, un culpable y un acusado que sabe donde termina su viaje.

Te busco cada momento porque siento la distancia que me separa del cielo, cuando sin ti yo camino. Te busco porque aunque siento, lejos de ti yo no vivo. Te busco porque te escucho; porque me llamas, respondo.

Año Bíblico: Deuteronomio 1-3

EL ESPIRITU SANTO ES CREADOR

En el principio creó Dios los cielos y la tierra. Y la tierra estaba desordenada y vacía, y las tinieblas estaban sobre la faz del abismo, y el Espíritu de Dios se movía sobre la faz de las aguas. Génesis 1:1-2.

Tú fuiste, desde siempre, el agente de Dios en todo acto creador. Y en el principio, cuando Dios estaba a punto de pronunciar la palabra creadora, tú te "movías", incubabas, como el águila incuba los huevos, para que surja la vida. Listo para actuar tan pronto como fuera dada la orden. Participaste en el acto mismo de la creación.

Coagente del acto creador y sustentador de todo lo creado, si te retiraras del mundo, toda vida desaparecería.

Escondes tu rostro, se turban; les quitas el hálito, dejan de ser, y vuelven al polvo. Envías tu Espíritu, son creados, y renuevas la faz de la tierra (Sal. 104:29- 30).

Tú eres el agente de la vida, del orden y del pensamiento en el mundo. Sin ti, la sociedad se desordena. El ser humano pierde los controles morales: Se deteriora, se corrompe, se denigra, se pierde. Cuando tú no estás, el mal toma control de la mente y la desvía. Sin ti la tierra se marchita, la vida se angustia, el corazón se hace egoísta, la voluntad se debilita, los sentimientos entran en una destructora confusión que aleja al ser humano de Dios y de sí mismo. Tu ausencia de la vida humana altera también el mundo natural. Sufre las consecuencias como una casa abandonada. Pero nunca te vas completamente.

Porque tú, Espíritu Santo, estás aquí, la vida continúa. Tú no eres parte de todo lo que existe, pero estás en todas partes, porque tú eres Dios, omnipresente.

¿A dónde me iré de tu Espíritu? ¿Y a dónde huiré de tu presencia? Si subiere a los cielos, allí estás tú; y si en el Seol hiciere mi estrado, he aquí, allí tú estás. Si tomare las alas del alba y habitare en el extremo del mar, aun allí me guiará tu mano, y me asirá tu diestra (Sal. 139:7-10).

Tú detienes también a mis enemigos. Los he visto juntarse en el silencio, maquinando sus planes, sin violencia, para hacer que circunstancias, orquestadas con astucia, me destruyan. Los he visto en amigables actitudes, tratando de mostrar que son confiables y que nada hay peligroso en sus deseos. Los he visto más violentos tratando de apartar mis pasos del camino, y esforzándose con actos y palabras, para hacer que mi influencia se evapore. Pero tú, que siempre estás y los visitas, nunca dejas que prosperen sus intrigas, nunca olvidas. No les hagas lo que buscan para mí; dales bien, y conversión, y vida eterna.

Año Bíblico: Deuteronomio 4-7

EL ESPIRITU ACTUO EN LA ENCARNACION

Respondiendo el ángel, le dijo: El Espíritu Santo vendrá sobre ti, y el poder del Altísimo te cubrirá con su sombra; por lo cual también el Santo Ser que nacerá, será llamado Hijo de Dios. Lucas 1:35.

Esta es una obra tuya que yo he tenido dificultad en entender. Tú viniste a María, eso siempre fue claro para mí. Hay muchos casos en los cuales tú fuiste a alguna persona, incluyendo reyes, jueces y profetas, para encomendarle una obra especial y darle el poder necesario para hacerla. Por lo tanto, que fueras a María para encomendarle la misión de concebir a Cristo, no agrega ninguna cosa especialmente diferente, ni complica una situación hasta el punto de no entenderla. Es claro: Tú eras el agente activo de la encarnación.

Tampoco he tenido problema con el hecho de que tu venida a María trajo sobre ella el poder del Altísimo. En realidad toda vez que tú vienes a una persona, el poder de Dios llega contigo. Incluyendo a Jesucristo mismo. Jesús había ido a Judea para ser bautizado por Juan el Bautista y después de la victoria total sobre las tentaciones en el desierto, retornó a Galilea.

Y Jesús volvió en el poder del Espíritu a Galilea, y se difundió su fama por toda la tierra de alrededor. Y enseñaba en las sinagogas de ellos, y era glorificado por todos (Luc. 4:14-15).

Estaba al comienzo de su ministerio público. El bautismo había sido el ungimiento para este ministerio, su consagración a él. Y tú viniste sobre Jesús como una paloma y posaste sobre él. Cuando regresó a Galilea venía con tu poder y estuviste con él durante todo su ministerio público. No que no hayas estado antes con él; desde el bautismo lo acompañaste en forma pública. Siempre es así, cuando una de las personas divinas está presente, las otras dos no están ausentes.

Tu visita con el poder ocurrió también y fue necesaria cuando los discípulos debían comenzar la misión y llenar el mundo con la noticia del Evangelio (Hech. 1:8).

La dificultad de mi comprensión ha estado en el hecho de que con tu venida a María, el poder del Altísimo la cubriría con su sombra. ¿Qué significa esto? ¿Un modo particular de producir la concepción? ¿O una forma de expresar la presencia del Altísimo?

Y no podía Moisés entrar en el tabernáculo de reunión, porque la nube estaba sobre él, y la gloria de Jehová lo llenaba (Exo. 40:35).

Una sombra la cubrió, como la nube que llenaba el santuario: la poderosa presencia de Dios, cubriendo la persona total de María.

Año Bíblico: Deuteronomio 8-11

EL ESPIRITU TRAJO EL REINO DE DIOS

Pero si yo por el Espíritu de Dios echo fuera los demonios, ciertamente ha llegado a vosotros el reino de Dios. Porque ¿cómo puede alguno entrar en la casa del hombre fuerte, y saquear sus bienes, si primero no le ata? Y entonces podrá saquear su casa. Mateo 12:28-29.

Tu presencia en las obras de Cristo trajo el poder del reino de Dios a la realidad humana. Era el otoño del año 29 d.C., más o menos a la mitad del ministerio público del Señor en Galilea. Trajeron a Jesús un endemoniado, ciego y mudo. Y lo sanó. El ex ciego, ahora veía. El ex mudo, hablaba. La multitud, siempre presente, estaba cada vez más atónita.

—*¿Será éste aquel Hijo de David?* —se preguntaba (Mat. 12:23).

La acción de un poder especial era evidente. El pueblo lo sentía y los fariseos no podían negarlo. La discusión no era si había poder especial o no en los milagros de Cristo, sino su origen.

Este no echa fuera los demonios sino por Beelzebú, príncipe de los demonios (Mat. 12:24), decían los fariseos.

Jesús intervino con un argumento obvio: Un reino en guerra civil no puede ser fuerte. Y, sin poder, es asolado.

Y —agregó— *toda ciudad o casa dividida contra sí misma, no permanecerá* (Mat. 12:25).

El poder para expulsar demonios que Cristo utilizaba, no era poder de los demonios. Era el poder de Dios. Tú mismo, Espíritu Santo, en plena acción: directa, real, visible, con todo poder. Y si Jesús actuaba con el poder del Mesías, su reino tenía que estar presente. No era todavía su reino de gloria, pero sí estaba presente su reino espiritual.

Satanás pretendía que este mundo era su reino, su casa. Y los seres humanos sus bienes. Tan dueño se creía que, en la segunda tentación, después de mostrarle todos los reinos de la tierra, se los ofreció.

A ti te daré toda esta potestad, y la gloria de ellos; porque a mí me ha sido entregada, y a quien quiero la doy (Luc. 4:6).

Satanás era la arrogancia del poder. El poder usurpado y despótico. Falso. En la medida en que el poder destruye, no es poder; es un arma. Satanás tenía el arma destructora, pero no tenía el poder. Tenía una casa, pero no tenía el reino de Dios. Tenía bienes, pero no le pertenecían. Tu presencia, Espíritu Santo, con Cristo, lo hacía dueño del poder de Dios y hacía que su reino espiritual ya fuera una realidad entre los seres humanos.

Año Bíblico: Deuteronomio 12-14

LA BLASFEMIA CONTRA EL ESPIRITU

Por tanto os digo: Todo pecado y blasfemia será perdonado a los hombres; mas la blasfemia contra el Espíritu no les será perdonada. A cualquiera que dijere alguna palabra contra el Hijo del Hombre, le será perdonado; pero al que hable contra el Espíritu Santo, no le será perdonado, ni en este siglo ni en el venidero. Mateo 12:31-32.

Blasfemia es una palabra injuriosa contra Dios. El Espíritu Santo es Dios. Una blasfemia contra él no tiene perdón. Si la blasfemia contra el Padre, o contra el Hijo, puede ser perdonada, ¿eres tú, Espíritu Santo, más Dios que el Hijo y más Dios que el Padre? No, por cierto. Los tres son igualmente Dios. No es que haya un Dios superior y dos Dioses inferiores. Esto sería la eliminación de la unidad trinitaria, y transformaría el monoteísmo cristiano en politeísmo. Pensamiento ajeno a la Escritura y en oposición a todo lo que Dios ha revelado sobre su personalidad trinitaria.

¿Por qué, entonces, no se puede perdonar la blasfemia contra ti? Las razones están profundamente relacionadas con el proceso de la fe, con la forma cómo creemos. Y esto es fundamental.

Sin fe es imposible agradar a Dios; porque es necesario que el que se acerca a Dios crea que él existe, y que es galardonador de los que lo buscan (Heb. 11:6).

La fe es indispensable para agradar a Dios. Quien no cree, actúa solo, y concentra todos sus valores y sus motivaciones en su propia persona. Cada experiencia de la vida es ajena a la fe.

Y todo lo que no es de fe es pecado (Rom. 14:23).

El ser humano sin fe queda para siempre en el pecado. ¿Cómo se inicia el proceso de la fe? Lo inicia el Espíritu Santo.

Porque a éste es dada por el Espíritu palabra de sabiduría; a otro palabra de ciencia según el mismo Espíritu; y a otro, fe por el mismo Espíritu (1 Cor. 12:8-9).

Eres tú, Espíritu Santo, quien nos imparte la fe. Sin ti no habría fe, ni posibilidad alguna de salvación. Yo no puedo, por mí mismo, producir fe dentro de mí. Sería como pedirle a un cajón de madera, vacío, que produjera miel. Imposible. Tienen que venir las abejas a vivir en él. Trabajar en él. Traer el producto de su trabajo para integrarlo a él. Si las abejas son expulsadas cuando vienen por primera vez al cajón, nunca habrá miel en él. Si son expulsadas después, se detendrá la producción y la miel se acabará. Así es la blasfemia contra el Espíritu: Lo expulsa. Y nosotros quedamos como cajones vacíos, sin miel: sin salvación.

Año Bíblico: Deuteronomio 15-16

EL ESPIRITU SANTO ENSEÑA

Cuando os trajeren a las sinagogas, y ante los magistrados y las autoridades, no os preocupéis por cómo o qué habréis de responder, o qué habréis de decir; porque el Espíritu Santo os enseñará en la misma hora lo que debáis decir. Lucas 12:11-12.

Algunos han pensado que tú eres una energía impersonal. Pero tú enseñas. Sólo una persona puede hacerlo. Tú eres una persona divina y tu forma de enseñar incluye poderes superiores a los que una persona humana podría utilizar. Ese poder está relacionado con el tiempo que se necesita para aprender y la calidad del aprendizaje.

Normalmente una persona, para aprender, necesita un proceso que va desde su primer contacto con el objeto de aprendizaje, hasta su retención firme en la mente, con la capacidad de recordarlo, en cualquier momento y en forma rápida. Es decir, lo necesito y lo recuerdo en el mismo instante. El primer problema que enfrentamos en este proceso es el olvido. Todos los estudiantes lo saben. El aprendizaje perfecto es casi imposible. Inevitablemente olvidamos.

La acción de tu poder, en la enseñanza, incluye una capacitación especial para recordarlo todo oportunamente. El problema del tiempo queda superado. Uno no se demora para aprender y el tiempo no borra lo aprendido. Sólo esto ya llenaría de satisfacción a cualquier estudiante. Y aquí viene otro elemento, muy valioso también para el buen aprendizaje: la eliminación de la ansiedad en los momentos críticos. Los estudiantes que más se angustian en los exámenes, los que adquieren la llamada neurosis de examen, alteran el funcionamiento físico de su organismo y reducen considerablemente su capacidad de recordar.

Cuando tú enseñas no es así. No importa el tamaño de la crisis, puede ser tan grande como una persecución, con peligro de perder la vida; pero no hay angustia. Tú das seguridad. Es la propia seguridad de tu presencia. La mente que tú enseñas no tiene la ahogante sensación de los límites reducidos. No es una pequeña celda: sin vidrio, sin ventana, sin aire. Es un campo abierto, con el cielo infinito de un azul distante, que siempre tiene espacio para más y más, y mucho más. Tú siempre multiplicas. Lo que yo puedo, multiplicado por tu presencia, es igual a todo lo que necesito. Y esto incluye algo que no siempre conseguimos en el proceso normal de aprendizaje: sabiduría.

La sabiduría es la capacidad de usar el conocimiento apropiado a la circunstancia, decirlo con prudencia y vivirlo con humildad.

¿Por qué podemos ser sabios para hablar cuando tú nos enseñas?

Porque no sois vosotros los que habláis, sino el Espíritu de vuestro Padre que habla en vosotros (Mat. 10:20).

Año Bíblico: Deuteronomio 17-19

LA ACCION TRINITARIA DEL ESPIRITU SANTO

Os he dicho estas cosas estando con vosotros. Mas el Consolador, el Espíritu Santo, a quien el Padre enviará en mi nombre, él os enseñará todas las cosas, y os recordará todo lo que yo os he dicho. Juan 14:25-26.

Cuando tú actúas, también actúan contigo el Padre y el Hijo. El Hijo pronunció la enseñanza; el Padre, en nombre del Hijo, envía al Espíritu y el Espíritu Santo hace recordar todo. El Padre y el Hijo originan la misión del Espíritu y el Espíritu la ejecuta. Esta es la acción trinitaria del Espíritu. Cuando el Espíritu actúa, actúan los tres.

Las cosas dichas por Cristo incluyen todo lo que él reveló en los discursos de despedida, esto es lo que dijo desde el aposento alto hasta la crucifixión, y lo que enseñó durante su ministerio público completo. Su expresión "estando con vosotros" también alude a su partida. Termina la compañía de su encarnación, pero comienza la compañía de su Espíritu.

Cristo te da un nuevo nombre: *Paracleto.* Y este nombre, como es habitual en Israel con todos los nombres, revela tu personalidad. Tú eres un ayudador, un auxiliador, un consolador. Tú eres la asistencia personal de Cristo y del Padre. Tú eres la compañía de Dios que disfrutamos en forma constante.

Y yo rogaré al Padre —prometió Cristo—, *y os dará otro Consolador, para que esté con vosotros para siempre: el Espíritu de verdad, al cual el mundo no puede recibir, porque no le ve, ni le conoce; pero vosotros le conocéis, porque mora con vosotros, y estará en vosotro*s (Juan 14:16-17).

Tú eres el Espíritu de verdad. La verdad incluye la enseñanza y la persona de Jesús. Incluye el contenido de su enseñanza con el acto de enseñar. Incluye la misión de Cristo que parecía concluir con su partida, pero que, con tu venida, se extiende desde tu llegada "para siempre". Este es el tiempo de las misiones, y el que participa en la misión, vive en compañía contigo, siempre.

Tu presencia en la vida del creyente marca una diferencia radical entre la comunidad cristiana y el mundo. La sociedad humana en general no puede recibirte porque ellos actúan por vista. Lo que no ven, no existe para ellos. No aceptan la existencia de tu acción espiritual y, por eso, rechazan la acción de tu persona. El creyente actúa por la fe. Una fe basada en el conocimiento de la revelación y en la experiencia de una vida contigo. Conocimiento y vivencia son la base de la misión. Una misión sin formalidades, con poder. El creyente es un testigo de tu poder que actúa en su vida. Un testigo de tu unidad con el Padre y el Hijo. Un testigo de la verdad revelada por Cristo. Y es testigo tuyo porque tú le haces recordar todo lo que Cristo reveló.

Año Bíblico: Deuteronomio 20-22

EL ESPIRITU CONVENCE DE PECADO

Y cuando él venga, convencerá al mundo de pecado, de justicia y de juicio. De pecado, por cuanto no creen en mí; de justicia, por cuanto voy al Padre, y no me veréis más; y de juicio, por cuanto el príncipe de este mundo ha sido ya juzgado. Juan 16:8-11.

Tu trabajo de convencer al mundo de pecado comenzó cuando el pecado entró en el mundo. Sin tu obra persuasiva, nadie admitiría su pecado, y hay muchos que no lo reconocen, a pesar de lo que tú haces para ayudarlos. Ese fue el caso de los antediluvianos. Te rechazaron totalmente. Y cuando la voluntad humana se cierra a tu influencia, nada puedes tú hacer en su favor.

No contenderá mi Espíritu con el hombre para siempre —dijo el Padre—, *porque ciertamente él es carne; mas serán sus días ciento veinte años* (Gén. 6:3).

El Padre le puso límite al tiempo de la vida humana. Y tú limitaste tu obra sobre las personas. ¿Por qué?

Porque vio Jehová que la maldad de los hombres era mucha en la tierra, y que todo designio de los pensamientos del corazón de ellos era de continuo solamente el mal (Gén. 6:5).

Cuando Eva pecó, el pecado surgió de una tentación externa. Ella no pensó el pecado. Se lo sugirió Satanás, y ella cedió. Pero los *nefilim*, los gigantes antediluvianos, tenían el pecado dentro de ellos, en la mente. Sus pensamientos tenían un sólo objetivo: el mal. Inventaban el pecado y daban forma al mal en su propia mente. Y la maldad individual se transformó en violencia social: la corrupción y el terrorismo invadieron la sociedad.

Y se corrompió la tierra delante de Dios, y estaba la tierra llena de violencia (Gén. 6:11).

Tu obra de persuasión había terminado. No porque tú la terminaras, sino porque los seres humanos te rechazaron totalmente. Dios no tenía otro camino. No podía imponer el bien en la mente de los seres humanos. Tú trabajas persuadiendo; tú nunca violentas la voluntad humana.

Dijo, pues, Dios a Noé: He decidido el fin de todo ser, porque la tierra está llena de violencia a causa de ellos; y he aquí que yo los destruiré con la tierra (Gén. 6:13).

Mientras el ser humano te lo permita y hasta el momento en que deje de permitírtelo, tú sigues trabajando para convencerlo de pecado, para que se arrepienta y se aparte de su mal. Es lo que hiciste con Balaam. Trabajaste con él hasta el momento mismo cuando él estaba por maldecir a Israel, y viniste sobre él; y él lo bendijo (Gén. 24:2).

Año Bíblico: Deuteronomio 23-25

LA MORADA DEL ESPIRITU

¿O ignoráis que vuestro cuerpo es templo del Espíritu Santo, el cual está en vosotros, el cual tenéis de Dios, y que no sois vuestros? 1 Corintios 6:19.

Mi cuerpo es tu templo, tu morada. Tú vives en mí sin alterar en nada tu propia santidad, pero a mí me alteras. Me modificas radicalmente: me conviertes. Me haces nacer de nuevo. Y si tú estás en mí, yo soy una nueva criatura. Esto puede parecer difícil de aceptar, complicado para la mente. Nicodemo no lo entendió.

¿Cómo puede un hombre nacer siendo viejo? —preguntó a Cristo—. *¿Puede acaso entrar por segunda vez en el vientre de su madre, y nacer?* (Juan 3:4).

Por supuesto que no. El nuevo nacimiento no es un retorno físico a la vida. Es una transformación espiritual y sólo puede producirse por obra tuya.

De cierto, de cierto te digo —respondió Cristo— *que el que no naciere de agua y del Espíritu, no puede entrar en el reino de Dios. Lo que es nacido de la carne, carne es; y lo que es nacido del Espíritu, espíritu es* (Juan 3:5-6).

La transformación espiritual del nuevo nacimiento es obra tuya y sólo tú puedes hacerla. Mi cuerpo es tu templo, si tú estás en él. Cuando yo lo profano, tú te afectas; pero no te vas. Tú estás. Influyes más o influyes menos; pero tú siempre estás. Tu grado de influencia depende de mi apertura a ti, de mi voluntad. Tú me hablas, si yo te escucho; si no te escucho, tú callas.

Sólo te vas si yo peco contra ti. Si yo blasfemo contra ti. Si atribuyo tu obra a los demonios. No es un simple rechazo mío lo que te aleja de mí. Es mi rechazo constante, mi enemistad contigo hasta el punto de perder la capacidad de reconocerte y confundir tus obras con las obras del demonio. Entonces tú te vas; y mi templo queda desierto. Yo me torno un ser carnal, porque lo que es de la carne, carne es.

Como persona, yo soy tu templo; si no blasfemo contra ti. Pero también somos tu templo como comunidad de creyentes.

¿No sabéis que sois templo de Dios, y que el Espíritu de Dios mora en vosotros? Si alguno destruyere el templo de Dios, Dios lo destruirá a él; porque el templo de Dios, el cual sois vosotros, santo es (1 Cor. 3:16).

La iglesia es tu templo. Colectivamente, aquí en la tierra, somos el templo espiritual de Dios donde tú moras. Si destruimos la iglesia, te afectamos también a ti y a nosotros todos.

Año Bíblico: Deuteronomio 26-28

QUE ES ANDAR CON EL ESPIRITU

Digo, pues: Andad en el Espíritu, y no satisfagáis los deseos de la carne. Porque el deseo de la carne es contra el Espíritu, y el del Espíritu es contra la carne; y éstos se oponen entre sí, para que no hagáis lo que quisiereis. Gálatas 5:16-17.

¿Qué significa andar contigo? No puede ser un andar físico como cuando camino cierta distancia con alguna persona. Esta es una metáfora que me dice: vive con el Espíritu, condúcete en todo con el Espíritu; que el Espíritu determine tu conducta. Es un andar ético y moral. Se refiere a los principios que rigen la vida, y a la vivencia misma, conducida por el Espíritu, para buenas obras.

Mi vida en ti y por medio de ti, es una calidad específica de vida: distante del libertinaje y alejada del formalismo. Porque de ti procede y en ti se desarrolla, jamás estará sujeta a los deseos carnales. Pero esto parece una descripción muy idealista para reflejar una realidad que, de algún modo, parece diferente. Yo soy el campo de batalla de dos fuerzas en conflicto: la fuerza de la carne, y tu poder.

Si estoy contigo, la carne no quiere que yo haga lo que tú me dices. Y si con la carne estoy, tú no quieres que yo haga lo que la carne me indica. Los dos trabajan por conquistar mi voluntad. Tú me sigues buscando si elijo el mal; y si elijo el bien, la carne me persigue.

Yo soy carnal... pues no hago lo que quiero, sino lo que aborrezco, eso hago... de manera que ya no soy yo quien hace aquello, sino el pecado que mora en mí;... porque no hago el bien que quiero, sino el mal que no quiero, eso hago. Gracias doy a Dios, por Jesucristo Señor nuestro.... Ahora, pues, ninguna condenación hay para los que están en Cristo Jesús, los que no andan conforme a la carne, sino conforme al Espíritu (Rom. 7:14-15, 17, 19, 25; 8:1).

Cualquiera de las dos opciones parece eliminar mi voluntad. Ya no puedo hacer lo que yo deseo. Pero no es así. La carne controla de un modo tirano y opresor. Una vez que conquista mi voluntad, me la destruye, y no la tengo más. Queda enteramente bajo el poder de la carne. En cambio, si tomas tú el control, la fortaleces; y luego la haces producir muchos y buenos frutos: amor, gozo, paz, paciencia, benignidad, bondad, fe, mansedumbre, templanza.

Y los que son de Cristo han crucificado la carne con sus pasiones y deseos (Gál. 5:24).

Lo que parece un dominio, es una profunda transformación espiritual. Es la superación de los deseos carnales y la conquista espiritual de la vida, con el poder que tu presencia aporta a mi voluntad.

Año Bíblico: Deuteronomio 29-31

LLENOS DEL ESPIRITU

No os embriaguéis con vino, en lo cual hay disolución; antes bien sed llenos del Espíritu, hablando entre vosotros con salmos, con himnos y cánticos espirituales, cantando y alabando al Señor en vuestros corazones; dando siempre gracias por todo al Dios y Padre, en el nombre de nuestro Señor Jesucristo. Efesios 5:18-20.

Yo quisiera estar lleno de ti: hoy, y cada día, y siempre. Tú presencia en todo lo que soy me asegura una buena relación espiritual con los demás, una actitud de alabanza hacia el Señor Jesucristo y un sentimiento permanente de gratitud a Dios. La propia realidad de mi cristianismo depende de tu presencia en mí. Yo sé que no hay sustituto alguno para tu presencia. Yo soy más, o soy menos cristiano; si tú actúas más, o actúas menos, en mí.

Todos tus hijos del pasado lo han sabido. Eliseo, cuando Elías estaba a punto de ser arrebatado por ti, se interesaba en retenerte a ti, más que en ninguna otra cosa.

Elías dijo a Eliseo: Pide lo que quieras que haga por ti, antes que yo sea quitado de ti. Y dijo Eliseo: Te ruego que una doble porción de tu espíritu sea sobre mí (2 Rey. 2:9).

Yo quiero una doble porción de ti; quiero de ti estar lleno. Por algún tiempo me pregunté: ¿Cómo es esto? ¿puede una persona ser dada por porciones? ¿Cómo puedes tú llenarme, al modo de un líquido que llena un envase, si tú eres una persona? Pero la respuesta se hizo sencilla cuando comprendí que estas expresiones pertenecen al lenguaje metafórico. Se usan para hacer más fácil la comprensión de tu presencia no forzada en nosotros. Una presencia que actúa por autorización. Si te autorizo poco, poco actúas; si te abro todo lo que soy, todo en mí, tú diriges.

Si una persona muy importante —como un presidente de la nación—, me anunciara su visita a mi casa; me prepararía muy bien para recibirla. Y cuando llegue, la llevaría al mejor lugar de mi casa: la sala. Le daría la mejor atención; pero sólo estaría en esa única pieza de mi casa. No entraría en las demás dependencias, ni en los dormitorios. Si en lugar de ser un importante personaje con quien no he tenido relación personal, viniera a visitarme un antiguo amigo de colegio con quien no me he encontrado desde los días de estudiante; la alegría de la recepción sería menos formal, más íntima, más profunda. Y su acceso a mi casa sería un poco mayor. Conversaríamos juntos en la cocina, mientras mi señora prepara la comida. Andaría con más libertad por la casa. Pero completa libertad de recorrer, y estar, y vivir en toda la casa, sólo la tiene el dueño de casa. Así es como una persona llena la casa por porciones. Yo quisiera que tú fueras el dueño de mi casa, para que la uses toda.

Año Bíblico: Deuteronomio 32-34

SELLADOS CON EL ESPIRITU

En él [Cristo] también vosotros, habiendo oído la palabra de verdad, el evangelio de vuestra salvación, y habiendo creído en él, fuisteis sellados con el Espíritu Santo de la promesa, que es las arras de nuestra herencia hasta la redención de la posesión adquirida, para alabanza de su gloria. Efesios 1:13-14.

Contigo estoy sellado, desde que acepté la verdad del Evangelio, creyéndolo. Tú eres la marca de propiedad que Dios ha puesto en mí; como el hacendado, a fuego, coloca la suya sobre su rebaño. Tú y yo estamos integrados. Tú me das identidad y pertenencia. No soy un individuo errante que recorre la vida desorientado y sin grey. Pertenezco a Dios. Soy parte de su propiedad y la propiedad suya se extiende hasta mí, me incluye. Esa propiedad suya constituye su heredad: por eso, su herencia es mía, y también yo soy parte de su herencia. Tú eres las arras que recibo en el presente. La herencia total vendrá con el Señor, cuando retorne.

Tú y yo vivimos juntos, como la carta y el sello, recorriendo la distancia hasta su destino. Carta soy: con un mensaje adentro, con un destino afuera. Mi sello dice de donde vengo, me concede el derecho de circulación y garantiza la llegada a mi destino. No quiero que nada te arranque de mí. Yo sólo soy, lo que Dios quiere, porque en mí tú estás. Yo soy un peregrino en este mundo, mas porque estás en mí, siento que soy sólo un viajero retornando a su morada, con cariño.

Y tú me das tranquilidad. Una serena paz que llena mi propia expectativa y se desborda hacia los otros, sin cesar. Te busco. Cada mañana yo te busco con mi abierta voluntad dispuesta a recibirte. Nunca cierro la puerta por dentro. Antes de enfrentar mis muchas decisiones que cada día se presentan, yo te digo: Decide tú por mí; cada pequeña o grande alternativa, decídela por mí. Si yo me encuentro, de algún modo, ofuscado o confundido o presionado por fuerzas que no son las tuyas, y no estoy en condiciones de ejercer mi voluntad, toma el volante de mis decisiones y decide tú por mí. Es eso lo que mi libre voluntad decide ahora, cuando estoy sin opresiones; cuando juntos, tú y yo, queremos seguir juntos: sin separación, sin despedida.

Tú eres, para mí, la garantía de la salvación total, que yo tendré en el mundo venidero; donde todo será determinado por ti, porque mi propia voluntad jamás será contraria a tus deseos. Yo no quiero perderte. Quiero que estés conmigo cada instante: en cada deseo que mi pecho abrigue, en cada búsqueda soñada por mis ideales, en cada senda que mis pies transiten, en cada trabajo que mis manos obren, en todo lo que soy y en cada espina; porque yo sé que así: juntos andando, juntos iremos a la cima.

Año Bíblico: Josué 1-4

POR EL ESPIRITU

Y el que guarda sus mandamientos, permanece en Dios y Dios en él. Y en esto sabemos que él permanece en nosotros, por el Espíritu que nos ha dado. 1 Juan 3:24.

La integración espiritual con Dios es una experiencia indispensable en la vivencia cristiana. Toda vida en Cristo debe tener señales claras de su identidad. La permanencia espiritual es una vía de dos direcciones: tiene que ser permanencia nuestra en Dios y permanencia de Dios en nosotros.

¿Cómo sabemos que permanecemos en Dios? Por la obediencia de sus mandamientos. El que los guarda, permanece en Dios; el que no los guarda, permanece en sí mismo. Hay una distancia entre el ser humano y Dios. Una distancia moral: el pecado.

Vuestras iniquidades han hecho división entre vosotros y vuestro Dios, y vuestros pecados han hecho ocultar de vosotros su rostro para no oír (Isa. 59:2).

El pecado es una concentración en sí mismo. Un aislamiento moral de Dios y del prójimo. Para el pecador, priman en todo los intereses propios; es egoísta. Esta fuerza centrípeta del mal, lo tiene preso a sí mismo, como un huracán. Su vida gira con toda su energía concentrada hacia su ojo central, arrastrando todo hacia sí mismo, con furia: Destruye. La obediencia es lo contrario; otorga un nuevo centro a la experiencia: Dios. Todas las acciones de la persona cristiana están concentradas en Dios. El cristiano permanece en Dios y lo muestra, por la obediencia.

También Dios permanece en el cristiano y lo demuestra. Hay una señal inequívoca: el Espíritu Santo.

Y en esto sabemos que él permanece en nosotros, por el Espíritu que nos ha dado (1 Juan 3:24).

Yo sé que permanezco en Dios, porque tú estás en mí. Tú das testimonio a mi propio espíritu. Tu testimonio es poderoso: me da convicción. Primero, la convicción fundamental de que soy hijo de Dios. Segundo, la convicción misional de que soy tu enviado; y puedo hablar de ti con denuedo; con sincera seguridad, con todo poder, sin vacilar, sin nada dudar de tu mensaje.

Cuando hubieron orado, el lugar en que estaban congregados tembló; y todos fueron llenos del Espíritu Santo, y hablaban con denuedo la palabra de Dios (Hech. 4:31).

Tú me das el poder de la obediencia, para permanecer en Dios; y tu presencia en mí, da testimonio a mi espíritu y a los demás, de que Dios en mí permanece.

Año Bíblico: Josué 5-8

EL PODER PARA TESTIFICAR

**Pero recibiréis poder, cuando haya venido sobre vosotros el Espíritu Santo,
y me seréis testigos en Jerusalén, en toda Judea, en Samaria, y hasta lo último
de la tierra. Hechos 1:8.**

Y después de cuarenta días, cuando estaban unidos en el Aposento Alto, el día
de Pentecostés, viniste a los discípulos con todo tu poder, como lenguas de fuego,
para que cumplieran la misión. Y testificaron y predicaron, y convencieron a las
multitudes de que Jesús era el Cristo, el Salvador del mundo.

"El derramamiento del Espíritu en los días de los apóstoles fue la lluvia temprana, y gloriosos fueron los resultados. Pero la lluvia tardía será aún más abundante" (*El evangelismo*, p. 508).

Tú les diste una elocuencia que, naturalmente, ellos no poseían. Expandiste sus
capacidades y multiplicaste sus dones, incluyendo conocimientos que no tenían,
como el hablar idiomas extraños.

*Y fueron todos llenos del Espíritu Santo, y comenzaron a hablar en otras len-
guas, según el Espíritu les daba que hablasen* (Hech. 2:4).

Y ellos llenaron el mundo conocido con el Evangelio. Desde entonces has estado, siempre, capacitando cristianos para la testificación; dándoles una diversidad de dones tan abundante, que bajo cualquier circunstancia cumplieron la misión; en unidad. También abriste el entendimiento de los que no conocían la verdad para que creyeran, y recibieran a Cristo, sin rechazo.

Pedro Peverini, uno de los primeros que aceptaron el adventismo en Argentina,
recibió un diario que ridiculizaba un bautismo adventista realizado en Neuchatel,
Suiza. El artículo también se burlaba de la buena calidad del papel usado en una
revista publicada en francés por los adventistas. "Para qué un papel que no es
necesario que dure, si el fin del mundo está tan próximo", decía con sarcasmo. Era
a fines del siglo pasado. A Pedro Peverini le surgió una tremenda curiosidad y una
extraña convicción. Tenía que saber más sobre esa gente. Y escribió a los familiares de su esposa, que vivían en Italia, pidiéndoles que le consiguieran un ejemplar
de la revista mencionada en el diario. La recibió durante tres años y, en 1889,
aceptó el Evangelio.

De nuevo estabas tú, actuando como siempre: estimulando el pensamiento,
produciendo convicción, guiando a decisiones que transformaron vidas y abrieron
una nueva frontera al Evangelio.

No hay límite alguno a tu poder de testimonio. No hay geografías demasiado
distantes, ni escasez de dones, ni estructuras sociales inexpugnables. Tu poder va
siempre más allá, hasta lo último de todo.

Año Bíblico: Josué 9-13

DERRAMAMIENTO FINAL DEL ESPIRITU

Y después de esto derramaré mi Espíritu sobre toda carne, y profetizarán vuestros hijos y vuestras hijas; vuestros ancianos soñarán sueños, y vuestros jóvenes verán visiones. Y también sobre los siervos y sobre las siervas derramaré mi Espíritu en aquellos días. Y daré prodigios en el cielo y en la tierra, sangre, y fuego, y columnas de humo. El sol se convertirá en tinieblas, y la luna en sangre, antes que venga el día grande y espantoso de Jehová. Joel 2:28-31.

Antes que llegue el grande día del Señor, vendrá un derramamiento especial del Espíritu Santo. Y la lluvia tardía será la más grande bendición espiritual que Dios habrá enviado a la tierra, desde los días de Cristo hasta el mismo fin de la historia humana.

Tú has estado siempre, pero ya se acerca el tiempo cuando vendrás de un modo desbordante. Joel ubica ese tiempo en el mismo momento en que lo coloca Juan, en el Apocalipsis: Justo antes de los acontecimientos que preceden a la segunda venida de Cristo al mundo. Su objetivo: Terminar la predicación del Evangelio en forma victoriosa.

Después de esto vi a otro ángel descender del cielo con gran poder; y la tierra fue alumbrada con su gloria (Apoc. 18:1).

Jóvenes y ancianos, adultos y siervos: todos los integrantes de la familia hebrea en los tiempos cuando Joel comunicó esta profecía, serán investidos de dones espirituales extraordinarios que los capacitarán para anunciar el Evangelio con tanto poder que la tierra toda será alumbrada con su gloria.

Tú harás un cambio radical en la actitud de las personas. Los temerosos que creían, pero eran incapaces de tomar las decisiones necesarias a favor del Evangelio, perderán todo temor y harán de su relación contigo la prioridad mayor de su existencia. Nada habrá más importante que la propia persona de Cristo, ni habrá nada más valioso que la verdad, revelada por ti, para salvarnos. Sólo la verdad será sublime, sólo tu voluntad tendrá valor, sólo será atractivo estar contigo y dedicar la vida a tu servicio para siempre, por los siglos de los siglos, ininterrumpidamente.

Tan pronto como aparezcan las últimas señales del fin, después del tiempo de preparación, el sello de Dios será colocado en sus hijos y la lluvia tardía estará en plena acción. Los que te reciban, participarán, sin restricciones, en la proclamación final del Evangelio. Luego viene el tiempo de angustia, cuando los fieles sentirán la más grande necesidad de ser aceptados por Dios y tú ya no estarás para darles el aliento necesario; pero el fin de todo habrá llegado y el momento de la salvación eterna será una plena realidad.

Año Bíblico: Josué 14-17

LA CREACION

En el principio creó Dios los cielos y la tierra... Y dijo Dios: Sea la luz; y fue la luz. Génesis 1:1, 3.

"Dios es el Creador de todas las cosas, y ha revelado por medio de las Escrituras un informe auténtico de su actividad creadora. El Señor hizo en seis días 'los cielos y la tierra' y todo ser viviente que la puebla, y reposó el séptimo día de la primera semana. De ese modo determinó que el sábado fuera un monumento perpetuo de la finalización de su obra creadora. El primer hombre y la primera mujer fueron hechos a imagen de Dios como corona de la creación; se les dio dominio sobre el mundo y la responsabilidad de tenerlo bajo su cuidado. Cuando el mundo quedó terminado era 'bueno en gran manera', porque declaraba la gloria de Dios. (Gén. 1; 2; Exo. 20:8-11; Sal. 19:1-6; 33:6, 9; 104; Heb. 11:3)" (*Manual de la iglesia,* Creencia Fundamental N.º 6).

Creaste tú todas las cosas. Sin ningún material: por tu palabra. No usaste la nada, ni el caos, ni cosa alguna que hubiera estado ya presente. No fue una transformación. No fue una reforma. No fue una reorganización. Nada había desordenado que pudieras ordenar. Sólo fue tu palabra.

Por la palabra de Jehová fueron hechos los cielos, y todo el ejército de ellos por el aliento de su boca (Sal. 33:6).

Tu dicho, nada más. Parece imposible. Sólo una orden. Una llamada de tu voz que nombra lo que no es, con intención creadora, y ya existe.

Porque él dijo y fue hecho; él mandó, y existió (Sal. 33:9).

Antes de tu palabra, lo único que existía eras tú. Y tú eres un Dios activo. No estás escondido en un lejano rincón del universo. Tú no eres inmóvil, ni distanciado, ni ajeno. Tu voz produce vida, tu palabra hace existir lo que no existe, y tú te relacionas con tu propia creación; porque tú creas tan sólo por amor.

Tú no eres un demiurgo; tú no eres un simple obrero de la creación. No dependes de nada para crear, ni para ninguna otra de tus obras extraordinarias. Tú eres soberano. Cada acción tuya sólo depende de tu voluntad. Si necesitaras cualquier tipo de material para crear, tu soberanía sería relativa; pero la tuya es absoluta. Por eso tú puedes producir la vida, y darle leyes morales que la ordenen según sea tu propia voluntad. Nadie posee una soberanía semejante. Todo poder que existe se deriva de ti, y sólo puede ejercerse en la medida que armonice con el tuyo, y tú lo autorices.

Año Bíblico: Josué 18-21

LA CREACION EN CRISTO

El [Cristo] es la imagen del Dios invisible, el primogénito de toda creación. Porque en él fueron creadas todas las cosas, las que hay en los cielos y las que hay en la tierra, visibles e invisibles; sean tronos, sean dominios, sean principados, sean potestades; todo fue creado por medio de él y para él. Colosenses 1:15-16.

Tú creaste en Cristo. ¿Qué significa esto? No significa que el Hijo tomó tu lugar en el acto creador. Eso es imposible.

Para nosotros,... sólo hay un Dios, el Padre, del cual proceden todas las cosas. Y un Señor, Jesucristo, por medio del cual son todas las cosas (1 Cor. 8:6).

Lo que estaba en tu mente, pasó a ser realidad por medio de Jesucristo.

Dios... en estos postreros días nos ha hablado por el Hijo... por quien asimismo hizo el universo (Heb. 1:1-3).

Este concepto de creación en Cristo, expresa la unidad de acción que existe entre tú y tu Hijo. Ustedes están unidos siempre, en todo. La obra creadora no fue una excepción. Unidos, fueron ustedes los originadores de todas las cosas; y esta unidad también dio sentido a la creación. Fue creada en Cristo, por medio de Cristo y *para* él. En lo que respecta a la creación del ser humano, este sentido establece una unidad con Cristo. Fuimos creados para él. Todo ser humano que no está en Cristo, vive un proceso inverso al acto creador. Está en camino a su propia destrucción y hacia ella lleva consigo todo lo que fue creado en Cristo.

¿Qué efecto tiene, en el ser humano, una creencia contraria a la creación? Una perspectiva no creacionista como, por ejemplo, la evolución, el panteísmo y cualquier otra que descarte a Dios, en forma total o parcial, produce una separación entre el ser humano y Dios. Una separación vivencial. La experiencia del ser humano se reduce a la apretada celda de su propio ser. No hay apertura real a Dios. Puede haber un pensamiento filosófico sobre Dios, o, incluso, una forma teológica de pensarlo; pero la vida como vivencia diaria, como experiencia real de la existencia, se limita. Se reduce sólo al ser humano. Y concentrado en su sola realidad tan limitada, se vuelve un egoísta.

Si sólo yo de mí me acuerdo, y olvido que tú fuiste la voz de mi existencia, te tornas inaudible para mí. Y yo, en la sordera de mi propio origen, ya no sigo tu voz en mi vivir, ya no vivo contigo cuando vivo, y ya no soy lo que tú hiciste cuando pienso. Soy sólo un ser que se ha perdido, y una sombra que pasa en despedida. Mas creo, y yo te escucho, y te recuerdo; y mi vida se llena de tu voz cuando te vivo.

Año Bíblico: Josué 22-24

LA CREACION EN SEIS DIAS

En seis días hizo Jehová los cielos y la tierra, el mar, y todas las cosas que en ellos hay, y reposó en el séptimo día. Exodo 20:11.

Tú creaste en seis días todas las cosas. Cada día una cosa diferente. El primer día, la luz. El firmamento, en el segundo. El tercero, la tierra seca y los mares, y también la hierba verde. El sol, la luna y las estrellas, cuarto día. El quinto, aves y peces. Coronaste la creación, el sexto día, con el hombre y la mujer. Y el séptimo, reposaste. Seis días literales, tan sólo una semana para hacer con unas simples palabras, lo que otros imaginan un trabajo lento, de la misma impersonal naturaleza, en millones de años; aunque ni siquiera éstos alcanzarían para tanta perfección de cosas individuales, de sistemas complicados, de armonías totales, de equilibrio ecológico inteligente y programado.

Todo el plan de tu acto creador tenía un objetivo: el ser humano. Al crear el ambiente inanimado primero, y después el ambiente animado de seres vegetales y animales, preparabas tú la habitación para los seres que tú harías a tu imagen y semejanza.

La luz era vital. La vida, sin ella, moriría. Y tú no querías crear la vida para destruirla. La expansión es otro elemento indispensable para la vida humana. La atmósfera, con 900 a 60.000 metros de altura, es una capa protectora indispensable, aunque los gases que mantienen la vida se confinan mayormente dentro de una capa más delgada, unos 8 a 15 kilómetros de espesor, llamada troposfera. Con su elevada proporción de ozono y los efectos del campo magnético de la tierra, protege el planeta de las elevadas irradiaciones de energía perjudicial para la vida.

La tierra seca y los mares, que colocaste en conjuntos ordenados, era tu acto indispensable para la vida acuática y terrestre. La corteza terrestre, para habitación; y el agua, savia vital, para que la vida continúe y se establezca.

Pusiste el sol, la luna y las estrellas para dar sentido y orden a la vida de los animales y a la vida del hombre.

Hizo la luna para los tiempos; el sol conoce su ocaso. Pones las tinieblas, y es la noche; en ella corretean todas las bestias de la selva. Los leoncillos rugen tras la presa, y para buscar de Dios su comida. Sale el sol, se recogen, y se echan en sus cuevas. Sale el hombre a su labor, y a su labranza hasta la tarde (Sal. 104: 19-23).

Y las bestias o animales mudos, los animales pequeños —gusanos, insectos y reptiles—, y los animales errantes que recorren campos como dueños, cumplen también funciones importantes para la vida y la actividad de los humanos. Diste un sentido a todo.

Año Bíblico: Jueces 1-3

LA CREACION DE DIOS

Los cielos cuentan la gloria de Dios, y el firmamento anuncia la obra de sus manos. Salmo 19:1.

Tú eres creador. Las cosas fueron hechas por ti y nada vino a la existencia sin tu dicho. Pero los pueblos paganos se apartaron completamente de esta enseñanza. Consideraban que los seres humanos procedían de la tierra, o habían emanado de las rocas, de los árboles, de los animales silvestres o aún de los dioses. En el mundo cristiano occidental se mantuvo la enseñanza bíblica hasta que nuevas teorías, supuestamente científicas, introdujeron, de un modo más sofisticado, el mismo concepto pagano.

En 1859 se publica el libro *El origen de las especies*, de Carlos Darwin, y se incorpora la teoría de la evolución. Muchos ya no creen en ti. Piensan que el ser humano se deriva, mecánicamente, por evolución, de las especies inferiores, en un largo proceso de selección natural, bajo la ley de supervivencia del más fuerte.

Más o menos por la misma época surgió el marxismo. Este sistema ideológico trajo otro concepto acerca del origen del ser humano que, como el darwinismo, ha influido poderosamente en la conformación del pensamiento y la vida del mundo actual. Friedrich Engel, fallecido en 1895, lo resume en su artículo titulado: "La parte que desempeñó el trabajo en la humanización del mono". Afirma que la transformación de los simios en seres humanos se produjo mediante el uso de instrumentos; por medio del trabajo. El ser humano fue creado por su propio trabajo.

Estos conceptos han separado las personas de ti, hasta el punto de negar completamente tu existencia. Y, al negarla, viven sólo para sí, encerradas en su humanismo materialista que las priva del sentido espiritual dado a la vida por ti cuando la creaste.

Te han querido eliminar, y es imposible. Cada cosa, lo dice; lo repite la vida. Nada vive sin ti; sin ti, nada existe.

En los últimos tiempos ha surgido una reacción fuerte contra el evolucionismo y contra el marxismo. La reacción antimarxista es obvia. Evidencia de la reacción antievolucionista es el artículo creacionista de John Baldwin, "Dios y el mundo", publicado en la *Revista Teológica de Harvard,* tradicionalmente evolucionista. Este artículo recibió el premio de la Fundación de Templeton, otorgado cada año a artículos teológicos que muestren la relación entre los descubrimientos científicos y las doctrinas cristianas. Baldwin, profesor de teología de la Universidad Andrews, destaca las ideas de William Paley, un teólogo británico del siglo IX que defendió el relato bíblico del origen de la vida, y demostró el valor de sus argumentos con la ciencia actual, mostrando así que el creacionismo es una verdad científica.

Año Bíblico: Jueces 4-5

TU HICISTE TODO

Yo hice la tierra, y creé sobre ella al hombre. Yo, mis manos, extendieron los cielos, y a todo su ejército mandé. Isaías 45:12.

Yo sé que fuiste tú. No hay otra forma. El simple sueño de la vida me lo dice. Yo sueño haciendo cosas, algunas son muy simples, pero por mucho que las sueñe, jamás se tornan cosas a menos que las haga. Yo vivo haciendo planes, y el simple horario que marca mi rutina, las cosas que tengo para hacer en ese día, me dice que nada viene a ser de un modo propio, tan sólo por el plan, a menos que las haga. Nada en mi vida se hace por sí; sin que yo lo haga.

Y aquí estoy yo y está la tierra: las cosas, los seres, los mundos, mi universo. Yo no los hago. No puedo, es imposible. Y todos los hombres del pasado, sin excepción, fueron iguales a mí. Tampoco ellos hicieron lo que existe. Y cada cosa, exenta de saber, privada de pensar, callada y siempre sola, jamás podría hacer lo que nosotros nunca hicimos. Poner en marcha estos procesos, sin que haya inteligencia alguna que procese, es imposible. Las cosas no se hicieron a sí mismas. No necesito que nadie me lo diga. Ni prueba necesito. Lo sé. Tan claro yo lo sé; como yo sé que llueve, cuando llueve.

Tú me creaste y tú lo hiciste todo. Yo lo sabría aunque tú mismo jamás me lo dijeras. Las cosas mismas me lo dicen. Por supuesto, tu nombre no sabría, ni tus pasos, ni tu forma de ser, ni lo que piensas; si tú no lo dijeras. Yo igual sería una persona viva; iría andando por el mundo sin saberte, sabiendo que tú existes, sin llegar jamás a conocerte.

Yo necesito oír tus ordenes, la voz de tu comando, aquella voz que dijo: Sea la luz, y fue la luz. Tu propia voz que ordena la existencia y la origina, tu propia voz que ordena la vida y cada cosa adquiere su sentido. Yo quiero ser, sí, por supuesto; pero no quiero una existencia sin tus órdenes. Perdida. Buscando tan sólo lo que invento, lo que yo quiero sin querer porque me duele; lo que es tan sólo una ilusión, un espejismo, mi propia egolatría destruyendo mi ser, con su vacío.

Yo quiero saber que tú me hiciste y yo también quiero conocerte. Y tú eres todo para mí. Mi ser viene de ti; de ti, mi vida. Te muestras tú, a mí, con todo lo creado y con mi propio ser que te recuerda. Y ahora que tú ordenas mi existencia con tus leyes; me siento protegido por tu fuerza, me siento junto a ti por tu palabra, me siento contigo acompañado: como si todo lo que soy fuera lo mismo que eres tú; y todo lo que vivo, por tu Espíritu, fuera lo mismo que tú vives, por amor.

Año Bíblico: Jueces 6-8

LO HICISTE TODO CON SABIDURIA

¡Cuán innumerables son tus obras, oh Jehová! Hiciste todas ellas con sabiduría; la tierra está llena de tus beneficios. Salmo 104:24.

Llena está tu creación de maravillas. Tus maravillas sin cesar se multiplican en las obras de tus manos. Cada cosa, en su silencio, muestra un algo de tus beneficios y todas ellas multiplican tus bondades. Nada está, sin que lo digas; nada deja de contar tus maravillas.

Tú hiciste todo con sabiduría porque en ti tiene su origen; y de ti la recibimos, sin cesar, como las cosas. Las cosas, tu voz obedecieron, y llegaron a ser porque te oyeron.

El temor del Señor es la sabiduría, y el apartarse del mal, la inteligencia (Job 28:28).

Por tu sabiduría conocemos, y por ella vivimos. Cuando las penas vienen y las tribulaciones acumulan sobre nosotros sus males, tú nos das sabiduría para seguir viviendo sin perder tus pasos, sin apagar tus luces, sin esperar lo que no puede venir si tú no quieres. Tú nos ofreces, y cumples. Tú nos das y nadie quita. Tú eres tu propio don, en el Espíritu; y cuando él viene, trae con él todas las cosas.

He aquí, tú amas la verdad en lo íntimo, y en lo secreto me has hecho comprender sabiduría (Sal. 51:6).

Y el tiempo tampoco me separa de ti, porque tú estás. Tú nunca dejas de estar. Tú no envejeces. Y el tiempo no te cansa, no te angustia, no te duele. Nunca borra tu memoria. Jamás trae a tu existencia una aversión, ni un tedio, ni un hastío. Tú eres sabio y tú me enseñas.

Enséñanos de tal modo a contar nuestros días, que traigamos al corazón sabiduría (Sal. 90:12).

La simple sabiduría de la vida diaria que construye la grandeza de la vida y la hace tuya. Tuya porque viene de ti. Y a ti yo la retorno; pues en ti, nunca perece, y se hace eterna. Sólo quiero, oh Dios, tu propia sabiduría, aunque sea ella profunda e insondable y misteriosa (Rom. 11:33). No quiero yo la de este mundo que es sólo insensatez, sólo es locura. Nunca te busca y sólo pierde. Nunca te sigue y sólo es ciega. Nunca te cree y sólo muere. Yo sólo quiero aquella que me da la fe, la que me salva. Y cuando vivo contigo cada paso de la vida, en la experiencia, yo siento que tú siempre estás, con tu abundancia.

Año Bíblico: Jueces 9-10

ES DIOS EL QUE SUSTENTA

Tú eres el que envía las fuentes por los arroyos; van entre los montes; dan de beber a todas las bestias del campo... Los leoncillos rugen tras la presa, y para buscar de Dios su comida... Todos ellos esperan en ti, para que les des su comida a su tiempo. Les das, recogen; abres tu mano, se sacian de bien. Escondes tu rostro, se turban; les quitas el hálito, dejan de ser, y vuelven al polvo. Envías tu Espíritu, son creados, y renuevas la faz de la tierra. Salmo 104:10-11, 21, 27-30.

Todos los seres y la tierra misma dependen de ti. Tu generosa mano los atiende en abundancia y no perecen. Tú controlas la tierra: la llenas de luz para la vida, la riegas con tus aguas desde los cielos para el pasto y la semilla, la proteges del viento con los bosques, la preservas del rayo y del ozono con las nubes. Tú nada olvidas.

El hace producir el heno para las bestias, y la hierba para el servicio del hombre, sacando el pan de la tierra (Sal. 104:14).

Tú te acuerdas. Tú creaste la tierra y la renuevas. Tu Espíritu que se movía sobre la faz de las aguas, cuando estabas tú creando el mundo entero, vuelve a ser tu agente de renovación y no perece nada; a menos que alguien lo destruya. Y es verdad, la tierra está hoy contaminada, marchita, abandonada. Como un altillo sin orden, como una casa vieja sin puerta, como un gran ventanal sin vidrios agitando sus restos con el viento. La tierra llora y sufre por todo lo que hacemos y tú que nunca estorbas la libre voluntad humana, nos dejas destruir tus obras, pero nunca para siempre. Tú eres responsable y soberano. Y un día intervendrás.

Y tu ira ha venido —dice Juan, proféticamente, acerca del tiempo final—, *y el tiempo de juzgar a los muertos, y de dar el galardón a tus siervos los profetas, a los santos, y a los que temen tu nombre, a los pequeños y a los grandes*, y de destruir a los que destruyen la tierra (Apoc. 11:18).

El juicio final es una protección moral de todos los seres humanos y de la vida misma, y es también una protección ecológica indispensable. Sin ella, el curso de la destrucción seguiría su proceso letal, hasta la completa eliminación de lo existente. Y tú nunca detienes el proceso de la protección que, en el juicio final, será completa restauración de lo que el ser humano ha destruido, en estos pocos milenios de su extraña administración desde el pecado. La tierra sigue siendo una morada de atracción irresistible. El pequeño rincón de nuestro origen lo dice con marcada emoción inevitable, como un sueño. Querido y atractivo y recordado y deseado. ¡Inolvidable! La tierra es siempre una atracción y eres tú quien la hizo así, y sigues tú cuidando su apariencia para que siempre la sintamos como parte de nosotros y nosotros unidos a ti para atenderla. Por medio de la tierra, tú sustentas los seres y la vida. Nos das el alimento y el vestuario y la morada. En ella nos otorgas la base de la ciencia, la expresión del arte, la grandeza del trabajo, y hasta la misma fuerza emocional para la vida.

Año Bíblico: Jueces 11-12

COMPRENSION POR LA FE

Por la fe entendemos haber sido constituido el universo por la palabra de Dios, de modo que lo que se ve fue hecho de lo que no se veía. Hebreos 11:3.

¿No es acaso mi entendimiento el que comprende? ¿Por qué debo entender la creación por la fe? Porque la fe es certeza, y el conocimiento adquirido por el entendimiento es siempre incierto.

Es, pues, la fe la certeza de lo que se espera, la convicción de lo que no se ve (Heb. 11:1).

Así tú me colocas frente a frente con el problema del conocimiento. Los filósofos llaman gnoseología, o teoría del conocimiento, al área de su disciplina que estudia este problema. No pretendo que me resuelvas todas las preguntas que formulan los filósofos, porque son muchas; y algunas, imposibles de atender por la propia naturaleza de su formulación. Las preguntas mal hechas no tienen respuesta.

La creación es algo que no se ve. Nadie puede repetirla en gran escala, ni en forma experimental, en el laboratorio, para estudiar su realidad. Por la propia naturaleza de los fenómenos y la misma realidad de su contenido, el estudio del origen pertenece al dominio de la ciencia; pero el método científico no puede aplicarse a él. Los procesos creativos no pueden ser aislados; no pueden ser observados en una secuencia repetida a voluntad, hasta ver la interacción de todo lo que se repite constantemente y descubrir sus leyes. Todo vino a la existencia en un pasado no observable.

La ciencia sólo puede hablar de teorías. La teoría de la evolución, por ejemplo. Estas teorías, todas ellas, son un tipo de filosofía científica. Más filosofía que ciencia. Ni siquiera llega a ser filosofía de las ciencias porque ésta trabaja con conocimientos verdaderamente descubiertos por las ciencias. Sólo que la ciencia nunca consigue descubrir todas las piezas del rompecabezas. Siempre faltan algunas, o muchas, y la ciencia tiene que rellenar los espacios vacíos con puentes ideológicos basados en las piezas conocidas. Una parte de la filosofía de las ciencias se ocupa de ellos. También incluye las teorías, pero éstas, muchas veces no son puentes carreteros que juntan extremos bien fundados del camino con sólida inferencia. Son sólo cuerdas extendidas sobre el río para cruzarlo colgándose de ellas, sin nada sólido donde afirmar los pies. Y no hay certeza.

La fe es de otra naturaleza. Trabaja con lo desconocido, con lo que no se ve; con lo que existe más allá de nuestros ojos. Ofrece una comprensión más sólida que la ciencia y más segura. Su conocimiento procede de la revelación.

Año Bíblico: Jueces 13-16

DIGNO DE ADORACION

Señor, digno eres de recibir la gloria y la honra y el poder; porque tú creaste todas las cosas, y por tu voluntad existen y fueron creadas. Apocalipsis 4:11.

En tu acto creador, tu palabra fue vital. Fue básica también tu voluntad. Las dos van siempre juntas, toda vez que tu palabra crea o comunica, lo que haces existir y lo que dices son claras expresiones de tu voluntad. No hay nada soberano en todo lo creado. Cada criatura es dependiente. Dependemos de ti para la vida y con ella se incluyen, sin dudar, todas las cosas. Pero tú de nada ni de nadie dependes para nada. Tú decides sin tener que preguntar porqué, ni cómo, ni si es propio. Tu propia decisión, por el mismo acto de así determinarlo; define lo propio de lo impropio, lo recto de lo injusto, lo bueno de lo malo. Nadie más que tú puede hacer esto, porque tú eres el único que siempre es soberano.

La soberanía de tu voluntad, activa y plenamente libre, desde siempre, se expresó de un modo dramático en la creación. Cada cosa viva que existe nos habla de tu soberana opción en favor de la vida. No creaste seres vivos para que murieran. Tu objetivo era la vida, sin interrupción; llenando el tiempo, todo el tiempo. Y las cosas inanimadas, puestas por ti en el mundo para conformar el ambiente propio que sustenta la vida, también informan a nuestra mente y nuestra conciencia moral, que tú querías su existencia, para el fin que tú les diste.

Hay una clara consecuencia moral basada en tu voluntad creadora. Nada debe destruirse. Destruir la creación, en cualquier forma, antagoniza tu voluntad de modo muy violento y muy rebelde. Aunque sea la destrucción del ambiente inanimado —que incluye seres vivos, como los vegetales, y cosas—, su destructor actúa contra la vida y contra ti. La conservación de la vida es más que un acto conveniente, es más que una conveniencia utilitaria que favorece nuestros intereses, como la conservación de una propiedad; es un acto moral que armoniza con tu voluntad.

Tu voluntad creadora reveló el poder soberano de tu voluntad como una realidad incontestable. Tú puedes. No sólo lo sé porque lo dices, lo sé también porque tu dicho se transforma en cosas que yo veo y que yo palpo. Mucho más real que esto aun, la presencia de las cosas creadas por tu dicho es tan real en mi experiencia diaria que sin ellas yo no vivo. Tu poder me dio la vida y me sustenta. Yo soy, y sigo siendo, porque quieres. En esto está la base de mi adoración. Te adoro porque eres superior, tienes poder y me creaste. No hay nadie más que pueda hacerlo. Tú solo eres mi Dios. Y yo siento que sólo vivo bien y voy camino a mi objetivo, si sigo en el sendero de tu voluntad, que es siempre hacia la vida.

Año Bíblico: Jueces 17-19

EL PLAN DE LA CREACION

Entonces dijo Dios: Hagamos al hombre a nuestra imagen, conforme a nuestra semejanza; y señoree en los peces del mar, en las aves de los cielos, en las bestias, en toda la tierra, y en todo animal que se arrastra sobre la tierra. Génesis 1:26.

Antes de crear al ser humano expresaste tu intención de hacerlo. Ya tenías el plan para crearlo y tú no estabas solo. Esta creación, tan especial, incluyó la cooperación de toda la Deidad.

Hagamos al hombre, dijiste.

Qué sería el ser humano, no dijiste; sólo hablaste de sus relaciones. La prioridad, en tu mente creadora, no estaba en el ser del hombre, entendido como esencia o elementos que lo componen. Esta explicación viene después. Tú diste prioridad a la experiencia de la vida con sus relaciones verdaderas. Definiste la relación del ser humano contigo como una relación de "imagen", que determinaría también la relación con el prójimo, y designaste sus relaciones con todo el resto de la creación como el señorío de un mayordomo.

La relación de imagen unía el ser humano a ti y a sus prójimos, con lazos afectuosos de semejanza o de igualdad. Nada debía separarlos. Siempre unido a ti, sería para siempre tu testigo en todo lo que hiciera. Unido a sus prójimos sería siempre amigo, ayudador y servicial. La relación de mayordomo lo tornaba protector de todo lo existente.

Estoy en Turkmenbashé, al lado oriental del mar Caspio, en Turkmenistán, esperando mientras procesan mi visa. Tomará un tiempo. No sé cuánto, en todo caso las relaciones entre los seres humanos han variado. Se han tornado más formales, más controladas. Existe una estructura social que las vigila. Ya no somos tan libres, ni somos tan amigos; y a veces, ni siquiera serviciales. No cuidamos la naturaleza: la explotamos. Y contigo ya no somos los mismos. Muchas veces andamos por la vida como si no existieras; concentrados en nuestros problemas, o simplemente en nuestra indiferencia.

Es casi media noche. Después de unas cinco horas, terminó el proceso de mi visa. Tuvimos que ir del aeropuerto al puerto marítimo, buscando un cónsul que pudiera autorizar mi entrada. Un oficial del ejército me acompañó todo el tiempo. El cónsul ya no estaba en su oficina. Fuimos a su casa. Demoró un poco, parece que estaba acostado. Cuando apareció, comenzó las preguntas. Unas de rutina, otras sospechosas.

—Creo que puedo autorizar su entrada —dijo finalmente—. Le costará veinte dólares —agregó, con indiferencia.

Año Bíblico: Jueces 20-21

NOS HA CREADO UN MISMO DIOS

Por tanto, yo también os he hecho viles y bajos ante todo el pueblo, así como vosotros no habéis guardado mis caminos, y en la ley hacéis acepción de personas. ¿No tenemos todos un mismo padre? ¿No nos ha creado un mismo Dios? ¿Por qué, pues, nos portamos deslealmente el uno contra el otro, profanando el pacto de nuestros padres? Malaquías 2:9-10.

Tu acto creador, el hecho de que tú nos hiciste a todos por igual, es también base suficiente para una correcta relación y para que nos hagamos bien los unos a los otros. A veces encontramos personas así; y a veces, no. En Turkmenbashé tuve esa doble experiencia. El cónsul me hizo un bien.

Se arregló un poco para ir a su oficina y atenderme. Mi acompañante, el oficial de policía, se fue con él, en su auto. Un amigo del cónsul subió a mi taxi. Quería practicar inglés. Me dijo que todo el inglés que sabía lo había aprendido en libros. Realmente sabía mucho. El chofer del taxi no fue directamente a la oficina. Se detuvo en casa de un amigo ruso para llevarlo en el auto. Viajarían esa misma noche hacia algún lugar, cerca de Ashjabat, la capital, hacia donde yo iría al día siguiente. Me ofreció llevarme esa misma noche, con su amigo. Pero consideré muy riesgoso el viaje de noche. No acepté.

Después de obtener la visa del cónsul, necesitaba el sello de inmigración que el mismo oficial de la policía colocaría en el pasaporte. Tuvimos que ir de nuevo al aeropuerto. El taxi me llevó al hotel. ¡Qué diferencia! El cónsul me trató con bondad poco común. El taxista quiso aprovecharse de mí en todo. Me estaba cobrando cincuenta dólares por lo que había hecho. La mujer del hotel, desde el otro lado de la ventanilla, moviendo la cabeza, me decía: no. No hablaba inglés, pero veía los cincuenta dólares que yo había sacado. Le pedí que me cobrara menos. Bajó a cuarenta. Retiré diez. Ella movía negativamente su cabeza. Le ofrecí treinta. No, decía ella moviendo rápidamente su cabeza. Después me dijo que todo el trabajo del taxista, en los valores locales, valía tres dólares. Le pagué treinta.

Pero eso no era todo. Cuando íbamos en viaje hacia el hotel, se había ofrecido a pagar el hotel con moneda del país y que yo le pagara a él en dólares. Razón: el hotel no cambiaba dinero. No era un hotel internacional. El que había, según él, estaba lleno. Lo decidiremos allá, le dije. El quiso pagar inmediatamente. Lo detuve. "¿Cuánto es?", le pregunté. "Dos mil", dijo. "¿Y el cambio?" "Veintiocho por un dólar", respondió. Le pregunté a la empleada si era correcto. Dijo una cantidad en ruso. Le mostré un papel y ella escribió: 2.000. Escribí: 1 dólar = 500. El total que debía pagar eran cuatro dólares. El taxista quería 74,42 dólares, por el favor de cambiarme el dinero. ¿Por qué nos portamos deslealmente unos con otros? Nos hemos olvidado del Creador.

Año Bíblico: Rut

DIOS BENDIJO AL SER HUMANO

Y los bendijo Dios, y les dijo: Fructificad y multiplicaos; llenad la tierra, y sojuzgadla, y señoread en los peces del mar, en las aves de los cielos, y en todas las bestias que se mueven sobre la tierra. Génesis 1:28.

Al bendecir a Adán y Eva derramaste sobre ellos tu abundancia. Abundancia de descendientes, abundancia de realización personal, abundancia de bienes, abundancia de gobierno sobre los animales y la naturaleza, y muchas más; todas las que quepan en tu ilimitada abundancia.

La abundancia de descendientes estaba directamente relacionada con la población de la tierra. Debían llenarla de habitantes. Esto era una verdadera planificación familiar. Una multiplicación con límite. No continuaría para siempre. No para crear un problema insoluble con la superpoblación del planeta. Tú tenías planeado cada aspecto de la vida. Ninguno escaparía de tus perspectivas porque tu abundancia es una cadena en la que al terminar cada eslabón, ella no acaba. Sólo abre una nueva oportunidad de conectar otra abundancia verdadera que a su vez estará conectada con otra y sucesivamente para siempre.

La abundancia de dominio abarca la tierra, los peces, las aves y los animales; no el ser humano. No autorizaste a Adán para que dominase a Eva, ni a ninguno de sus semejantes. Por el contrario, cuando Adán despertó del sueño al que lo sometiste para crear a Eva, sintió su igualdad con ella y la amó.

Esto es ahora hueso de mis huesos y carne de mi carne —dijo Adán—; *ésta será llamada Varona, porque del varón fue tomada* (Gén. 2:23).

Una genuina explosión de alegría y felicidad. Ningún deseo de dominar. Ese abuso surgirá después de la entrada del pecado y como uno de sus odiosos frutos.

El dominio sobre la naturaleza era un dominio para cuidar y proteger y cultivar cada semilla con vistas a la abundancia, manteniendo la tierra en la plena abundancia de su capacidad productora. Una verdadera explotación sostenible, permitiendo que la tierra renovara su ciclo y se autorrestaurara en forma permanente. Nada tenía que ver con la explotación indiscriminada, irresponsable y egoísta, tan común en nuestro tiempo.

Tú das para aumentar; nunca para destruir. Tú bendices para mejorar, jamás para provocar una crisis. Tu economía es siempre de entrega total, sin desperdicios. Y así, vivir contigo es siempre bendición y vida eterna.

Año Bíblico: 1 Samuel 1-3

Y TODO ERA BUENO

Y vio Dios todo lo que había hecho, y he aquí que era bueno en gran manera. Y fue la tarde y la mañana el día sexto. Génesis 1:31.

Y sigue siendo bueno. A pesar de los cardos y las espinas, a pesar del desgaste y la contaminación ambiental, a pesar de la productividad reducida y la falta de calidad, a pesar de las plagas y la destrucción del ciclo ecológico; todavía es bueno lo que hiciste, y es bueno en gran manera.

Si no fuera por lo que hiciste, con qué se alimentaría la siempre creciente humanidad, con qué levantaría su vivienda, con qué curaría sus enfermedades, con qué protegería su cuerpo de las inclemencias naturales, con qué satisfaría su espíritu de investigación, con qué construiría sus naves espaciales, con qué haría su riqueza y su progreso y su grandeza y hasta su propia estima de fuerza psicológica y amiga. La fuente de todo bien físico y económico y vital, sigue siendo lo que hiciste. Y lo que hiciste sigue siendo bueno, y bueno en gran manera.

Cuando veo tus cielos, obra de tus dedos, la luna y las estrellas que tú formaste, digo: Qué es el hombre, para que tengas de él memoria, y el hijo del hombre, para que lo visites? (Sal. 8:3).

Y yo también me pregunto lo mismo; y nunca dejo de admirarme por todas tus bondades. Tú eres bueno; y es bueno, por eso, todo lo que has hecho. Desde la tierra a las estrellas, desde el mar a los collados, desde el musgo inadvertido hasta el más alto cedro que crece en la montaña; todo dice que eres bueno, y bueno es todo lo que hiciste, porque así lo hiciste.

Tú no eres el mendigo que transita con mis pies hacia sí mismo. Tú siempre fuiste verdadero, y abundante y generoso. Nunca faltó en tu mano lo mejor de tu bondad, para entregarlo. Y el mundo que existió por tu palabra, regalo de tu voz a nuestra vida, sigue siendo tu obsequio de espléndida abundancia, y siempre bueno.

Cuando pienso en cada ser, y en cada planta, y en cada mineral que tú pusiste sobre y bajo de la tierra; yo siempre me admiro y te recuerdo: ¡Cómo eres de bueno, Señor! ¡Cómo eres de noble! Cuando tú das, nunca retienes una deuda que adquiera el que recibe por el solo hecho de tu don. Y aunque no des sin esperar, porque tú siempre esperas lo mejor, tú das para sembrar; tú nunca entregas tu don para comprar. Tú das porque eres bueno, y porque es bueno lo que das, y es bueno en gran manera.

¡Oh Jehová, Señor nuestro, cuán grande es tu nombre en toda la tierra! (Sal. 8:9).

Año Bíblico: 1 Samuel 4-6

Y REPOSO

Y acabó Dios en el día séptimo la obra que hizo; y reposó el día séptimo de toda la obra que hizo. Génesis 2:2.

Terminaste tu trabajo creador en el séptimo día. Tu trabajo era un medio para un fin. Hiciste todas las cosas para formar la habitación del ser humano, y la obra de los seis días culminó con el reposo del séptimo. No dijiste al ser humano que trabajara para sí, que su diaria labor tenía la finalidad de humanizarlo, ni de autorrealizarlo como un logro personal independiente, ni de autocrearlo como si cada ser humano pudiera hacerse a sí mismo de algún modo en el trabajo. Pusiste en el trabajo un sentido localizado fuera del que lo ejecuta.

La finalidad del trabajo no es introducir su producto dentro del que lo realiza, sino ayudarlo a que extienda su personalidad hacia aquellos para quienes trabaja. El ser humano, abierto a ti, y al prójimo, y al mundo; usaría el trabajo como uno de sus instrumentos de acercamiento a ellos. El trabajo es desprendimiento y es entrega.

Pero el trabajo alcanza su completa plenitud en el reposo. No un reposo entendido como pausa restauradora de energía para una mayor productividad en el próximo trabajo. Tú no eres un demiurgo ni creaste al ser humano como un animal de carga. No reposaste el séptimo día porque estuvieras cansado o en necesidad de alguna restauración espiritual o física. Con el día de reposo, tú hiciste un monumento a la vida. Lo diste al ser viviente que acabas de crear; para que él, cada semana, se encontrara contigo, fuente de toda vida y su propio creador. Este reposo era la paz, y la armonía, siempre indispensables, en la experiencia rutinaria de la vida.

El reposo sólo tiene sentido cuando el que entra en él, experimenta seguridad y paz, armonía y felicidad. El mundo de las cosas y el mundo de los seres humanos, sería mucho mejor si cada habitante del planeta viviera, cada semana, la experiencia de un verdadero encuentro vital contigo. Tendríamos una comprensión más propia de la vida, y una forma más abnegada de vivirla. Seríamos personas más próximas a ti, y mucho más útiles al prójimo y a la naturaleza entera. La vida personal, llena de sentido y plena de satisfacción, sería un don de cada uno a los demás y una experiencia de encuentro con todos, semejante al encuentro contigo en el reposo.

El reposo no es una experiencia de ser para sí mismo, es un encuentro contigo para aprender el modo de ser una bendición para los demás, como lo eres tú.

Año Bíblico: 1 Samuel 7-10

LO BENDIJO Y LO SANTIFICO

Y bendijo Dios al día séptimo, y lo santificó, porque en él reposó de toda la obra que había hecho en la creación. Génesis 2:3.

Había un vez un inteligente y consagrado brasileño que tenía un puesto de naranjas en el mercado de una ciudad pequeña. Sus naranjas eran las mejores del mercado y estaban siempre a un precio un poco más bajo que las de los otros puestos. Tenía muchos clientes, incluyendo el cura de la iglesia católica cercana al mercado. Cerraba su puesto cada viernes a la mitad de la tarde y lo mantenía cerrado todos los sábados. El sacerdote lo visitaba a menudo y conversaban, aunque brevemente, como dos grandes amigos. Un día llegó a su puesto, de muy buen ánimo, y retomó el tema constante de conversación.

—José —le dijo, en tono de confianza, como queriendo hablar con cierta intimidad— tú pierdes dinero cada sábado. Somos muchos los que te compraríamos ese día. Tú eres un hombre bueno y tus naranjas son excelentes. No es justo que tú seas perjudicado. Después de todo, Dios te va a salvar igual.

—Muchas gracias, padre —le dijo, en el mismo tono, y tratando de abrirle el corazón como un verdadero feligrés de su parroquia que confiara plenamente en él—. Pero no creo que yo esté perdiendo dinero alguno. Usted no compra el sábado, pero cada viernes lleva todo lo que necesita para el fin de semana. Lo mismo ocurre con los otros clientes.

—De todas maneras, hijo, no hay ninguna diferencia entre un día y otro. Todos los días de la semana son iguales. Tienen las mismas horas, tienen una parte de día y otra de noche, nada hay que distinga un día del otro. Mira —agregó con cierto entusiasmo repentino, como si hubiese descubierto el argumento incontrovertible. Con seguridad, pero con cuidado, escogió siete naranjas de gran tamaño. Todas iguales. Parecía que un torno las hubiera formado con la misma medida—. Mira —repitió, mostrándole el conjunto, con verdadera convicción del resultado y las puso en fila, una detrás de la otra—, ésta es el primer día, la que sigue es el segundo. —Y sucesivamente dio a cada naranja el nombre de un día de la semana. Después, revolvió todas las naranjas y dijo—: Dime, José, ¿cuál es el séptimo día?

—De nuevo, padre —le dijo con calma—, no presté atención. —El sacerdote hizo la fila y repitió los nombres—... ésta es el séptimo día, terminó —y el vendedor rápidamente, antes que las revolviera, la tomó, y sacando un cuchillo, mientras cortaba una franja de cáscara alrededor de la naranja, dijo—: *Y Jehová bendijo el séptimo día* —y sacando otra franja en sentido contrario, agregó—: *y lo santificó*. Ahora, padre, confúndalas como quiera, yo siempre sabré cuál es el séptimo día.

Año Bíblico: 1 Samuel 11-13

LA NATURALEZA HUMANA

Y de una sangre ha hecho todo el linaje de los hombres, para que habiten sobre toda la faz de la tierra; y les ha prefijado el orden de los tiempos, y los límites de su habitación. Hechos 17:26.

"El hombre y la mujer fueron hechos a imagen de Dios, con individualidad propia y con la facultad y la libertad de pensar y obrar por su cuenta. Aunque fueron creados como seres libres, cada uno es una unidad indivisible de cuerpo, mente y alma que depende de Dios para la vida, el aliento y todo lo demás. Cuando nuestros primeros padres desobedecieron a Dios, negaron su dependencia de él y cayeron de la elevada posición que ocupaban bajo Dios. La imagen de Dios se desfiguró en ellos y quedaron sujetos a la muerte. Sus descendientes participan de esta naturaleza degradada y de sus consecuencias. Nacen con debilidades y tendencias hacia el mal. Pero Dios [en Cristo] reconcilió al mundo consigo mismo, y por medio de su Espíritu restaura en los mortales penitentes la imagen de su Hacedor. Creados para gloria de Dios, se los invita a amar al Señor y a amarse mutuamente, y a cuidar el ambiente que los rodea (Gén. 1:26-28; 2:7; Sal. 8:4-8; Hech. 17:24-28; Gén. 3; Sal. 51:5; Rom. 5:12-17; 2 Cor. 5:19-20; Sal. 51:10; 1 Juan 4:7-8, 11, 20; Gén. 2:15)" (*Manual de la iglesia*, Creencia Fundamental N.º 7).

De una sangre nos hiciste. Todos iguales. Con iguales privilegios, con obligaciones iguales. Todos libres. Sólo Dios determinando los órdenes y los límites. Pero hoy, todo está modificado. La libertad de cada uno depende de las mayorías. La igualdad es nominal y es negociable: desde luego que nunca por los afectados.

En Ashgabad, capital de Turkmenistán, las religiones mayoritarias son el islamismo y el catolicismo ortodoxo ruso. Los adventistas, bautistas y otros cristianos son una pequeña minoría sin derechos. Con otros pastores hicimos una visita al Concilio de Religiones del Estado que decide todo lo relacionado con la libertad religiosa de los grupos. El Concilio está formado por tres personas. El Imán de los musulmanes, un funcionario del gobierno y el Jefe de la Iglesia Ortodoxa. Lo preside el Jefe de la Iglesia Ortodoxa. No ha permitido la inscripción de la iglesia, ni la residencia del pastor que la dirige. Visitamos a los tres, en forma separada. Los dos primeros dijeron, tienen que ver al padre Andrei. Nada se puede hacer si él sigue oponiéndose. Andrei Ivanovich Sapunov nos recibió frío. Dijo que en el país se estaba recuperando la libertad y él tenía que ser muy cuidadoso. Le hice ver que la libertad sólo existe cuando la disfrutan las minorías, porque las poderosas mayorías siempre la tendrán. Parecía convencido, sin duda por el Espíritu Santo, y prometió cooperar.

Año Bíblico: 1 Samuel 14-16

CREADOS A IMAGEN DE DIOS

Y creó Dios al hombre a su imagen, a imagen de Dios lo creó; varón y hembra los creó. Génesis 1:27.

Gracias por haberme creado a tu imagen y semejanza. Yo sé que estoy muy distante de ella cuando comparo mi imagen con la de Adán, pero igual me da un sentido de dignidad: una forma de entenderme en base a mi origen. Estaba en Bakú, Azerbaiján, y Wagner Khun, un joven brasileño que trabaja para ADRA en el territorio de Najichevan, me preguntó por mi origen étnico.

—Es confuso —le respondí.

—Pero ¿no tiene ninguna información exacta? —volvió a preguntar.

—Sí —le dije—, desciendo de Adán, que fue de Dios.

Su risa espontánea no restó verdad a mi dicho ni intentó hacerlo. La verdad incontrovertible de su contenido lo tomó por sorpresa.

La imagen de Dios abarca mi ser entero. Algunos la han definido refiriéndose a alguno de los elementos específicos de la personalidad humana como que tu imagen estuviera en la razón, o en la apariencia física, o en la capacidad de dominar la naturaleza, o en la aptitud para vivir en comunidad. Pero no tengo un rasgo de mi persona a tu semejanza, mi persona entera lo es. Yo soy una imagen tuya.

"El hombre había de llevar la imagen de Dios, tanto en la semejanza exterior, como en el carácter. Sólo Cristo es 'la misma imagen del Padre' (Heb. 1:3); pero el hombre fue creado a semejanza de Dios. Su naturaleza estaba en armonía con la voluntad de Dios, su mente era capaz de comprender las cosas divinas. Sus afectos eran puros, sus apetitos y pasiones estaban bajo el dominio de la razón, era santo y se sentía feliz de llevar la imagen de Dios y de mantenerse en perfecta obediencia a la voluntad del Padre" (*Patriarcas y profetas*, pp. 25-26).

"Cada ser humano, creado a la imagen de Dios, está dotado de una facultad semejante a la del Creador: la individualidad, la facultad de pensar y hacer. Los hombres en quienes se desarrolla esta facultad son los que llevan responsabilidades, los que dirigen empresas, lo que influyen sobre el carácter" (*La educación*, p. 15).

El pecado casi borró tu imagen. La personalidad casi se ha destruido. Se debilitaron las facultades físicas. La capacidad mental disminuyó. Se obscureció su visión espiritual. Pero no está todo perdido: La obra de la redención fue establecida para restaurar la imagen de Dios en el ser humano.

Año Bíblico: 1 Samuel 17-19

UNA PERSONA VIVIENTE

Entonces Jehová Dios formó al hombre del polvo de la tierra, y sopló en su nariz aliento de vida, y fue el hombre un ser viviente. Génesis 2:7.

Diseñaste tú una forma, semejante a la tuya, y me formaste. Tus manos moldearon el polvo de la tierra, le dieron tu forma y la juntaron de una manera nueva, ausente todavía en todo lo creado. ¿Cómo? Yo no sé. Nadie lo sabe. Tú nunca revelaste la manera precisa en que llevaste a cabo la obra de la creación. Formaste un ser humano, como forma el alfarero sus obras con sus manos (Isa. 29:16; 49:5). En esa forma soplaste tú la vida. Y la tierra, los mismos elementos que la integran, dejaron de ser lo que ellos eran. Ya la tierra no era tierra.

Hiciste un cuerpo. Más aún, un cuerpo vivo. Sus funciones, desde la piel hasta su parte más profunda, se cumplen de un modo que la tierra, con los mismos elementos constitutivos, jamás podría realizar. El aliento de vida que colocaste en él ya no es igual: El hombre no lo puede transmitir a través de un simple soplo de su respiración. Se ha unido a su cuerpo de tal manera que sólo puede transmitirlo por medio de las complicadas funciones reproductoras del cuerpo. ¿Dónde termina el cuerpo y comienza la vida? ¿Dónde la vida se hace cuerpo? Preguntas sin sentido. El ser humano es una unidad sellada no desmontable, una persona viva indivisible. Hecho con dos elementos —materia y soplo de vida— ya no pueden separarse. Todo él es cuerpo y el cuerpo es todo vida. Se han vuelto un sólo ser: una persona viviente. Si el aliento de vida lo abandona, el resto ya no es cuerpo, es un cadáver. La persona no es persona, es un difunto. Separado en sus partes originales, el ser humano deja de ser y muere.

Cada vez que pienso en el acto simple de inclinarte ante la forma, hecha por ti, con la intención de hacer un hombre, para soplar en él tu propio aliento, me conmuevo. ¿Por qué lo hiciste así: tan personal, tan próximo, tú mismo? Y así, le diste tú su origen. Y cuando Adán abrió los ojos, sin pasado, tu rostro estaba allí, cercano, grabando en su memoria para siempre tu propia cercanía. Y el ser humano nunca pierde la nostalgia de ese origen, como ninguno puede eliminar la otra nostalgia de su propia tierra natal inolvidable. Y si nos vamos por el mundo, no importa la distancia, no importa el tiempo transcurrido, no importa el cambio que la vida sufra, la nostalgia del terruño sigue. Puede alterarse todo en el rincón de nuestro origen, pero a él nos sentimos ligados de un modo inalterable. Lo recordamos siempre, y siempre lo soñamos. Y hasta somos, por siempre, nuestro origen; sin acabar con él aunque jamás volvamos, y aunque la vida nos robe todo lo que en él ya fuimos. No hay modo de olvidarte. Tú solo eres mi origen, y a ti vuelvo.

Año Bíblico: 1 Samuel 20-23

SERES VIVIENTES

Luego dijo Dios: Produzca la tierra seres vivientes según su género, bestias y serpientes y animales de la tierra según su especie. Y fue así. Génesis 1:24.

También creaste los animales terrestres, y los acuáticos (Gén. 1:20-21), como seres vivientes, igual que el ser humano.

¿Debo, por esto, concluir que hombres y animales son iguales? ¿O existe alguna diferencia fundamental entre ellos que defina mejor al ser humano?

Sí, son dos órdenes distintos. Hiciste los animales con relación a ellos mismos, "según su especie", sin posibilidad de relación espiritual contigo; en cambio el ser humano creado a tu "imagen y semejanza", posee plenas capacidades espirituales para relacionarse contigo, en el nivel que tú desees. Creaste los animales en forma colectiva, sin individualidad, como enjambres (Gén. 1:20) y productos (Gén. 1:24); en cambio al ser humano, en forma individual, uno por uno, con tu propio aliento de vida, y cada individuo, con personalidad propia, irrepetible. Los animales son seres vivos; el ser humano, una persona viviente.

Tu aliento, o soplo omnipotente, dio vida al ser humano (Job 33:4). También le dio el entendimiento (Job 32:8) y la luz espiritual para discernir valores y poder escudriñar su propia vida (Prov. 20:27). El cuerpo humano, cuando no tiene tu aliento de vida, es simplemente tierra, y a la tierra vuelve. Cuando lo tiene, está relacionado contigo y el barro ya no es barro, se ha vuelto una persona viviente, plenamente capacitada para entenderte, para servirte y para representarte.

La vida que diste a los animales, los hizo seres conscientes, pero no autoconscientes; los hizo seres con determinación, pero sin autodeterminación. Los hizo sin juicio, sin raciocinio, sin idioma, sin idea del espacio, sin comprensión del tiempo, sin entender la diferencia entre el bien y el mal, sin consciencia, sin fe, sin vida religiosa. El ser humano, en cambio, posee todas estas cualidades y, además, tiene la capacidad moral que puede ejercer en plena libertad.

No soy un animal, ni de ellos provengo evolutivamente o en un esfuerzo propio para lograr mi humanización. Ni siquiera soy un animal racional. Yo soy persona viva que te sirve. Formado por tu propia mano, con tu propio aliento de vida, para tu propia gloria. Yo vivo y soy lo que tú hiciste. No puedo confundirme con las cosas ni los seres que creaste en orden diferente. Si así lo hiciera, mi cercanía a ellos en realidad sería alejamiento de mi propia vida; y ausencia, en lejanía, de ti, que me creaste para estar contigo, sin distanciamientos.

Año Bíblico: 1 Samuel 24-27

UN ALMA VIVIENTE

Y cualquiera persona *[néfesh]* que hiciere trabajo alguno en este día, yo destruiré a la tal persona de entre su pueblo. Levítico 23:30.

Presencia de persona y pueblo, de individuo y comunidad. Relación indispensable para la vida humana que jamás puede perderse en el individualismo egoísta, ni en el colectivismo insensible.

Cuando tú creaste al ser humano, hiciste una persona viva, una *néfesh jayyah* (Gén. 2:7). Algunas personas piensan que el aliento de vida, colocado por ti cuando soplaste en la nariz del cuerpo, todavía inerte, del futuro Adán, era un "algo eterno" de ti, que entró en el ser humano y permanece en él, como un "alma". Pero la *néfesh* no es un núcleo de existencia indestructible colocado en el hombre para darle eternidad. Ni es un elemento individual que pueda existir en forma separada del ser humano, como si éste sólo fuera su cuerpo físico; y el alma, un algo eterno, proveniente de tu propio ser, para otorgar al cuerpo el apropiado nexo con lo divino y con la eternidad.

El soplo que tú agregaste a la materia inerte era tan sólo vida, nada más. La misma vida que diste a los animales marinos, a los reptiles, a los insectos y a las bestias. La diste a ellos por la palabra creadora; y al ser humano, por un soplo vital. La misma vida: y todos ellos fueron también *néfesh jayyah* (Génesis 1:20; 2:19). Nada eterno tienen ellos, y nadie jamás les atribuyó la posesión de un "alma" como al ser humano le atribuyen. Tu soplo era la vida. Sólo un *rúaj*, un viento vital, y nada más. La diferencia entre animales y seres humanos no reside en el tipo de vida que les diste. Está en la individualidad personal que otorgaste a los humanos, al crearlos, uno por uno, con ese fin.

El ser humano es una persona que vive en relación contigo (Gén. 2:7), con los animales (Gén. 2:19-20), con el cosmos en general (Gén. 1:26; 3:23), y con sus semejantes (Gén. 2:22, 24). La capacidad de relacionarse proviene de la condición espiritual que tú le diste. Por eso la *néfesh* es una designación apropiada para la persona individual y se la usa para contrastar al individuo con el conjunto social del pueblo. La persona no debe jamás ser puesta en condición de masa. La masificación de los individuos es su propia destrucción como personas y una inmoralidad que atenta contra el objetivo de la creación divina.

Pero esto no debe entenderse como individualismo. Tal cosa no estaba en tu intención creadora del ser humano. El hombre solo es un ser sin esperanza. Un individuo un poco menos persona que el que tú creaste. La relación con los demás tiene un objetivo comunitario. Por eso el ser humano está dotado de una fuerte sensación de pertenencia. Pertenece a una comunidad y su negación lo afecta profundamente. Lo destruye. Tú hiciste al ser humano en un equilibrio perfecto de persona individual y comunitaria.

Año Bíblico: 1 Samuel 28-31

LA MUERTE COMO POSIBILIDAD

**Y mandó Jehová Dios al hombre, diciendo: De todo árbol del huerto po-
drás comer; mas del árbol de la ciencia del bien y del mal no comerás; porque
el día que de él comieres, ciertamente morirás. Génesis 2:16-17.**

Colocaste toda la abundancia del Edén a disposición de Adán, con una restricción: el árbol de la ciencia del bien y del mal. ¡Ciencia extraña! En medio de una
realidad que destilaba vida desde todas sus formas, una ciencia cuyo logro final era
la muerte. No todas las ciencias conducen a la muerte; pero la ciencia del mal, sí.
   Adán no tenía por qué morir. Se lo advertiste. La muerte en ese momento no
era más que una simple posibilidad. Y Adán tenía todos los elementos favorables a
la vida, todas las protecciones necesarias contra la muerte, todo el saber indispensable para satisfacer cada pregunta de su inteligente curiosidad descubridora.
   Y el raro y singular saber del mal, ¿cómo sería? Adán no lo ignoraba. Tenía que
ser el envolvente saber de la experiencia. El saber que se desprende de la misma
práctica del mal. Había un solo modo de adquirirlo: comiendo el fruto. Y Adán ya
lo sabía. Ese fruto, sin que fuera de muerte, a la muerte conducía. Tú mismo se lo
habías dicho. ¿Para qué más? Con eso ya era más que suficiente. ¿No era suficiente saber que podía morir? ¿Tenía que morir, para saberlo? Pero la extraña paradoja
del mal estaba ahí; cuando llegara a la muerte, como experiencia real de su deceso, ya no podría saber nada sobre ella. La misma muerte se lo impediría.
   Era mejor dejarlo todo en este simple saber de la posibilidad, para evitarla.
Pero hay una extraña atracción en cada experiencia prometida por la posibilidad.
Tiene una especie de miel para las moscas. Y vuelan y revolotean y se posan en
ella, para descubrir que, por disfrutar de su dulzura, sus patas se han pegado a ella
y ya no pueden volar con su deleite. Se han tornado prisioneras y la muerte las
acecha. Es sólo una cuestión de tiempo. Y el tiempo, inexorablemente pasa; y la
muerte, siempre llega.
   ¿Por qué perdemos la visión de la abundancia, para ver, tan sólo, la extraña
pequeñez de lo vedado? Todos los frutos del Edén estaban a su entera disposición.
Con ellos la salud, con ellos el disfrute de la vida, con ellos el favor del Dios de la
abundancia, con ellos hasta el simple placer de la comida que llena de energía y da
más luz al faro de la mente. Todo eso se iría, si la ciencia negra penetraba sin luz a
la experiencia humana. Y todavía seguimos jugando a la ruleta rusa, con la cargada pistola de las posibilidades que el mal descarga siempre contra aquel que lo
abraza.

***Año Bíblico:** 2 Samuel 1-4*

EL ENGAÑO

Entonces la serpiente dijo a la mujer: No moriréis; sino que sabe Dios que el día que comáis de él, serán abiertos vuestros ojos, y seréis como Dios, sabiendo el bien y el mal. Génesis 3:4-5.

Toda promesa falsa es un engaño. Nadie mejor que la serpiente para servir de intermediario al archiengañador del universo.

Y la serpiente era astuta, más que todos los animales del campo que Dios había hecho (Gén. 3:1).

Y habló con la mujer. La serpiente era una bella criatura, vestida de colores, con la gracia sin par de los que vuelan, con la atractiva e impresionante fuerza de la inteligencia. Pero ella nunca hablaba. La misma invención de su imposible diálogo, era un engaño. Y el engaño fue creciendo con cada palabra que decía.

¿Conque Dios os ha dicho: No comáis de todo árbol del huerto? (Gén. 3:1).
Y era falso.

De todo árbol del huerto podrás comer —dijiste tú—; *mas del árbol de la ciencia del bien y del mal no comerás* (Gén. 2:16).

No moriréis (Gén. 3:4), mintió de nuevo.

El día que de él comieres, ciertamente morirás (Gén. 2:17), fue tu palabra.

Y el engaño era una cadena de sucesivas contradicciones, destinadas a falsear la realidad de tus palabras. Y Eva no pudo percibirlo. La razón era simple: el fruto se le había vuelto codiciable. Lo deseaba. Y el deseo ve sólo aquello que con él concuerda. Es egoísta. Todo lo demás es un obstáculo y debe eliminarlo. No importa el medio. La irracionalidad, el olvido, la misma ingenuidad; todo está bien. Lo único que importa es el objeto del deseo. En este caso el fruto del árbol prohibido.

¿Por qué es que lo prohibido es atractivo? No otorga luz, ni es un saber, ni es un progreso. No tiene los valores simples que cada persona busca en la vida: reconocimiento, aceptación, aprecio, estima, gozo. Sólo tiene emoción. Un vértigo del alma que resbala aceleradamente sobre el tobogán de lo escondido. Una aventura. Un suspenso constante, como el misterio de la acción no revelada en las novelas. Una ficción. Promete realidad con la visión de luces permanentes, pero tan sólo ofrece un poco de color, con la explosión de fuego artificial, que se deshace. Es un engaño. Y el engaño es siempre una mentira real contra la vida.

Año Bíblico: 2 Samuel 5-7

EL CONOCIMIENTO DEL MAL

Entonces fueron abiertos los ojos de ambos, y conocieron que estaban desnudos; entonces cosieron hojas de higuera, y se hicieron delantales. Génesis 3:7.

Conocieron lo que, según tu explicación, era dañino. Pero el saber del mal es la misma ciencia de la contradicción. Comienza contradiciendo ideas y termina en abierta contradicción contra la vida. Es una muerte. Tú sólo querías la vida. Y todavía la quieres. Según esto, todo lo que está contra la vida es inmoral. El conocimiento del mal, por experiencia, es siempre una inmoralidad.

Vivían al borde del pueblo. Marido y mujer de aspecto desgarbado, un poco sucio. Su trabajo, muy impreciso. Usaban la mayor parte de su tiempo en el basural del pueblo. Recolectaban cualquier cosa que tuviera algún valor. Tenían pilas de objetos alrededor de su casa, de aspecto abandonado y sin orden. No recuerdo cómo me relacioné con ellos. Yo habré tenido unos once años. Me recibían con mucho cariño. Fueron una especie de amigos diferentes, al principio. Como que, al llegar a su casa, yo entrase de algún modo dentro de un libro, y comenzara a vivir con personajes de ficción. Parecían tan distantes de la realidad, tan extraños a ella. Y me atraían. Después de un tiempo comenzaron a pedirme objetos que había en mi casa. Cubiertos, primero; otros de mayor valor, después. Pronto yo estaba robando cosas de mi casa para dárselas a ellos. No me di cuenta cómo entré en eso. Era como una conspiración secreta contra todo y en favor de ellos solos. Yo vivía en contra de mi propia familia, sin quererlo. Era muy extraño. Era la propia contradicción de la basura.

Y el mal nunca perdona. La práctica del mal es la más brutal de todas las experiencias humanas. Nunca se aprende en libros. Se aprende primero con la vida y poco a poco van creciendo los montones de basura, y la casa de la personalidad adquiere un aspecto de envejecida realidad llena de mugre. Un macabro complot contrario a todo, incluyendo la propia persona que lo vive. Tarde o temprano, y más temprano que tarde, el mal cobra la cuenta de su engaño.

La práctica del mal, no deja nunca un saldo positivo. Es una cuenta en rojo, todo el tiempo. Hay un déficit psicológico, una escasez de recursos morales, un exceso de gasto social, una plétora de cuentas por pagar, una inmensa cantidad de cheques en blanco contra el fondo de la vida, y una sola consecuencia inalterable: somos siempre mucho menos tu imagen, que lo que fuimos al principio. Y tú sigues paciente; dispuesto a recibirnos otra vez en tu palacio del saber eterno.

Año Bíblico: 2 Samuel 8-10

QUE ES EL PECADO

Yo, yo soy el que borro tus rebeliones por amor de mí mismo, y no me acordaré de tus pecados. Hazme recordar, entremos en juicio juntamente; habla tú para justificarte. Tu primer padre pecó, y tus enseñadores prevaricaron contra mí. Isaías 43:25-27.

El pecado es una rebelión contra ti. Tú, mi Dios, nada hiciste para merecerla. Tu mano generosa se extendió para otorgarnos la vida, en abundancia. Con todo lo que le era necesario. Una palacio natural lleno de todo el alimento: en las semillas, en los frutos y las frutas. Tú mismo acompañabas a tus criaturas todo el tiempo; para dar el rumbo de las cosas y la vida. Tú eras un Dios de diálogo y cariño.

Tú pasabas las tardes conversando con Adán y Eva, sobre todo. Las plantas del jardín, los animales. Las cosas de la vida. Lo que está en todo lo creado, más allá de la visión del ojo. La ciencia natural. La ciencia tuya. Y lo que somos. Tú abrías con amor cada misterio, cada escondido secreto de los seres, cada principio que rige el universo, cada nuevo saber que el ser humano demandase de ti, para entenderte. Y eras tú lo más, y lo mejor. No les faltaba nada. ¡Y se rebelaron!

Todo empezó con ese viaje solitario. Eva, queriendo o no queriendo, se encontró frente a frente con el árbol. Sola. No estaba Adán, ni estabas tú: aunque tu ausencia no fuera más lejana que la distancia mínima de un ruego. Lo encontró tan codiciable.

"Enfatuada, halagada y hechizada, no descubrió el engaño. Codició lo que Dios había prohibido; desconfió de su sabiduría. Echó a un lado la fe, la llave del conocimiento" (*La educación*, p. 21).

Y todo lo que no proviene de fe, es pecado (Rom. 14:23).

Quebrada la relación, degeneró en ilegalidad, y desvío, y separación, y desobediencia, y rebeldía, y culpabilidad, y toda clase de males. Una cadena nefasta para prisión de los humanos. Y la prisión trajo esclavitud; y la esclavitud, angustia; y la angustia, una ausencia de sentido que ha vaciado la vida de su más valioso elemento: Dios. Y sin Dios, el ser humano se ha envanecido, como una semilla que pierde su germen, y se hace nada.

Y su necio corazón fue entenebrecido (Rom. 1:21).

Tinieblas. Sólo tinieblas y dolor. ¡Qué necio es el pecado! ¡Y qué vacío! Una llaga de la carne, una mancha en el alma, y una triste corrupción de la vida que, poco a poco, la hace nada.

Año Bíblico: 2 Samuel 11-12

¿EXISTE EL PECADO ORIGINAL?

Por tanto, como el pecado entró en el mundo por un hombre, y por el pecado la muerte, así la muerte pasó a todos los hombres, por cuanto todos pecaron. Romanos 5:12.

Tú nos has estado enseñando, Padre, a identificar el pecado para no cometerlo y cómo librarnos de él. En ambos casos, el Espíritu Santo obra en nosotros. Para la identificación del pecado, nos da el discernimiento, sin el cual jamás podríamos distinguirlo. Para librarnos de él, nos ayuda a aceptar el Evangelio y nos da el poder espiritual necesario con que podemos resistir el pecado y expulsarlo de la vida.

El pecado está en la vida de todos, porque todos pecamos. No porque todos hayamos pecado en el pecado de Adán, sino porque cada uno de nosotros cometió pecado personalmente. El texto dice que la muerte pasó a todos los hombres; no dice que el pecado de Adán pasó a todos los hombres. El concepto católico y protestante de pecado original ha enseñado tradicionalmente que todo ser humano, de todos los tiempos, nace en un estado de culpa, por el pecado de Adán. Por transmisión hereditaria, no sólo recibimos el pecado de Adán, también su culpa. Cada uno es culpable de pecado porque Adán pecó.

Esto equivale a condenar a los hijos por los pecados de los padres. La historia de la justicia internacional tiene muchos capítulos imposibles de entender. Personas que han sido condenadas por crímenes que no cometieron, y personas que no han sido condenadas por crímenes que realmente cometieron. Muy controvertido es el reciente caso de O.J. Simpson, el famoso futbolista norteamericano, que fue declarado inocente en el llamado juicio del siglo, donde se lo acusaba de un doble crimen: Asesinato de su ex esposa y de un amigo de ella. Pero no se conoce ningún caso en el que se haya condenado a un hijo porque su padre fuera asesino.

El alma que pecare, esa morirá; el hijo no llevará el pecado del padre, ni el padre llevará el pecado el pecado del hijo; la justicia del justo será sobre él, y la impiedad del impío será sobre él (Eze.18:20).

Lo que pasa de una generación a la otra es una debilidad genética que facilita la acción pecaminosa del nuevo ser humano. Pero no el estado pecaminoso, ni la culpa por el pecado de Adán que se han enseñado como pecado original. El pecado de Adán es el origen humano del pecado, pero la Biblia no enseña la doctrina del pecado original. El ser humano está desconectado de Dios y vive bajo los efectos de una tiranía espiritual demoníaca. Sus hijos nacen con una tendencia a pecar. Y la concupiscencia interior, más la influencia externa del mal, lo arrastran constantemente hacia el pecado, por medio de la tentación.

Año Bíblico: 2 Samuel 13-14

LA TENTACION

Velad y orad, para que no entréis en tentación; el espíritu a la verdad está dispuesto, pero la carne es débil. Mateo 26:41.

La tentación jamás se ha originado en ti. Tú, Dios de todas las perfecciones, no tientas; ni puedes hacerlo. El pecado, y todo lo relacionado con él, es completamente ajeno a tu persona.

Cuando alguno es tentado, no diga que es tentado de parte de Dios; porque Dios no puede ser tentado por el mal, ni él tienta a nadie (Sant. 1:13).

El mal no puede tentarte, porque para ti no hay ninguna atracción hacia él. Todo tu ser repele el mal. No es lo mismo con nosotros.

He aquí, en maldad he sido formado, y en pecado me concibió mi madre (Sal. 51:5).

Mi madre y mi padre eran pecadores cuando me concibieron. En su herencia genética me transmitieron una debilidad, una tendencia hacia el mal. Y yo, en la constante práctica del mal, desarrollé, después, un intenso deseo pecaminoso: la concupiscencia.

Cada uno es tentado, cuando de su propia concupiscencia es atraído y seducido. Entonces la concupiscencia, después que ha concebido, da a luz el pecado; y el pecado, siendo consumado, da a luz la muerte (Sant. 1:14-15).

Esta atracción por el pecado, que está en mí, es la base de la tentación. Esta puede surgir desde dentro de mí mismo, en mi propia imaginación; o desde fuera de mí. La tentación externa proviene a veces de amigos que invitan a la acción maligna, sin la menor intención de envilecernos. Su intención, casi siempre, parece exenta de toda vinculación con el mal. Es sólo un acto de amistad. Una expresión de afecto y simpatía. Pero por ser una insinuación de mal que concuerda con el deseo interno, tiene toda la fuerza de una tentación, casi siempre irresistible.

A veces el tentador es el diablo. No toda tentación es maquinada por él. La mayoría de ellas proviene de nosotros mismo. Pero él no pierde oportunidad alguna. Intentó tentar al mismo Cristo. Pero como él no tenía concupiscencia, utilizó sus necesidades físicas: *di que estas piedras se conviertan en pan;* su relación con el Padre: *échate abajo porque a sus ángeles mandará;* y su propia misión: *todo esto te daré si postrado me adorares* (Mat. 4:1-11). Mala intención del demonio. Sólo perversión y maldad.

¿Cómo se vence la tentación?

Velad y orad, para no entréis en tentación; el espíritu está dispuesto, pero la carne es débil (Mat. 26:41).

Año Bíblico: 2 Samuel 15-17

LA MALDICION DEL MAL

Y Jehová Dios dijo a la serpiente: Por cuanto esto hiciste, maldita serás entre todas las bestias y entre todos los animales del campo; sobre tu pecho andarás, y polvo comerás todos los días de tu vida. Y pondré enemistad entre ti y la mujer, y entre tu simiente y la simiente suya; ésta te herirá en la cabeza, y tú le herirás en el calcañar. Génesis 3:14-15.

Tu maldición no es un deseo negativo, es un juicio. No es un rechazo tuyo, es una consecuencia que pertenece a las acciones del pecador. Y la serpiente, aunque animal no sujeto a las leyes morales que diste a los humanos, actuó en oposición a los propios objetivos que tú diste a su existencia; y en lugar de servirte a ti, sirvió como instrumento del que se había revelado contra ti.

La maldición es lo contrario a la bendición. Quien está bajo tu bendición es objeto de todos tus regalos, de todas tus protecciones, de todos tus beneficios espirituales, de todo lo que tú eres, haces, y posees. El que está bajo la maldición vive solo, no porque tú lo abandones, pues a nadie abandonas tú; sino porque escogió ese estilo de vida en rebelión y se separó de ti.

He aquí yo pongo hoy delante de vosotros la bendición y la maldición: la bendición, si oyereis los mandamientos de Jehová vuestro Dios, que yo os prescribo hoy, y la maldición, si no oyereis los mandamientos de Jehová vuestro Dios, y os apartareis del camino que yo os ordeno hoy, para ir en pos de dioses ajenos que no habéis conocido (Deut. 11:26-28).

Y la serpiente, separada de ti, sería dejada sola; sufriendo las consecuencias naturales de su nuevo estado independiente. Su deterioro era inevitable. Perdería su lugar de privilegio entre todos los animales que Dios había creado y dejaría de volar, para arrastrarse sobre el polvo de la tierra. Ya sus colores de arco iris plenos nunca más sobresaldrían en el verde acompasado de los árboles. Nunca más sería objeto del cariño femenino; ni jamás provocaría admiración en los ojos de los hombres. Un símbolo del miedo, un objeto de temor, un pánico presente, un signo del demonio mismo que aterra, y hace que los humanos se separen unos de otros. Nunca más una atracción: sólo un terror; un asco, solo.

Detrás de la serpiente, y arteramente oculto, estaba el demonio. La voz de la serpiente era prestada. La forma de decir, lo dicho y las palabras, la propia manera de portarse eran las marcas del engaño y era todo suyo. Era el demonio. El no podía estar oculto para ti. Tus ojos lo ven cuando se esconde; tú sabes donde está, y sabes muy bien lo que pretende. Tú lo sabías. Estaba allí y sigue aquí: planeando todo y maquinando; manipulando mentes y emociones; y alterando a su gusto voluntades y conductas; logrando que todo sirviera a su objetivo. Y también esto es un engaño, y lo maldice con su propia suerte, hasta que muere.

Año Bíblico: 2 Samuel 18-19

EL SUFRIMIENTO

A la mujer dijo: Multiplicaré en gran manera los dolores en tus preñeces; con dolor darás a luz los hijos; y tu deseo será para tu marido, y él se enseñoreará de ti. Génesis 3:16.

La igualdad del hombre y la mujer fue clara desde el comienzo. Creada como "ayuda idónea" para Adán, Eva era una persona calificada para ayudar; no una sierva bajo las órdenes de su marido. La relación de pareja era perfecta en el amor. Sólo en amor es posible una relación de igualdad.

Una vez que el pecado entró, la desigualdad vino como fatídica consecuencia. No que tú, Dios de amor, la desearas; ni siquiera vino por orden tuya. Tú sólo describiste el camino que seguiría el conflicto de la rebelión. El ser humano no puede estar en rebelión contra ti y andar en armonía y unidad con sus semejantes. La rebelión espiritual destruye todas las otras relaciones, incluyendo la más íntima entre los seres humanos, esto es, la relación de marido y mujer. El deseo de dominar vino con la necesidad de mostrar la inocencia propia. Todo ser humano siente que la culpabilidad, por todo lo malo que hace, pertenece a otra persona. Si posee el poder de dominar a los demás, le resulta más fácil transferirla.

El dolor del parto no sería un dolor aislado. Vendría asociado con toda suerte de sufrimientos que los humanos cosecharían de su extraña siembra en rebeldía. Dolor para la mujer. Sufrimiento para los dos. Un hombre que ama a su esposa, no puede ser indiferente al dolor que sufre su esposa durante el parto. Antes del pecado, toda experiencia de vida estaba llena de verdadera plenitud espiritual. Después de la tragedia, hasta el acto de dar a luz la vida, vendría en un quejido y cargado de angustia.

Hay gente que te pregunta: ¿Por qué? Yo sólo digo: ¿Hasta cuándo? Porque la causa del sufrimiento humano ya la sé. Es el pecado. Si no hubiera pecado, no habría sufrimiento. Desde el parto hasta la muerte, toda forma de dolor pertenece al mismo sufrimiento. Vivimos entre la carcajada y el grito, sabiendo que la carcajada dura siempre poco, y que el grito nunca se atrasa. Sufrimos todos y la mujer sufre más. Por su mayor capacidad para sentir, por el lugar que ocupa en la transmisión de la vida, y por todo lo que colocamos bajo su cuidado.

¿Hasta cuándo, Señor? ¿Es posible reducir su intensidad y acortar el tiempo? La medicina trabaja constantemente para aminorar la fuerza del dolor y cada persona cristiana siente satisfacción por esto. Pero la mejor manera de reducir su intensidad es protegiendo al prójimo, femenino o masculino; no cometiendo acto alguno que le cause dolor, sea físico o psicológico, y ayudándolo a librarse de toda opresión y violencia.

Año Bíblico: 2 Samuel 20-21

TRABAJO CON DOLOR

Y al hombre dijo: Por cuanto obedeciste a la voz de tu mujer, y comiste del árbol de que te mandé diciendo: No comerás de él; maldita será la tierra por tu causa; con dolor comerás de ella todos los días de tu vida. Génesis 3:17.

El hombre vive una constante paradoja. Obedece a su mujer y la oprime. A veces se rebela contra su constante obediencia, que comienza cuando niño; y la oprime. Otras, se rebela contra la opresión que ejerce sobre ella, y le obedece. Rara vez encuentra el equilibrio; y cuando lo consigue, casi nunca lo conserva. ¿Por qué? Por el pecado. Desobediencia a tu palabra. Pérdida de tu sabiduría. Separación de ti. Aislamiento. En soledad, hasta el trabajo es doloroso.

La tierra sería privada de tu abundancia. Ya no tendría tu abierta bendición que nunca agota las fuentes de las aguas, que siempre multiplica la simiente y que, cada nueva temporada, llena la sencilla cosecha de opulencia. Somos simples labradores. Multiplicamos las ciencias relacionadas con la agricultura, pero somos simples labradores. Descubrimos nuevas formas genéticas para agregar tamaño a los productos, pero somos simples labradores. Uno, cosecha la blancura del trigo para el pan de la alegría; y otro, junta la cosecha negra del petróleo. Desde la vendimia de racimos tiernos, hasta la colecta del metal y el fierro; todos somos simples labradores.

Nadie logra superar la obligada distancia del trabajo. No hay forma de juntar una cosecha sin cansarse trabajando. Y el trabajo es por demás contradictorio. Quien no tiene trabajo, sufre; y el deleite que lo alegra al obtenerlo, se le opaca en la rutina y el cansancio. Y cuando alguien, cansado, protestando contra el peso del trabajo, escucha que perderá su fuente de mantenimiento, lo defiende. Y no es hipocresía. Lo quiere. Ya no importa lo que cansa, o lo que duele. Pero sí importa. Cuando duele, se abate el hombre en su cansancio; y sólo sueña con tenerlo todo sin trabajar.

Pero todo lo que hastía del trabajo, no es la propia acción que éste demanda; es la actitud que el hombre tiene. Quisiera hacerse rico sin esfuerzo. Pero Dios vio los peligros del ocio y la inacción. Y en una vuelta de destreza, transformó el trabajo en instrumento de progreso y de mejora. Y el hombre pecador, necesitado de absorbente ocupación, encuentra en el trabajo su mejor aliado. Y el cristiano fiel, que trabaja con el claro deseo de agradarte, se encuentra contigo en su trabajo; y lo bendices.

La maldición, pronunciada por ti al comienzo, a causa del pecado humano, no fue contra el trabajo, fue contra la tierra. Y la tierra produce menos, sólo con trabajo. Cada vez con más trabajo, pero nada hay de errado en trabajar hasta el cansancio, especialmente en sociedad contigo y para tu gloria.

Año Bíblico: 2 Samuel 22-24

LA MUERTE COMO SENTENCIA

Con el sudor de tu rostro comerás el pan hasta que vuelvas a la tierra, porque de ella fuiste tomado; pues polvo eres, y al polvo volverás. Génesis 3:19.

Tú, Señor, nos diste la tierra para el pan, para la vida; y nosotros, con nuestro pecado, la transformamos en cama final para la muerte: nuestra propia muerte. Comemos el pan con mucho esfuerzo. Y a veces, después de todo el trabajo, sin cosecha; no hay pan sobre la mesa. No siempre el trabajo produce lo que pretendemos.

Y nosotros somos una especie de cosecha restringida. No existe perfección en nuestra vida. Queremos lo mejor, y no logramos. Hay una especie de sudor del alma en nuestra vida, que refleja el cansancio en el esfuerzo espiritual; y aunque no sea trabajo improductivo, pues produce el pan de cada día, es escaso, limitado, reducido. Y el angustioso trabajo de la vida, produce también el paso del polvo hacia la muerte. Y volvemos al polvo, muy a pesar de nuestro anhelo y muy contrario a nuestros objetivos.

¿Cómo se rompe el ciclo del polvo hacia la tierra? ¿Cómo se logra que la vida sea más que un pan tan restringido? Y la respuesta es: sólo tú. Tú haces de nuevo vida plena en este polvo. Una esperanza que levanta el polvo de la tierra hacia tu soplo espiritual que me restaura. Vuelvo a sentir tu cercanía, y el soplo de tu Espíritu restaura lo perdido. Ya no soy sólo un frustrado proyecto de la vida que no logra realizarse. Soy vida transformada por tu mano y restaurada por tu Espíritu, para extender su marcha hacia lo eterno.

Mi paso por la muerte es sólo un polvo que retorna al polvo. No hay nada más que polvo en esta muerte. No hay nada espiritual, ni nada vivo. No hay nada eterno: nada hay tuyo en esta muerte. Es sólo un retorno del polvo hacia la tierra; y nada más que polvo existe en el proceso.

Cuando me acuerdo que mi completo origen, además del polvo, incluye tu acción de Dios, sobre la tierra que tú hiciste, tu propia decisión de hacer un hombre, vuelvo a sentir mi filiación contigo. Soy hijo tuyo. Yo tengo un Padre que lo puede todo. Nada puede destruirme para siempre, si tú no lo permites. Y tú fuiste muy claro en la promesa: Habría victoria sobre la serpiente antigua. La simiente de la mujer tendría poder para herirla en la cabeza y destruirla. Y vino tu Hijo, con todo el poder para vencerla, y la venció. Nada es superior. Yo seguiré contigo por la vida sabiendo que, aunque me muera, cuando llegue el día de la resurrección, tú volverás mi cuerpo a su existencia, para una vida eterna.

Año Bíblico: 1 Reyes 1-2

UNA PERSONA RECONCILIADA

Y todo esto proviene de Dios, quien nos reconcilió consigo mismo por Cristo, y nos dio el ministerio de la reconciliación; que Dios estaba en Cristo reconciliando consigo al mundo, no tomándoles en cuenta a los hombres sus pecados, y nos encargó a nosotros la palabra de la reconciliación. Así que somos embajadores en nombre de Cristo, como si Dios rogase por medio de nosotros; os rogamos en nombre de Cristo: Reconciliaos con Dios. 2 Corintios 5:18-20.

Nosotros nos separamos de ti. No fue la separación circunstancial de un viaje, o la distancia física de un domicilio en otro punto geográfico. Fue una separación moral.

Vuestras iniquidades han hecho división entre vosotros y vuestro Dios, y vuestros pecados han hecho ocultar de vosotros su rostro para no oír (Isa. 59:2).

El pecado es una distancia espiritual insuperable para el pecador. Sólo tú puedes resolverla. Y tú lo hiciste reconciliando al ser humano contigo por medio de Jesucristo. La reconciliación es la forma que tú usas para no tomar en cuenta nuestros pecados. Pero no de un modo arbitrario, sino por la restauración de las relaciones. Tú reconstruyes lo que nosotros destruimos. Tú abres la puerta que nosotros cerramos. No tomas en cuenta nuestra rebelión e inicias el proceso de reconciliación. Por un acto de tu amor podemos ser recibidos de nuevo. Algunos pueden pensar que no es posible tratar al pecador de esta manera. Es verdad, somos culpables y no hay cómo eludir la responsabilidad que nos cabe. Pero no habría salida alguna si tú mismo no la iniciaras. Y tú la iniciaste reconciliándonos contigo.

¡Asombroso! Luego de reconciliarnos, nos colocas a cargo de tu servicio de reconciliación. Eramos enemigos y nos transformaste en tus propios agentes y representantes. Teníamos una mente enemiga y tú nos diste la mente amiga de Cristo. Estábamos huyendo de ti y ahora nos mandas a buscar a los que de ti huyen.

Entre los humanos esto es imposible. No sería posible enviar a cada soldado del ejército de Chechén, ahora en violenta guerra contra Rusia, como embajador de Rusia para convencer a cada habitante en todas las Repúblicas de la Federación Rusa para que se amisten con ella.

Hay muchos casos de difícil reconciliación en el mundo. Servios con bosnios, armenios con turcos, judíos con palestinos. Yitzhak Rabin sufrió las consecuencias de esta clase de separación. Su proyecto de reconciliación con los palestinos le costó la vida. Alguien que no lo entendió cometió el homicidio más detestable de 1995. Pero tú nos diste el ministerio de la reconciliación y sólo fue posible porque antes nos transformaste en tus amigos.

Año Bíblico: 1 Reyes 3-4

LA RENOVACION ESPIRITUAL

Crea en mí, oh Dios, un corazón limpio, y renueva un espíritu recto dentro de mí. No me eches de delante de ti, y no quites de mí tu santo Espíritu. Vuélveme el gozo de tu salvación, y espíritu noble me sustente. Salmo 51:10-12.

David había pecado. Su pecado con Betsabé fue con premeditación, con alevosía, y criminal. Programó la muerte de Urías heteo de un modo tan traicionero y tan distante de la conducta apropiada para un rey de Israel que después el profeta Natán, por orden de Dios, se vio obligado a denunciarlo.

¿Por qué, pues —le dijo—, *tuviste en poco la palabra de Jehová, haciendo lo malo delante de sus ojos? A Urías heteo heriste a espada, y tomaste por mujer a su mujer, y a él lo mataste con la espada de los hijos de Amón. Por lo cual ahora no se apartará jamás de tu casa la espada, por cuanto me menospreciaste, y tomaste la mujer de Urías heteo para que fuese tu mujer* (2 Sam. 12:9-10).

Y David, hombre de guerra, de espíritu fuerte y mano poderosa, que sabía responder a la agresión sin cobardía, se humilló delante del profeta que le enviaste para restaurarlo.

—Pequé contra Jehová —le dijo, sin excusas.

—También Jehová ha redimido tu pecado —le respondió Natán—; no morirás. Una sentencia de tu misericordia. Una restauración de tu gracia. Un acto salvador de tu poder. ¡Cuán grande es tu bondad! Tu compasión no tiene límites. Tú estás siempre cercano al corazón contrito. Nunca dejas tú de perdonar al que se humilla. Y David, en humildad, buscó tu gracia; y tú se la otorgaste ilimitada.

Mi pecado te declaré —dijo David, después de la tristeza de su transgresión—, *y no encubrí mi iniquidad. Dije: Confesaré mis transgresiones a Jehová; y tú perdonaste la maldad de mi pecado* (Sal. 32:5).

Como una expresión de verdadero arrepentimiento, escribió David el Salmo 51. Y además de confesar de nuevo su pecado, de nuevo te pidió que lo limpiaras. Pero no era una limpieza superficial lo que pedía. Pedía un nuevo corazón: limpio; un nuevo espíritu: recto. Pedía que lo mantuvieras junto a ti y que de él no se apartara tu Santo Espíritu. Bien sabía David que sólo así podría retener el gozo de la salvación; y así tan sólo conseguiría tener un espíritu verdaderamente noble. Tú nos das. Tú nos transformas. Nos recreas con amor. Y lo que a causa del pecado nunca hemos tenido, se hace nuestro. Y lo que ya no somos, porque en lejanía de ti se ha destruido, vuelve de nuevo a ser, porque nos amas.

REPRESENTANTE DE DIOS

Amados, amémonos unos a otros; porque el amor es de Dios. Todo aquel que ama, es nacido de Dios, y conoce a Dios. El que no ama, no ha conocido a Dios; porque Dios es amor. 1 Juan 4:7-8.

Nuestra relación personal como cristianos te representa. Si es de amor, tu propio carácter está en nosotros; y vivimos tu vida compartiéndola. El ambiente cristiano es verdadero, y la bondad, genuina.

Llegamos a Nishni Novgorod de madrugada. Hacía frío. El tren había avanzado toda la noche desde Moscú, y llovía levemente. Cuando salimos de la estación, la calle estaba mojada, pero la lluvia había cesado. Un taxi nos llevó a la iglesia, donde también están las oficinas de la Asociación del Volga. Sólo estaba la encargada de la limpieza, trabajando. Nos atendió con simpatía. No era la atención de una sirvienta. Era el cariño de una hermana.

Cuando la esposa del pastor, cuyo departamento está en el mismo edificio, supo que estábamos allí, inmediatamente preparó el desayuno para todos. No era la atención de un restaurante. Era el afecto de una hermana. Después llegaron todos los demás, y cada palabra, cada saludo y cada abrazo era el amor de los hermanos que no dejó de estar presente todo el tiempo. En las casas, mientras compartíamos la mesa y el afecto; en las iglesias, al compartir el pan de la Escritura y la alegría del servicio a Dios, el amor de los hermanos era siempre un elemento presente y abundante. Esta relación de amor humano nace en el amor divino, que tú, oh Dios, manifestaste hacia cada pecador.

En esto consiste el amor: no en que nosotros hayamos amado a Dios, sino en que él nos amó a nosotros, y envió a su Hijo en propiciación por nuestros pecados (1 Juan 4:10).

La base está en tu propio amor, manifestado en Cristo, para perdón de nuestros pecados. Y el perdón es la misma realidad del amor tuyo obrando misericordiosamente sobre nosotros. Ninguno de nosotros puede amar de esta manera, a menos que tú lo hagas posible. Y sigues la ley de la cosecha. Para que podamos producir amor, tú plantas el amor en nuestros corazones. Un amor eterno y un amor total. Abarcas el tiempo y nos amas sin cesar, cada segundo. Abarcas la experiencia completa de la vida: y nos amas bajo toda circunstancia, aunque pequemos. Tú eres el amor hecho presencia, y eres tú la propia presencia del amor.

Cuando en ti vivimos, y somos, y te amamos; la vida que vivimos es tu vida. La misma vida de tu amor que nos transforma. Te representamos. No somos más simples mortales luchando cada día por la vida. Somos hijos de tu amor mostrando vida verdadera al pecador.

Año Bíblico: 1 Reyes 7-8

LA MISION ECOLOGICA

Tomó, pues, Jehová Dios al hombre, y lo puso en el huerto de Edén, para que lo labrara y lo guardase. Génesis 2:15.

Tú hiciste al ser humano y le diste un objetivo a su existencia, una misión. Nunca hemos estado sin misión. La teníamos antes que el pecado hiciese la horrible brecha de la separación, y después de su entrada la tenemos también. El ser humano tenía que cuidar el hogar que tú le diste.

El Jardín del Edén debía ser un modelo de habitación para todos los seres humanos que poblarían la tierra, y constituía también un modelo de la dedicación y el trabajo que tú esperabas de cada nuevo habitante que vendría a la existencia. Su belleza superaba todo lo que hoy conocemos en la naturaleza. Su riqueza era sin límites. No estaba reducido a lo que hiciste. Debía crecer para que nada faltase a las familias nuevas y para que ellas también participasen en su protección. El sistema de riego que pusiste en él debía ir mucho más allá de su frontera. Un río de aguas puras para regar el Edén, y cuatro extendidos brazos para llevar el agua a los nuevos hogares-jardines que surgirían. Oro y bedelio y ónice pusiste en sus riberas. Y una abundancia de árboles y flores, de arbustos y enredaderas, de pastos y rastreras que proveían toda suerte de posibilidades para seguir aumentando la belleza impresionante de su diseño.

Diste al ser humano una misión ecológica y nunca la alteraste. Todavía hoy tenemos que cuidar la naturaleza, para que nunca nos falten sus productos, para que nunca se agote su riqueza, para que nunca deje de ser lo que con ella hiciste: un placentero hogar para la familia humana.

A veces la pobreza humana, de espíritu y dinero, coloca a las personas en una realidad contaminada. Era invierno en Ereván, Armenia. Frío. La escasez de la energía eléctrica y los gastos de la guerra con Azerbaiján, privaba a sus habitantes de algunos elementos indispensables. Mientras viajábamos hacia la casa del pastor, él me mostró algunos lugares donde los pobladores del área habían cortado cada árbol existente, para tener un poco de calefacción en casa. Verdaderos cementerios de árboles con sus troncos mutilados, como pequeñas cruces del dolor y la pobreza.

Y el planeta sufre en todas partes, de un modo o de otro, la negligencia ecológica de toda la humanidad. Ya no cumplimos la misión ecológica que diste al ser humano. Sólo explotamos la naturaleza de un modo irresponsable. Sólo pensamos en los problemas inmediatos, sin tomar en cuenta la continuidad de la familia humana y del hogar que tú nos diste. La misión semiabandonada, sigue siendo misión que tú ordenaste. Y yo te ruego que tú mismo nos ayudes a cumplirla.

Año Bíblico: 1 Reyes 9-10

EL GRAN CONFLICTO ENTRE EL BIEN Y EL MAL

Hubo una gran batalla en el cielo: Miguel y sus ángeles luchaban contra el dragón; y luchaban el dragón y sus ángeles; pero no prevalecieron, ni se halló ya lugar para ellos en el cielo. Apocalipsis 12:7-8.

"La humanidad entera se encuentra envuelta en un conflicto de proporciones extraordinarias entre Cristo y Satanás en torno al carácter de Dios, a su ley y a su soberanía sobre el universo. Este conflicto se originó en el cielo cuando un ser creado, dotado de libre albedrío, se exaltó a sí mismo y se convirtió en Satanás, el adversario de Dios, e instigó a rebelarse a una porción de los ángeles. Introdujo el espíritu de rebelión en este mundo cuando indujo a pecar a Adán y a Eva. El pecado de los seres humanos produjo como resultado la desfiguración de la imagen de Dios en la humanidad, el trastorno del mundo creado y posteriormente su completa devastación en ocasión del diluvio universal. Observado por toda la creación, este mundo se convirtió en el campo de batalla del conflicto universal, a cuyo término el Dios de amor quedará finalmente vindicado. Para ayudar a su pueblo en este conflicto, Cristo envía al Espíritu Santo y a los ángeles leales para que lo guíen, lo protejan y lo sustenten en el camino de la salvación (Apoc. 12:4-9; Isa. 14:12-14; Eze. 28:12-18; Gén. 3; Rom. 1:19-32; 5:12-21; 8:19-22; Gén. 6-8; 2 Ped. 3:6; 1 Cor. 4:9; Heb. 1:14)" *(Manual de la iglesia,* Creencia Fundamental N.° 8).

Ocurrió en tu propia casa, Señor. ¡Increíble! El mal surgió en el más elevado de tus ángeles. No te pregunto cómo, porque el mal, en sí, es inexplicable. Su existencia no puede ser y sin embargo está. Luzbel tenía todo lo que una criatura privilegiada de tu reino puede desear, y era bueno. Te conocía íntimamente. Su trabajo era alabarte todo el tiempo. Su música, la mejor que haya existido jamás. Su servicio, el más perfecto. Su sabiduría, la más plena. Su hermosura, sin defecto. Su dedicación a ti, sin restricciones. Todo en él era perfecto. Pero el mal se originó en esa mente privilegiada y santificada. Ni la perfección más plena es garantía contra el mal. Luzbel entró en el narcotizante proceso de la exaltación propia y se corrompió.

Se enalteció tu corazón —le dijiste, cuando profetizabas contra el rey de Tiro— *a causa de tu hermosura, corrompiste tu sabiduría a causa de tu esplendor* (Eze. 28:17).

La corrupción mental es un tobogán de atracción irresistible, hacia abajo, donde se desliza la mente por la propia fuerza de su impresionante gravedad. Y Luzbel creció en su propia exaltación hasta el punto de pretender colocarse a sí mismo en tu lugar, como Dios.

Año Bíblico: 1 Reyes 11-12

LA EXALTACION PROPIA

Tú que decías en tu corazón: Subiré al cielo; en lo alto, junto a las estrellas de Dios, levantaré mi trono, y en el monte del testimonio me sentaré, a los lados del norte; sobre las alturas de las nubes subiré, y seré semejante al Altísimo. Isaías 14:13-14.

¡Cuán cerca están, a veces, el bien y el mal! En el deseo de ser semejante a ti, parece que casi se juntaran. Hay un deseo de tu semejanza que es bueno y otro que es terriblemente malo. Si yo deseo ser semejante a ti, por imitación, para duplicar en mí tu propio ser y tu carácter, estoy actuando enteramente para el bien. Pero si mi deseo de ser semejante a ti es por exaltación propia y para suplantarte, mi mente se ha entregado, sin restricciones, al servicio del mal. Yo ya no soy lo que tú quieres. Soy sólo una remota corrupción de lo que hiciste. El mal se origina en mi separación de ti. Y cuanto más separado estoy, más esclavo del mal me torno.

Luzbel quiso ser semejante a ti, no para imitarte; sino para exaltarse a sí mismo, para suplantarte. Y el mal originó porque de ti se separó para estar solo. Quiso ser un dios y se volvió demonio. Quiso ser superior y se tornó enemigo; tu enemigo. En lucha contra ti, y en guerra contra todo lo que es tuyo; incluyendo tus hijos, tus siervos y tus fieles, y todos los que en ti creen; porque los odia. El odia a todo ser humano, y mucho más a los que están cerca de ti; son su fracaso. Angel fue de toda perfección, y se tornó el demonio de todos los males; tan sólo por separarse de ti, y tornarse hacia sí mismo: por orgullo.

Era una noche blanca en Moscú. Fría y profunda. Yo caminaba desde la estación del metro hacia mi hotel. Había nevado y todo estaba blanco, inmaculado; como una extendida conciencia natural, sin nada negro, ni siquiera la negrura propia de la noche oscura. Todo parecía tan blanco, hasta que llegué al pequeño parque interno que conecta los seis o siete edificios que forman el hotel. Los árboles desnudos del invierno dibujaban sus deformes esqueletos sobre el suelo blanco, y era negra su sombra. Un negro sin luz, como un intruso. El contraste entre la nieve y lo blanco de la noche rusa, con el negro de la sombra proyectada por los árboles era tan grande que sentí su impacto como un golpe: fuerte, certero, destrozante. Y vino a mi mente el contraste frío y apartado que existe entre el bien y el mal.

El conflicto entre el bien y el mal, y su guerra sin cuartel, coloca a cada ser humano en un problema. Más que en un problema, en una contradicción de proporciones personales y cósmicas. En su grandeza, Luzbel quería subir hasta el cielo, y derribado fue hasta el Seol. La experiencia de querer la altura de las estrellas y sólo recibir, en cambio, la simple realidad de estar sobre tierra es como recibir por regalo vestidos de muerto.

Año Bíblico: 1 Reyes 13-14

EL CONFLICTO EN LA CREACION

Entonces Jehová Dios dijo a la mujer: ¿Qué es lo que has hecho? Y dijo la mujer: La serpiente me engañó, y comí. Génesis 3:13.

El conflicto entre el bien y el mal se trasladó a la tierra por medio de un engaño. Y tú observabas sin poder intervenir. Eva tenía que enfrentarlo con su propia fe, haciendo las decisiones pertinentes en plena libertad. El libre albedrío fue un lujo que tú creaste, y no podías invadirlo, sin afectar tu propio ser divino, o sin destruir al ser humano libre que tú hiciste.

El engaño es una falsedad. Presume una cosa y, en realidad, pretende lograr otra. Y la serpiente engañó a Eva. Le ofreció la semejanza a Dios, que no había logrado para sí misma, y le otorgó su propio mal y su desprecio. Despreciable la tornó, y trajo a la familia humana lo peor, lo mentiroso, lo detestable: el mal.

Cuando Eva cedió al engaño, trasladó a la tierra el gran conflicto entre el bien y el mal, que se había originado en el cielo. No tenía idea de sus consecuencias. No sabía que la falsedad, desde entonces, sería el rancio mendrugo de su vida diaria, que también compartiría con todo ser humano; sufriendo las mismas consecuencias de separación y de tristeza, y el mismo destino de mal y soledad, como una maldición.

El peor de los engaños ocurre cuando tratamos de engañarte a ti. Pretendemos hacer el mal, en secreto. Y pensamos que nadie sabe. Pero tú sabes todas las cosas. No es posible engañarte en nada. Yo te confieso todos mis engaños absurdos, no para que tú lo sepas. Los confieso como un acto de humildad y contrición, como un paso de retorno a ti, como un modo de abrir mis propios ojos ante ti para entenderme. Cuando trato de engañarte, sólo yo me engaño; y cuando intento camuflar mis males, yo mis males multiplico y no lo entiendo. Y tú lo sabes todo, y todo lo ves; sin restricciones. Y yo sé que tú lo sabes, y mi intento de engañarte es más absurdo, como un loco.

Y la serpiente antigua, que se llama diablo y Satanás, lo hizo de nuevo. Desfiguró tu carácter, te describió de un modo falso, mintió sobre tu amor, tus intenciones. Hizo de ti un Dios vengativo, limitado en sus dones, injusto y mentiroso. Y puso dudas en Eva, y en Adán, y en todos los seres humanos; como ya las había puesto entre los ángeles y en todos los seres de todo el universo. Un gran conflicto que comenzó con el orgullo, y en la tierra continuó con el engaño. Y a la separación siguió la duda; y a la duda, una irresponsable transferencia de la culpa, como si ésta se resolviera negando su existencia en uno mismo. "Me engañó —dijo Eva— y comí". Como diciendo: "Yo comí, pero la culpa no es mía. Está con la serpiente; y hasta, quizá, contigo. Yo soy sólo una víctima, y nada más". Pero era mucho más: una persona engañada en medio del gran conflicto.

Año Bíblico: 1 Reyes 15-16

LA VICTORIA ASEGURADA

Y pondré enemistad entre ti y la mujer, y entre tu simiente y la simiente suya; ésta te herirá en la cabeza, y tú le herirás en el calcañar. Génesis 3:15.

Pero tú, Señor, tuviste misericordia de Eva y de todos nosotros. El engaño de Satanás inició la acción del gran conflicto en la tierra, y estableció la base para la enemistad entre él y la mujer, y entre los descendientes de ambos. Pero tú, Señor, no hablaste de los descendientes de la mujer en plural, incluyendo a todos sus hijos, desde entonces hasta el fin. Te referiste a ella en singular. La simiente es uno solo: Jesucristo. Es la misma simiente de la promesa hecha a Abrahán.

A Abraham fueron hechas las promesas, y a su simiente. No dice: Y a las si-mientes, como si hablase de muchos, sino como de uno: Y a tu simiente, la cual es Cristo (Gál. 3:16).

Y en Jesucristo, tu misericordia se hizo visible. Nos alcanzó a todos. A Eva, y a los que existieron antes de la encarnación de tu Hijo, como promesa. A todos los que existimos después de la crucifixión, como realidad. En el conflicto participa también la simiente de Satanás: sus hijos y seguidores, enemigos de Dios y de la justicia.

¡Oh, lleno de todo engaño y de toda maldad —dijo Pablo al mago Elimas cuando trataba de apartar de la fe al procónsul Sergio Paulo—, *hijo del diablo, enemigo de toda justicia! ¿No cesarás de trastornar los caminos rectos del Se-ñor?* (Hech.13:10).

El Hijo de Dios, vencedor del dragón al iniciarse el conflicto en los cielos, lo vencería también sobre la tierra. Le aplicaría una herida mortal en la cabeza. Y el fin del mal fue prometido desde su mismo comienzo sobre la tierra. Aunque vencidos por el engaño, Adán y Eva podían mirar hacia el futuro con esperanza y con seguridad. Dios mismo garantizaba su victoria sobre el mal. Lo que ni una vida perfecta podía asegurar, Dios lo concedía por pura misericordia y por amor, a través de Jesucristo.

Así que, por cuanto los hijos participaron de carne y sangre, él (Jesús) *también participó de lo mismo, para destruir por medio de la muerte al que tenía el impe-rio de la muerte, esto es, al diablo, y librar a todos los que por el temor de la muerte estaban durante toda la vida sujetos a servidumbre* (Heb. 2:14-15).

Victoria y salvación por Jesucristo, en lugar de cautiverio y eterna destrucción. Libres del poder enemigo, por la muerte vicaria del Señor, todos recibiríamos la eterna redención, como un regalo tuyo. Y tú nos amas. Tu amor ilimitado es la victoria nuestra. Tu gracia inextinguible, nuestra completa salvación.

Año Bíblico: 1 Reyes 17-19

UN ACTO DE JUICIO CONTRA EL MAL

Y dijo Jehová: Raeré de sobre la faz de la tierra a los hombres que he creado, desde el hombre hasta la bestia, y hasta el reptil y las aves del cielo; pues me arrepiento de haberlos hecho. Pero Noé halló gracia ante los ojos de Jehová. Génesis 6:7-8.

También tú, Señor, te arrepentiste; mas no como nosotros. Nosotros sufrimos por el mal que nosotros mismos ejecutamos; tú sufres por el mal de los demás. Tu arrepentimiento es un dolor por la maldad que hacemos los humanos.

Y vio Jehová que la maldad de los hombres era mucha en la tierra, y que todo designio de los pensamientos del corazón de ellos era de continuo solamente el mal. Y se arrepintió Jehová de haber hecho hombre en la tierra, y le dolió en su corazón (Gén. 6:5-6).

Tú siempre me impresionas de un modo sorprendente. Tus actos majestuosos, tus simples sentimientos de afecto y de ternura, tus juicios sin rencores: como un dolor amante que busca siempre un modo nuevo de expresarse con amor; todo lo que haces siempre para vencer el mal. No puedes tú dejar que el mal conquiste todo el mundo y así se torne un vencedor indestructible.

Y cuando el mundo antediluviano se entregó completamente al mal, buscaste un hombre que aceptara tu regalo, aunque fuera uno solo y nada más, para basar en él la acción de tu justicia. Y lo encontraste. Era Noé.

Varón justo, era perfecto en sus generaciones; con Dios caminó Noé (Gén. 6:9).

Y lo hiciste tu confidente anunciándole tus juicios. Tú que sobre todo estás y que eres soberano, tú que nada te limita y eres siempre mucho más de lo que somos, tú que eres suficiente y nada necesitas; conversaste con Noé como si fueran dos amigos de la tierra, en confidencia para protegerse.

He decidido el fin de todo ser —tú le dijiste dándole confianza y amistad—, *porque la tierra está llena de violencia a causa de ellos; y he aquí yo los destruiré con la tierra.... Mas estableceré mi pacto contigo y entrarás en el arca tú, tus hijos, tu mujer, y las mujeres de tus hijos contigo* (Gén. 6:13, 18).

Y fue así. Las aguas cubrieron toda la tierra y pereció toda persona injusta delante de ti. Raídos fueron todos de la tierra y quedó solamente Noé y los que con él estaban en el arca.

Y por la fe Noé... condenó al mundo, y fue hecho heredero de la justicia que viene por la fe (Heb. 11:7).

Año Bíblico: 1 Reyes 20-21

EL CONFLICTO DE LA TIERRA ANTE TODO EL UNIVERSO

Y Jehová dijo a Satanás: ¿No has considerado a mi siervo Job, que no hay otro como él en la tierra, varón perfecto y recto, temeroso de Dios y apartado del mal? Job 1:8.

La victoria del bien, tu victoria, Señor, estaba en la vida de tu siervo Job, como debe estar también en cada vida que te sirve por amor. El bien no vence por mayoría, ni se define por encuesta de opinión. El gran conflicto se vence en cada vida y los que por amor te sirven, obtienen la victoria, no importa si son pocos o son muchos. Uno solo es mayoría cuando está contigo, porque quien define el bien eres tú mismo. Uno solo vence al mundo entero (Heb. 11:7). Pueden estar contra él todas las fuerzas del mal confabuladas, pero si está contigo, la victoria sobre el mal está segura.

Y Job sobresalía en su servicio. La calidad de su justicia no era discutible. Nada dijo sobre ella Satanás. El cuestionó la misma raíz de las acciones: los motivos.

¿Acaso teme Job a Dios de balde? —te dijo Satanás, seguro de que todo hacía por interés, y nada más—. *¿No lo has cercado alrededor a él y a su casa y a todo lo que tiene? Al trabajo de sus manos has dado bendición; por tanto, sus bienes han aumentado sobre la tierra. Pero extiende ahora tu mano y toca todo lo que tiene, y verás si no blasfema contra ti en tu misma presencia* (Job 1:9-11).

Si la motivación de Job era egoísta, ninguna de sus acciones sería buena, y su misma rectitud sería falsa. Y ante los ojos de todo el universo, concentrados en la lucha de un sólo ser humano, tú arriesgaste en su favor (Job 1:6).

He aquí, todo lo que tiene está en tu mano —dijiste a Satanás—; *solamente no pongas tu mano sobre él* (Job 1:12).

Y el príncipe del mal se apresuró. Seguro de que Job sólo te era fiel por lo que tú le dabas, y sabiendo que el mal penetra fácilmente por las posesiones, se fue, con rapidez, a demolerlas. No pretendía demostrar que las riquezas, en sí mismas, eran malas. Ni podían ser, porque eras tú quien se las daba. Lo que él quería probar era la base falsa de su vida. Según él, Job era un egoísta, su interés personal era supremo y haría cualquier cosa, incluyendo un falso servicio a ti, para satisfacerse a sí mismo y alcanzar sus objetivos propios. Pero después que Satanás le quitó todos los bienes y le destruyó la salud, Job seguía sirviéndote tan sólo por amor. Y por no apartarse de ti, su victoria sobre el mal fue tan clara y definida, que el demonio no apareció más. Ya no podía alegar ningún derecho, ni podía formular ninguna acusación sobre el motivo de su fiel servicio a ti. Job era recto, porque estaba unido a ti, por el amor.

Año Bíblico: 1 Reyes 22; 2 Reyes 1

EL CONFLICTO CUANDO CRISTO NACIO

También apareció otra señal en el cielo: he aquí un gran dragón escarlata, que tenía siete cabezas y diez cuernos, y en sus cabezas siete diademas; y su cola arrastraba la tercera parte de las estrellas del cielo, y las arrojó sobre la tierra. Y el dragón se paró frente a la mujer que estaba para dar a luz, a fin de devorar a su hijo tan pronto como naciese. Apocalipsis 12:3-4.

El mismo Luzbel, que inició la rebelión en el cielo, conquistando para su causa la tercera parte de los ángeles, se aprestó para alcanzar una victoria final; destruyendo a tu Hijo en el momento de su encarnación. Era la batalla definitiva en el gran conflicto. Afectaría a cada persona y a todo el universo.

Intentaría su destrucción física y moral. Sabía que esta última era indispensable. Pero en su confundida infatuación pensó que la destrucción física alcanzaría también la otra. Y comenzó por ella, utilizando a Herodes, como en el Edén había usado la serpiente.

Herodes entonces, cuando se vio burlado por los magos, se enojó mucho, y mandó matar a todos los niños menores de dos años que había en Belén y en todos sus alrededores, conforme al tiempo que había inquirido de los magos (Mat. 2:16).

Pero tú ya habías mandado tu Hijo a Egipto, donde permaneció hasta la muerte de quien quería su muerte. Después vino la batalla moral.

Si eres Hijo de Dios, di que estas piedras se conviertan en pan... échate abajo porque a sus ángeles mandará... y, en sus manos te sostendrán... Y todo esto te daré, si postrado me adorares (Mat. 4:3-9).

Demuestra tu poder atendiéndote a ti mismo. Obliga a Dios a actuar en tu favor. Consigue de mí los reinos que has venido a buscar, yo te los doy sin sacrificio personal. Piensa en ti mismo. Actúa solo. Vive motivado por tus propios intereses. Olvídate de los demás y no te sientas obligado a estar con Dios.

Pero no había confusión para tu Hijo. El sabía que la vida dependía más de tu palabra que del diario alimento indispensable; que la relación contigo no es una liviana cuestión de humanas presiones astutas, con manipulaciones de escondidos intereses propios, sino de entera y abnegada sumisión a tus designios; y él también sabía que el verdadero servicio a ti lo abarca todo, incluyendo adoración con el debido respeto a tu grandeza. Y prefirió seguir contigo, a todo costo.

Y el diablo entonces lo dejó; y he aquí vinieron ángeles y lo servían (Mat. 4:11).

Año Bíblico: 2 Reyes 2-3

EL ACUSADOR LANZADO FUERA

Ahora ha venido la salvación, el poder, y el reino de nuestro Dios, y la autoridad de su Cristo; porque ha sido lanzado fuera el acusador de nuestros hermanos, el que los acusaba delante de nuestro Dios día y noche. Apocalipsis 12:10.

Tú tienes mucha paciencia. Soportaste mucho tiempo las acusaciones de Satanás en tus cortes celestiales, desde su rebelión hasta la crucifixión. La historia de Job, y la acusación presentada contra él, que falseaba las motivaciones de su servicio a ti, muestran con plena nitidez su persistencia y su maldad. Pero mucho más importante aún es tu paciencia. Tú no haces nada prematuramente. Esperas. Tú sabes esperar porque nos amas. Tú nunca te exasperas. Tienes todo el poder, pero jamás eres despótico, o violento, o vengativo. Con nadie, ni con el mismo diablo.

Pero el simple proceso del mal, llega a su punto; y tú, no lo detienes. Al contrario, actúas. Tus plenas acciones soberanas jamás son negligentes. Cuando se produjo la herida de muerte en la cabeza de la serpiente, con la cruz, tú la expulsaste. Y acabó la letanía inagotable de su perversa acusación. Se acabó en tu trono. No acabó en la tierra, donde él sigue describiendo nuestras culpas, con toda su artimaña. Usa con otros objetivos el dolor, los accidentes, las desgracias naturales, la voz de los amigos, la rabia de adversarios, la actitud de los parientes, y hasta la misma voz de la conciencia que tú pusiste en nosotros. Nos acusa. Persiste en acusarnos. Nos acompleja. Nos atormenta en un complejo de culpa que abate la verdad de lo que somos.

Y coloca en nuestros ojos unas ventanas tristes de luces extinguidas. Y pone en nuestro rostro una expresión de pena sin causa, absurda, inesperada. Una especie de fracaso pintado en nuestro cuerpo con oxidadas manchas de intemperie; como una estatua vieja, descuidada y sola. Nos transforma en árboles de invierno, de brazos extendidos, vacíos y deformes. La culpa, quebrando el vaso cristalino de la mente, la hace cortante, sin alegría, muerta. Y somos ya, lo que no somos: un simple despojo usurpado de su guerra.

Pero también de aquí tú puedes expulsarlo, y tú lo expulsas. Tú tienes el poder. Nunca se agota. Y es reino, autoridad y vida eterna. Cuando tú traes salvación, por Cristo y su victoria, nada te impide que lo expulses de nosotros, como un ser vencido y sin derecho. Todo lo que somos se transforma por la acción de tu poder y de tu Espíritu. Volvemos a la vida, sin la culpa, por la fe; y por la fe vivimos una vida sin culpa, venciendo al propio acusador y perdonando a toda persona que él llegara a usar para abatirnos, porque al estar tú con nosotros, también tú nos concedes la paciencia que siempre sabe esperar y nunca pierde.

Año Bíblico: 2 Reyes 4-5

COMO VENCER AL ACUSADOR

Y ellos le han vencido por medio de la sangre del Cordero y de la palabra del testimonio de ellos, y menospreciaron sus vidas hasta la muerte. Apocalipsis 12:11.

La plena victoria en este conflicto es un regalo tuyo; pero demanda también todo lo nuestro. Tu Hijo, Cordero celestial del sacrificio, derramó su sangre en el Calvario para hacernos el regalo de su triunfo. Y él mismo era un regalo tuyo.

Porque de tal manera amó Dios al mundo, que ha dado a su Hijo unigénito, para que todo aquel que en él cree, no se pierda, mas tenga vida eterna (Juan 3:16).

La primera acción, entonces, para vencer al vil acusador de los hermanos, es la recepción de la sangre del Cordero, por la fe. Sólo hay victoria con su sangre. No hay victoria sin fe. Segundo, el testimonio. Cuando yo pienso en esto, siento una emoción de gratitud y de consuelo. Un blando gozo espiritual, porque yo sé cuán difícil es luchar por uno mismo, procurando ser bueno, sin lograrlo; y sé también que por la fe se torna todo realizable.

Estábamos viajando en tren, desde Nishni Novgorod a Moscú, y era de noche. Yo estaba ya acostado sobre el primer camarote al lado derecho del compartimiento. En el camarote que estaba sobre el mío, un desconocido. Entró Mijail, mi traductor, para acostarse. Subió al más alto del otro lado, y antes de acostarse, lo vi en actitud de orar. Y mientras lo observaba, mi mente volvió a la casa de Alexander, donde estuvimos hospedados los días que trabajamos en esa ciudad. Hacia el final de nuestra estadía allí, Mijail, normalmente muy circunspecto y callado, se abrió en una confidencia espiritual. Es un adventista nuevo. Uno de los muchos conversos posteriores a 1990 y la caída del comunismo. Muchos pensaron que esa avalancha de nuevos miembros, un aumento del 300 por ciento en menos de cinco años, con una formación de fuerte influencia atea, liberalizaría la iglesia, creándole problemas de identidad. No es así. Las preocupaciones de Mijail giraban todas en torno a la necesidad de vivir un cristianismo auténtico y completo.

La acción del Evangelio en su vida es evidente. Su opción por Cristo es total. Un cristianismo responsable, sin legalismo. Una vida de fe, sin liberalismo. La sangre de Cristo es plena realidad de convicción y de palabra, de acción y testimonio. Ninguna liviandad en su conducta; sin fanatismo, ni acentuadas exigencias de vacía formalidad incomprensiva. Un cristianismo centrado en Cristo que repite el poder espiritual del primer siglo. Una vida de fe: simple, fervorosa, confiada. Es evidente que la sangre de Cristo, recibida en una experiencia de fe, constituye la base fundamental de su victoria y es contenido real de testimonio.

Año Bíblico: 2 Reyes 6-8

EL CONFLICTO CONTRA LA IGLESIA

Y cuando vio el dragón que había sido arrojado a la tierra, persiguió a la mujer que había dado a luz al hijo varón. Y se le dieron a la mujer las dos alas de la gran águila, para que volase de delante de la serpiente al desierto, a su lugar, donde es sustentada por un tiempo, y tiempos, y la mitad de un tiempo. Apocalipsis 12:13-14.

El dragón no consiguió la destrucción de Cristo. No pudo lograrlo con la muerte de los niños en Belén, ni con las tentaciones del desierto, ni con la misma muerte del Calvario. Al conseguir que lo mataran, sólo logró que Cristo tuviera disponible la apropiada circunstancia para la resurrección y la victoria. Y Cristo lo venció de inicio a fin. Dejó la iglesia con firme paso de victoria espiritual, para llenar la tierra con la fe del Evangelio.

Y el demonio persiguió a la iglesia. Siempre planeó su destrucción en forma obsesionada. Pero de manera más intensa, a medida que el tiempo del fin se aproximaba. Por mil doscientos sesenta años, desde el 538 hasta 1798, maquinó toda suerte de persecuciones sin lograr sus objetivos. La iglesia, aunque pasando por una variada experiencia espiritual, continuó disfrutando de tu protección hasta llegar al tiempo de la formación del Remanente, en 1844, según la profecía de los dos mil trescientos años, del profeta Daniel.

Servirte, en el tiempo de la persecución, era arriesgarse hasta la muerte. Pero los cristianos nunca vacilaron. Su fe profunda, sustentada por el propio poder del Espíritu Santo, presente y activo en la iglesia, los mantenía en unidad contigo como un cuerpo solo. En esos 1260 años de persecución, posterior a las persecuciones del Imperio Romano pagano, surgieron algunos protagonistas cristianos que marcaron el rumbo de la victoria por la fe. Entre ellos, los valdenses, los albigenses y los reformadores: Wiclef, Jerónimo, Hus, Lutero, Calvino, Constantino Ponce de la Fuente y muchos otros.

Cada vez que el dragón trató de destruir la iglesia, tú levantaste los líderes apropiados que la condujeron de victoria en victoria espiritual, y la sustentaste con oportunos procesos históricos, para ayudarla a mantener su libertad y su experiencia contigo. Nunca la abandonaste. Estuviste siempre alerta para abrirle una salida cuando todo era contrario. Como la formación de los Estados Unidos, con libertad sin restricción, que fue un escape indispensable para aquellos que deseaban una religión sin tiranías y una nación sin rey.

Tú siempre estás y nos sustentas. Usas recursos infinitos para sostenernos en ti como personas, y también, corporativamente, como iglesia.

Año Bíblico: 2 Reyes 9-11

ESPECTACULOS DEL UNIVERSO

Porque según pienso, Dios nos ha exhibido a nosotros los apóstoles como postreros, como a sentenciados a muerte; pues hemos llegado a ser espectáculo al mundo, a los ángeles y a los hombres. 1 Corintios 4:9.

Todo el universo observa el gran conflicto. La suerte de todos estuvo en juego, pero, desde la cruz, todos sabemos el resultado final. Cristo ya venció. Sólo falta saber quiénes vencerán con él. Los sentenciados a muerte no son los seguidores de Cristo, son los que de él se alejan. Pero el universo los observa a todos, no para controlar las acciones de cada persona, sino para presenciar la manera como tú, nuestro paciente Dios, resuelves el conflicto y como cada ser humano responde a tu bondad.

Yo estaba en una estación del metro, en Singapur, pequeño país del Asia, uno de los mejor organizados de ese continente. Quería ir a un determinado lugar y me detuve en un rincón, cerca de la máquina que vende los boletos. La gente circulaba con rapidez. Si me hubiera detenido a pensar en la posibilidad de ser visto por alguien, mi conclusión hubiera sido: imposible. Nadie observa a nadie porque hay mucha gente. ¿Quién va a pensar en quién? Abrí mi mapa para orientarme mejor. Levanté el rostro y observé la multitud, sólo un momento, todavía con el mapa en la mano. No pasó un minuto y un policía, sin uniforme, se acercó a mí.

—¿Necesita ayuda? —preguntó con amabilidad—. ¿Dónde quiere ir?

Había alguien que observaba. Estaba listo para ayudar y sabía muy bien cómo identificar a los que lo necesitaban.

Parece imposible, pero el universo entero observa. Y tú concuerdas. Esta observación tiene mucho que ver contigo, Señor. En realidad, también tú eres observado en lo que ocurre. El gran conflicto es contra ti. Tú fuiste el acusado de injusticia y autoritarismo. Y también tú tienes que ser vindicado ante todos los seres del cielo, y de la tierra y de todos los mundos habitados. El plan de salvación describe la verdadera realidad de tu carácter y, además de salvar los pecadores, con él restauras tú la autoridad de tu gobierno.

Y cuando el gran conflicto termine, entre los cantos y las alabanzas, será proclamado tu poder y tu reino, como resultado del plan de salvación.

¡Aleluya —dirá la multitud—, *porque el Señor nuestro Dios Todopoderoso reina! Gocémonos y alegrémonos y démosle gloria; porque han llegado las bodas del Cordero, y su esposa se ha preparado. Y a ella se le ha concedido que se vista de lino fino... porque el lino fino es las acciones justas de los santos* (Apoc. 19:6-8).

Año Bíblico: 2 Reyes 12-14

LA VICTORIA CON CRISTO

Así que, si el Hijo os libertare, seréis verdaderamente libres. Juan 8:36.

Me supongo que cada vez que Cristo, tu Hijo, hablaba con los dirigentes del pueblo, y con el pueblo mismo, tú participabas con el mayor interés. Tú nunca estabas ausente, ni tu Espíritu. Después de todo, en cada palabra suya estaba en juego la salvación del mundo. Un sólo error y el plan de salvación se acabaría. Pero no estabas allí por desconfianza. Tú lo sabías. La victoria era segura y tú no dudas. La duda es un problema humano. Nos vino por causa del pecado y no hay pecado en ti. Tú estabas allí por unidad.

Cristo hablaba con ellos sobre su retorno a ti. Un retorno de salvación, como todos sus actos.

Yo me voy —les dijo—, *y me buscaréis, pero en vuestro pecado moriréis; a donde yo voy, vosotros no podéis venir* (Juan 8:21).

Y los incrédulos no entendieron. "Acaso se matará", decían. Pensaban que se trataba de un simple hacer, pero no era así. El viaje de Cristo, como todo lo que él hizo y todo lo que él pidió a sus seguidores que hicieran, era una cuestión de ser.

Vosotros sois de abajo —les respondió—, *yo soy de arriba; vosotros sois de este mundo, yo no soy de este mundo. Por eso os dije que moriréis en vuestros pecados; porque si no creéis que yo soy, en vuestros pecados moriréis* (Juan 8:23-24).

Luego les dijo que cuando él fuera levantado conocerían que él es y que nada hace por sí mismo, porque tú estás con él. Muchos creyeron y él siguió hablando con ellos.

Si vosotros permaneciereis en mi palabra, seréis verdaderamente mis discípulos —les dijo—; *y conoceréis la verdad y la verdad os hará libres* (Juan 8:31).

El sentimiento nacionalista superó la fe. Habían creído, pero en ese instante preferían apelar a Abraham y se declaran linaje de él; por lo tanto, libres. El orgullo étnico da el ser a mucha gente y hay mucha irracionalidad en su poder. No es un poder que otorgue la victoria en el conflicto contra el ángel caído. Por lo contrario, conduce a una mayor esclavitud.

Vosotros sois de vuestro padre el diablo —les dijo Cristo—, *y los deseos de vuestro padre queréis hacer* (Juan 8:44).

Sólo Cristo puede librarnos del poder maligno que opera contra nosotros en esta guerra. Y esto también es una cuestión de ser. Ser cristiano verdadero, discípulo de Cristo que con él actúa.

Año Bíblico: 2 Reyes 15-17

LA VICTORIA CON LA ESCRITURA

Entonces respondiendo Jesús, les dijo: <u>Erráis, ignorando las Escrituras y el poder de Dios</u>. Mateo 22:29.

Ya era el fin. Ultima visita de enseñanza al templo. Los temas eran críticos: La autoridad de tu Hijo, el pueblo del reino, los invitados a las bodas, lo que era de César y lo que era tuyo, la resurrección, la jerarquía de tus mandamientos, el linaje de Cristo y los pecados de los dirigentes incrédulos.

No creían en la resurrección, pero hablaban de ti como el Dios de Abraham, de Isaac y de Jacob; haciéndote así un Dios de muertos. Se acercaron a tu Hijo con la intención de ponerlo en ridículo con la resurrección. Todos los presentes conocían las leyes de Moisés. Si alguno moría sin hijos, su hermano debía casarse con la viuda y levantarle descendencia. Hubo un caso en que siete hermanos se casaron con la viuda y finalmente también la viuda falleció.

En la resurrección, pues —le preguntaron con ácido cinismo—, *¿de cuál de los siete será ella mujer, ya que todos la tuvieron?* (Mat. 22:28).

Me gustaría saber lo que sentías tú cuando escuchabas el absurdo. Tu Hijo lo entendía todo. Era un error. Todo el cuadro construido con maldad era un error. Y la pregunta era peor. Y estaban todos mal, y no sabían. Toda ignorancia es de ese modo. Tan profunda que a sí misma no se ve.

<u>Erráis ignorando la Escritura y el poder de Dios.</u>

¡Qué paciencia! Si Dios no fueras tú, ¿qué harías a insensatos de esta clase? Una cosa es el que ignora porque no ha tenido ninguna oportunidad para aprender, y es otra cosa la ignorancia por opción. La que se adopta por creencia como siendo una verdad. Y hay tantas en la historia de la teología. Y tantos las repiten cada día, como si fueran nuevas verdades liberadas hoy desde tu olvido. ¿Cuál es la magia que manejan esos hombres y mujeres para saber lo que tú quieres, cuando nunca has dicho que así tú lo quisieras? Yo les pregunto a ellos y a ti: ¿Por qué el error cuando es engaño parece tan bueno y verdadero? ¿Por qué la gente acepta sin dudar lo que merece duda y duda con tanta fuerza lo que no la merece?

Erráis, ignorando la Escritura y el poder de Dios.

Ya sé, tienes razón. Es la Escritura y es tu poder. Sólo con ellos hay victoria en esta lucha contra el mal. De lo contrario, sólo hay engaño; y tan perfecto que parece verdadero. Como billetes falsos que en todo se parecen a los buenos, menos en su valor, pues nada valen.

Año Bíblico: 2 Reyes 18-19

LA VICTORIA CON TODA LA ARMADURA

Por tanto, tomad toda la armadura de Dios, para que podáis resistir en el día malo, y habiendo acabado todo, estar firmes. Efesios 6:13.

Toda tu armadura. Esto es lo que quiero. Dame, por favor, esta armadura, para que no tenga que llorar y arrepentirme. Para que no tenga que sufrir y acongojarme. Para que pueda vencer en cada trance de la lucha con el adversario.

Dame toda la verdad y la justicia. Dame la paz del Evangelio. Dame la fe que cada duda me disipe. Dame tu sola salvación que me haga fuerte, con toda la certeza de tu reino, con toda la grandeza de tu tiempo, con toda la inmensa majestad de tu presencia; que no se aleje nunca. Dame el poder omnipotente de tu Espíritu en cada verdad de tu palabra. Dame una mente en oración, unida para siempre con tu Espíritu; que pueda mantenerme en vela sin cansancio, en buena compañía con tus santos, y en un constante testimonio que no se agote nunca.

Dame tu Espíritu, porque con él recibo todas las otras armas. La victoria es con tu Espíritu, y lo ruego. Te lo pido sabiendo que nada más yo necesito. Es decir, si me lo das, lo tengo todo; si no lo tengo, aunque tuviera todo lo demás, nada tengo.

La lucha es contra el malo. No es contra carne, ni es contra los poderes humanos de esta tierra. Es contra el malo. Contra el que manda en las tinieblas. Contra el que ordena los espíritus malvados que vengan a engañar a los mortales. Contra el que tiene el principado de la parte impía de este mundo. Contra el que crea la maldad y me la obsequia. Ya no quiero sus presentes, llagas del pecado que cansan el espíritu, tristes plomos de la duda que pesan en mi conciencia, negros dones de la muerte que me destruyen la vida. Ya no quiero sus presentes.

Yo quiero, mi Dios, sólo un regalo. Tu regalo, que por la fe yo acepto. El solo regalo de tu amor que me envió a tu Hijo y cada día me envía tu Santo Espíritu para llevarme a la victoria; como si fuera un triunfador, ya sin peligro, aunque cada instante lo peligre todo; como si fuera un victorioso del reino, ya llegando, aunque no sea más que un peregrino en tránsito contigo. Como si fuera el mayor conquistador, ya dueño de la tierra toda, aunque sólo tenga tu promesa de la tierra nueva. Es tu regalo, mi Dios, lo que yo quiero; y lo quiero, mi Dios, porque es bien tuyo, y siendo tuyo me lo das por compañero.

Porque todo lo que es nacido de Dios vence al mundo y esta es la victoria que ha vencido al mundo, nuestra fe. ¿Quién es el que vence al mundo, sino el que cree que Jesús es el Hijo de Dios? (1 Juan 5:4-5).

Y es sólo en él, mi Dios, en quien yo creo.

Año Bíblico: 2 Reyes 20-21

LA AYUDA DE LOS ANGELES

¿No son todos espíritus ministradores, enviados para servicio a favor de los que serán herederos de la salvación? Hebreos 1:14.

Tú nunca nos dejas solos. El enemigo usa toda clase de artimañas, en el envío de sus ángeles caídos, para luchar contra nosotros. Los envía como son, en todo semejante a los ángeles fieles; y los envía transformados, en representaciones mentirosas. Como espíritus de muertos, como seres de otros mundos, como espíritus amigos, como espíritus guiadores, como amigos consumados, como seres espirituales y otras formas.

También tus ángeles buenos están siempre cercanos. Nos ayudan en nuestras diarias dificultades, comunican tus mensajes, nos protegen del mal, nos libran de peligros, nos guían en la acción misionera, nos impresionan para el bien.

Cuando Agar, la sierva de Sara, huía de ella, resolviendo erróneamente el problema que había surgido entre ellas, se le apareció un ángel junto a una fuente en el desierto.

—Agar —le dijo—, sierva de Sara, ¿de dónde vienes tú, y a dónde vas?

—Huyo de delante de Sara mi señora —le respondió, sumisa.

E inmediatamente la aconsejó para su bien, orientándola en la dirección contraria a lo que estaba haciendo, pues ese camino no era bueno para ella, ni para el hijo que esperaba.

—Vuélvete a tu señora, y ponte sumisa bajo su mano —le dijo.

Luego le habló de su futuro y le aseguró que tú no estabas lejos de ella, ni habías olvidado sus dificultades.

He aquí que has concebido, y darás a luz un hijo, y llamarás su nombre Ismael, porque Jehová ha oído tu aflicción (Gén. 16:11).

Y en esta conversación, aparentemente simple, un hecho común en la vida de una persona, tu ángel orientaba uno de los importantes momentos en la historia del pueblo árabe que tendría un lugar tan significativo en la futura historia de la humanidad.

Lo mismo hicieron tus ángeles con Lot, cuando él les ofreció su hospitalidad, a la caída de la tarde, en la maldita ciudad de Sodoma, destinada ya a su terrible destrucción por fuego (Gén. 19:1). Y Jacob los vio subiendo y bajando desde el cielo a la tierra, porque tú estabas en ese lugar para acompañarlo y ayudarlo, y protegerlo en su dificultad presente y hasta la llegada futura de sus descendientes, la nación que tú elegiste para ser tu propio pueblo testigo y bendecido (Gén. 28:12).

Año Bíblico: 2 Reyes 22-23

EL CONFLICTO DURANTE EL MILENIO

Vi un ángel que descendía del cielo, con la llave del abismo, y una gran cadena en la mano. Y prendió al dragón, la serpiente antigua, que es el diablo y Satanás, y lo ató por mil años; y lo arrojó al abismo, y lo encerró, y puso su sello sobre él, para que no engañase más a las naciones, hasta que fuesen cumplidos mil años; y después de esto debe ser desatado por un poco de tiempo. Apocalipsis 20:1-3.

¡Mil años de prisión para meditar! Lo dejarás viviendo solo en este mundo cuando ya no exista nadie. Todos los impíos estarán muertos. Los justos, contigo en las cortes celestiales, revisando tus decisiones del juicio investigador que se inició, en armonía con la profecía de Daniel, en 1844. Nadie para ser engañado. El gran conflicto está en su etapa final.

Parece un tiempo innecesario y muy largo, para una actividad que tú podrías hacer en un instante. Y, posiblemente, ni necesites realizar. Un proceso completo de juicio sobre los seres humanos, está de más; pues tú lo sabes todo. Pero el gran conflicto exige el juicio.

Luzbel levantó su acusación delante de las huestes celestiales y puso en duda tu gobierno, la justicia de tu ley, la rectitud de tus acciones, el propósito de tus demandas, la intención de tus actos y todo lo que tú haces con los seres que has creado. El te acusó, te juzgó, te condenó; todo sin juicio. Sin proceso, sin pruebas, sin testigos. Un decreto injusto de su propia mente. Una manera absurda de evaluar lo que él ni derecho tenía para hacerlo. Pero en su manera autoritaria, despótica y perversa, podía exagerar, y mentir, y calumniar.

Tú eres diferente. Tu justicia exige el diálogo, la buena voluntad, la persuasión. Tú nunca dejas de aclarar todas las cosas; pues buscas un servicio de amor, con una respuesta de la voluntad comprometida, sin la presencia de ninguna duda. Tú eres bueno. Y tu bondad se extiende a cada mente, y a cada corazón, y a cada voluntad; con simpatía. Tú comprendes y por eso expones todo, y hasta te expones a ti mismo; porque sabes que así todos seremos persuadidos a servirte, por amor y para siempre.

Yo sé que será maravilloso estar presente. No para juzgarte. Tú no puedes ser juzgado por nadie. Además, nosotros ya sabemos que todas las acusaciones del enemigo son falsas. Lo sabemos por experiencia propia. Tampoco para librarnos de las acusaciones que él levanta contra nosotros; ya Cristo nos libró sobre la cruz. Maravilloso será estar allí presente para alabarte.

¡Aleluya! —diremos todos—. *Salvación y honra y gloria y poder son del Señor, Dios nuestro; porque sus juicios son verdaderos y justos* (Apoc. 19:1).

Año Bíblico: 2 Reyes 24-25

VIDA, MUERTE Y RESURRECCION DE CRISTO

Porque de tal manera amó Dios al mundo, que ha dado a su Hijo unigénito, para que todo aquel que en él cree, no se pierda, mas tenga vida eterna. Juan 3:16.

"Mediante la vida de Cristo, de perfecta obediencia a la voluntad de Dios, y sus sufrimientos, su muerte y su resurrección, Dios proveyó el único medio válido para expiar el pecado de la humanidad, de manera que los que por fe acepten esta expiación puedan tener acceso a la vida eterna, y toda la creación pueda comprender mejor el infinito y santo amor del Creador. Esta expiación perfecta vindica la justicia de la ley de Dios y la benignidad de su carácter, porque condena nuestro pecado y al mismo tiempo hace provisión para nuestro perdón. La muerte de Cristo es vicaria y expiatoria, reconciliadora y transformadora. La resurrección de Cristo proclama el triunfo de Dios sobre las fuerzas del mal, y a los que aceptan la expiación les asegura la victoria final sobre el pecado y la muerte. Declara el señorío de Jesucristo, ante quien se doblará toda rodilla en el cielo y en la tierra (Juan 3:16; Isa. 53; 1 Ped. 2:21-22; 1 Cor. 15:3-4, 20-22; 2 Cor. 5:14-15, 19-21; Rom. 1:4; 3:25; 4:25; 8:3-4; 1 Juan 2:2; 4:10; Col. 2:15; Fil. 2:6-11)" *(Manual de la iglesia,* Creencia Fundamental N.º 9).

Con la vida encarnada de tu Hijo, Padre Eterno, mi Dios, mi Salvación, tú colocaste tu propia vida en contacto con la nuestra de un modo incomprensible. Los grandes se hacen cada vez más grandes, y valen siempre menos y menos, como la inflación del dinero. Pero tú, que sí posees todas las grandezas sin medida, te haces cada vez un poco menos; pero nunca dejas de ser lo que tú siempre has sido. Tú eres Dios. El verdadero Dios que hizo los cielos y la tierra, que creó los seres vivos con la sola palabra de su boca. Y cuando diste al Hijo, como un regalo redentor, te aproximaste a cada ser humano para redimirlo. Humilde, él vino.

He aquí el Cordero de Dios que quita los pecados del mundo, dijo el Bautista, cuando él vino para que lo bautizara.

Nos diste tú el verdadero Cordero para el sacrificio. Lo más humilde del templo, lo menos majestuoso, lo más simple: el sacrificio. Pero, al mismo tiempo, lo más importante, el centro mismo de todo lo que se hacía en él, la propia razón de su existencia. Podía no existir el templo, pero el sacrificio seguiría siendo; porque sin sacrificio no hay remisión de pecados. Y en la humildad de su apariencia temporal, estaba presente la misma eternidad de tu existencia.

Este es aquel de quien yo dije —agregó, Juan—: Después de mí viene un varón, el cual es antes de mí; porque era primero que yo. El Verbo eterno, que lo hizo todo, porque en él estaba la vida, y la vida era la luz de los hombres (Juan 1:30, 1, 4).

Año Bíblico: 1 Crónicas 1-3

EL PADRE Y EL HIJO ESTABAN JUNTOS

Y todo esto proviene de Dios, quien nos reconcilió consigo mismo por Cristo, y nos dio el ministerio de la reconciliación; que Dios estaba en Cristo reconciliando consigo al mundo, no tomándoles en cuenta a los hombres sus pecados, y nos encargó a nosotros la palabra de la reconciliación. 2 Corintios 5:18-19.

Tú no sólo enviaste a tu Hijo; viniste en él a nuestro mundo, para reconciliar a cada pecador contigo mismo. Es difícil entender que tú estabas con tu Hijo en su venida, porque esta realidad pertenece al mismo misterio de tu existencia trinitaria. No pretendo pedir que me lo expliques. Se trata de un asunto divino y yo sé que no todas las cosas de tu divinidad pueden entenderse racionalmente. Mi razón es limitada y tu divinidad es infinita. No quiero pretender que tú coloques el inmenso océano de tu propia infinitud, en el pequeño balde de mi mente racional tan restringida.

Yo sólo quiero comprender tus objetivos. El para qué de su venida. Y esto no es difícil. El vino para reconciliarme contigo. Y su venida era el gesto tuyo con el cual tú me decías: No estoy tomando en cuenta tus pecados, porque si así lo hiciera, esta aproximación a ti sería inexistente. Imposible de realizar porque el pecado hizo tal separación entre ti y mí, que tú no perteneces ya a la esfera de mi presencia.

Yo sé que la venida de tu Hijo, en carne, superando la separación de mi pecado, me trajo una vez más tu cercanía. Ya no como promesa, ya no como posible realidad para un futuro eterno que sigue en la distancia. Te trajo a mí como una realidad presente, con un cuerpo de carne, semejante al mío; y con su forma de vivir exactamente igual, en calidad y simpatía, a la vida que tú vives en tu tiempo eterno. Tú estabas en él, para reconciliarme contigo; y ahora que estoy reconciliado, estás en mí también, para que yo pueda vivir eternamente en tu armonía. Y finalmente, maravilla de maravillas, me das también el ministerio de tu reconciliación.

La vida de Cristo se extiende hoy a los demás, por medio de mi propia vida, cuando yo cumplo el ministerio de la reconciliación. Y, unido a él en este ministerio, me integro con su vida más estrechamente; porque tengo que vivir como él vivió, para ser tan efectivo como él fue en este ministerio. Y es más, yo nunca puedo ser como él, a menos que el Espíritu Santo viva en mí, con su poder. Por eso, al trabajar reconciliando a los demás contigo mismo, yo me asocio más íntimamente contigo; por medio de la fe en Cristo, y bajo el poder del Espíritu Santo. Así, vivo una nueva vida en Cristo, y ya no vivo yo, mas vive Cristo en mí; y lo que vivo en él, se torna base espiritual indispensable para cumplir, conforme a tu deseo, el ministerio de la reconciliación.

Año Bíblico: 1 Crónicas 4-6

SU MUERTE VICARIA

Mas él herido fue por nuestras rebeliones, molido por nuestros pecados; el castigo de nuestra paz fue sobre él, y por su llaga fuimos nosotros curados. Isaías 53:5.

Cristo quiso tomar mi lugar y tú se lo permitiste. Murió por mí. Yo no morí cuando él murió en la cruz por mí; fue él, el que murió. Yo muero, simbólicamente, la muerte final por el pecado, en el bautismo. Pero tan sólo en símbolo, porque en la realidad, fue tu Hijo el que murió por mí esa muerte, sobre la cruz. La muerte final, yo ya no muero; porque creo en Cristo. Los que no creen, entrarán en ella, al final del milenio; cuando también la misma muerte y el Hades serán lanzados en el lago de fuego, para sufrir su destrucción eterna (Apoc. 20:14).

Porque el Hijo del hombre no vino para ser servido, sino para servir, y para dar su vida en rescate por *muchos* (Mar. 10:45).

La preposición "por", en el texto original es *antí* que significa "en lugar de", "a cambio de". Entonces tu Hijo murió en lugar de muchos, o de todos (1 Tim. 2:6).

Cristo nos redimió de la maldición de la ley, hecho por nosotros maldición (Gál. 3:13; Rom. 5:8).

La maldición de la ley era la muerte, como castigo por el pecado; y Cristo fue muerto por nosotros. Murió una muerte vicaria. No una muerte propia, causada por sus propios pecados; porque él no pecó.

Para que Cristo pudiera morir en mi lugar era necesario que mis pecados fueran transferidos a él. Esta transferencia parece una injusticia y, como tal, un acto incompatible con tu carácter. Tú jamás colocarías el pecado de un impío, con sus desastrosas consecuencias de muerte, sobre la vida de una persona justa. Pero tú no transferiste mi pecado a ningún tercero inocente, cometiendo así un acto de injusticia. Tú lo transferiste sobre ti mismo, en la persona de tu Hijo, porque no existe diferencia entre las personas de la Trinidad; y siendo así, la transferencia del pecado sobre Cristo ya no es un acto de injusticia, sino una acción de tu gracia: un acto de misericordia para socorrer, y una acción de amor para salvar.

Al que no conoció pecado, por nosotros lo hizo pecado, para que nosotros fuésemos hechos justicia de Dios en él. Así, pues, nosotros, como colaboradores suyos, os exhortamos también a que no recibáis en vano la gracia de Dios. Porque dice: En tiempo aceptable te he oído, y en día de salvación te he socorrido. He aquí ahora el tiempo aceptable; he aquí ahora el día de salvación (2 Cor. 5:21-6:2).

Año Bíblico: 1 Crónicas 7-9

EL SACRIFICIO EXPIATORIO

Cristo Jesús, a quien Dios puso como propiciación por medio de la fe en su sangre, para manifestar su justicia, a causa de haber pasado por alto, en su paciencia, los pecados pasados, con la mira de manifestar en este tiempo su justicia, a fin de que él sea el justo, y el que justifica al que es de la fe de Jesús. Romanos 3:25-26.

La idea de propiciación, Señor, resulta complicada para mucha gente, y hay quienes se escandalizan con ella. Yo sé que para ti todo es muy claro y te agradezco por tener paciencia con nosotros y escuchar nuestras discusiones, y soportar nuestra arrogancia, cuando hablamos con tanta seguridad sobre aquello que apenas entendemos.

De todos modos, propiciación o expiación era el regalo que se ofrecía para aplacar la ira provocada por un acto inaceptable. Y es esto lo que escandaliza a algunas personas. Dicen: ¿Cómo va a ser necesario aplacar la ira de un Dios que, por ser la encarnación del amor, no tiene ira? Tú ves nuestro conflicto. Y en los tiempos modernos, con el tremendo énfasis en tu paciencia y disposición abierta para aceptar a todas las personas, no importa cómo sean; este conflicto se ha tornado mayor. Hasta parece arcaico hablar del sacrificio de tu Hijo como una propiciación.

Pero el problema no está en la idea de ofrecerte un sacrificio para aplacar tu ira y ni siquiera en el hecho de si tú te aíras o no. El punto de la cuestión está en quién ofrece el sacrificio. Si somos los ofensores, tú ciertamente apareces como un Dios tirano. Una imagen muy opuesta a lo que tú eres realmente. Pero si el sacrificio es ofrecido por ti mismo, ya no eres implacable, ni tirano; eres tú un Dios de bondad que nos atiende más allá de lo que somos, nos da mucho más de lo que necesitamos, y nos provee lo que por nosotros mismos no podemos obtener.

La vida de la carne en la sangre está, y yo os la he dado para hacer expiación sobre el altar por vuestras almas; y la misma sangre hará expiación de la persona (Lev. 17:11).

Tú dijiste al pueblo de Israel, tu pueblo, que cuando matasen un animal, para comerlo, debían llevarlo al santuario y derramar la sangre sobre el altar, como expiación. No debían comer la sangre porque en ella estaba la vida, y la vida era propiedad tuya, no de ellos. Sólo se la dabas para que ellos la presentaran como ofrenda de propiciación, o expiación, o reconciliación. Quien, en realidad, ofrecía el sacrificio para la propiciación eras tú. Y quien aplacaba tu ira, no era el pecador, sino tú mismo.

Pero él, misericordioso, perdonaba la maldad, y no los destruía; y apartó muchas veces su ira, y no despertó su enojo (Sal. 78:38).

Año Bíblico: 1 Crónicas 10-12

OBRA DE LA SANGRE DE CRISTO

Porque si la sangre de los toros y de los machos cabríos, y las cenizas de la becerra rociadas a los inmundos, santifican para la purificación de la carne, ¿cuánto más la sangre de Cristo, el cual mediante el Espíritu eterno se ofreció a sí mismo sin mancha a Dios, limpiará vuestras conciencias de obras muertas para que sirváis al Dios vivo? Hebreos 9:13-14.

Tu regalo de la sangre, en el sacrificio del templo, hacía que la ofrenda para expiar el pecado fuera un ofrenda tuya. Pero aquellos sacrificios sólo eran un símbolo del verdadero sacrificio por el pecado. La propiciación u ofrenda real por el pecado era tu Hijo. Y él se dio a sí mismo. No fue el pecador que lo ofrendó para aplacar tu ira. Y es verdad que tú eres "tardo para la ira y grande en misericordia" (Núm. 14:18); pero tu ira existe, en el sentido de que tú no aceptas el pecado y lo condenas.

Dios es juez justo, y Dios está airado contra el impío todos los días.... Porque la ira de Dios se revela desde el cielo contra toda impiedad e injusticia de los hombres que detienen con injusticia la verdad (Sal. 7:11; Rom. 1:18).

Todos hemos pecado; y, contaminados por el mal, todos estamos bajo condenación. No es posible imaginarte indiferente a la desastrosa realidad de nuestro estado pecaminoso. Tú no toleras el pecado. Te es ofensivo porque es rebelión contra ti. Todos nosotros te hemos ofendido, y mucho. No es que esta ofensa te produzca una reacción emocional contraria al ofensor, como una respuesta sensible, propia de una persona que se siente personalmente herida por la acción del otro. Nuestra ofensa no es emocional, ni psicológica; es moral.

Porque cualquiera que guardare toda la ley, pero ofendiere en un punto, se hace culpable de todos (Sant. 2:10).

Nuestra ofensa es desobediencia. Ataca la base misma de tu gobierno universal: tu justicia. No es que nuestra desobediencia te haga injusto a ti; nos torna injustos a nosotros. Nos hace impíos. Y en nuestro estado de impiedad y de injusticia, introducimos el caos moral en tu sistema entero. Todo el universo que tú creaste se afecta con nuestra corrupción. Somos una manzana podrida que está pudriendo todas las demás. Y tú no puedes quedar indiferente. Tienes que lavar la mancha. Y una mancha que está destruyendo la vida; tiene que ser lavada con vida limpia, incontaminada, indestructible. La sangre de Cristo es la expresión más íntima de su vida sin mancha, ofrecida por nosotros, para reconciliarnos con Dios, por su muerte en la cruz.

Y la sangre de Jesucristo su Hijo nos limpia de todo pecado (1 Juan 1:7; ver Apoc. 5:9-10).

Año Bíblico: 1 Crónicas 13-16

SALVOS POR SU VIDA

Porque si siendo enemigos, fuimos reconciliados con Dios por la muerte de su Hijo, mucho más, estando reconciliados, seremos salvos por su vida. Romanos 5:10.

Tú haces una diferencia entre reconciliación y salvación. La reconciliación es lo que hiciste, por medio de Cristo, para volvernos a la armonía contigo. La salvación es lo que haces tú, por medio del Espíritu Santo, para hacernos vivir en esa armonía. Efectuaste la reconciliación, o justificación del pecador, por medio de la muerte de tu Hijo.

A quien Dios puso como propiciación por medio de la fe en su sangre, para manifestar su justicia, a causa de haber pasado por alto, en su paciencia, los pecados pasados (Rom. 3:25).

Pero queda el resto de la vida: desde el día de la fe, hasta el día de la muerte; para vivir contigo. ¿Cómo? Siguiendo el ejemplo de tu Hijo.

Pues por esto fuisteis llamados porque también Cristo padeció por nosotros, dejándonos ejemplo, para que sigáis sus pisadas; el cual no hizo pecado, ni se halló engaño en su boca; quien cuando lo maldecían, no respondía con maldición; cuando padecía, no amenazaba, sino encomendaba la causa al que juzga justamente (1 Ped. 2:21-23).

Su vida es mi modelo. Pero no es sólo un modelo, hay algo más en ella que resulta vital para mí. Si mi vida cristiana fuera una simple imitación de Cristo, aunque mi justificación haya sido por la fe, mi salvación todavía sería por las obras. Y esto no es así. Nadie se salva por las obras, aunque éstas sean una perfecta imitación de la vida de Cristo. La salvación no es como una representación teatral, en la que el artista que mejor imita, más alabanzas recibe. No es imitación de vida, es vida real. Es la vida de Cristo, siendo aplicada a mi vida por el Espíritu Santo, mediante la fe. Más que imitación, la vida de salvación es integración.

Cuando me integro, por íntima asociación con el Espíritu en todos los actos de mi vida, vivo como Cristo vivió, y un poco más: él vive en mí. Y yo vivo su vida, por la fe; no en una anulación de mi personalidad, sino en una integración de voluntades que la desarrolla. En esta integración por el Espíritu, lo que él quiere, yo quiero; y lo que yo quiero, él quiere.

Con Cristo estoy juntamente crucificado, y ya no vivo yo, mas vive Cristo en mí; y lo que ahora vivo en la carne, lo vivo en la fe del Hijo de Dios, el cual me amó y se entregó a sí mismo por mí (Gál. 2:20). De esta manera, soy salvo por su vida.

Año Bíblico: 1 Crónicas 17-20

LA VALIDACION DE LA CRUZ

Y si Cristo no resucitó, vana es entonces nuestra predicación,... [y] vuestra fe es vana; aún estáis en vuestros pecados. 1 Corintios 15:14, 17.

Tú enseñaste la resurrección de Cristo, por medio de los apóstoles, que la proclamaban con absoluta convicción.

Porque primeramente os he enseñado lo que asimismo recibí —decía Pablo—: *Que Cristo murió por nuestros pecados, conforme a las Escrituras; y que fue sepultado, y que resucitó al tercer día, conforme a las Escrituras* (1 Cor. 15:3-4).

¿Qué Escrituras? Los Salmos y los profetas. Ellos proclaman la resurrección como sólida base de seguridad, de alegría, de gozo, de confianza y de restauración.

A Jehová he puesto siempre delante de mí —decía David en su poema de la felicidad—; *porque está a mi diestra, no seré conmovido. Se alegró por tanto mi corazón, y se gozó mi alma; mi carne también reposará confiadamente; porque no dejarás mi alma en el Seol, ni permitirás que tu santo vea corrupción* (Sal. 16:8-10; ver Ose. 6:1-2).

Cuando recuerdo la resurrección de Cristo, pienso en tu poder. Nada te limita, ni el sepulcro. Nosotros morimos una muerte para siempre. Nada podemos hacer contra el sepulcro y por eso, sólo lloramos. Lloramos por la muerte de nuestro muerto; y por nuestra propia muerte. Somos fugaces. Y el tiempo nos destruye poco a poco; a veces de una vez, en un instante. Sólo mitigamos el dolor con la esperanza. Pero a ti, la muerte no te afecta. Tú entras en ella, y sales cuando quieres. Ciertamente es tu enemiga, pero no porque tenga poder alguno sobre ti. Es enemiga tuya porque destruye la vida de aquellos que tú hiciste. Nosotros pecamos y morimos. Somos apenas un oscuro dolor de nuestra propia muerte.

Pero tu Hijo no podía morir como nosotros morimos; porque él nunca pecó. El murió tan sólo porque quiso.

Yo pongo mi vida, para volverla a tomar —dijo él—. *Nadie me la quita, sino que yo de mí mismo la pongo. Tengo poder para ponerla, y tengo poder para volverla a tomar* (Juan 10:17-18).

El tenía poder para resucitar. Y resucitó. Su resurrección no es simplemente una enseñanza del cristianismo, fue una acción de su poder que validó la cruz, transmitió fuerza real a la misión, y aseguró nuestra propia resurrección.

Porque así como en Adán todos mueren, también en Cristo serán todos vivificados (1 Cor. 15:22).

Año Bíblico: 1 Crónicas 21-24

LA RESURRECCION DE LOS CREYENTES

Tampoco queremos, hermanos, que ignoréis acerca de los que duermen, para que no os entristezcáis como los otros que no tienen esperanza. Porque si creemos que Jesús murió y resucitó, así también traerá Dios con Jesús a los que durmieron en él. 1 Tesalonicenses 4:13-14.

La base de nuestra resurrección es la resurrección de tu Hijo. Porque él resucitó, podemos resucitar nosotros. Todos los cristianos, desde el comienzo de la iglesia cristiana, han creído en la resurrección corporal que ocurrirá a la segunda venida de Cristo.

Por lo cual os decimos esto en palabra del Señor: que nosotros que vivimos, que habremos quedado hasta la venida del Señor, no precederemos a los que durmieron. Porque el Señor mismo con voz de mando, con voz de arcángel, y con trompeta de Dios, descenderá del cielo; y los muertos en Cristo resucitarán primero (1 Tes. 4:15-16).

Pero para los cristianos existe también otra resurrección. Una resurrección espiritual que también es obra tuya y no está en el futuro, como una esperanza. Pertenece al presente, como una realidad, y es un anticipo verdadero de la futura resurrección del cuerpo. Ocurre en el bautismo.

Sepultados con él en el bautismo, en el cual fuisteis también resucitados con él, mediante la fe en el poder de Dios que lo levantó de los muertos (Col. 2:12).

Tú nos resucitas espiritualmente para que vivamos una vida nueva, alejada del mal y del pecado. El bautismo es un símbolo de nuestra muerte al pecado y de nuestra resurrección a una vida para ti. Nuestro cuerpo sigue mortal, hasta la venida de Cristo por segunda vez al mundo; pero sus miembros ya no son más instrumentos de iniquidad, sino de justicia (Rom. 6:11-14).

¿Cómo vive la nueva criatura después que ha sido resucitada espiritualmente? Vive por fe. Yo entiendo, Señor, que cuando creo se produce una nueva forma de pensar en mí. Cuando no creo me tengo a mí mismo como foco de mis pensamientos, y cuando creo mi pensar está centrado en Cristo y en la salvación de mi prójimo. La renovación de mi mente no es sólo adaptación mental a una nueva circunstancia de vida. Es transformación de una mente en otra. Mi mente deja de ser, como mente mía, y yo adquiero la mente de Cristo.

Porque ¿quién conoció la mente del Señor? ¿Quién le instruirá? Mas nosotros tenemos la mente de Cristo (1 Cor. 2:16).

Año Bíblico: 1 Crónicas 25-27

LA EXPERIENCIA DE LA SALVACION

Esta es la palabra de fe que predicamos: que si confesares con tu boca que Jesús es el Señor, y creyeres en tu corazón que Dios le levantó de los muertos, serás salvo. Porque con el corazón se cree para justicia, y con la boca se confiesa para salvación... Porque todo aquel que invocare el nombre del Señor, será salvo. Romanos 10:8-10, 13.

"Con amor y misericordia infinitos Dios hizo que Cristo, que no conoció pecado, fuera hecho pecado por nosotros, para que nosotros pudiésemos ser hechos justicia de Dios en él. Guiados por el Espíritu Santo experimentamos nuestra necesidad, reconocemos nuestra pecaminosidad, nos arrepentimos de nuestras transgresiones, y ejercemos fe en Jesús como Señor y Cristo, como sustituto y ejemplo. Esta fe que recibe salvación nos llega por medio del poder divino de la Palabra y es un don de la gracia de Dios, Mediante Cristo somos justificados, adoptados como hijos e hijas de Dios y librados del señorío del pecado. Por medio del Espíritu nacemos de nuevo y somos santificados; el Espíritu renueva nuestra mente, graba la ley de amor de Dios en nuestros corazones y nos da poder para vivir una vida santa. Al permanecer en él somos participantes de la naturaleza divina y tenemos la seguridad de la salvación ahora y en ocasión del juicio (2 Cor. 5:17-21; Juan 3:16; Gál. 1:4; 4:4-7; Tito 3:3-7; Juan 16:8; Gál. 3:13-14; 1 Ped. 2:21-22; Rom. 10:17; Luc. 17:5; Mar. 9:23-24; Efe. 2:5-10; Rom. 3:21-26; Col. 1:13-14; Rom. 8:14-17; Gál. 3:26; Juan 3:3-8; 1 Ped. 1:23; Rom. 12:2; Heb. 8:7-12; Eze. 36:25-27; 2 Ped. 1:3-4; Rom. 8:1-4; 5:6-10)" *(Manual de la iglesia,* Creencia Fundamental N.º 10).

El complejo proceso de la salvación, tú lo explicas de modo tan sencillo. Sólo creer y confesar. Creer para ser justificado y confesar para recibir la salvación.

Cuando tú me justificas, me perdonas. Lo impresionante de tu perdón es que tú lo aplicas a mis actos imperdonables. Si tú sólo perdonaras lo que nosotros, los seres humanos, perdonamos; no habría salvación para nadie. Porque nosotros perdonamos las faltas pequeñas de la gente. Aquellas que casi no son faltas. Las graves, las que realmente nos ofenden, quedan para siempre en la memoria, a menos que tú intervengas. Y en el verdadero perdón tú siempre estás presente. Pero tú no perdonas indiscriminadamente. Tú sólo perdonas cuando creo; porque sin fe, la justificación sería como una perla lanzada a los puercos; porque cuando creo yo te acepto, y al aceptarte a ti, acepto todo lo que es tuyo.

Cuando tú me haces recibir la salvación, me incorporas en tu propia realidad eterna y me tornas hijo tuyo, sin demoras. No hay separación entre mí y ti: ni de tiempo, ni de acciones. Tú y yo actuamos juntos. Tú revelas, yo confieso. Declaro mi fe en Cristo y lo proclamo. Soy una persona nueva y así vivo.

Año Bíblico: 1 Crónicas 28-29

LA EXPERIENCIA DE SER NUEVA CRIATURA

De modo que si alguno está en Cristo, nueva criatura es; las cosas viejas pasaron; he aquí todas son hechas nuevas. 2 Corintios 5:17.

La experiencia de ser una nueva criatura, me la das tú, mi Dios. Yo no puedo construirla por mí mismo. Tú la ofreces y yo creo en ti: la recibo por la fe. Una vez que he nacido de nuevo, vivo contigo, como una persona salvada por Cristo. Experimento la salvación, pero no como quien hace un experimento para ver si por acaso resultara. No como alguien que intuye algo, pero no sabe a ciencia cierta si las cosas serán, en realidad, como las intuye. La experiencia de la salvación es una seguridad de fe. Una certeza, una convicción profunda que dirige la vida entera.

Es, pues, la fe la certeza de lo que se espera, la convicción de lo que no se ve (Heb. 11:1).

La experiencia de la salvación es un modo de vida que logra lo imposible, y lo logra porque es una vida asociada con tu Santo Espíritu.

Porque lo que era imposible para la ley, por cuanto era débil por la carne, Dios, enviando a su Hijo en semejanza de carne de pecado y a causa del pecado, condenó al pecado en la carne; para que la justicia de la ley se cumpliese en nosotros, que no andamos conforme a la carne, sino conforme al Espíritu. Porque los que son de la carne piensan en las cosas de la carne; pero los que son del Espíritu, en las cosas del Espíritu (Rom. 8:3-5).

Y el Espíritu que lo escudriña todo, y todo sabe, nos da la seguridad espiritual de la salvación.

El Espíritu mismo da testimonio a nuestro espíritu, de que somos hijos de Dios. Y si hijos, también herederos; herederos de Dios y coherederos con Cristo (Rom. 8:16-17).

Mi experiencia de la salvación es una íntima asociación contigo. Y cuando tú, que eres el Padre de las luces, iluminas mi mente y me transformas, dejas en mí, con tu presencia, la misma substancia de tus realidades eternas, que ya no son simples promesas esperadas por mí para el futuro, sino verdaderas realidades diarias de mi vida contigo. Y así, la rutina de las cosas comunes no me cansa, no me aburre, ni me duele. Y cuando duele, te lo cuento, como se conversa la vida en la amistad de los amigos; y el dolor deja de ser. Se torna una oración y un testimonio. Y lo mismo es la rutina, y todo lo que ocurre en cada instante, hasta el acto simple de comer. Ya no es tan sólo alimentarme; es una gratitud y una alabanza por todo lo que yo recibo de ti cada día, y a cada instante.

Año Bíblico: 2 Crónicas 1-4

COMO SE PRODUCE EL NUEVO NACIMIENTO

De cierto, de cierto te digo, que el que no naciere de agua y del Espíritu, no puede entrar en el reino de Dios. Juan 3:5.

Nicodemo era un hombre importante: príncipe, miembro del Sanedrín, fariseo. Los fariseos eran puritanos, celosos defensores de la pureza ritual más estricta, e integrantes del partido político más popular de la nación israelita. Participaban activamente en el gobierno, administraban la justicia, enseñaban la ley, y defendían los más altos ideales levíticos. Nicodemo defendía los intereses del pueblo común, era activo opositor de los abusos cometidos por la aristocracia opresora, pero su religión había perdido los valores espirituales en una práctica demasiado formal de ritos y leyes, de costumbres y tradiciones.

Yo sé que no te agrada la formalidad religiosa. Tú eres un Dios de realidades, exento de apariencias: sin hipocresía. Te gusta la verdad de la conducta, la auténtica vivencia espiritual, y la genuina expresión de las acciones. Yo tiemblo, a veces, cuando pienso en tu fidelidad y transparencia. Y, entonces, me conmueven tu amor, tu simpatía, tu extrema bondad y tu paciencia.

Nicodemo llegó de noche. No quería ser visto en relación con el Maestro, porque él ya era maestro en Israel, y en lugar de ir a aprender tendría que haber estado enseñando. Tenía miedo al qué dirán, como si el prestigio social y la plena aceptación de los vecinos fuera el más alto principio de la vida. Pero él había visto las señales y sabía que todo aquello era posible, tan sólo si tú lo producías. Y el reino. Por supuesto, lo quería. Pero, ¿el nuevo nacimiento?

¿Cómo puede un hombre nacer siendo viejo? ¿Tiene, acaso, que entrar en el vientre de su madre para nacer de nuevo?

Imposible. Contra natura. La mente del pobre Nicodemo hervía de preguntas, de emociones, de tanta contradicción multiplicada; como si todo fuera nuevo, incomprensible, de repente. ¿Pero cómo?

De agua y del Espíritu —le informó tu Hijo, y hablaba tan seguro, como si fuera eso tan simple, tan claro y familiar, tan evidente—. *Como el viento* —completó.

Y aquello era difícil. Difícil por las cosas, difícil por la vida, difícil por la gente. Difícil por el mismo Nicodemo.

¿Cómo? —volvió a decir, casi angustiado.

Por la muerte de tu Hijo y por la fe.

Porque es necesario que el Hijo del Hombre sea levantado.... para que todo aquel que en él cree..., tenga vida eterna.

Año Bíblico: 2 Crónicas 5-7

RENACIDOS POR LA PALABRA

Habiendo *purificado* vuestras almas por la obediencia a la verdad, mediante el Espíritu, para el amor fraternal no fingido, amaos unos a otros entrañablemente, de corazón puro; siendo *renacidos*, no de simiente corruptible, sino de incorruptible, por la palabra de Dios que vive y permanece para siempre. 1 Pedro 1:22-23 (la cursiva es nuestra).

Revelaste muchas veces esta secuencia de salvación: renacimiento y purificación. Al repetirla y repetirla nos dices que es vital que la experimentemos. Primero renacemos, y luego somos purificados en una obra continuada. Quien nos limpia es el Espíritu, y el instrumento que utiliza es la verdad. Cuando obedecemos la verdad, se produce un proceso de substitución. El error, activo en la mente y en las acciones de la vida entera, cede su lugar a la verdad. La correcta relación de la mente y la vida con la verdad, mediante la obra del Espíritu Santo, produce una correcta relación contigo y con el prójimo.

Por eso, para ti, es tan vital la verdad de la doctrina y nuestra adherencia total a ella. No sólo para tener la idea correcta sobre algún determinado concepto religioso; también, y mucho más, para que exista la verdadera relación redentora contigo y con el prójimo. No hay redención cuando hay error, de cualquier clase que sea. No hay amor verdadero cuando existe la herejía.

El error doctrinario produce desconfianza. Si el hermano Pedro cree que Cristo murió como sustituto por nuestros pecados, tomando nuestro lugar en forma vicaria; y el hermano Juan piensa que sólo murió para darnos ejemplo de una vida dedicada a Dios, sin llevar sobre sí nuestros pecados en la cruz; los dos piensan que el otro está equivocado, y la relación de amor que confía absolutamente, resulta quebrada. La herejía es mucho más que error doctrinario, destruye la misma relación redentora. En la doctrina verdadera, hay mucho más que conceptos sin error. Hay vida purificada, la vida de la salvación. Y esta purificación sólo se adquiere obedeciendo la verdad, mediante el Espíritu.

Pero antes de experimentar la purificación y obedecer la verdad, tenemos que ser renacidos por tu palabra. La verdad de la vida y de la doctrina no la creamos nosotros; viene de tu palabra. Y al decirnos esto por medio de Pedro, también nos dices la razón. Mientras nuestra mente sólo tiene una semilla corruptible, tu palabra es una simiente incorruptible y permanece para siempre: es eterna. Nosotros somos como la hierba; y nuestra gloria, como la flor de la hierba. Nuestra consistencia se seca, y cae nuestro brillo; pero tu palabra, y la verdad que ella revela, permanecen para siempre. Y hay poder en tu palabra.

Porque la palabra de Dios es viva y eficaz... y penetra hasta partir el alma y el espíritu,... y discierne los pensamientos y las intenciones del corazón (Heb. 4:12).

Año Bíblico: 2 Crónicas 8-9

LOS MEDIOS DE LA SALVACION

Pero nosotros debemos dar siempre gracias a Dios respecto a vosotros, hermanos amados por el Señor, de que Dios os haya escogido desde el principio para la salvación, mediante la santificación por el Espíritu y la fe en la verdad, a lo cual os llamó mediante nuestro evangelio, para alcanzar la gloria de nuestro Señor Jesucristo. 2 Tesalonicenses 2:13-14.

Tus medios de salvación, según esta escritura, son tres: el Evangelio, la verdad y la santificación. Con el Evangelio nos invitas, con la verdad nos conduces y con la santificación nos preparas.

Cuando revelaste a Pablo estos medios de salvación, él estaba preocupado con los engaños acerca de la segunda venida de tu Hijo. Algunos decían que ese acontecimiento ocurriría en días muy cercanos a ellos, durante la vida de la primera generación de cristianos. También hoy hay teólogos enseñando que la iglesia del primer siglo creía en la venida del Señor durante el tiempo de esa generación. Pero Pablo dice que eso es un engaño. Antes de la segunda venida de Cristo, tenía que desarrollarse completamente el misterio de la iniquidad y surgir un poder religioso que, aunque aparentaría ser cristiano, lucharía contra ti. Y el arma principal de su lucha sería el engaño: "todo engaño de iniquidad".

En contraste con el amor a la mentira, estaría el amor de la verdad para ser salvos; y la realidad de la salvación de tus escogidos estaría determinada por la vivencia real de cada medio de salvación provisto por ti.

¿Cómo experimentar el Evangelio? Primero necesito que me aclares si puedo yo vivir algo que tú me regalas. La acción de regalar es tuya. Como acción, entonces, está fuera de mí y no me pertenece. Pero dado que tu acción es un regalo para mí, creo que por el hecho de ser un regalo, es mío, si lo acepto. Sólo puedo aceptarlo por la fe. La fe es un acto mío. Yo ejerzo la fe sobre tu regalo, y el regalo es mío. El Evangelio es justificación por la fe y es poder.

No me avergüenzo del evangelio, porque es poder *de Dios para salvación a todo aquel que cree: al judío primeramente, y también al griego. Porque en el evangelio la* justicia de Dios *se revela por fe y para fe, como está escrito: Mas el justo* por la fe *vivirá* (Rom. 1:16-17).

El poder es tuyo y mía es la fe. Cuando están juntos en mi aceptación, el Evangelio es una vivencia mía. Pero lo principal es lo que tú haces, porque sin tu regalo, el Evangelio no existiría. Y sin Evangelio, la salvación sería imposible. Mas gracias te doy porque tú regalaste a tu Hijo para que yo, aceptando el Evangelio experimente la salvación.

Año Bíblico: 2 Crónicas 10-13

QUE ES LA VERDAD

Jesús le dijo: Yo soy el camino, y la verdad, y la vida; nadie viene al Padre, sino por mí. Juan 14:6.

Tu primer medio de la salvación es el Evangelio. Por el Evangelio tú invitas y yo acepto. Tú provees el Evangelio y yo creo. No hay legalismo en esto. La salvación es plenamente por la fe.

Tú segundo instrumento de salvación es la verdad. ¿Qué es la verdad? Y tú la defines sin complicaciones.

Tu justicia es justicia eterna, y tu ley la verdad (Sal. 119:142).

La ley es una verdad sin ambigüedades. Dice: No tendrás otros dioses delante de mí; y yo claramente sé la verdad, tú eres el único Dios verdadero. Vuelve a decir: No matarás; y la verdad no se confunde, tengo que proteger la vida. La conducta correcta y verdadera está siempre en armonía con tu ley. ¿Es, entonces, la ley un instrumento de legalismo o de salvación por las obras? No. La ley es la verdad en cuanto a la conducta. ¿Significa, entonces, que la salvación es por la obediencia a la ley? Sin obediencia a la ley no hay salvación, pero la salvación es por la fe en la verdad. Sólo la fe es mía, la verdad es tuya. Pero mi fe es una fe que actúa: obedece. Y es con tu poder que yo obedezco. Además, si no obedezco, tu poder no está actuando en mí. Y sin él yo no me salvo. Pero la verdad es algo más que la ley.

Santifícalos en tu verdad, tu palabra es verdad (Juan 17:17).

Mi vida tiene que estar gobernada por tu palabra. No es posible que yo viva la salvación y esté actuando en forma independiente. La independencia de ti es rebelión contra ti; y jamás me llevará a la salvación. Sólo una vida en armonía contigo, en todo lo que tú has revelado a través de tu palabra entera, sólo esa vida experimenta la salvación ahora mismo. La verdad es la Escritura, tu palabra. Mía sólo es la fe con que yo creo en ella y no hay legalismo en esto. Pero hay más.

Yo soy el camino —dijo Cristo—, *y la verdad, y la vida* (Juan 14:6).

Tu Hijo es la verdad. Y la Escritura es la verdad porque revela su pensamiento. Y la ley es la verdad porque revela su voluntad. El pensamiento y la voluntad de Cristo son, en realidad, tu misma voluntad y tu propio pensamiento. Cuando tú dices que la fe en la verdad es un instrumento de la salvación, en realidad estás diciendo que la obra de Cristo en la revelación de la ley y de la Escritura toda, junto con sus acciones como Redentor, son los medios de la salvación. Y yo debo creer en él, con una fe que obedezca la ley y que siga en todo la revelación.

Año Bíblico: 2 Crónicas 14-16

LA SANTIFICACION

Por lo demás, hermanos, os rogamos y exhortamos en el Señor Jesús, que de la manera que aprendisteis de nosotros cómo os conviene *conduciros* y agradar a Dios, así abundéis más y más. Porque ya sabéis qué instrucciones os dimos por el Señor Jesús; pues la voluntad de Dios es vuestra *santificación*. 1 Tesalonicenses 4:1-3 (la cursiva es nuestra).

La santificación es por el Espíritu. Estoy en la santificación cuando actúo con tu Espíritu. Es verdad que la santificación es buena conducta. Pero una persona puede tener buena conducta actuando sola y eso no ser santificación. Puede ser cultura, cortesía, buena educación, buenas maneras, refinamiento social; pero nunca santificación. La santificación sólo se produce cuando interviene el Espíritu Santo.

En Coral Gables, Florida, un grupo de adventistas reunieron cincuenta mil dólares y con ese dinero regalaron un vehículo para veinticinco pasajeros a la Clínica Adventista de Barquisimeto, Venezuela. Si esto fuera todo, sólo sería un acto de buenas obras y en nada contribuiría a la experiencia de la salvación. Pero ese grupo está organizado para estimularse a aplicar los principios de la vida cristiana a las actividades de su trabajo común. Quieren que los más simples actos de la vida reflejen su asociación con Cristo y con el Espíritu Santo. En este caso la obra de regalar un vehículo ya no es obra común, sino una experiencia de la santificación. La salvación no es por obras buenas, sino por la santificación que el Espíritu opera en nosotros.

Mi parte en la santificación es no rechazar la obra del Espíritu. Darle plena libertad para que él actúe en mi vida. Dejarlo que sea el dueño de todos mis actos. Los actos siguen siendo mis actos. Pero yo, ya no actúo solo. Y al estar asociado con el Espíritu, lo que ocurre, cuando actúo, pertenece al proceso de mi santificación, y es una experiencia real de la salvación.

Los tres instrumentos que usas para mi salvación son una obra tuya, que tú realizas asociado con las otras dos personas divinas: tu Hijo, y el Espíritu Santo. Tú me regalas a tu Hijo para que exista el Evangelio; con el cual me invitas a la salvación, como a una boda, las bodas del Cordero. El Hijo se entrega a sí mismo como la verdad, para rescatarme, y para guiarme con su revelación y su ley. El Espíritu Santo me acompaña en cada acción, para que, cada instante, yo viva la santificación. Y mi parte, ¿cuál es mi parte en mi propia salvación? No rechazo la invitación y *acepto* el Evangelio. No dudo de la verdad; yo *creo* en ella y la incorporo a mi persona por amor a Cristo, porque él es la verdad, y él es la vida. *Coopero* con el Espíritu Santo, y es su presencia lo que agrega santidad a mis acciones.

Año Bíblico: 2 Crónicas 17-20

NO POR OBRAS

Pero cuando se manifestó la bondad de Dios nuestro Salvador, y su amor para con los hombres, nos salvó, no por obras de justicia que nosotros hubiéramos hecho, sino por su misericordia, por el lavamiento de la regeneración y por la renovación en el Espíritu Santo. Tito 3:4-5.

Sólo tú, mi Dios, nos salvas. Tantas veces lo repites en la revelación. Tendría que ser la verdad más entendida y más ampliamente aceptada. Y hay una razón fundamental para creerlo: Nosotros no podemos salvarnos a nosotros mismos. Pero somos orgullosos y el demonio nos confunde. Hay una extraña fuerza de gravedad que el mal ha instalado dentro de nosotros mismos. Y todo gira en torno al yo de cada uno. Superar esta fuerza, requiere un poder semejante al que despliegan los cohetes antes de salir hacia el espacio, donde ya la fuerza de gravedad no los atrapa. Ese poder no es obra nuestra, proviene de ti. Es obra de tu gracia.

Tu misericordia actúa en dos maneras: nos regenera y nos renueva. La regeneración es obra de Cristo; y la renovación, del Espíritu Santo. Cuando me regeneras, me transformas tan profundamente que nazco de nuevo. Renazco por el lavamiento de la sangre de Cristo. Me purificas de todo pecado. Y, para mí, es obvio que yo no puedo realizar esta obra y que seguirás purificándome hasta que se elimine toda posibilidad de pecar. Comienza, por lo tanto, en mi conversión y terminará en mi glorificación.

De cierto os digo —dijo Jesús— *que en la regeneración, cuando el Hijo del Hombre se siente en el trono de su gloria, vosotros que me habéis seguido también os sentaréis sobre doce tronos, para juzgar a las doce tribus de Israel* (Mat. 19:28).

Dime, Señor, ¿hay alguna diferencia entre mi regeneración por el lavamiento de mis pecados que Cristo realiza y la renovación por el Espíritu?

No os conforméis a este siglo, sino transformaos por medio de la renovación de vuestro entendimiento (Rom. 12:2).

Ya entiendo, la regeneración ocurre en el nivel de mis acciones, donde yo ejecuto el mal y me contamino. Y la renovación, a nivel de mis pensamientos; donde yo pienso el mal y me marchito. Sí, el pecado llena mi mente y mi psiquis entera de muchas confusiones. Tan grandes que hasta confundo el verdadero responsable del mal que yo ejecuto. Le echo la culpa a mi prójimo, y, a veces, hasta te culpo a ti. Transfiero mi carga de un modo irresponsable. Mi mente pecadora no me entiende, ni te entiende a ti. Yo no podría salvarme como una obra mía porque mis acciones están contaminadas y mi mente, confundida. Dependo sólo de tu gracia que me regenera por el lavamiento de Cristo y me renueva por el Espíritu.

Año Bíblico: 2 Crónicas 21-23

QUE ES EL ARREPENTIMIENTO

Al oír esto, se compungieron de corazón, y dijeron a Pedro y a los otros apóstoles: Varones hermanos, ¿qué haremos? Pedro les dijo: Arrepentíos, y bautícese cada uno de vosotros en el nombre de Jesucristo para perdón de los pecados; y recibiréis el don del Espíritu Santo. Hechos 2:37-38.

Cuando me arrepiento, cambio mi manera de pensar y de sentir, hasta cambia mi actitud y la misma dirección de mi vida se modifica. Me aparto del pecado para servirte. Esto no es natural en mí, ni puedo yo hacerlo cuando quiero. Lo natural en mí es ocultar mi pecado.

El que encubre sus pecados no prosperará (Prov. 28:13).

Y no prospero. Mi vida espiritual se estanca cuando no me arrepiento. Y "mi pecado está siempre delante de mí" (Sal. 51:3). No está como una acusación, está como un desvío. Es una verdadera tendencia, persistente, con una fuerza superior a mí. Me arrastra y la siento, pero nada puedo hacer para impedirla. Y entonces tú me das el don del arrepentimiento, por medio de Jesucristo.

El Dios de nuestros padres —dijo Pedro al Sanedrín— *levantó a Jesús, a quien vosotros matasteis colgándole en un madero. A éste, Dios ha exaltado con su diestra por Príncipe y Salvador, para dar a Israel* arrepentimiento *y perdón de pecados* (Hech. 5:30-31).

Y siento una especie de tristeza simple. No la complicada tristeza destructora que deja el pecado en mí. Una tristeza en armonía contigo, que surge cuando el Espíritu Santo me ayuda a comprender toda la maldad de mi pecado, y me induce a reconocerlo.

Ahora me gozo —decía Pablo a los corintios— *... porque fuisteis contristados para arrepentimiento; porque habéis sido contristados según Dios... [y] la tristeza que es según Dios produce arrepentimiento para salvación* (2 Cor. 7:9-10).

La tristeza del pecado es diferente. Complicada y difícil. Destructora y maldita. David lo expresó en forma dramática, cuando sufría por el pecado, porque el pecado es una corrupción que destruye. Y en el proceso de destrucción demuele todo mi ser por dentro.

Mientras callé —decía David— *se envejecieron mis huesos en mi gemir todo el día... se volvió mi verdor en sequedad de verano* (Sal. 32:3-4).

Pero cuando confieso mi pecado, tú me devuelves el gozo, y vivo.

CONFESION Y PERDON

Mi pecado te declaré, y no encubrí mi iniquidad. Dije: Confesaré mis transgresiones a Jehová; y tu perdonaste la maldad de mi pecado. Salmo 32:5.

Cuando confieso mi pecado, lo reconozco delante de ti. Y tú me lo perdonas. Tu perdón, sin embargo, no es automático. No sigue obligadamente a mi confesión. Sólo ocurre si mi reconocimiento del pecado es genuino. Puede que yo lo reconozca sólo para librarme de sus consecuencias. O que lo admita únicamente cuando estoy ya descubierto. Pero tal confesión no es aceptable para ti.

Tú aceptas mi confesión cuando está acompañada de un seguro sentimiento de fe. Cuando vengo a ti reconociendo que tú tienes poder para perdonar y tienes buena voluntad para efectivamente hacerlo, en mi caso. Cuando mi confesión viene acompañada de una actitud de alabanza a ti porque nace de un arrepentimiento verdadero y porque está motivada por una actitud de humildad con la que acepto mi falta y mi responsabilidad por ella. No puede haber orgullo en mi confesión. Si existe, no hay perdón.

Cuando Israel perdió la batalla de Hai por el pecado de Acán, tú nos mostraste lo que ocurre en la vida de una persona cuando sólo confiesa por obligación. Tú habías ordenado, en la conquista de Jericó, que todo fuera destruido. Sólo se guardaría la plata, el oro y los utensilios de bronce y de hierro para consagrarlos a ti. Nadie podía tomar nada para sí. Pero Acán prevaricó: no cumplió este deber religioso y tomó para sí un manto babilónico, doscientos siclos de plata y un lingote de cincuenta siclos de oro. Y los escondió.

Josué estaba muy triste porque habían perdido la batalla. Sentía que Israel había quedado a merced del enemigo y que tú te habías desprestigiado.

Levántate —le dijiste—; *¿por qué te postras así sobre tu rostro? Israel ha pecado... por esto los hijos de Israel no podrán hacer frente a sus enemigos... ni estaré más con vosotros* (Jos. 7:10-12).

Y el proceso de identificación fue lento. Siguiendo tus órdenes, Josué identificó primero la tribu del pecador. Y Acán nada dijo. Identificó la familia. Y Acán nada dijo. Identificó la casa del pecador. Y Acán nada dijo. Sólo confesó cuando, entre todos los hombres de su casa, fue identificado él mismo.

Verdaderamente —dijo— *yo he pecado contra Jehová el Dios de Israel* (Jos. 7:20).

Ya era demasiado tarde. Tenía demasiado orgullo. No era confesión. Sufrió las consecuencias.

Año Bíblico: 2 Crónicas 26-28

LA EXPERIENCIA DE LA JUSTIFICACION

Justificados, pues, por la fe, tenemos paz para con Dios por medio de nuestro Señor Jesucristo. Romanos 5:1.

¡Me gustaría ser una persona justa que nunca hubiera pecado! Pero yo soy pecador. Tú eres un Dios justo y sólo tu Hijo vivió sobre esta tierra sin pecado. Yo soy justo por justificación. Soy un pecador justificado. Tú me aplicas la justicia de Cristo y, por ella, yo llego a ser justo, sin serlo. La poseo sin haberla adquirido; tú me la diste. Es un regalo tuyo, y se ha tornado tan mía, como si la hubiera tenido siempre por derecho. Y como es un regalo, la poseo sin haber pagado su precio. Claro, todo regalo es sin costo para el que lo recibe; pero no es sin costo para el que lo regala. Y tú pagaste su precio.

Cuando hablamos de justicia entramos en un mercado muy valioso. No es de objetos, ni de cosas. Sin dinero, nada se compra. Nada se vende. Toda transacción es un trueque; y lo que se trueca es vida. Una vida justa que sólo tú posees. Yo la necesito porque mi vida es injusta. Está en un estado de corrupción, y se destruye. No puedo vivirla para siempre. Se acaba con la muerte. Y yo la quiero sin corrupción, eterna.

Tú me das la vida justa de tu Hijo, para que la vida injusta que yo te entrego se torne justa. La entrega de mi vida no es como la rendición de un objeto o un territorio después de una derrota. Aunque yo era tu enemigo, en esta transacción de paz tú no me tratas como tal. Por el contrario, el objetivo mismo de la negociación es tornarme amigo tuyo, y victorioso. Tú lo consigues otorgándome la justicia de Cristo, por la fe.

¿Qué es justificación por la fe? No me refiero a la definición teológica, me refiero a la vivencia. La doctrina como tal requiere una definición muy complicada, por causa del efecto acumulado de la teología. Cuanto más se dice sobre una doctrina, más elementos entran en el cuadro de su discusión y llega un punto cuando cualquier definición es una tarea tan grande que se torna casi imposible. Así está la teología de la justificación por la fe. Cada término está tan cargado como una ametralladora; y cada vez que se discute, comienza una nueva guerra. Yo quiero la simple definición de la vivencia que tú ofreces cristalina en la revelación. En una sola palabra, si fuera posible. Una palabra de verdadera vida que me torne justo en realidad.

Justificados, pues, por la fe, tenemos paz para con Dios por medio de nuestro Señor Jesucristo...; porque si siendo enemigos, fuimos reconciliados con Dios por la muerte de su Hijo, mucho más, estando reconciliados, seremos salvos por su vida (Rom. 5:1, 10).

La justificación por la fe es reconciliación contigo y es todo lo que yo quiero.

Año Bíblico: 2 Crónicas 29-31

LA OBEDIENCIA POR LA FE

Por la fe Abraham, siendo llamado, obedeció para salir al lugar que había de recibir como herencia; y salió sin saber a dónde iba. Hebreos 11:8.

Sólo puedo obedecerte cuando creo. Fuera de la fe no existe relación contigo, y el acto de obediencia de un extraño es mera cortesía. Pura formalidad; vacía de intención, vacía de amor, vacía de respeto, vacía de entrega, vacía de todo lo que soy. Un acto mío que concuerde con tu voluntad, sin relación contigo, es sólo un accidente. Porque hasta los impíos, de vez en cuando, también hacen obras justas. Pero esos actos justos, nunca son, ni pueden ser acciones de obediencia a ti.

Yo sólo te obedezco cuando creo, porque la fe me da otro ser, diferente al que yo soy. Cuando no creo, soy siempre una persona en confusión. Lo confundo todo y produzco confusión en los demás. Una persona en duda jamás será confiable, y el acto de obediencia a ti, por la fe, es siempre claro, definido, confiable y coherente; porque surge del verdadero ser de una persona que está contigo.

En la corte de apelaciones del cantón de Berna, en Suiza, se presentó el juicio de unas personas que querían usar el nombre de la Iglesia Adventista del Séptimo día para una organización que ellos quería establecer. Deseaban llamarla: Iglesia Libre de los Adventistas del Séptimo día. La corte decidió en contra de ellos. Y las razones que dio son simplemente notables. Primero, este nombre usurpa el nombre de la Iglesia Adventista del Séptimo día. Segundo, produce confusión en la mente de los demás.

Es la fe lo que me da la verdadera autenticidad de un hijo tuyo, y elimina de mi vida toda confusión, dentro de mí, y para con los demás. Cuando obedezco por la fe, creyendo tu palabra y aceptando tu plena autoridad sobre mi vida, mi acto de obediencia es un lugar de encuentro, donde tú y yo nos encontramos para actuar en sociedad y en armonía. No hay rebelión de clase alguna en mi actitud. Yo te amo y me comprendes. Yo te sirvo y me acompañas. Tú y yo nos integramos haciendo que nuestras voluntades no existan separadas. Tú ordenas, yo deseo. Yo actúo, tú ejecutas. Los dos andamos juntos y juntos extendemos mi vida de obediencia hacia tu vida; porque tú ya te acercaste tan próximo a mi vida, que en Cristo somos uno lo humano y lo divino, por todo y para siempre.

Cuando Abrahán te obedeció por la fe, dejó su tierra y su pasado cortando toda ligación con ellos. Fue un nuevo Abrahán, con una nueva herencia, con nuevos objetivos y una esperanza nueva que lo hizo andar por tierras propias como si fueran extranjeras; tan sólo porque él era un hijo tuyo, y porque sólo esperaba la ciudad con fundamento tuyo.

Año Bíblico: 2 Crónicas 32-33

LA ADOPCION EN LA FAMILIA DE DIOS

Pues no habéis recibido el espíritu de esclavitud para estar otra vez en temor, sino que habéis recibido el espíritu de adopción, por el cual clamamos: ¡Abba, Padre! Romanos 8:15.

Una de las realidades que más me agrada es esta: Soy un hijo tuyo, por adopción. Sí, por creación también; pero perdimos esta vinculación natural contigo.

Todos nos descarriamos como ovejas, cada cual se apartó por su camino (Isa. 53:6).

Y el pecado, que nunca quisiste para nosotros, nos hizo extraños a ti. Esclavos, bajo el tirano dominio de Satanás, tu enemigo.

Cuando labres la tierra —dijiste a Caín, después que asesinara a su hermano Abel—, *no te volverá a dar su fuerza; errante y extranjero serás en la tierra* (Gén. 4:12).

Y todos somos errantes, con excepción de tus hijos adoptivos, que recibirán la tierra por heredad. Serán sus dueños porque tú eres el dueño verdadero; y lo que es tuyo, pertenece también a ellos. La adopción nos viene por redención.

Pero cuando vino el cumplimiento del tiempo, Dios envió a su Hijo, nacido de mujer y nacido bajo la ley, para que redimiese a los que estaban bajo la ley,... a fin de que recibiésemos la adopción de hijos (Gál. 4:4-5).

En el mundo semítico antiguo la adopción no era muy frecuente. No era necesaria, porque los derechos sobre la herencia no estaban determinados por la descendencia sanguínea. Tú incluiste a los esclavos descendientes de extranjeros en el pacto que hiciste con Abrahán y su descendencia. Ellos ya poseían los derechos que se adquirían con la adopción. Pero el concepto no era ajeno a la vida de Israel. Israel, como nación, era tu hijo.

Israel es mi hijo —mandaste a decir a Faraón—, *mi primogénito. Ya te he dicho que dejes ir a mi hijo, para que me sirva, mas no has querido dejarlo ir; he aquí yo voy a matar a tu hijo, tu primogénito* (Exo. 4:22-23).

Esta condición de hijos, era por adopción.

Deseara yo mismo ser anatema —dijo Pablo—, *separado de Cristo, por amor a mis hermanos, los que son mis parientes según la carne; que son israelitas, de los cuales son la adopción, la gloria, el pacto, la promulgación de la ley, el culto y las promesas* (Rom. 9:3-4).

La adopción de Israel era una figura de la nuestra, como hijos.

Año Bíblico: 2 Crónicas 34-36

PREDESTINADOS PARA LA ADOPCION

Bendito sea el Dios y Padre de nuestro Señor Jesucristo, que nos bendijo con toda bendición espiritual en los lugares celestiales en Cristo, según nos escogió en él antes de la fundación del mundo, para que fuésemos santos y sin mancha delante de él, en amor habiéndonos predestinado para ser adoptados hijos suyos por medio de Jesucristo, según el puro afecto de su voluntad. Efesios 1:3-5.

Esta es la única predestinación que tú haces. No es una decisión inalterable que tomas tú sobre el destino de los seres humanos. Es una buena voluntad tuya, abierta para aceptar a todos los miembros de la familia humana como tus hijos adoptivos. A nadie cierras la puerta. Pero tampoco obligas a nadie. Tú nos creaste con libre albedrío; y, en esta libertad, podemos aceptar, o rechazar, tu ofrecimiento de adopción.

Todos estamos incluidos, como los hijos de los israelitas y los hijos de los esclavos tenían los mismos privilegios de la herencia. Pero si elegían no pertenecer a la nación, ya fuera por un acto de su expresa voluntad, o por vivir con sus pecados, sin expiación, perdían la condición de hijos y quedaban sin los derechos hereditarios que éstos poseían. La adopción es por Cristo, pero el Espíritu Santo nos integra a la familia de Dios.

El Espíritu mismo da testimonio a nuestro espíritu, de que somos hijos de Dios. Y si hijos, también herederos, herederos de Dios y coherederos con Cristo, si es que padecemos juntamente con él, para que juntamente con él seamos glorificados (Rom. 8:16-17).

Mi condición de hijo tuyo no es un estado incierto. ¿Soy, o no soy tu hijo? Viene a mí como una certeza del Espíritu. Y él no duda jamás, ni tiene jamás incertidumbre alguna. Además él vive, constantemente, con tus hijos; y los guía.

Y todos los que son guiados por el Espíritu de Dios, éstos son hijos de Dios (Rom. 8:14).

¿Cómo me guía tu Espíritu? Su acción la noto de modo especial en mis deseos. Si él los guía, mis acciones están en armonía total con el fruto del Espíritu que es amor, gozo, paz, paciencia, benignidad, bondad, fe, mansedumbre, templanza; todo combinado en un solo fruto espiritual que abarca mi vida entera. Pero si, en cambio, soy conducido por los deseos de la carne, contrarios al Espíritu, las obras de la carne se multiplican constantemente en mí, y yo dejo de ser tu hijo.

Pero los que son de Cristo han crucificado la carne con sus pasiones y deseos. Si vivimos por el Espíritu, andemos también por el Espíritu (Gál. 5:24).

Año Bíblico: Esdras 1-3

LIBRES DEL SIGLO MALO

Gracia y paz sean a vosotros, de Dios el Padre y de nuestro Señor Jesucristo, el cual se dio a sí mismo por nuestros pecados para librarnos del presente siglo malo, conforme a la voluntad de nuestro Dios y Padre. Gálatas 1:3-4.

El objetivo por el cual tu Hijo se dio a sí mismo, en rescate por muchos, era librarnos del presente siglo malo. Esta es una revelación tuya. Tú, en tu calidad de Dios que así expresó su voluntad de salvación, también manifiestas tu deseo de que yo vea la venida y el sacrificio del Señor, de esta manera. Tú entiendes que hay una época del mal: este siglo malo, esta edad del mal, esta época malvada. Y Cristo vino a librarme de ella. Este siglo, es más que un siglo; abarca toda la época del dominio del mal sobre la tierra. Es un tiempo extenso, pero tu énfasis no está en el tiempo, sino en la calidad de vida que existe en este tiempo.

No os conforméis a este siglo, sino transformaos por medio de la renovación de vuestro entendimiento (Rom. 12:2).

Existe una manera de pensar, esencialmente mala, propia de este siglo, de la cual debo librarme. Y es de tal manera mala, que yo necesito el auxilio de Jesucristo para lograrlo. Pero no sólo porque es esencialmente mala, sino también porque ha invadido la mente de todo ser humano, incluyendo la mía. Ha estado presente durante toda la historia de la humanidad, pero hubo momentos cuando resultó más claramente visible. El tiempo del diluvio y el tiempo de la segunda venida de Cristo, por ejemplo.

Y vio Jehová —escribió Moisés acerca del diluvio— *que la maldad de los hombres era mucha en la tierra, y que todo designio de los pensamientos del corazón de ellos era de continuo solamente el mal* (Gén. 6:5).

Y tu Hijo anunció que el tiempo de su segunda venida sería "como los días de Noé" (Mat. 24:37). El mal en la historia humana es un problema muy grande y se hace mayor porque se suma a la presencia del mal en la mente de cada individuo. En el presente siglo malo, el mal está en la mente individual y en el ambiente donde viven las personas. El mundo entero es malo. Y porque todo es malo, nadie puede librarse por sí mismo. Mi única salvación está en tu Hijo que vino para darme la victoria sobre el maligno.

Os he escrito a vosotros... porque la palabra de Dios permanece en vosotros, y habéis vencido al maligno. No améis el mundo, ni las cosas que están en el mundo. Si alguno ama al mundo, el amor del Padre no está en él. Porque todo lo que hay en el mundo, los deseos de la carne, los deseos de los ojos, y la vanagloria de la vida, no proviene del Padre, sino del mundo. Y el mundo pasa, y sus deseos; pero el que hace la voluntad de Dios permanece para siempre (1 Juan 2:14-17).

Año Bíblico: Esdras 4-6

COMO SER SANTOS

Bendito sea el Dios y Padre de nuestro Señor Jesucristo, que nos bendijo con toda bendición espiritual en los lugares celestiales en Cristo, según nos escogió en él antes de la fundación del mundo, para que fuésemos santos y sin mancha delante de él. Efesios 1:3-4.

Tú nos escogiste para la santidad. Esto parece extraño, porque los seres humanos estamos tan lejos de ser santos. Vivimos separados de ti, cada uno centrado en sus propios asuntos, casi sin preocuparse por nadie. Mucho menos por vivir una vida santa, cuyo foco está en ti. El santo es una persona dedicada a ti, no a sí misma.

Cuando pienso en todo lo que comprende una vida santa, me parece tan abarcante que no veo la posibilidad de hacerla mía. Abarca todas las acciones, todos los deseos, todas las intenciones, todas las emociones, todas las decisiones, todo lo que soy y todo el tiempo. ¿Vivir sólo para ti con todo mi ser y siempre? ¿Cómo? ¿Y sólo para ti? Y, entonces, mi mente se concentra en ti. Tú eres Dios. Y tú me amas. Y tú me diste a Cristo, precio de mi rescate, para salvarme. Y tú me otorgas el Espíritu Santo, y con él todas las cosas que necesito para hoy, para mañana y para siempre. Y tú colocas tu poder en la base misma de mi vida. Y yo comprendo. Sí, es posible. Para mí, sería imposible no responder a tus deseos. Contigo, también la vida santa es posible; porque es en Cristo que la vivo.

Mas por él estáis vosotros en Cristo Jesús, el cual nos ha sido hecho por Dios sabiduría, justificación, santificación *y redención* (1 Cor. 1:30).

El hecho de que tú hiciste a Cristo santificación por mí, me dice que la vida santa que tú pides de mí, también la haces tú. Incluye una vida moral recta, una consagración total a la misión redentora, y una dedicación sin reservas a ti. Es una vida que debo vivir "delante de ti" y como resultado de mi reconciliación contigo. ¿Cómo la vivo? Con una mente amiga, con fe, en la esperanza del Evangelio que es la vida eterna, y bajo la conducción de tu Santo Espíritu (Col. 2:21-23).

Por tanto, ceñid los lomos de vuestro entendimiento, sed sobrios y esperad por completo en la gracia que se os traerá cuando Jesucristo sea manifestado; como hijos obedientes, no os conforméis a los deseos que antes teníais estando en vuestra ignorancia; sino, como aquel que os llamó es santo, sed también vosotros santos, en toda vuestra manera de vivir; porque escrito está: Sed santos porque yo soy santo... sabiendo que fuisteis rescatados de vuestra vana manera de vivir, la cual recibisteis de vuestros padres, no con cosas corruptibles, como oro o plata, sino con la sangre preciosa de Cristo (1 Ped. 1:13-16, 18-19).

Año Bíblico: Esdras 7-10

QUE SIGNIFICA SER PERFECTO

Sed, pues, vosotros perfectos, como vuestro Padre que está en los cielos es perfecto. Mateo 5:48.

Cuando tu Hijo nos ordenó la perfección, estaba concluyendo la sección sobre la ley de su reino, en el Sermón del Monte (Mat. 5:17-48). El expone seis ideas vitales: La ley debe ser cumplida, él mismo no vino a abrogarla sino a cumplirla. El mandamiento que manda no matar, ordena también no enojarse con el prójimo. La prohibición del adulterio incluye la codicia de una mujer. La fornicación es la única causa aceptable de divorcio. Mejor que jurar es cumplir la palabra empeñada sin juramento. La ley del talión: ojo por ojo y diente por diente, se cambia por la ley del amor al prójimo, incluyendo al enemigo.

La idea importante que destaca en todos estos conceptos es: Hay que observar el espíritu y la letra de la ley. El legalismo no tiene valor espiritual. El cumplimiento de la ley no es un fin en sí mismo, y sólo es válido cuando alcanza los objetivos que tú tenías al proclamarla.

Habiendo dicho esto, Jesús ordenó: Sed, pues, vosotros perfectos. ¿A qué clase de perfección se refirió? No a la que se entiende como absoluta ausencia de pecado en la vida, porque la perfección, como la santificación, es una obra progresiva que continúa todos los días de la vida (ver *El camino a Cristo*, p. 62). La frase: "Sed, pues, vosotros perfectos como vuestro Padre que está en los cielos es perfecto", está en paralelo con la expresión: "para que seáis hijos de vuestro Padre que está en los cielos", dicha un poquito antes (vers. 45). Perfecto, e hijo de Dios, significan lo mismo.

Pablo, usando la misma palabra, se refiere también a la perfección de un modo aparentemente contradictorio, pero muy esclarecedor. Filipenses es la epístola de la perfección. En ella dice que tú eres quien realiza esta buena obra en nosotros y tú la perfeccionarás "hasta el día de Jesucristo" (1:6). ¿Cómo? Mediante la comunión en el Evangelio (1:4), mediante la comunión del Espíritu (2:1) y mediante la comunión con Cristo en sus padecimientos (3:10). Y hablando de sí mismo, dice que ha estimado todo como pérdida para alcanzar a Cristo y llegar a ser semejante a él. Entonces declara: "No que lo haya alcanzado ya, ni que ya sea perfecto" (3:12). Pero inmediatamente después, exhorta: "Todos los que somos perfectos, esto mismo sintamos" (3:15). Pablo dice: Soy y no soy perfecto. ¿Contradicción? No. Plenitud. Pablo nos da el cuadro completo de la perfección entendida como proceso, no como ausencia total de pecado.

Perfecto significa maduro en el modo de pensar, maduro en la sabiduría de Dios, maduro en la espiritualidad, estar firme en la doctrina en un proceso de crecimiento, saber discernir entre el bien y el mal. Ser hijo de nuestro Padre que está en los cielos.

Año Bíblico: Nehemías 1-4

COMO ALCANZAR LA PERFECCION

No que lo haya alcanzado ya, ni que ya sea perfecto; sino que prosigo, por ver si logro asir aquello para lo cual fui también asido por Cristo Jesús. Hermanos, yo mismo no pretendo haberlo ya alcanzado; pero una cosa hago: olvidando ciertamente lo que queda atrás, y extendiéndome a lo que está delante, prosigo a la meta, al premio del supremo llamamiento de Dios en Cristo Jesús. Así que, todos los que somos perfectos, esto mismo sintamos. Filipenses 3:12-15.

Aunque Pablo no escribe de manera simple, sus conceptos son tremendamente claros. Aquí describe el proceso de la perfección con la metáfora de un camino. El camino subyace todo el párrafo. No podría haber elegido metáfora mejor. El camino describe la perfección como proceso de modo magistral. Tiene un punto de llegada y muchos puntos previos que deben ser recorridos antes de alcanzarla. Pero el camino son todos esos puntos sin excluir ninguno.

Pablo dice que la perfección es igual que un camino. Tiene una meta que todavía no hemos alcanzado. Hacia ella vamos, pero aún está en el futuro. La perfección, como meta, todavía no se ha hecho realidad en mi vida, ni en la vida de ningún cristiano. Pero la meta sola no es el camino. Mucho más camino es todo lo que antecede a la llegada. Hay mucha perfección en nuestra vida que generalmente no se considera como tal: todo el camino que cada día caminamos es parte de la perfección. Mientras estemos en el camino, estamos en la perfección: Somos perfectos, aunque todavía no hayamos llegado a la meta.

Al pensar en el camino cristiano, lo primero que viene a la mente es la conducta moral. Está incluida, por supuesto. Dos elementos son indispensables en ella: la ley de Dios y el Espíritu Santo que nos da el poder espiritual para cumplirla.

Si vivimos por el Espíritu, andemos también por el Espíritu (Gál. 5:25).

Pero el camino de la perfección abarca mucho más que la conducta. Incluye la persona entera. Por eso, este camino es también una persona.

Yo soy el camino —dijo Cristo—, *y la verdad, y la vida: Nadie viene al Padre, sino por mí* (Juan 14:6).

Todo el tiempo que estemos en Cristo, somos perfectos. La perfección en Cristo no es un estado moral de impecabilidad, es una acción de permanecer en el camino y proseguir: Prosigo, decía Pablo. *Olvidando ciertamente lo que queda atrás, y extendiéndome a lo que está delante, prosigo a la meta, al premio del supremo llamamiento de Dios en Cristo Jesús* (Fil. 3:13-14).

SIGUIENDO EL EJEMPLO DE CRISTO

Pues para esto fuisteis llamados; porque también Cristo padeció por nosotros, dejándonos ejemplo, para que sigáis sus pisadas. 1 Pedro 2:21.

En la revelación que tú diste a Pedro, se encuentran instrucciones para varias clases de personas: Los expatriados de la dispersión en el Ponto, Galacia, Capadocia, Asia y Bitinia, a quienes él llama amados; las mujeres, los maridos, los miembros de la iglesia, en general, y los esclavos que hacían los trabajos domésticos.

Cuando hablamos de la esclavitud, nos explayamos en toda suerte de implicaciones sociales, morales, raciales y emocionales. Y sin duda esto es correcto. Pero tú, Dios, que todo sabes, y bien conoces lo mejor para nosotros, no haces nada de eso. No hablas tú de una teoría de la esclavitud en términos negativos. Por supuesto nunca lo harías en forma positiva, porque la esclavitud nada tiene de positivo y tú no la promueves. Pero tu forma de hablar a los esclavos resulta paradójica. Para algunos es francamente equivocada. Y yo no me animo a juzgarla de este modo. ¿Quién puede juzgarte a ti, Dios justo, santo, y bueno? Siempre ofreciendo una mano llena, protegiendo siempre al desamparado, siempre librando a los cautivos, y auxiliando siempre al oprimido. ¿Cómo podría yo acusarte de injusticia porque tú no exhortas a los esclavos a la rebelión?

Tú llamas su atención a Cristo, el siervo sufriente, que padeció sin rebelión. Y en su actitud de soportar toda injusticia, sin quejarse, lo exaltas tú como modelo y como ejemplo para los esclavos, y para todo ser humano que retorna a ti. Un ejemplo de la verdad: no había engaño en su boca. Un ejemplo de control emocional: cuando lo maldecían, no respondía con maldición. Un ejemplo de humildad: cuando lo hacían padecer, no amenazaba. Un ejemplo de abnegación: cuando lo herían, llevaba sobre sí nuestro pecado, para que todos nosotros vivamos por su justicia. No, no había rebelión en Jesucristo. No había reclamo de injusticia. No había defensa de derechos. No había confusión en su conducta. No había maldición.

Y tú dijiste: Es un ejemplo. Un ejemplo real, para seguirlo. Sufrió, mas no pecó, no engañó, no maldijo, no amenazó, no reclamó. Fue mucho más que un simple ejemplo en el dolor. Fue un redentor, y un sustituto, y un vicario: llevó nuestros pecados en su cuerpo para que podamos nosotros vivir por su justicia.

Y todos nosotros, esclavos del pecado, éramos insensatas ovejas descarriadas, siguiendo los caminos propios que no conducen a nada, salvo sólo al sufrimiento. Pero ahora, hemos vuelto al Pastor. Tú eres mi pastor y nada quiero que no provenga de Cristo. Yo no quiero mis derechos sociales, ni quiero la justicia de los hombres. Sólo quiero estar contigo y que me salves.

Año Bíblico: Nehemías 9-11

COMO ADQUIRIR LA FE

Así que la fe es por el oír, y el oír, por la palabra de Dios. Romanos 10:17.

Posiblemente la fe sea el elemento espiritual humano más importante en la experiencia de la salvación. Cuando yo creo en ti, salgo de la esfera del mundo, del presente siglo malo, de este siglo, de la familia de Satanás, para entrar en tu esfera, bajo tu dirección y protección. Después que me ocurre esto, todo el resto de la experiencia es posible. Mientras no entre en la república espiritual tuya, toda experiencia de la salvación me está vedada. Por eso la fe es importante, vital, indispensable.

Supongo que no te parece extraño, entonces, que sienta una profunda necesidad de saber cómo adquirirla y cómo aumentarla. Me gustaría poder originarla dentro de mí, y poseer una técnica psicológica, o algo parecido, para aumentarla. Pero sé que no es así. No la origino yo. Y es bueno. Me pondría en problemas mucho mayores si así fuera. Por la simple razón de mi indolencia espiritual, con su falta de iniciativa espiritual, paralizante, ya programada en mi naturaleza pecadora. Y hasta cuando deseo hacer lo que es espiritualmente correcto, no lo consigo. Esto es una ley: la ley del pecado.

Y yo sé que en mí —decía Pablo—, *esto es, en mi carne, no mora el bien; porque el querer el bien está en mí, pero no el hacerlo. Porque no hago el bien que quiero, sino el mal que no quiero, eso hago* (Rom. 7:18-19).

Para originar la fe, entonces, necesito tu ayuda. Y no sólo yo, todos los seres humanos la necesitamos. Ayúdame, pues, a entender el proceso que la origina; y, mucho más esencial para mí, ayúdame a vivirlo completamente. Pablo decía: esta es la palabra de fe que predicamos. Y la enunció.

Si confesares con tu boca que Jesús es el Señor, y creyeres en tu corazón que Dios le levantó de los muertos, serás salvo (Rom. 10:9).

La palabra de fe es confesar y creer. Yo confieso al Señor cuando emito una declaración de fe en él que incluye mi primer acto de invocarlo, o sea, mi primer clamor de ayuda, dirigido a él. Le pido ayuda porque creo en él. *Porque todo aquel que invocare el nombre del Señor, será salvo* (Rom. 10:13).

¿Cómo invocarán —dice Pablo, describiendo el proceso de la fe— *a aquel en el cual no han* creído? *¿Y cómo creerán en aquel de quien no han* oído? *¿Y cómo oirán sin haber quien les* predique? *¿Y cómo predicarán si no fueren* enviados? *Así que la fe es por el oír, y el oír por la palabra de Dios* (Rom. 10:14-17). La fe se origina en mí cuando yo escucho tu palabra.

Año Bíblico: Nehemías 12-13

MUCHOS CREYERON

Muchos de los que habían oído la palabra, creyeron; y el número de los varones era como cinco mil. Hechos 4:4.

El proceso que tú estableciste para ayudarnos a creer es simple y eficiente. La eficiencia proviene de tu iniciativa y participación. Tú haces llegar a nosotros tu palabra, por medio de los que envías como testigos y predicadores tuyos. Ellos predican, nosotros oímos. Y al oír, creemos. Pero la producción de fe no es automática. No todos creen. ¿Qué ocurre, o no ocurre, en el paso del oír a la fe? El Espíritu Santo interviene.

Mientras aún hablaba Pedro estas palabras —dijiste por medio de Lucas, informando lo que ocurrió cuando Pedro predicó a Cornelio, con sus parientes y amigos—, *el Espíritu Santo cayó sobre todos los que oían el discurso* (Hech. 10:44).

Y cuando llega el Espíritu Santo podemos aceptarlo o rechazarlo. Los que aceptan su influencia, creen; y los que la rechazan, no creen. ¿Qué fuerzas nos hacen rechazar al Espíritu? Las fuerzas de la carne.

Porque el deseo de la carne es contra el Espíritu, y el del Espíritu es contra la carne; y éstos se oponen entre sí, para que no hagáis lo que quisiereis (Gál. 5:17).

Hay aquí tres voluntades en conflicto: la del Espíritu, la de la carne y la nuestra. ¿Significa entonces que los deseos de la carne y sus pasiones no provienen de nosotros? Así es. Provienen del mundo.

Porque todo lo que hay en el mundo, los deseos de la carne, los deseos de los ojos, y la vanagloria de la vida, no proviene del Padre, sino del mundo. Y el mundo pasa, y sus deseos; pero el que hace la voluntad de Dios permanece para siempre (1 Juan 2:16-17).

Pero, aunque los deseos y las pasiones de la carne provienen del mundo, como estructura del mal que opera sobre la tierra bajo la conducción del malo, los seres humanos estamos tan habituados a someternos a ellos, que los obedecemos sin cuestionamiento, como esclavos. Sólo surge el cuestionamiento cuando escuchamos tu palabra y el Espíritu Santo viene a nosotros. En ese instante, nuestra voluntad esclavizada, para conseguir su libertad tiene que seguir la voluntad del Espíritu. No se libera siguiéndose a sí misma porque no puede. Si lo intenta, sigue en la esclavitud del mal, porque ya está tan identificada con él que ha adquirido su misma naturaleza. No tiene otra alternativa: hace la voluntad del Espíritu, o la voluntad del mundo. Si acepta la influencia y el poder del Espíritu, la fe le llega como un regalo, y cree.

Y si puedes creer, al que cree todo le es posible (Mar. 9:23).

Año Bíblico: Ester 1-4

TODO ES POSIBLE AL QUE CREE

Jesús le dijo: Si puedes creer, al que cree todo le es posible. E inmediatamente el padre del muchacho clamó y dijo: Creo; ayuda mi incredulidad. Marcos 9:23-24.

Este es un caso extremo. Indudablemente tú, por medio de tu Espíritu, inspiraste a Marcos para que lo colocara en su Evangelio, con el objetivo de que los cristianos de todos los tiempos, conociéramos la forma interna del conflicto de las voluntades. Dicho conflicto se produce cuando tu Espíritu trata de originar la fe en el ser humano, ya esclavizado por su naturaleza pecadora.

Mientras tu Hijo, acompañado de Pedro, Santiago y Juan, estaba conversando contigo en el Monte de la Transfiguración, los otros discípulos, rodeados por una gran multitud, disputaban con los escribas sobre el tema del poder. El demonio estaba en posesión de un joven, y su padre quería que lo curaran. Cuando estaban en medio de la discusión, llegó tu Hijo, y la gente, asombrada de que ya estuviera de vuelta, corrió hacia él.

—¿*Qué disputáis con ellos?* —preguntó Cristo.

—*Maestro* —dijo una voz desde la multitud—, *traje a ti mi hijo, que tiene un espíritu mudo, el cual dondequiera que lo toma, le sacude; y echa espumarajos, y cruje los dientes, y se va secando; y dije a tus discípulos que lo echasen fuera, y no pudieron.*

—¡*Oh generación incrédula!* —respondió tu Hijo—. ¿*Hasta cuándo os he de soportar? Traédmelo.*

Y, apresuradamente, se lo trajeron. El demonio estaba activo. No quería entregar su posesión. Sacudió al joven con violencia y lo arrojó sobre el suelo. El se revolcaba, y echaba espumarajos por la boca. Era un cuadro triste.

—¿*Cuánto tiempo hace que le sucede esto?* —preguntó Cristo.

—*Desde niño* —dijo el padre, con un cierto desaliento—. *Y muchas veces lo echa en el fuego y en el agua, para matarle; pero si puedes hacer algo, ten misericordia de nosotros, y ayúdanos.*

Junto con el desaliento del fracaso repetido, había en su voz un tono de súplica, una especie de tímida confianza iluminada por los últimos rayos de su esperanza casi apagada. Y cuando tu Hijo le preguntó si creía, él declaró su fe y reconoció la necesidad de ayuda que tenía para creer. "Creo —dijo—; ayuda mi incredulidad". Y tu Hijo hizo el milagro de la fe. Lo ayudó a creer y concedió lo que la fe pedía.

Año Bíblico: Ester 5-7

PARTICIPANTES DE LA NATURALEZA DIVINA

Nos ha dado preciosas y grandísimas promesas, para que por ellas llegaseis a ser participantes de la naturaleza divina, habiendo huido de la corrupción que hay en el mundo a causa de la concupiscencia. 2 Pedro 1:4.

La naturaleza divina está en claro contraste con la naturaleza pecadora. Es divina porque procede de tu poder y se parece a ti. De tu divino poder proceden todas las cosas que pertenecen a la vida y a la piedad, lo mismo que tus promesas; y es por ellas que somos participantes de tu naturaleza: de tu forma de ser, contraria al pecado.

Adquirimos la naturaleza divina por la purificación de nuestros antiguos pecados (2 Pedro 1:9). Esto es, cuando tú nos justificas por la fe, es decir, cuando nos reconcilias contigo mismo en Cristo, tú nos restauras a lo que éramos cuando nos creaste.

Y creó Dios al hombre a su imagen, a imagen de Dios lo creó (Gén. 1:27).

Teníamos tu imagen. Nos parecíamos a ti en muchos aspectos, entre ellos, en nuestra naturaleza moral: éramos buenos. Pero el pecado entró de modo destructor en nuestras vidas y arruinó todo lo que somos; incluyendo, esencialmente, nuestro parecido a ti. Tu imagen, aunque no completamente eliminada, fue demolida. Pero Cristo vino para restaurar lo que el pecado había destruido. Tu imagen será restaurada en nosotros, por tu divino poder, en la medida en que nos integremos a la vida de Cristo.

Y aún no se ha manifestado lo que hemos de ser; pero sabemos que cuando él se manifieste, seremos semejantes a él... Y todo aquel que tiene esta esperanza en él, se purifica a sí mismo, así como él es puro (1 Juan 3:2-3).

La restauración de tu imagen es una obra del Espíritu Santo (2 Cor. 3:18) y se inicia con el nuevo nacimiento. Se extiende durante toda la vida, hasta que la naturaleza pecadora haya dado lugar a la naturaleza divina. Y así, al poseer un nuevo corazón, somos *participantes de la naturaleza divina, habiendo huido de la corrupción que hay en el mundo a causa de la concupiscencia* (2 Ped. 1:4).

La adquisición de la naturaleza divina comienza con la fe, y a ella se agregan la virtud, el conocimiento, el dominio propio, la paciencia, la piedad, el afecto fraternal y el amor. Maravillosa escalera de la perfección, que llena de buenos frutos la vida de una persona cristiana, y que jamás debe ser abandonada.

Porque haciendo estas cosas, no caeréis jamás (2 Ped. 1:10).

Año Bíblico: Ester 8-10

LA FE GENUINA

Dijeron los apóstoles al Señor: Auméntanos la fe. Entonces el Señor dijo: Si tuvierais fe como un grano de mostaza, podríais decir a este sicómoro: Desarráigate, y plántate en el mar; y os obedecería. Lucas 17:5-6.

Después de curar al joven endemoniado, los discípulos tomaron al señor aparte para conversar con él. Su fracaso los incomodaba. Sabían que algo no estaba bien en ellos, y tenían que resolverlo. Cierto, ellos podrían haber guardado silencio; o simplemente podrían haber conversado entre ellos, comentando la circunstancia, y destacando la acción de tu Hijo como la verdadera solución para todo. Tú bien sabes esto, los seres humanos preferimos esconder nuestras debilidades y tendemos a ignorar nuestros fracasos. Si es posible disfrazarlos con una racionalización, lo hacemos con mucha eficiencia. Y ellos tenían la racionalización perfecta: el poder de Cristo. "Qué bueno —podrían haber dicho—, el Señor llegó en el momento justo; y vencimos al demonio". Pero este procedimiento habría sido deshonesto delante de ti. Además, habría impedido su crecimiento.

—*¿Por qué nosotros no pudimos echarlo fuera?* (Mat. 17:19) —preguntaron con honestidad.

—*Por vuestra poca fe* —respondió Jesús, con singular franqueza— *porque de cierto os digo, que si tuviereis fe como un grano de mostaza, diréis a este monte: pásate de aquí allá, y se pasará; y nada os será imposible. Pero este género no sale sino con oración y ayuno* (Mat. 17:20-21).

—*Auméntanos la fe* (Luc. 17:5) —pidieron ellos.

Pero tu Hijo no hablaba de la cantidad de la fe, como si pudiera medirse en unidades numéricas; sino de su cualidad. La fe de ellos era poca en el sentido de ser débil, insuficiente. Necesitaba tener la cualidad de una semilla. Esta, no importa el tamaño que tenga, siempre lleva en sí su propio desarrollo. La fe genuina siempre es suficiente. Esta clase de fe, existe o no existe. Así aparece, claramente, en la tempestad del lago, cuando Jesús dormía y los discípulos, despertándolo, clamaron: ¡Señor, sálvanos, que perecemos!

—*¿Por qué teméis, hombres de poca fe?* —les dijo Cristo. Esto significa—: ¿Cómo no tenéis fe? En lugar de fe, tenían temor (Mat. 8:26; Mar. 4:40).

La fuente de la fe está en la humildad, unida a una confianza total en el poder de Dios. Esto es lo que ocurrió en el caso del centurión, cuya fe era mayor que la de los israelitas: "No soy digno —dijo—, solamente di la palabra" (Mat. 8:8).

LA FE QUE NO DUDA

Respondiendo Jesús, les dijo: De cierto os digo, que si tuviereis fe, y no dudareis, no sólo haréis esto de la higuera, sino que si a este monte dijereis: Quítate y échate en el mar, será hecho. Y todo lo que pidiereis en oración, creyendo, lo recibiréis. Mateo 21:21-22.

Era lunes de mañana, un día después de la entrada triunfal de Jesús en Jerusalén, cuando quisieron hacerlo rey. Segundo día de su última semana, antes de la cruz. Volvía con sus discípulos de Betania a Jerusalén, donde habían pasado la noche; iba hacia el templo, para continuar enseñando. Todavía no habían tomado desayuno. Desde la distancia vieron una higuera cargada de hojas, que con ellas prometía una abundancia de higos para alimentarlos. Cuando llegaron junto a ella, descubrieron la realidad: Sólo tenía hojas.

Nunca jamás nazca de ti fruto —le dijo Cristo—. *Y luego se secó la higuera* (Mat. 21:19).

Los discípulos quedaron atónitos, sin razón. Ya habían visto suficiente durante los tres años de su ministerio público. Habían visto aquietarse la tempestad de un lago, habían visto cinco panes y dos peces convertirse en alimento suficiente para más de cinco mil personas, habían visto paralíticos que caminaban, ciegos que recuperaban la visión, endemoniados, bajo la violencia de los demonios, que recuperaban la paz y la cordura; y hasta habían visto muertos que resucitaban. Y todavía se admiraban.

Viendo esto los discípulos, decían maravillados: "¿Cómo es que se secó la higuera?"

Si tuviereis fe —les dijo—, *y no dudareis, no sólo esto haréis* (Mat. 21:20-21).

El problema nuestro es la duda. La duda es una vacilación, una inseguridad, una desconfianza. Quien duda, es semejante a la onda del mar que es movida por el viento y va para donde no sabe. Es una persona inconstante que ni siquiera sabe bien lo que debe pedir a Dios, o lo que no debe pedirle; y cuando pide, no recibe; porque pide mal, sólo para satisfacer sus propios deseos. En cambio la fe es la más completa seguridad. No la presuntuosa seguridad de la higuera llena de hojas; pues la seguridad basada en la apariencia fugaz del pensamiento propio no es fe, es presunción. Sí, la fe es seguridad que produce el mismo Espíritu Santo cuando es aceptado en la mente y en la vida entera.

Oh mujer —dijo Cristo a la cananea, cuando ella, con insistente humildad, y sin dudar, pidió el milagro de la salud para su hija—, *grande es tu fe; hágase contigo como quieres. Y su hija fue sanada desde aquella hora* (Mat. 15:28).

Año Bíblico: Job 3-5

LA IGLESIA

Y sometió todas las cosas bajo sus pies, y lo dio por cabeza sobre todas las cosas a la iglesia, la cual es su cuerpo, la plenitud de Aquel que todo lo llena en todo. Efesios 1:22-23.

"La iglesia es la comunidad de creyentes que confiesa que Jesucristo es Señor y Salvador. Como continuadores del pueblo de Dios del Antiguo Testamento, se nos invita a salir del mundo; y nos reunimos para adorar y estar en comunión unos con otros, para recibir instrucción en la Palabra, celebrar la Cena del Señor, para servir a toda la humanidad y proclamar el Evangelio en todo el mundo. La iglesia deriva su autoridad de Cristo, que es el Verbo encarnado, y de las Escrituras que son la Palabra escrita. La iglesia es la familia de Dios; somos adoptados por él como hijos y vivimos sobre la base del nuevo pacto. La iglesia es el cuerpo de Cristo, una comunidad de fe de la cual Cristo mismo es la cabeza. La iglesia es la esposa por la cual Cristo murió para poder santificarla y purificarla. Cuando regrese en triunfo, se la presentará como una iglesia gloriosa, es a saber, los fieles de todas las edades, adquiridos por su sangre, sin mancha ni arruga, santos e inmaculados (Gén. 12:3; Hech. 7:38; Efe. 4:11-15; 3:8-11; Mat. 28:19-20; 16:13-20; 18:18; Efe. 2:19-22; 1:22-23; 5:23-27; Col. 1:17-18)" *(Manual de la iglesia,* Creencia Fundamental N.º 11).

La iglesia es una asamblea o congregación de creyentes que existe porque tú la convocaste. Sin ti, la iglesia deja de ser iglesia y se convierte en un grupo social cualquiera. Tu relación con la iglesia es personal y es múltiple. Personal porque no dependes de intermediarios, sean estos humanos o de otra naturaleza. Y es múltiple porque en tu relación con la iglesia participan de igual modo las otras dos personas de la Deidad: el Hijo y el Espíritu Santo; y además porque abarca una multiplicidad de acciones tuyas.

La base que usaste para formar la iglesia fue el pueblo de Israel; al que, repetidamente, el Antiguo Testamento llama "pueblo de Dios". Tu pueblo. La diferencia que existe entre Israel, como tu pueblo, y la Iglesia, como cuerpo de Cristo, es la misma que existe entre la rama injertada y el tronco que la recibe.

Pues si algunas de las ramas fueron desgajadas, y tú, siendo olivo silvestre, has sido injertado en lugar de ellas, y has sido hecho participante de la raíz y de la rica savia del olivo, no te jactes contra las ramas; y si te jactas, sabe que no sustentas tú a la raíz, sino la raíz a ti. Pues las ramas, dirás, fueron desgajadas para que yo fuese injertado. Bien; por su incredulidad fueron desgajadas, pero tú por la fe estás en pie. No te ensoberbezcas, sino teme.... Y aun ellos, si no permanecieren en incredulidad, serán injertados, pues poderoso es Dios para volverlos a injertar (Rom. 11:17-23).

Año Bíblico: Job 6-7

EL PUEBLO DE DIOS

Por tanto, dirás a los hijos de Israel: Yo soy Jehová; y yo os sacaré de debajo de las tareas pesadas de Egipto, y os libraré de su servidumbre, y os redimiré con brazo extendido, y con juicios grandes; y os tomaré por mi pueblo y seré vuestro Dios; y vosotros sabréis que yo soy Jehová vuestro Dios, que os sacó de debajo de las tareas pesadas de Egipto. Exodo 6:6-7.

Era una crisis doble. Ya eran esclavos, y al llegar Moisés pidiendo su liberación, Faraón les había impuesto una carga adicional: buscar ellos mismos la paja para los ladrillos. La esclavitud se había tornado más esclava; y los esclavos, menos libres.

Nos habéis hecho abominables delante de Faraón y de sus siervos —se quejaban, ante Moisés y Aarón—, *poniéndoles la espada en la mano para que nos maten* (Exo. 5:21).

Y el problema no era sólo del pueblo. También Moisés lo sintió como una falta de sentido en su misión.

Señor —él te decía—, *¿por qué afliges a este pueblo? ¿Para qué me enviaste? Porque desde que yo vine a Faraón para hablarle en tu nombre, ha afligido a este pueblo; y tú no has librado a tu pueblo* (Exo. 5:22-23).

El problema existencial del sufrimiento y la opresión era enemigo de tu pueblo. En esas condiciones, Israel sólo era una manada de esclavos ignorantes y degradados. Una masa humana sin otra identidad que los ladrillos. Un grupo aproximado tan sólo por la angustia. Y tú los escuchaste y honraste el pacto que, para ellos, hiciste con Abrahán, Isaac y Jacob.

Y haré de ti una nación grande —dijiste a Abrahán—, *y te bendeciré, y engrandeceré tu nombre, y serás bendición* (Gén. 12:2).

Los liberaste, los redimiste, e hiciste de ellos un pueblo grande. No necesariamente numeroso, grande. Poseedor de la grandeza espiritual que viene de la relación contigo. Y la nación israelita se hizo ejemplo de todas las naciones. Abrió un camino nuevo con su libertad. Mostró tu nuevo rumbo de servicio. Se hizo un hijo tuyo por tu pacto. Y se extendió sobre la tierra como un nuevo representante de tu presencia. Ellos eran tuyos y en ellos tú te presentabas. En los tiempos buenos, fueron la gloria misma de tu gloria, haciendo de su estilo de vida la atracción del universo: toda la tierra procuraba oír la sabiduría que tú diste a Salomón. Y en los tiempos malos de la dispersión, fueron los testigos que tú mismo usaste para hablar tu voluntad a reyes y a imperios completos con sus emperadores. Así fueron tu pueblo, la propia realidad de tu presencia, trayendo bendición y nuevos rumbos.

Año Bíblico: Job 8-10

DIOS VISITO A SU PUEBLO ISRAEL

Bendito el Señor Dios de Israel, que ha visitado y redimido a su pueblo, y nos levantó un poderoso Salvador en la casa de David su siervo. Lucas 1:68-69.

Tú tienes muchas formas de impresionar al ser humano. A veces afectas sólo a una persona y toda la comunidad es impactada. Y a veces lo hiciste de tal manera, que, lo ocurrido a una persona, se tornó señal para la raza humana entera, y en todos los tiempos. Es lo que hiciste tú con Zacarías.

Zacarías era un sacerdote de la clase de Abías. Esta división en clases, o familias, o grupos, fue iniciada por David. Los dividió en 24 clases, todos descendientes de los hijos de Aarón: dieciséis de Eleazar y ocho de Itamar. Cuando volvieron de la cautividad babilónica, los sacerdotes que retornaron sólo pertenecían a cuatro de esas clases; pero ellos, a su vez, fueron organizados inicialmente en 21 ó 22 grupos, que, en tiempos de Cristo, habían sido expandidos también a veinticuatro. La clase de Abías no pertenecía a los veinticuatro grupos del cautiverio. Era la octava clase de los veinticuatro grupos originales. Venía de los tiempos de David (1 Crón. 24:10). Cada clase oficiaba en el templo sólo una semana, de sábado a sábado, en años alternados.

Elizabet, mujer de Zacarías, también era descendiente de Aarón. La genealogía sacerdotal no podía ser más clara. Pero lo más importante estaba en el carácter de esta pareja.

Ambos eran justos delante de Dios y andaban irreprensibles en todos los mandamientos y ordenanzas del Señor (Luc. 1:6).

Cuando le tocó a Zacarías oficiar en el templo, ofreciendo el incienso, se le apareció el ángel Gabriel, a la derecha del altar del incienso, y le informó que su mujer tendría un hijo; debería llamarlo Juan. Pero Zacarías no creyó; porque él, y su mujer, eran ya avanzados en edad (Luc. 1:11-20).

Y ahora quedarás mudo —le dijo Gabriel— *hasta el día que esto ocurra, porque no creíste* (Luc. 1:20).

En el momento cuando le ponían el nombre a ese hijo en el templo, Zacarías volvió a hablar y te bendijo. Y profetizó. Sus palabras se concentraron en tu pueblo. El pueblo tendría la tan deseada salvación de sus enemigos, simplemente porque tú no te olvidas del pacto. Los líderes y el pueblo interpretaban esta salvación como liberación política, liberación del yugo romano. Pero, más que esto, incluiría también la salvación de sus pecados (Luc. 1:71, 77). Ellos ya no pensaban en esto. Todo lo que les importaba era la liberación política. Pero tú siempre piensas en tú pueblo y le ofreces siempre más de lo que pide.

Año Bíblico: Job 11-14

EL NUEVO PUEBLO DE DIOS

Llamaré pueblo mío al que no era mi pueblo, y a la no amada, amada. Y en el lugar donde se les dijo: Vosotros no sois pueblo mío, allí serán llamados hijos del Dios viviente. Romanos 9:25-26.

Tú, Dios del pacto, no podías dejarnos ciegos en cuanto a la forma como establecerías tu nuevo pueblo, sin olvidar tantas promesas que hiciste a Israel a través de toda su historia. Y se lo revelaste a Pablo y, por medio de él, a todos nosotros.

Pablo estaba triste porque amaba a cada israelita, sus hermanos. Quería que cada uno se integrara a tu nuevo pueblo; pero no todos ellos estaban dispuestos. Sí, es verdad, tú les diste la adopción, la gloria, el pacto, el culto, las promesas y la promulgación de la ley. No la ley, sólo su promulgación; porque ella ya estaba en vigencia sobre el mundo antes que Israel viniera a la existencia como pueblo. Hasta genéticamente estaban bien ligados con lo más grande de la historia de Israel y lo mayor del cristianismo: los patriarcas y Cristo. Los patriarcas eran sus progenitores; y Cristo, descendiente de ellos. Tú no podías rechazarlos, y no los desechaste.

Tu palabra no podía fallar, y no falló. Pero, según lo que dijiste a Pablo, había dos formas de ser un descendiente verdadero: por la carne, genéticamente, y por la promesa. De las dos, la más auténtica era la promesa. Por eso: no todos los que descienden de Israel son israelitas; ni todos los descendientes de Abrahán son hijos de Abrahán. Todos los descendientes de la promesa están ligados a ti, por la fe; y descienden de la fe en ti que los patriarcas tuvieron.

Hay otro elemento, además de la fe, que torna un ser humano en miembro de tu pueblo: Tu voluntad. No todo individuo que quiera ser miembro de tu pueblo lo consigue, tan sólo por quererlo. Depende de tu misericordia, y ésta no se desprende de la voluntad humana, sino de la tuya. Es tu misericordia la que pone en acción todo el poder para adoptarnos. Eres tú quien nos hace miembros de tu pueblo, y esto ha sido así, desde siempre; aún en los tiempos iniciales cuando la nación israelita fue tu pueblo exclusivo.

Desde los días de Cristo, tu nuevo pueblo está formado: por judíos, tu antiguo pueblo, y por gentiles. No todos los gentiles, ni todos los judíos: solamente los que creen. Y esto no ocurrió como una improvisación tardía de tu parte. Ya lo habías anunciado por medio de los profetas. Oseas había dicho: Llamaré pueblo mío al que no era pueblo, los gentiles. Isaías había anunciado que no todos los israelitas serían salvos: sólo un remanente de ellos (Ose. 2:23; Isa. 10:22-23). Sólo quedan fuera de tu nuevo pueblo los que no creen.

Año Bíblico: Job 15-17

DIOS NO DESECHO A ISRAEL

Digo, pues: ¿Ha desechado Dios a su pueblo? En ninguna manera. Porque también yo soy israelita, de la descendencia de Abraham, de la tribu de Benjamín. No ha desechado Dios a su pueblo, al cual desde antes conoció. Romanos 11:1-2.

Si tú no desechaste a Israel, tampoco yo tengo derecho a rechazarlo. En realidad todos los primeros cristianos eran judíos. El cristianismo es una religión judía. Nació del judaísmo, del mismo modo como el judaísmo nació de ti. Los dos están igualmente ligados a tu revelación. Todos los cristianos que actúan como enemigos de Israel no son cristianos de verdad. Son sólo una parodia. Como los que rechazaron a Cristo con incredulidad, también ellos son ciegos y sordos. Un tropiezo para sí mismos y para los demás. Una verdadera negación de tu persona.

Cuando formamos el Concilio Mundial de Amistad Judía, pensábamos exactamente en esto. Los judíos creyentes y los cristianos que creen de verdad, son íntimos amigos: hermanos unidos en la misma familia, bajo el mismo Padre. Tú eres nuestro Padre. El mundo cristiano occidental ha sido muy duro con los judíos. Insiste en acusarlos de haber asesinado al Hijo de Dios. Pero no es esto lo que la Escritura afirma. Según el Evangelio de Juan, los incrédulos lo hicieron. La incredulidad no se define en términos genéticos, ni genealógicos. Se define por la propia ausencia de fe en la vivencia espiritual de la persona.

El 27 de abril de 1995, aniversario del holocausto, visité el Museo del Holocausto, en Jerusalén. Me impresionó la fotografía de un niño, con los brazos levantados y una terrible expresión de horror saliendo de sus ojos, de su boca y de su cuerpo entero. No pude resistir la conmoción de mis entrañas, y escribí lo siguiente:

COMO SUFRES, SEÑOR, EN EL SILENCIO

Yo sufro, a veces, como sufre la tierra
bajo el peso mortal de la sequía;
como la nube llora con el viento;
como gime, acurrucada, la tórtola en invierno.

Un niño horrorizado, las manos levantadas,
clamando todavía contra el hombre,
desde el pánico y la muerte: ¡El holocausto!
Y el viento, los huesos, la tormenta. ¡Qué agonía!

Y otra vez yo sufro, como sufres tú, Adonai,
en el silencio. Y lo recuerdas. Un fuego saliendo
de la fragua y un labriego callando su misterio,
mientras sigue, tu rebaño, su pastor, por el camino.

Año Bíblico: Job 18-19

UN SOLO CUERPO

Porque él es nuestra paz, que de ambos pueblos hizo uno, derribando la pared intermedia de separación, aboliendo en su carne las enemistades, la ley de los mandamientos expresados en ordenanzas, para crear en sí mismo de los dos un solo y nuevo hombre, haciendo la paz, y mediante la cruz reconciliar con Dios a ambos en un solo cuerpo, matando en ella las enemistades. Efesios 2:14-16.

Tú diste al pueblo de Israel una ley religiosa propia: la ley ceremonial. Primero regía las actividades del Santuario; después, del templo. Esta no era la ley de los Diez Mandamientos que nunca fue sólo para Israel: Los Diez Mandamientos ya estaban en vigencia para la humanidad entera, desde que tú creaste la vida en este planeta.

La ley ceremonial, en cambio, la diste a Israel en días de Moisés. Una especie de identidad religiosa nacional que hasta los extranjeros, residentes en Israel, debían cumplir. Su objetivo era unificar a la nación en la esperanza del Redentor prometido por ti. Los sacrificios, las ceremonias, el templo mismo: todos eran símbolos. Ninguna ordenanza de la ley ceremonial era una realidad en sí misma. Todas simbolizaban algún aspecto de la redención en Cristo; y su valor simbólico sólo estaría vigente hasta el momento en que llegara el Mesías. El era la realidad de todo aquello; y, cuando él llegara, no habría ya necesidad de tales símbolos.

Judíos y gentiles estaban separados por la ley ceremonial. Cuando el Mesías vino, eliminó la muralla de separación. Desde entonces, judíos y gentiles pueden acercarse a ti sin el auxilio intermediario de los sacrificios: directamente. Ya no había más intermediario que tu Hijo. La identidad de tu pueblo no residía ya en la ley ceremonial, sino en la persona misma del Mesías. Por eso sus seguidores fueron llamados cristianos. De los dos pueblos, judíos y gentiles, antes separados por la ley ceremonial y en relación contradictoria, hiciste tu nuevo pueblo en Cristo.

Le diste una nueva identidad espiritual, ya no basada en símbolos, sino en realidades. En la única realidad de toda realidad: Tu Hijo, el creador de todas las cosas que trajo también a la existencia el cuerpo unido de la Iglesia, como tu nuevo pueblo. Se forma por la predicación del Evangelio, como buenas nuevas de paz que une a los que estaban lejos, los gentiles, con los que estaban cerca de ti, los judíos. La obra de integración entre ellos y la obra de aproximarlos a ti, es hecha por el Espíritu Santo.

Cada día tu Espíritu trabaja en todos nosotros, para integrarnos más con tu iglesia, como tu pueblo; y para unirnos más a ti, como tus hijos.

Año Bíblico: Job 20-21

EL CUERPO DE CRISTO

Y sometió todas las cosas bajo sus pies, y lo dio por cabeza sobre todas las cosas a la iglesia, la cual es su cuerpo, la plenitud de Aquel que todo lo llena en todo. Efesios 1:22-23.

Tu Hijo tuvo siempre tu poder. Antes de la encarnación, porque era Dios, uno contigo. Después, porque resucitó y se sentó a tu diestra en los cielos. Nada redujo su poder, ni la muerte. Y él siguió siendo el Principal, el Poderoso, y el Señor que estaba por encima de todo nombre que se nombra y por encima de todo poder que existe. Además, lo diste a la iglesia como su cabeza. El ser divino que poseería toda la autoridad de la iglesia.

Porque en él habita corporalmente toda la plenitud de la Deidad, y vosotros estáis completos en él, que es la cabeza de todo principado y potestad (Col. 2:9-10).

Diste a tu Hijo por cabeza del cuerpo que es la iglesia. Tú hiciste el cuerpo, con el Evangelio. Cuando recibí el mensaje adventista, no era sólo para hacerme sentir mejor como persona. Y en verdad, yo me sentí mucho mejor. También me lo diste para que ayudara a otros a sentirse mejor. Una verdadera integración de creyentes felices en Cristo; una comunidad de fieles viviendo en unidad: Un cuerpo, el cuerpo de Cristo. Por eso cada vez que siento el Evangelio, me vuelvo a sentir como una parte de tu cuerpo. Y para mí, lo más valioso de la vida es Cristo y su iglesia.

No puedo honrar a Cristo y deshonrar a su iglesia, como si la iglesia pudiera existir separada de Cristo; y yo pudiera honrar a Cristo y despreciar a su iglesia. La cabeza y el cuerpo están unidos, tan plenamente integrados que, lo que afecta al cuerpo, afecta también a la cabeza, y viceversa. Y si lucho contra tu iglesia, tú lo sientes y a mí también me duele. Yo no puedo ser un hijo tuyo, verdadero miembro de tu pueblo, separado del cuerpo o desconectado de la cabeza. Estar en Cristo demanda estar en el cuerpo. Y estar en el cuerpo exige estar en Cristo. Puede esto ser difícil de entender, especialmente para quienes desearían hacer una diferencia radical entre la iglesia y Cristo; pero la relación de la iglesia con Cristo y la relación de Cristo con la iglesia pertenecen a las cosas determinadas por ti; y aceptarlas, viviéndolas, te honra y glorifica.

Y a ti, que eres poderoso para hacer todas las cosas mucho más abundantemente de lo que pedimos o entendemos, según el poder que actúa en nosotros, a ti, sea gloria en la iglesia, en Cristo Jesús, por todas las edades, por los siglos de los siglos. Amén. (Efe. 3:20-21).

Y yo me siento bien cuando estoy en armonía con tu iglesia y vivo en comunión con Jesucristo.

Año Bíblico: Job 22-24

EL PUEBLO ADQUIRIDO

Mas vosotros sois linaje escogido, real sacerdocio, nación santa, pueblo adquirido por Dios, para que anunciéis las virtudes de aquel que os llamó de las tinieblas a su luz admirable; vosotros que en otro tiempo no erais pueblo, pero ahora sois pueblo de Dios; que en otro tiempo no habíais alcanzado misericordia, pero ahora habéis alcanzado misericordia. 1 Pedro 2:9-10.

Tú compraste la iglesia, para hacerla tu pueblo. Pagaste un alto precio: la vida de tu Hijo. Sólo porque él murió en la cruz, puedo yo ser miembro de tu iglesia, y la iglesia puede ser tu pueblo. Como pueblo tuyo, tenemos una experiencia que implica el tránsito de las tinieblas a la luz; no hacia cualquier clase de luz, hacia tu propia luz. Tu luz es la verdad, la santidad, la adopción y la existencia de tu pueblo. Antes de aceptar a Cristo, no creíamos la verdad, ni vivíamos la santidad, ni éramos tus hijos, ni pertenecíamos a tu pueblo. Tampoco teníamos una misión.

La misión, dada a todo creyente, es anunciar tus virtudes, todas ellas. Para esto somos real sacerdocio; dedicado enteramente a ti y a la comunicación de tus virtudes. Cada creyente, un sacerdote. No en el sentido intercesor del antiguo sacerdocio, sino en sentido misional. Ya no es necesario interceder delante de ti, ritualmente, en favor de otros. Pero sí es necesario anunciarte a todo ser humano. Tú nos adquiriste para la salvación y la misión.

El sacerdocio misional de cada creyente, nada tiene que ver con la función pastoral que estableciste en tu iglesia. Cada miembro es un sacerdote, pero cada creyente no es pastor. Decir que el sacerdocio de todos los creyentes significa que cada fiel puede ser ordenado pastor, sin tomar en cuenta otras enseñanzas tuyas sobre la ordenación; es sacar una conclusión falsa de esta enseñanza; ajena totalmente al tema de la ordenación. El sacerdocio de todos los creyentes es una determinación tuya exclusivamente relacionada con la misión, con el hecho de ser o no ser miembro de tu pueblo, y con la experiencia de alcanzar misericordia, o no; mientras que en la ordenación al pastorado, además de la misión, incluiste también deberes administrativos y autoridad docente, para ser ejercida en la definición y enseñanza de la doctrina.

Perdón de los pecados, incorporación a tu pueblo, responsabilidad misionera son parte de la experiencia espiritual de cada creyente, sin excepción alguna. No son sólo un privilegio de todos, constituyen también un deber ineludible. Sin participar en ellos, la salvación es imposible. Por eso, el sacerdocio de todos los creyentes en la iglesia, es universal. Todos tienen que ser sacerdotes, no como mera posibilidad, tienen que serlo en realidad. Pero el pastorado no puede ser universal. Tú nunca demandaste que cada miembro fuera un pastor.

Año Bíblico: Job 25-28

UN PUEBLO PROPIO

Porque la gracia de Dios se ha manifestado para salvación a todos los hombres, enseñándonos que, renunciando a la impiedad y a los deseos mundanos, vivamos en este siglo sobria, justa y piadosamente, aguardando la esperanza bienaventurada y la manifestación gloriosa de nuestro gran Dios y Salvador Jesucristo, quien se dio a sí mismo por nosotros para redimirnos de toda iniquidad y purificar para sí un pueblo propio, celoso de buenas obras. Tito 2:11-14.

Lo que uno compra pagando el precio, le pertenece. Y tú pagaste el precio por tu iglesia. Te pertenece. Pero en tu expresión de propiedad hay otro elemento: la purificación de tu pueblo. Pagaste el precio de la redención y pagas también el precio de la purificación. Y el pueblo de la iglesia es doblemente tuyo: por rescate y por purificación. Tú lo haces todo y, por eso, es todo tuyo. Pero hay algo más en este proceso de pertenencia. Aunque la iglesia sea tuya por derecho de compra y por derecho de protección, nunca llega a ser realmente tuya, a menos que su propia voluntad así lo admita.

Tu pueblo sólo llega a ser tu plena propiedad, cuando se torna celoso de buenas obras. El celo es una concentración de la voluntad que incluye el deseo, en su más intenso y profundo grado de expresión; la emoción, con todo el poder de su sentimiento; y la realización, con toda la fuerza de su acción. Un pueblo que desea y siente y actúa de este modo, para ti y por ti, es ciertamente tuyo. Tu sola propiedad, sin vestigio alguno de otros propietarios, sin compromiso alguno con otros dueños, sin restricción de nada para sí mismo. Sólo tuyo: tu pueblo propio, celoso de buenas obras.

Y las buenas obras se repiten sin cesar en cada miembro de tu pueblo. Como el ciclo de la siembra: Una semilla que se planta, se derrama en vida para dar origen a un nuevo brote, una pequeña presencia vegetal que crece y crece, hacia la planta que da vida, hacia la flor reconfortante, y hacia el fruto acumulado y la semilla de valor reproductivo. Y luego, las nuevas semillas siguen el curso de sus sucesivas multiplicaciones, haciendo cada vez nuevas semillas; más y más, como si fuera todo tan sencillo, como si todo fuera sólo un paso que se da sin un tropiezo. Y el bien que se repite hace más bienes; y los bienes del cristiano lo hacen tuyo, siempre más y más intensamente tuyo; porque todo el bien que se repite es fruto pleno del Espíritu, morando cada instante en el cristiano, como un dueño.

Y cuando nos sentimos tuyos, vivimos. Una vida de peso verdadero que no carga. No es pesada, ni aburrida, ni angustiada, ni vacía. Es un naranjo lleno de azahares, con la abundancia del perfume leve; es una viña cargada de uvas dulces con el mismo valor de la vendimia. Es una vida tuya, celosa de buenas obras, plena.

Año Bíblico: Job 29-31

UNA IGLESIA MISIONERA

Y Jesús se acercó y les habló diciendo: Toda potestad me es dada en el cielo y en la tierra. Por tanto, id, y haced discípulos a todas las naciones, bautizándolos en el nombre del Padre, y del Hijo, y del Espíritu Santo; enseñándoles que guarden todas las cosas que os he mandado; y he aquí yo estoy con vosotros todos los días, hasta el fin del mundo. Amén. Mateo 28:18-20.

Tu pueblo, sin misión, no es pueblo tuyo. Tu pueblo es como tú: de corazón abierto y extendida mano, dando siempre lo que tiene. Y tú lo tienes todo, mas tu pueblo sólo tiene lo que tú le has otorgado. Tiene a Cristo, el don mayor de tus bondades; don repleto de otros dones, sin cesar, multiplicados.

Cristo es un regalo tuyo, con todo tu poder. Tiene el poder del reino y el poder de los milagros. Posee el mismo poder de tu gobierno y el poder de tu mandato. Ostenta tu poder para crear y él puede sustentar y transformar y recrear y revivir. Todo lo puede, como tú. Cuando él ordena, da también todo el poder que es necesario para obedecerlo. Y la misión es una forma de poder que él ordena y él otorga. Nos manda a predicar y él es el contenido, y la enseñanza, y el propio poder de la misión que nos ordena.

La misión es hacer discípulos. El blanco, todas las naciones. El método: enseñar y bautizar. Y el poder, la presencia del Señor durante todo el tiempo. El blanco no es bautizar un número determinado de personas por año. Bautizar es un método que permite incorporar los nuevos discípulos en el pueblo de Dios y ayuda a testificar públicamente para que otros acepten el Evangelio.

Los discípulos tenían miedo. Se reunieron a puertas cerradas en el aposento alto. Era de noche, y no querían que nadie los encontrara. Tu Hijo apareció. "Paz a vosotros", les dijo. Ellos se alegraron. Sabían que si Jesús estaba con ellos, no corrían peligro alguno. Pero Jesús no pensaba en el peligro, porque él estaba más interesado en la misión que en riesgos personales.

Como me envió el Padre —volvió a decirles—, *así también yo os envío* (Juan 20:21). Y les entregó el Espíritu Santo para que cumplieran la misión.

Les encomendó la misma misión suya. Debían continuarla. El vino para salvar, y sus discípulos, todos los fieles, debían participar en el anuncio de la salvación, como testigos. Estaban capacitados para dar testimonio de su poder porque ya actuaba en ellos para redimirlos.

Recibiréis poder, cuando haya venido sobre vosotros el Espíritu Santo, y me seréis testigos en Jerusalén, en toda Judea, en Samaria, y hasta lo último de la tierra (Hech. 1:8).

Año Bíblico: Job 32-34

LA AUTORIDAD DE LA IGLESIA

De cierto os digo que todo lo que atéis en la tierra, será atado en el cielo; y todo lo que desatéis en la tierra, será desatado en el cielo. Mateo 18:18.

Toda verdadera autoridad está en tu mano porque tú eres Dios. Y colocaste autoridad sobre dos siervos tuyos para asegurar y proteger el bienestar de toda la familia humana. Al Estado le diste autoridad civil; y a la Iglesia, autoridad espiritual.

Sométase toda persona a las autoridades superiores; porque no hay autoridad sino de parte de Dios, y las que hay, por Dios han sido establecidas (Rom.13:1).

El Estado tiene la responsabilidad de atender el bienestar social y material de la comunidad humana. Su autoridad debe asegurar el orden de la sociedad al establecer las estructuras necesarias para que todos estén debidamente protegidos y ayudados. Además, la autoridad del Estado debe proveer las condiciones apropiadas para el uso justo de los recursos naturales y otros, incluyendo los impuestos, que contribuyan a la atención de las necesidades materiales de cada ser humano. El Estado, por esto, "es servidor de Dios" para nuestro bien (Rom. 13:4, 6).

La iglesia también recibió su autoridad de ti. No la posee por sí misma, ni ante sí misma. No es una organización creada por los seres humanos, en una especie de pacto espiritual que todos deben respetar hasta que se establezca un nuevo pacto, y nuevos paradigmas, de humana creación, la configuren. La iglesia existe porque tú la creaste. En este sentido es una sociedad divina: "la iglesia del Señor" que él compró con su propia sangre y él mismo conduce, como su única y verdadera cabeza (Hech. 20:28; Efe. 1:22).

Le diste autoridad para predicar el Evangelio en todo el mundo y ella no debe reconocer ningún otro poder, ni siquiera el del Estado, que pretenda impedírselo. Sólo ella tiene autoridad en esto y la posee porque tú se la otorgaste.

Toda potestad me es dada en el cielo y en la tierra. Por tanto, id, y haced discípulos a todas las naciones (Mat. 28:18-19).

Le diste autoridad administrativa sobre su propia estructura y nadie puede interferir en esto, ni el Estado. La autoridad de la iglesia para administrarse a sí misma procede de ti, y sólo debe dar cuenta delante de ti, por medio de los procedimientos que tú mismo estableciste.

Le diste autoridad para perdonar pecados. No la pusiste sobre un líder solo, sino en su cuerpo entero, la congregación.

Año Bíblico: Job 35-37

LA AUTORIDAD ESPIRITUAL DE LA IGLESIA

Y habiendo dicho esto, sopló, y les dijo: Recibid el Espíritu Santo. A quienes remitiereis los pecados, les son remitidos; y a quienes se los retuviereis, les son retenidos. Juan 20:22-23.

El traspaso de tu propia autoridad a la iglesia, me impresiona; es una verdadera demostración de tu profundo amor por ella y es un modo inigualable de expresar tu identidad con ella. Sólo tú puedes perdonar pecados, porque tú eres Dios. La iglesia sólo puede hacerlo porque tú lo quieres. Y le diste este poder para mostrar que no es sólo una organización social de manufactura humana. Proviene de ti, y es, por eso, una organización divina.

Cuando Jesús dijo al paralítico: "Tus pecados te son perdonados"; algunos de los escribas pensaban: "¿Por qué habla éste así? Blasfemias dice. ¿Quién puede perdonar pecados, sino sólo Dios?" (Mar. 2:5-7). Sólo tú puedes perdonar pecados. Nadie más, a menos que tú quieras compartir esta divina autoridad. Y tú la compartiste, con tu iglesia. Me impresiona tu condescendencia. Cuando acepto esta enseñanza y me someto a la autoridad espiritual de tu iglesia, yo me someto a ti; porque eres tú quien decidió que ella tuviera este poder.

Y tu Hijo lo enseñó tres veces, por lo menos. En Cesarea de Filipo, preguntó a todos sus discípulos presentes: ¿Quién dicen los hombres que es el Hijo del Hombre? Respondieron: Juan el Bautista, Elías, Jeremías, o alguno de los profetas. Y vosotros, preguntó: ¿quién decís que yo soy? Pedro, como de costumbre, se hizo portavoz de todos ellos, y dijo: "Tú eres el Cristo, el Hijo del Dios viviente". Entonces, Cristo, hablando a todos ellos a través de Pedro, dijo: "Sobre esta roca edificaré mi iglesia y todo lo que atares en la tierra será atado en los cielos; y todo lo que desatares en la tierra será desatado en los cielos". La autoridad de la iglesia está fundada en Cristo (Mat. 16:18-19).

La segunda vez, enseñaba tu Hijo sobre el objetivo de su venida: salvar a los perdidos. Les habló de la oveja perdida que el pastor, dejando las noventa y nueve, busca por los montes, porque tú no quieres que ninguno se pierda. Luego, como una forma de evitar que las ovejas se pierdan, les habló del procedimiento a seguir cuando alguien comete una falta. Primero, repréndelo tú solo. Luego, si no oyere, háblale con uno o dos testigos. Y finalmente, si persiste en su actitud rebelde, dilo a la iglesia; y si no oyere, la iglesia puede repudiarlo; porque, como iglesia, tiene poder para atar y desatar, para perdonar y no perdonar pecados; pero no de un modo automático. Como tú lo haces: previo arrepentimiento (Mat. 18:10-18).

La tercera vez, lo dijo en el aposento alto, cuando repetía la misión a los discípulos. La iglesia asociada con el Espíritu Santo podría remitir o retener pecados (Juan 20:22-23).

Año Bíblico: Job 38-42

AUTORIDAD ADMINISTRATIVA DE LA IGLESIA

Yo he escrito a la iglesia; pero Diótrefes, al cual le gusta tener el primer lugar entre ellos, no nos recibe. Por esta causa, si yo fuere, recordaré las obras que hace parloteando con palabras malignas contra nosotros; y no contento con estas cosas, no recibe a los hermanos, y a los que quieren recibirlos se lo prohíbe, y los expulsa de la iglesia. 3 Juan 9-10.

La autoridad espiritual que diste a tu iglesia no pertenece a una persona individual. Es del cuerpo total de la iglesia. Lo mismo ocurre con la autoridad administrativa. No debe ser ejercida por un individuo solo, sino por un grupo. Juan se queja de Diótrefes. Específicamente de su estilo personalista de administración. El quería tener el primer lugar y disponer autoritariamente sobre los asuntos de la iglesia. Juan, en cambio, habla de sí mismo como miembro de un grupo dirigente al que denomina *nosotros*. Diótrefes los rechaza, habla contra ellos malignamente; y a los que simpatizan con ellos los intimida, y hasta los expulsa de la iglesia.

En la administración de la iglesia no hay lugar para el autoritarismo, ni para la anarquía. A veces, los humanos somos incomprensibles. A menudo pienso en lo difícil que será para ti entendernos. Somos incoherentes y egocéntricos. La tentación del dirigente es apoderarse de la autoridad como si fuera propia y usarla para someter los miembros a sus propios proyectos, deseos y designios. Por el otro lado, la tentación de los miembros es la rebelión contra todo dirigente, desconociendo totalmente su autoridad y hablando en contra suya, para desprestigiarlo.

El poder de gobierno y la autoridad de la iglesia no reside en una persona. Pertenece al cuerpo total y cada dirigente recibe la autoridad que tiene, sólo en carácter representativo; y aunque la autoridad esté en su mano, no es suya. Por eso debe actuar siempre al servicio de la iglesia. Y los miembros siempre deben respetar sus dirigentes. Siempre. Cuando pierdan la confianza en ellos, porque sus actos no concuerdan con los ideales y deberes de la iglesia, no deben desconocerlos; deben cambiarlos.

Mantener en puestos directivos a personas que actúan en oposición a los ideales o en contra de la misión y doctrinas de la iglesia, sólo debilita el sistema, desacredita la autoridad de la iglesia y desmoraliza a sus miembros. Pero esto no es todo. Lo peor es que, al actuar así, te ofendemos a ti. Tu ideal para nosotros no está en la continuidad de los dirigentes, ni en la rebeldía de los miembros; está en que nosotros, líderes y miembros, toda la iglesia, nos sometamos a ti, y vivamos como tus siervos fieles, bajo tu propia autoridad. Entonces habrá verdadera autoridad en la iglesia y todos la respetaremos.

Yo sé que esto no es fácil. Pero contigo, Señor, todo es posible.

Año Bíblico: Salmos 1-9

LA AUTORIDAD DE LOS PASTORES

Y él mismo [Cristo] constituyó a unos, apóstoles; a otros, profetas; a otros, evangelistas; a otros, pastores y maestros, a fin de perfeccionar a los santos para la obra del ministerio, para la edificación del cuerpo de Cristo. Efesios 4:11-12.

Tú, mi Dios, bien sabes que los seres humanos de hoy tenemos una forma de pensar un poco extraña: Toda persona en autoridad nos parece sospechosa. Debe haber hecho algo malo, o lo está haciendo en el presente. Y si, por acaso, nada malo hubiera hecho hasta ahora para alcanzar el puesto de autoridad que tiene, sin duda lo hará en el futuro. Nos parece que ningún dirigente es confiable, y sospechamos. Lo que la mayoría piensa de sus dirigentes políticos lo transfiere también a sus dirigentes religiosos; desde los ancianos y pastores de la iglesia local, hasta los dirigentes mundiales. Nadie es confiable.

Y a causa de este sentimiento, quieren manipular la situación; para mejorarla, por supuesto. Una forma que usan, la más efectiva, es reducir la importancia de un oficio. El cargo pastoral, dicen ellos, fue creado por la iglesia primitiva, y tú nada tuviste que ver con esto. Si fue establecido por la iglesia de entonces, la iglesia de hoy tiene toda autoridad para modificarlo y reducirlo, y hasta puede eliminarlo, si desea. Pero el cargo pastoral viene de ti. Fue tu Hijo quien lo puso en esta iglesia y él mismo le otorgó su propia autoridad para ejercerla.

Le dio además el objetivo de perfeccionar a los santos para que cumplieran el servicio que tú les diste. Este servicio o ministerio incluye: (1) la edificación espiritual de todos los miembros del cuerpo de Cristo, como individuos y como comunidad; (2) la unidad de la fe o doctrina fundada en tu verdad; y (3) el crecimiento numérico de la iglesia en Cristo, basado en la verdad. El trabajo pastoral incluye la iglesia, la doctrina y la misión; tres elementos de tu propio interés que no abandonas. Y el pastor ejerce su autoridad, derivada de la tuya y otorgada por ti, para dirigir a tu pueblo en su tarea de producir el crecimiento espiritual de cada miembro, de mantener la doctrina dentro de la verdad, y de cumplir la misión, hasta alcanzar con tu Evangelio a todo ser humano que habita nuestra tierra.

Todo intento de transformar el cargo pastoral en una simple función creada por la iglesia, reduce su importancia y usurpa tu propia autoridad. Personalmente me siento fuertemente impelido a rechazarlo. No puedo conciliar en mi mente la Escritura que me dice tan claramente que fuiste tú quien otorgó a la iglesia los pastores, con la opinión de que la iglesia fue la única autoridad que estableció este oficio, siendo, por esto, un asunto eclesiológico, es decir, bajo el dominio de la iglesia sola; como si hubiera alguna cosa, una siquiera, en que la iglesia pudiera actuar independientemente y separada de ti.

Año Bíblico: Salmos 10-17

DIACONOS, OBISPOS-ANCIANOS Y PASTORES

Y constituyeron ancianos en cada iglesia, y habiendo orado con ayunos, los encomendaron al Señor en quien habían creído. Hechos 14:23.

Tú, por tu propia naturaleza de Dios perfecto que hace todo con previsión completa, no podías dejar las iglesias fundadas por Pablo y Bernabé sin dirigentes. Al final de su primer viaje misionero, cuando de regreso a Antioquía iban visitando las iglesias fundadas por ellos en el viaje de ida, establecieron ancianos en cada una. Pero no fueron ellos, con ayuda de alguna comisión de iglesia, los que idearon esto. Fuiste tú mismo, a través del Espíritu Santo.

Por tanto —dijo Pablo en Mileto a los ancianos de Efeso—, *mirad por vosotros, y por todo el rebaño en que el Espíritu Santo os ha puesto por obispos, para apacentar la iglesia del Señor, la cual él ganó por su propia sangre* (Hech. 20:17, 28).

Colocaron ancianos-obispos en cada iglesia local. También había diáconos. Los primeros fueron nombrados en la iglesia de Jerusalén y, aunque debían ser hombres llenos del Espíritu Santo, su función no fue creada por una orden directa del Espíritu, sino por una decisión de la iglesia. Los apóstoles originaron la idea y la iglesia, luego de aceptar la propuesta, los eligió (Hech. 6:1-5).

Agradó la propuesta a toda la multitud y eligieron a Esteban, varón lleno de fe y del Espíritu Santo, a Felipe, a Prócoro, a Nicanor, a Timón, a Parmenas, y a Nicolás prosélito de Antioquía (Hech. 6:5).

Después tú ratificaste este cargo cuando diste instrucciones por medio de Pablo acerca de las características que debían tener los que fueran elegidos para ejercerlo. Los ancianos-obispos y los diáconos cumplían su ministerio en las iglesias locales.

Había otro grupo de dirigentes, llamados pastores, que, como los apóstoles, cumplían su ministerio sobre todas las iglesias. En esta categoría estaban Timoteo, Tito y otros. Trabajaban con los ancianos-obispos y diáconos, cuya elección, instrucción, y orientación debían dirigir (Efe. 4:11; 1 Ped. 5:4).

Por esta causa te dejé en Creta —decía Pablo a Tito— *para que corrigieses lo deficiente, y establecieses ancianos en cada ciudad, así como yo te mandé* (Tito 1:5).

Pedro habla de Cristo como Pastor y Obispo, cargos separados que sólo se combinan en él (1 Ped. 2:25).

UN MANDAMIENTO PASTORAL

Como te rogué que te quedases en Efeso, cuando fui a Macedonia, para que mandases a algunos que no enseñen diferente doctrina, ni presten atención a fábulas y genealogías interminables, que acarrean disputas más bien que edificación de Dios que es por fe, así te encargo ahora. 1 Timoteo 1:3-4.

Yo puedo imaginar la preocupación de Pablo. No quería nada extraño en la doctrina. Por supuesto, tal preocupación venía de ti mismo y él la expresa bajo la inspiración de tu Espíritu. Tú no aceptas mezclas extrañas en la doctrina. Tiene que ser lo que tú revelas. La orden que diste a Timoteo a través de Pablo fue específica. Primero tenía que cumplirla en la iglesia de Efeso, donde Timoteo era pastor. Pero cuando Pablo le escribió la primera epístola, ya no se refería a la iglesia de Efeso exclusivamente. Tenía un objetivo más abarcante, incluía todo su ministerio pastoral y el de todos los pastores de todos los tiempos. Por medio de la inspiración y a través de Pablo, nos diste las epístolas dirigidas a Timoteo y a Tito como modelos tuyos para el ministerio cristiano.

Hay en esto, para la iglesia y cada miembro, una fuente de seguridad muy grande sobre la obra y autoridad de los pastores. Sabemos como debe ser. No necesitamos inventar nada. Ni tenemos por qué agotarnos en largas discusiones tratando de imponer nuestros puntos de vista personales sobre la obra de los pastores, ni siquiera acerca de quiénes pueden ser ordenados y quiénes no. Lo que no concuerde con el paradigma de estas tres epístolas, debe ser rechazado porque no pertenece a tu revelación.

Yo sé y todos sabemos que sólo tú determinas todo lo relacionado con el oficio pastoral. Nadie más. Ni siquiera la iglesia. Cualquier cosa que determine la iglesia tiene que estar en total armonía con lo que tú revelaste en las epístolas a Timoteo y a Tito. Constituyen la Escritura que trata del pastorado. Nada en ellas es casual o tangencial, ni siquiera local en tiempo o en espacio. Contienen el verdadero paradigma pastoral que tú diste a la iglesia universal para todos los tiempos. ¿Entregarías tú a la iglesia algo, por medio de la inspiración, para que fuese un simple juego espiritual sin objetivo? Yo sé que no.

Y lo primero que colocaste en esta instrucción tiene que ver con la doctrina. Tú quieres, y lo expresaste en la forma de un mandamiento pastoral, que el pastor proteja la doctrina y la mantenga sin desvíos.

Este mandamiento, hijo Timoteo, te encargo, para que conforme a las profecías que se hicieron antes en cuanto a ti, milites por ellas la buena milicia —o pastorado—, *manteniendo la fe y buena conciencia, desechando la cual naufragaron en cuanto a la fe algunos* (1 Tim. 1:18-19).

Año Bíblico: Salmos 23-30

LA IGLESIA COMO BALUARTE DE LA VERDAD

Esto te escribo, aunque tengo la esperanza de ir a verte, para que si tardo, sepas cómo debes conducirte en la casa de Dios, que es la iglesia del Dios viviente, columna y baluarte de la verdad. 1 Timoteo 3:14-15.

Tú eres un Dios que no descuida nada. Pablo estaba planeando ir a Efeso, donde Timoteo cumplía su ministerio pastoral, para instruirlo en el cumplimiento de su oficio. Pero, desde ese momento hasta que Pablo fuera, habría un tiempo en el que Timoteo no podía quedar sin instrucción. Por otro lado podría ser que Pablo nunca hiciera el viaje. Además, la instrucción verbal que le impartiera, no serviría para los futuros pastores, y tú querías que la recibieran también los pastores de "los postreros tiempos" (1 Tim. 4:1). Por eso inspiraste a Pablo para que le escribiera a Timoteo, transmitiéndole un plan de organización y administración de la iglesia local bastante completo.

La iglesia no tenía templos. Tu casa no era un edificio, estaba formada por los miembros de la iglesia, corporativamente, en unidad espiritual. Y tú querías que Timoteo supiera cómo actuar en ella. Cuáles eran sus deberes pastorales y cómo cumplirlos en relación con la doctrina, el culto, los líderes, el mensaje, la apostasía, el servicio y la atención pastoral.

Tú quieres que los pastores preserven la *doctrina,* y los miembros de la iglesia debemos querer lo que tú quieres. La iglesia es una columna de la verdad: la vive, la expresa y la proclama. Es un baluarte de la verdad que la sostiene siempre. El pastor dirige este tipo de relación con la doctrina y cada miembro participa.

El *culto* es para todos porque para todos deseas tú la salvación. Y el pastor debe conducirlo basado en la fe y en la verdad, no siguiendo sus ideas propias. Luego el apóstol añade: "Porque no permito a la mujer enseñar, ni ejercer dominio sobre el hombre", dices tú, por medio de la inspiración. ¿A qué enseñanza te refieres, qué autoridad? Parece claro que hablas de la enseñanza y autoridad pastoral. Aunque dices que guarde silencio, no prohíbes que la mujer hable comunicando el Evangelio (Hech. 18:26), en público o en privado, porque en otro lugar, Pablo deja esa posibilidad abierta. Enseñanza y dominio (autoridad) están juntos en el contexto de una epístola pastoral. Esto parece indicar que no le permites enseñar autoritativamente, para definir la doctrina, y no la autorizas a ejercer la autoridad pastoral en el culto. ¿Por qué? ¿Por causa del contexto social de la época paulina? No. Tú colocas la razón en el mismo comienzo de la vida humana, haciéndola intemporal y universal. "Porque Adán fue formado primero, después Eva; y Adán no fue engañado, sino que la mujer, siendo engañada, incurrió en transgresión" (1 Tim. 2:12-14). ¿Necesito interpretar este texto y adaptarlo a la época de hoy, modificando su contenido básico para hacer espacio a la ordenación de mujeres al ministerio? No, lo que necesito es aceptar tu Palabra y actuar en armonía con ella.

Año Bíblico: Salmos 31-35

LOS LIDERES DE LA IGLESIA LOCAL

Si alguno anhela obispado, buena obra desea. 1 Timoteo 3:1.

Para muchos, este asunto ha sido confuso. No ven con claridad en la Escritura los líderes locales de la iglesia y sus deberes. Pero a mí me parece que tú, al revelar este asunto a Pablo, fuiste bien claro. Y Pablo lo transmitió sin confusión en sus cartas pastorales.

La primera epístola a Timoteo está dirigida a un pastor. Los pastores tenían una función universal, podían actuar en una, más de una y en todas las iglesias. En las instrucciones que le da, sobre su oficio pastoral, le habla de las cualidades que deben tener los líderes de la iglesia local, en este orden: obispos, que en otro lugar llama presbíteros o ancianos, y diáconos. Los obispos eran hombres solamente, lo mismo que los pastores; y los diáconos eran hombres y mujeres.

Los obispos, como líderes dirigentes de la iglesia local, debían ser personas irreprensibles. Ejemplos de lo que profesan y con una conducta exenta de toda censura. Maridos de una mujer. Muchas explicaciones se han dado: que no puede ser soltero, ni viudo, ni divorciado, ni polígamo y sólo puede ser casado. Todo esto se desploma por el hecho de que Pablo, un apóstol del Señor, en una función superior al obispo, no era casado.

El texto griego dice: "de una esposa, varón". *Aner*, persona de sexo masculino. El énfasis no está en el hecho de ser casado, porque esto descartaría la existencia de un obispo soltero y Pablo era soltero, sino en el hecho de ser varón. Si casado, tiene que ser de una sola esposa; pero en todo caso, el anciano local tiene que ser varón. Y esto es coherente con lo que dijo antes sobre no conceder autoridad pastoral a las mujeres porque, en ausencia del pastor, el anciano es el líder máximo de la iglesia local. Luego Pablo completa las cualidades del anciano: sobrio, prudente, decoroso, hospedador, apto para enseñar, no dado al vino, no pendenciero, no codicioso, amable, apacible, no avaro, que gobierne bien su casa, que tenga a sus hijos en sujeción, y que tenga buen testimonio (1 Tim. 3:1-7).

Lo que el pastor Timoteo debe encontrar en una persona para que pueda ser diácono o diaconisa sigue a continuación. En medio de las cualidades del diácono varón, aparece una instrucción sobre las mujeres. Deben ser honestas, no calumniadoras, sobrias y fieles en todo. Algunos creen que se refiere a las esposas de los diáconos. Una cosa es clara, no se refiere a las mujeres en general porque está en medio de un texto en el que antes y después se habla sólo de los diáconos. Sería extraño que hablase de sus esposas cuando nada dijo de las esposas de los ancianos. Lo más probable es que hable de diaconisas, ya que en otra parte (Rom. 16:1) están mencionadas. Y el cuadro se completa. En la iglesia primitiva y en la revelación del Nuevo Testamento sólo hay mujeres como diaconisas; no hay ancianas, ni pastoras.

Año Bíblico: Salmos 36-39

EL REMANENTE Y SU MISION

Pero la tierra ayudó a la mujer, pues la tierra abrió su boca y tragó el río que el dragón había echado de su boca. Apocalipsis 12:16.

"La iglesia universal está compuesta por todos los que creen verdaderamente en Cristo, pero en los últimos días, una época de apostasía generalizada, se ha llamado a un Remanente para que guarde los mandamientos de Dios y la fe de Jesús. Este Remanente anuncia la hora del juicio, proclama salvación por medio de Cristo y anuncia la proximidad de su segunda venida. Esta proclamación está simbolizada por los tres ángeles de Apocalipsis 14; coincide con la hora del juicio en el cielo y da como resultado una obra de arrepentimiento y reforma en la tierra. Todo creyente recibe la invitación de participar personalmente en este testimonio mundial (Apoc. 12:17; 14:6-12; 18:1, 4; 2 Cor. 5:10; Jud. 3, 14; 1 Ped. 1:16-19: 2 Ped. 3:10-14; Apoc. 21:1-14)" *(Manual de la iglesia*, Creencia Fundamental N.° 12).

El resto de la iglesia, tu Remanente, es el foco de todo lo que mostraste a Juan sobre los tiempos finales. Debes haberle causado un impacto tan grande con la situación del Remanente, que él estructuró su libro colocándolo en el centro, como el foco de su fotografía de los acontecimientos finales, que culminan con la segunda venida de tu Hijo. Juan dividió su libro en dos partes: la primera es histórica, todo lo que ocurre desde la fundación de la iglesia cristiana hasta el Remanente, con una visión general que llega a la segunda venida de Cristo (Apoc. 1-12). La segunda es escatológica, todo lo que ocurre en el tiempo del fin, desde la formación del Remanente hasta la segunda venida de Cristo (Apoc. 13-21).

Muchas veces me pregunté: ¿Por qué le das tanta importancia al Remanente en el tiempo final? Y la respuesta, cuando la encontré, se me hizo simple. El gran conflicto llega a su fin en este tiempo. Y el protagonista que está de tu lado, sobre la tierra, es el Remanente. Tiene que enfrentar una guerra que el dragón pelea contra él, y es necesario que conozca bien lo que ocurre, especialmente cuatro asuntos: dos relacionados con él, su identidad y misión; uno relacionado con el dragón, la confusión, su arma más eficiente en esta guerra; y el otro relacionado contigo, la revelación tuya de lo que ocurrirá en la tierra y en el cielo durante este tiempo. En realidad, todo este conocimiento proviene de ti y tú lo revelaste a Juan para que el Remanente tenga plena seguridad en ti y no se deje derrotar en el conflicto. Tú eres un Dios que sabe todo y nada dejas olvidado. Tú nos dices lo que somos y nos ayudas a serlo sin angustia. Tú nos muestras el camino y nos conduces por él sin un desvío. Y eres más: eres real, siempre presente y siempre activo.

Año Bíblico: Salmos 40-45

EL CONFLICTO CONTRA EL REMANENTE

Entonces el dragón se llenó de ira contra la mujer; y se fue a hacer guerra contra el resto de la descendencia de ella, los que guardan los mandamientos de Dios y tienen el testimonio de Jesucristo. Apocalipsis 12:17.

La guerra del dragón, en el tiempo del fin, es contra el Remanente. Tú, Señor, querías que supiéramos esto. Tus razones, según este texto, parecen ser dos. Primero, para que el Remanente pudiera vencer al dragón. Segundo, para identificar al Remanente.

¿Cómo se vence al dragón? No es haciéndole la guerra. Quien hace guerra es el dragón. El originó el conflicto en los cielos, lo continuó en la tierra, cuando Adán y Eva cedieron a la tentación y lo siguieron, por engaño. Perdió la guerra con la muerte de Cristo sobre la cruz, pero él la continuó contra la iglesia, para producir el mayor daño posible, en su intento de conquistar esta tierra para el mal. Y ya en el fin, sabiendo que tiene poco tiempo, concentró su esfuerzo contra el Remanente de la iglesia al procurar destruirlo de cualquier manera.

El usa todo lo que esté a su alcance como instrumento de su guerra. Lucha desde fuera de la iglesia y desde dentro. Su arma más eficiente es la confusión que institucionalizó en la Babilonia, la mayor confusión espiritual del fin. Una mezcla de errores presentados como si fueran verdades reveladas por ti mismo, para la redención de la humanidad. La organización de Babilonia es religiosa: una iglesia primero, muchas iglesias después. Toda la confusión del mal, con la apariencia de religiosidad auténtica, es el mejor instrumento para engañar a los cristianos y para destruir el Remanente. Y el dragón quiere también plantarla dentro del mismo Remanente. Doctrinas claras, reveladas por ti, son alteradas; y su alteración, descrita como tu propia verdad. El mismo lenguaje de la revelación se modifica y una serie de nuevos conceptos desviados aparecen con las mismas palabras tradicionales. Entre ellas las más propias del pensamiento cristiano: fe, amor, y redención.

La fe ya no es la plena integración con Cristo para vivir su vida del modo consagrado como él la vivió; es un simple sentimiento de liberación que otorga la osada seguridad de estar en el bien sin que se altere la vida en nada. El amor no es ya la fuerza de la unión contigo que guía a una conducta en armonía con tu voluntad; es sólo una liviana actitud de tolerancia que justifica todo y sólo protege a las personas partidarias del liberalismo religioso. Y redención ya no es el logro de Cristo sobre la cruz; es sólo una actitud, llamada redentora, para aceptar el mal de las personas, adaptando tus doctrinas a la vida de ellas.

¿Cómo se identifica al Remanente? Por su centralidad en Cristo, por la misión, por su fidelidad en guardar tus mandamientos y por la posesión del Espíritu de profecía.

Año Bíblico: Salmos 46-50

EL CENTRO DE SU VIDA ES CRISTO

Estos son los que han salido de la gran tribulación, y han lavado sus ropas, y las han emblanquecido en la sangre del Cordero. Apocalipsis 7:14.

¡Cuántas cosas le mostraste a Juan! Fue como abrirle tus graneros de verdades sin el límite del tiempo. Le dijiste todo, desde el comienzo de la iglesia hasta su fin, con cada evento que en el mundo ocurriría en relación con ella. Y él los ordenó en su libro siempre ligados a tu Remanente.

El contó la historia de la iglesia cristiana, que tú le revelaste en siete períodos, destacando su constante conexión con Cristo.

El misterio de las siete estrellas que has visto en mi diestra —dijo, registrando las palabras del mismo Cristo—, *y de los siete candeleros de oro: las siete estrellas son los ángeles de las siete iglesias, y los siete candeleros que has visto, son las siete iglesias* (Apoc. 1:20).

Incluiste en esto al Remanente. Sus ministros también estarían en la mano de Cristo y él camina entre sus miembros permanentemente para protegerlos. Cristianos, profundamente cristianos, sin nunca estar distantes del Señor. Un Remanente cristiano que algunos, por calumnia, describen como legalista. Pero tú, que sabes mejor todas las cosas, lo revelaste a Juan como cristiano.

Cuando él cuenta la historia del Estado, en siete períodos también, como trompetas, con la misión de administrar el poder y los recursos naturales de la tierra para el bienestar de la familia humana, también describe al Remanente. Lo coloca entre la sexta y la séptima trompeta, en posesión del librito abierto, que le ayuda a penetrar en tu misterio, y en todo lo que ocurriría cuando dejara de existir el tiempo.

Y el ángel... juró... que el tiempo no sería más, sino que en los días de la voz del séptimo ángel, cuando él comience a tocar la trompeta, el misterio de Dios se consumará, como él lo anunció a sus siervos los profetas (Apoc. 10:5-7).

Tú tienes un misterio que has ido revelando desde el día que el pecado penetró en el mundo: el Evangelio. Y diste al Remanente la experiencia de su consumación. El Evangelio es Cristo. El Remanente es cristiano, con todo el libro de la profecía abierto, para saberlo y predicarlo en cada evento del final del tiempo.

Puso también el Remanente entre el sexto y el séptimo sellos, al contar la historia de las relaciones entre la Iglesia y el Estado. Pueblo sellado con el sello del Dios vivo, el sábado. Pueblo lavado con la sangre del Cordero: el Remanente es cristiano, como siempre fue tu pueblo que te ha amado (Apoc. 7:2, 14).

Año Bíblico: Salmos 51-55

GUARDAN LOS MANDAMIENTOS

Aquí está la paciencia de los santos, los que guardan los mandamientos de Dios y la fe de Jesús. Apocalipsis 14:12.

En la mentalidad religiosa de nuestro tiempo, la ley de los Diez Mandamientos está relacionada con el legalismo. Una religión que exija obediencia como parte indispensable de la experiencia religiosa, se considera legalista: anti-cristiana.

Pero tú, sabiendo lo que ocurriría en estos tiempos finales, cuando la gran guerra del dragón azotaría su látigo hereje sobre el Remanente, fuiste muy claro en tu enseñanza. El Remanente sería identificado por su fidelidad a todos tus mandamientos: Los diez, que han existido siempre, contra los cuales Satanás se rebeló; porque ellos son un símbolo visible de tu propia autoridad y soberanía. La rebelión es contra ti, contra tu reino y contra tu propio derecho de gobernar el universo.

En la vida que guarda tus mandamientos no existe legalismo. ¿Qué significa guardar? En enero de 1990, la Universidad de Chile, perteneciente a la nación, me invitó a dictar un curso de ética en sus muy prestigiados Cursos de Temporada. Se tituló: "Una ética para la crisis" y lo basé en este concepto de guardar los mandamientos. La palabra griega original, *teréo,* se usaba de muchas maneras. Tres ejemplos serán suficiente para definirla.

La reliquias fueron siempre objeto de especial cuidado, y las familias *guardaban* las suyas para pasarlas intactas de una generación a otra. Aún hoy, hay muchas familias que poseen tales objetos, porque los recibieron del pasado, en un tránsito seguro, que nunca alteró nada de lo que ellos siempre fueron. Guardar la ley, para pasarla inalterable de una generación a otra, no es legalismo; sólo es fidelidad a ti. Y el Remanente es fiel; aunque hay otras iglesias que la pasan alterada y diferente.

En esos tiempos cuando no había bancos, si alguien tenía que viajar, generalmente recurría a los servicios de un amigo para que le *guardara* sus valores, depositados en cofres, mientras estaba de viaje. El amigo custodio incurría en gastos y muchos trabajos para guardar el tesoro de su amigo. Pero cuando éste volvía, nunca reclamaba para sí una porción de esos valores en recompensa por sus muchas obras. El único mérito personal que él realmente tenía era una más íntima amistad con el amigo dueño del tesoro. ¿Había legalismo en esto? No, sólo amistad, y el Remanente está ligado a ti por la amistad amable que le brindas.

Las madres *guardaban* y todavía guardan a sus hijos, protegiéndolos y brindándoles atención en todo. ¿Lo hacen ellas por legalismo? Por puro amor. Y el Remanente te ama, con amor inalterable. Guardar tus mandamientos no es legalismo, ni salvación por obras; es una identidad de amor, y de fidelidad, y de amistad contigo.

Año Bíblico: Salmos 56-61

TIENEN EL ESPIRITU DE PROFECIA

Yo me postré a sus pies para adorarlo. Y él me dijo: Mira, no lo hagas; yo soy consiervo tuyo, y de tus hermanos que retienen el testimonio de Jesús. Adora a Dios; porque el testimonio de Jesús es el espíritu de la profecía. Apocalipsis 19:10.

El otro elemento que define la identidad de tu Remanente, además de guardar los mandamientos, es el testimonio de Jesús. ¿Qué es esto? La revelación: como palabra de Dios, y como espíritu de profecía (Apoc. 1:1-2; 19:10; 20:4). La Escritura es la revelación histórica; y el espíritu de profecía, la revelación escatológica. El Remanente tiene tu revelación completa.

Esto le ofrece una seguridad enorme en todo, particularmente en la guerra del dragón. Sus sofisticados desvíos heréticos que parecen verdaderos, pueden ser claramente desenmascarados por la revelación: la Escritura y el espíritu de profecía. Si se descarta el segundo, tan lleno de detalles para el tiempo del fin, se pierde una parte importante de las armas que tú nos diste para defendernos del mal. Por otro lado, su orientación espiritual para entender mejor la misma dinámica del mal en nuestra propia persona, es fundamental.

Cuando tú dices que el Remanente *tiene* el espíritu de profecía, no te refieres tan sólo a su disponibilidad, y a su presencia en la iglesia y en la biblioteca de todos sus miembros. El acto de *tener* nos da una doble identidad: de calidad y de tiempo. La calidad identifica al verdadero Remanente, en oposición a otros grupos no verdaderos. Los que rechazan el espíritu de profecía, aunque afirmen ser miembros del Remanente, no pertenecen a él, y pueden ser víctimas o instrumentos de la confusión.

Cuando surgió el cristianismo, las religiones paganas sólo eran religiones en búsqueda, o religiones en expectativa. Nada tenían que fuera una posesión real venida directamente de sus dioses. Todo estaba por suceder y nunca sucedía. El cristianismo trajo una experiencia religiosa nueva, unida intrínsecamente a la misma realidad de cada día. Los cristianos podían afirmar: *tenemos* la justicia de Cristo, por la fe. *Tenemos* la fe del Señor para salvarnos. *Tenemos* el amor de Cristo en nuestros corazones. *Tenemos* el Espíritu de la promesa. *Tenemos* la mente de Cristo. *Tenemos* la redención de Cristo. *Tenemos* vida eterna. Quien tenía esta calidad de vida era cristiano y el que no la tenía, no era, aunque de palabras pretendiera serlo. El Remanente también tiene. Tiene el espíritu de profecía, y el que no lo tiene, no pertenece al Remanente. No hay mérito en esto, sólo identidad.

La identidad del tiempo está implícita. Todo lo que el Remanente tiene está en el presente, inclusive la salvación. La vida eterna comienza ahora. La revelación del espíritu de profecía se aplica a su futuro, pero más que nada a su presente.

Año Bíblico: Salmos 62-67

LA MISION DEL REMANENTE

Y él me dijo: Es necesario que profetices otra vez sobre muchos pueblos, naciones, lenguas y reyes. Apocalipsis 10:11.

¿Por qué le mostraste a Juan el surgimiento del Remanente en relación con las trompetas? Las trompetas describen la forma como el Estado, o los gobiernos de la tierra cumplieron o no la misión que tú les diste. El Remanente no es un gobierno, es el sobrante fiel de una iglesia en plena apostasía; y aparece, en la revelación que diste a Juan, entre la sexta y la séptima trompetas. ¿Por qué?

No pusiste el surgimiento de tu Remanente entre la sexta y la séptima iglesia porque él sea parte de la séptima iglesia. La parte fiel no pertenece a una iglesia cristiana indiferente. Los gobiernos de la tierra, siervos tuyos para el bien de los humanos (Rom. 13:4), se integran con la iglesia apóstata en el abuso del poder político y en la asesina explotación de los recursos ecológicos. Hay una distinción muy radical, en relación con los gobiernos, que el Remanente vive, y que el sector apóstata no vive.

Con un pie sobre el mar, los habitantes de las naciones, y el otro sobre la tierra, con todos los recursos naturales para su permanente bienestar; el ángel del librito abierto ofrece al Remanente una experiencia dramáticamente real y una misión global que abarca a todos los pueblos y gobiernos de la tierra.

Su mensaje sigue siendo el Evangelio eterno que debe predicar a toda nación, tribu, lengua y pueblo (Apoc. 14:6); y en el mismo contexto de tu amor inalterable que otorgó el regalo de tu Hijo para que todo aquel que en él cree no se pierda, mas tenga vida eterna; pero muy bien relacionado ahora con todos los eventos que ocurren en la tierra y en el cielo.

La misión del Remanente proviene de tu propia voluntad y abarca la experiencia completa de la humanidad entera. Recibió el librito abierto y devoró su contenido profético con toda la alegría del que come algo muy dulce; pero el chasco se hizo amargo, tan amargo que perdió todo el sabor de la misión primera. Y tú, sabiendo mejor todas las cosas, le diste la misión de nuevo. "Profetiza otra vez", le encomendaste; y esta vez, a muchos pueblos, y naciones, y lenguas, sin olvidar sus reyes, sus hombres del poder, sus líderes políticos y todos los que forman sus gobiernos. Hay una integración de todo en la misión del Remanente: la experiencia individual de la persona entera, la vida total de las naciones, los hechos del pasado, los propios eventos del presente, la misma verdad del Evangelio, y lo que ocurre hasta en el cielo, porque es una misión que el Remanente debe cumplir cuando la hora de tu juicio ya ha llegado. Misión para transformar la vida, para alterar la sociedad humana entera, para librar la tierra de toda destrucción y toda guerra.

Año Bíblico: Salmos 68-71

EL MENSAJE DEL REMANENTE

Y el tercer ángel los siguió, diciendo a gran voz: Si alguno adora a la bestia y a su imagen, y recibe la marca en su frente o en su mano, él también beberá del vino de la ira de Dios, que ha sido vaciado puro en el cáliz de su ira; y será atormentado con fuego y azufre delante de los santos ángeles y del Cordero; y el humo de su tormento sube por los siglos de los siglos. Y no tienen reposo de día ni de noche los que adoran a la bestia y a su imagen, ni nadie que reciba la marca de su nombre. Apocalipsis 14:9-11.

Así como diste una misión al Remanente, también le diste tú un mensaje que le es propio. Es parte de su misma identidad, porque no hay otro grupo religioso que lo tenga: el mensaje de los tres ángeles. Algunos pueden alegar que esto es pura fabricación, que el texto nada dice y que no hay un grupo que tenga la misión de proclamarlos. Los ángeles de Apocalipsis 14, dicen, son tan sólo símbolos ajenos a la iglesia y forman parte de un grupo incomprensible de metáforas fantásticas cuya clave interpretativa nadie tiene.

Pero el caso es menos misterioso y más concreto. El plan del libro los coloca en la segunda parte, donde están, en más detalle, los eventos específicos del fin. El punto clave está en el Remanente (Apoc. 12:17). Luego vienen los poderes que apoyan al dragón en su guerra destructora contra él: la bestia de siete cabezas y diez cuernos, y la bestia que subía de la tierra. La primera, cuya herida mortal, infligida al final de los cuarenta y dos meses de su autoridad (1798), fue curada, es un poder religioso que manipula los poderes políticos para conducir al mundo a la adoración del dragón. La segunda, con la autoridad de la primera, obliga al mundo a que la adoren y hace sus grandes señales del engaño para establecer la imagen de la bestia. Dos poderes: el religioso-político surge donde está la gente, en el mundo de la vieja Europa. Y el político-religioso, en la tierra del nuevo mundo americano, despoblado aún, pero pronto con poder para obligar al mundo a que adoren a la bestia.

El mensaje de los tres ángeles no puede pertenecer a la organización religiosa de Europa, ni a su imagen establecida en el nuevo mundo, porque ellos ya están en apostasía. Sólo puede ser del Remanente, cuya victoria completa se describe justo al comenzar la descripción de su mensaje.

El primer mensaje es el Evangelio eterno predicado en el contexto del juicio investigador que está en proceso. El segundo es la caída de Babilonia y su rechazo para hacer posible la plena realidad del Remanente. Y el tercero, es la ira de Dios contra la bestia, contra la imagen de la bestia, y contra sus adoradores, para dar espacio al Remanente que en ti cree y guarda con amor tus mandamientos.

Año Bíblico: Salmos 72-77

LA IGLESIA APOSTATA

Ha caído, ha caído Babilonia, la gran ciudad, porque ha hecho beber a todas las naciones del vino del furor de su fornicación. Apocalipsis 14:8.

Seleccionaste el Remanente por causa de la apostasía. Y tú nunca rechazas fácilmente. Tu pueblo de Israel pasó por tiempos largos en plena apostasía sin que tú lo rechazaras como pueblo tuyo. Reyes de Israel: Jeroboam hizo lo malo ante tus ojos por 22 años. Nadab hizo lo malo por 2 años. Baaza hizo lo malo por 24 años. Ela hizo lo malo por 2 años. Omri hizo lo malo por 12 años. Acab hizo lo malo por 22 años. Ocozías hizo lo malo por 2 años. Joram hizo lo malo por 12 años. Jehú hizo lo malo por 28 años. Joacaz hizo lo malo por 17 años. Jeroboam II hizo lo malo por 41 años. Y siguen todos los reyes del reino de Israel haciendo lo malo por más de doscientos años, desde 931 a.C. a 722 a.C., hasta que tú los enviaste en cautiverio a Asiria, pero aún entonces, no los rechazaste.

La apostasía de tu iglesia se hizo grande, muy grande. Incorporó la confusión del enemigo de tal manera, que tú creaste para ella un nuevo nombre: Babilonia, Confusión. Y anunciaste su caída. ¿Cuál era su pecado mayor? Fornicación. Entró en intimidad con las naciones, mas no para salvarlas. Para perderse en ellas y con ellas en el mayor abuso del poder contra los pueblos de la tierra. Dejó de predicar la salvación y se tornó un poder explotador de pueblos y recursos ecológicos, en franca sociedad con aquellos que irritan las naciones y destruyen la tierra (Apoc. 11:18).

Y la mujer, tu iglesia, ya no estaba más vestida del sol con tu pureza; se tornó ramera. La madre de todas las rameras, vestida de púrpura y escarlata, ebria con la sangre de los santos, que ha martirizado y fornicado con todos los reyes de la tierra. Es un nuevo poder que, igual a todos los poderes en apostasía, cabalga sobre la bestia escarlata llena de nombres de blasfemia que, junto con ellos, pelea contra el Cordero; pero el Cordero los vencerá (Apoc. 17:1-14).

Tú siempre lo supiste y lo anunciaste.

Porque yo sé que después de mi partida —dijo Pablo, comunicando lo que tú le revelaste— *entrarán en medio de vosotros lobos rapaces, que no perdonarán al rebaño. Y de vosotros mismos se levantarán hombres que hablen cosas perversas para arrastrar tras sí a los discípulos* (Hech. 20:29-30).

Y Juan dijo que el anticristo ya estaba actuando en sus días (1 Juan 4:1-3). Quiere decir que toleraste la apostasía de la iglesia desde su comienzo, aproximadamente hacia el fin del primer siglo, hasta el inicio de la formación del Remanente (1844) para entonces comenzar a rechazarla en forma definitiva.

Año Bíblico: Salmos 78-80

LA PLENA APOSTASIA

Ha caído, ha caído la gran Babilonia, y se ha hecho habitación de demonios y guarida de todo espíritu inmundo, y albergue de toda ave inmunda y aborrecible. Porque todas las naciones han bebido del vino del furor de su fornicación. Apocalipsis 18:2-3.

Desde tu trono, envías tú al mundo un nuevo mensajero. No es uno de los siete que tienen los juicios de las siete postreras plagas con tu castigo por el mal de las naciones. Es semejante a los otros tres que proclamaron tu mensaje redentor, con la voz del Remanente. Una repetición del segundo mensaje que anunció la caída de Babilonia, ahora hecha total, porque también la confusión se hizo completa.

Babilonia es una habitación de demonios y guarida de todo espíritu inmundo, y albergue de toda ave inmunda y aborrecible. La integración de su religión con el espiritismo es espantosa. Sólo tu propia revelación nos permite captarla. Habitación, guarida y albergue: una morada. Lugar para vivir, para crecer, multiplicarse. Una base de acción para extenderse. Un centro de poder para lograr dominio sobre todos. Los demonios actúan con todo su poder desde esta base.

Y actúan con el mayor refinamiento. Con las formas variables de los mismos intereses personales que cada persona individual tiene y desea. Con las formas seductoras que atraen a los grupos humanos según sus propios moldes culturales. Con todo lo que está en acción en el ambiente donde viven las naciones y se afianzan. Con toda la ilusión de la grandeza que busca el crecimiento, el progreso, el triunfo y el dominio.

Y hay todo un nuevo mundo que se ofrece. Se da un nuevo valor a las personas. Una manera nueva de vivir. Una cultura mejor, más abarcante. Sus logros serán más eficientes y muchas personas más serán beneficiadas. Es una cultura global. La tierra entera será favorecida. Es una nueva era.

Y hay nuevos paradigmas en la ciencia, en la política, y en toda relación de pueblos sabios. También en la salud, en la cultura, y en la propia manera de entender la realidad y de vivirla. Hay plena libertad y no hay fronteras de ninguna clase. Todos abiertos y la mente en plena conexión con toda realidad que existe aquí y hasta en el mundo espiritual. Pues todo es una cosa, como un manto global, sin corte y sin costura. Las religiones no luchan más por defender su propia identidad. ¿Para qué? Si todo es uno. Es el comienzo de una nueva era y un ego sin linderos, mezclando el individuo al universo, con la experiencia individual como única norma de vida verdadera. Y espíritus que guían, venidos de la tumba, o del remoto confín del universo; es plena apostasía.

Año Bíblico: Salmos 81-85

EL FIN DE LA MISION

Después de esto vi a otro ángel descender del cielo con gran poder; y la tierra fue alumbrada con su gloria. Apocalipsis 18:1.

Y al mismo tiempo que la masa mayor del mundo te abandona, el Remanente concluye la misión con el poder que viene de tu propia gloria. Es el final; tu Espíritu es derramado sin medida. Sin restricción de clase alguna. Tus hijos te abren la mente, el corazón, las energías, la vida que poseen, tienen victoria. No piensan más en los peligros, ni cuentan ya sus intereses propios. Todo en ellos se ha tornado a ti, como un abierto girasol que busca cada instante tu supremo brillo.

La atracción de lo terreno que otrora fuera fuerte como un polo, nada puede ya sobre sus vidas. Nada. Sólo tú tienes la fuerza. Sólo tú la voz y la atracción de la obediencia. Sólo tú el amor y la bondad de la paciencia. Sólo tú la gracia y la grandeza de la vida eterna. Sólo tú. No hay nada más sobre la tierra, porque ella está en su fin y tú la haces de nuevo.

La fuerza de tu Espíritu, presente como nunca en una lluvia de gracias infinitas, los mueve por el mundo y los conmueve por las almas, las que buscan sin cesar hasta bautizarlas. Y el gozo del testigo, que habla sólo lo que ha visto, que dice lo que vive, que anuncia lo que cree, que enseña lo que sabe, vuelve a dar el fruto vivo de la vida eterna. Y es la lluvia tardía y el final de la cosecha. Y eres tú, junto a tu pueblo, quien da el toque final de perfecciones, quien coloca al Remanente en tus dominios.

Y el último mensaje es repetido, mientras todos ya perciben el estruendo de la grande confusión; y la fuerte Babilonia se deshace.

Salid de ella, pueblo mío —con poder, dice la voz—, *para que no seáis partícipes de sus pecados, ni recibáis parte de sus plagas; porque sus pecados han llegado hasta el cielo, y Dios se ha acordado de sus maldades* (Apoc. 18:4-5).

Y se agita el mundo entero en una marcha hacia la luz, como jamás haya ocurrido en el pasado. Personas convencidas, se convierten. Personas ignorantes descubren la verdad y la creen. Personas sin piedad se tornan buenas. Y un éxodo final de conversiones se repite vez tras vez por todo el litoral dominado por el enemigo. Y éste siente su derrota. Y corre con angustia. Y el tiempo se le acaba. Y busca crear más confusiones. Mas todo su poder se hace pequeño, porque el tiempo del Espíritu ha llegado; y vence, sin cesar, en la certeza de una nueva fe que se hace fuerte, y no desmaya.

Año Bíblico: Salmos 86-89

EL REMANENTE PREPARADO

Gocémonos y alegrémonos y démosle gloria; porque han llegado las bodas del Cordero, y su esposa se ha preparado. Y a ella se le ha concedido que se vista de lino fino, limpio y resplandeciente; porque el lino fino es las acciones justas de los santos. Apocalipsis 19:7-8.

El Remanente es la esposa del Cordero en el tiempo del fin. Y eres tú quien la prepara. Comenzaste tú la buena obra y eres tú quien la concluye.

Por tanto, amados míos —decía Pablo a los filipenses—, *como siempre habéis obedecido, no como en mi presencia solamente, sino mucho más ahora en mi ausencia, ocupaos en vuestra salvación con temor y temblor, porque Dios es el que en vosotros produce así el querer como el hacer, por su buena voluntad* (Fil. 2:12-13).

El Remanente quiere lo que quieres tú, y hace lo que tú quieres hacer en ellos; porque todo el bien viene de ti, y a ti retorna. Dependemos de ti, porque en ti existimos y nos movemos y somos.

El triunfo final es una fiesta, porque el Evangelio es una invitación tuya para las bodas del Cordero. El Remanente es invitado a estar presente en esa boda, su propia boda de amor por el Cordero. Y la preparación es el vestido de boda, lino fino, limpio y resplandeciente, concedido por ti, como un regalo. Sus acciones justas no son acciones que hizo el Remanente solo, como quien ejecuta sus obras aceptables; las hace como quien se pone un traje regalado, pero propio. No le es propio por haberlo comprado con su dinero propio; es sólo propiedad de su persona por haberlo aceptado de ti como un regalo.

Y tu regalo es Cristo: su presencia, su amor, su compañía, sus actos, su persona. Todo lo que él es, tú me regalas; y en todo lo que soy, yo lo recibo. Yo y él estamos juntos por la fe. Recibí a Jesús en la cruz, como mi sustituto inmaculado; y él murió por mí, para salvarme. De nuevo, viniendo en un caballo blanco desde el cielo, recibiré a mi Fiel y Verdadero Señor; que juzga con justicia, y que me salva por la suya propia, para la vida eterna.

Y cuando vuelva, con todo su poder sobre las nubes, derrotará para siempre a los que hicieron guerra al Remanente: la bestia, y el falso profeta, y los reyes de la tierra y sus ejércitos, y el mismo dragón que a todos engañaba. Derrotados, por tu grande poder omnipotente. Y la esposa del Cordero, por el mismo poder, salvada para siempre.

Bienaventurados los que son llamados a la cena de las bodas del Cordero. Y me dijo: Estas son palabras verdaderas de Dios (Apoc. 19:9).

Año Bíblico: Salmos 90-99

LA UNIDAD DEL CUERPO DE CRISTO

Porque de la manera que en un cuerpo tenemos muchos miembros, pero no todos los miembros tienen la misma función, así nosotros, siendo muchos, somos un cuerpo en Cristo, y todos miembros los unos de los otros. Romanos 12:4-5.

"La iglesia es un cuerpo constituido por muchos miembros que proceden de toda nación, raza, lengua y pueblo. En Cristo somos una nueva creación; las diferencias de raza, cultura, educación y nacionalidad, entre encumbrados y humildes, ricos y pobres, hombres y mujeres, no deben causar divisiones entre nosotros. Todos somos iguales en Cristo, quien por un mismo Espíritu nos ha unido en comunión con él y los unos con los otros. Debemos servir y ser servidos sin parcialidad ni reservas. Por medio de la revelación de Jesucristo en las Escrituras participamos de la misma fe y la misma esperanza, y salimos para dar a todos el mismo testimonio. Esta unidad tiene sus orígenes en la unicidad del Dios triuno, que nos ha adoptado como hijos (Rom. 12:4-5; 1 Cor. 12:12-14; Mat. 28:19-20; Sal. 133:1; 2 Cor. 5:16-17; Hech. 17:26-27; Gál. 3:27-29; Col. 3:10-15; Efe. 4:14-16; 4:1-6; Juan 17:20-23)" *(Manual de la iglesia,* Creencia Fundamental N.º 13).

Desde que tú creaste al ser humano has estado haciendo muchas cosas muy difíciles con nosotros. Algunas que te has propuesto hacer son casi imposibles. Quizá una de las más imposibles sea la unidad de la iglesia. ¿Cómo puedes lograr que haya unidad en este grupo humano universal? No es que yo dude de tu poder; tú siempre logras todo lo que te propones. El problema está en nosotros. Tenemos tantas diferencias. Procedemos de culturas tan opuestas, incompatibles. Los valores, los principios éticos, la forma de expresarnos, los estilos de vida, la estructura mental y hasta la cosmovisión que poseemos varía entre los grupos culturales del planeta.

¿Y quieres tú que todos formemos sólo un cuerpo? Agrega a todo lo que he dicho, un elemento más, que para mí, es el peor de todos ellos. El egoísmo. Vivimos en un mundo psicológico tan chico. Una pequeña constelación de un solo cuerpo y todo lo demás gira tan sólo en torno a nuestro ego. Egocéntricos por herencia, por vicio y por opción. Egolatría sin problemas de conciencia. Cometemos todos el pecado padre de todos los pecados y no lo percibimos. El pecado que destruye nuestro propio ser y hace imposible la unidad del grupo. El egoísmo.

Y sin embargo, yo confío en tu poder. Yo sé que puedes lograrlo. Y, por supuesto, sin duda tú lo lograrás. Pero Señor, tienes aún que transformarnos mucho más. La conversión es la respuesta, el nuevo nacimiento. Tu nueva creación hace el milagro y nos prepara, a cada uno, para ser un miembro diferente, más unido al cuerpo en unidad indestructible.

Año Bíblico: Salmos 100-105

UNIDAD POR EL ESPIRITU

Porque así como el cuerpo es uno, y tiene muchos miembros, pero todos los miembros del cuerpo, siendo muchos, son un solo cuerpo, así también Cristo. Porque por un solo Espíritu fuimos todos bautizados en un cuerpo, sean judíos o griegos, sean esclavos o libres; y a todos se nos dio a beber de un mismo Espíritu. 1 Corintios 12:12-13.

Yo leí muchas veces este texto, pero hoy es la primera vez que veo algo que, por tu inspiración, Pablo colocó tan claramente aquí. Yo sabía, por supuesto, que el bautismo es la puerta de entrada a la iglesia; y, por lo tanto, nos bautizamos como un testimonio externo de una experiencia espiritual interna, para tornarnos miembros de la iglesia. Pero no me había dado cuenta que esta entrada a la iglesia es más específica. Entramos a la unidad del cuerpo.

¿Quiere esto decir que tú deseas que al entrar a la iglesia renunciemos a todo lo que nos impida la unidad? Ya sé, tu respuesta es obvia. Pero las consecuencias de esto son de una trascendencia incalculable. Nada, en mi vida, debe tener prioridad sobre tu iglesia: ningún asunto de mi propia persona, ningún elemento de mi cultura, ninguna costumbre de mi sociedad o grupo étnico, ninguno de mis antecedentes, cualquiera sea la importancia que haya tenido para mí en el pasado. Tengo que someter todo para mantener la unidad de la iglesia. Sí, lo entiendo todo muy bien. Esta fue la opción que yo escogí cuando me bauticé.

Cada decisión que hice en relación con mi bautismo fue una acción pactada contigo y conducida en mí por el Espíritu Santo. Fue el Espíritu el que me dio la comprensión de la verdad y el Espíritu fue el único que transmitió a mi mente la fortaleza espiritual que me faltaba para tomar las decisiones. Es cierto que mi propia voluntad participó, y la tuya también; pero la mía no estaba en modo alguno en condiciones de tomar las decisiones por pura iniciativa propia. Esta clase de iniciativa ya no estaba en mí, por el pecado. A lo más, yo podía tener deseos de servirte y anhelos de integrarme como miembro de tu iglesia; pero en cuanto a la fuerza de voluntad, la que decide y actúa, necesitaba ayuda y la recibí por la acción de tu Espíritu en mí.

Y a cada cristiano que se unió a la iglesia, le pasó lo mismo. Porque "por un solo Espíritu fuimos todos bautizados en un cuerpo". Esto es innegable: el mismo y único Espíritu actuó en todos nosotros para formar un solo cuerpo; luego, la unidad debiera ser una actitud espiritual de todos, bajo la conducción del mismo Espíritu. Si yo no estoy en unidad con la iglesia, significa que no estoy permitiendo que el Espíritu actúe en mí. Y mi deseo debe ser, de nuevo, dejarme guiar por el Espíritu; para integrarme a la unidad de un cuerpo, con la iglesia.

Año Bíblico: Salmos 106-110

UNIDAD EN LA INTEGRACION

Mas no ruego solamente por éstos, sino también por los que han de creer en mí por la palabra de ellos, para que todos sean uno; como tú, oh Padre, en mí, y yo en ti, que también ellos sean uno en nosotros; para que el mundo crea que tú me enviaste. Juan 17:20-21.

Tú sabes muy bien cómo me resultaba sospechosa la predicación de la unidad en la diversidad. Yo no sabía lo que ahora sé, pero sentía en mi interior que alguna cosa no estaba en armonía con tus enseñanzas. Después estudié el asunto y me ayudaste a comprender porqué sentía la inquietud que tú conoces.

La unidad que tu Hijo te pedía para todos los creyentes de todos los tiempos, era una unidad en la integración. El hecho de que él repitió varias veces el pedido, le da una fuerza de verdad inobjetable. Que sean uno, dijo, como tú *en* mí, y yo *en* ti; que sean uno *en* nosotros. Aquí no existe diversidad, lo que hay es integración. La multiplicidad de los humanos, con la multiplicidad de los seres divinos, integrados en la unidad del uno. Que sean *uno*. El individualismo no tiene lugar en esta clase de unidad.

Algunos predican la unidad en la diversidad, tratando de convencer a todos que la individualidad y las concepciones personales de la doctrina tienen que ser respetadas por el cuerpo corporativo de la iglesia, como un derecho de cada uno. La defensa de los derechos personales puede ser un elemento muy importante de nuestra cultura occidental, pero Cristo, en su oración, pide exactamente lo opuesto. Que cada uno se integre dándose a los otros, renunciando a sí mismo.

La unidad de los creyentes tiene que ser como la unidad de Cristo contigo. "Que sean uno, como tú en mí, y yo en ti", dijo Cristo. Nunca hubo discordancias doctrinales entre ustedes. Nunca tuvieron maneras de pensar individuales y ninguno de ustedes defendió jamás los derechos que, como Dios, pudiera tener sobre los otros.

Sólo la integración alcanza la perfección de la unidad. La unidad por acuerdo, por derecho, o por conveniencia, es siempre precaria; y como experiencia cristiana, es defectuosa.

Yo en ellos, y tú en mí —oró Cristo—, *para que sean perfectos en unidad* (Juan 17:23).

La unidad de los cristianos tiene un sentido misional básico. Es un testimonio, ante el mundo, que prueba la autenticidad de la misión de Cristo, y coloca a la iglesia en la plena efectividad de la misión que Cristo le encomendó a ella: *Para que el mundo conozca que tú me enviaste, y que los has amado a ellos como también a mí me has amado.*

Año Bíblico: Salmos 111-118

DIVERSIDAD DE DONES

Ahora bien, hay diversidad de dones, pero el Espíritu es el mismo. Y hay diversidad de ministerios, pero el Señor es el mismo. Y hay diversidad de operaciones, pero Dios, que hace todas las cosas en todos, es el mismo. 1 Corintios 12:4-6.

Sí, en la iglesia existe una diversidad. La diversidad de dones.

Y con ella, también la diversidad de ministerios y de operaciones o actividades. Pero cada una de esas diversidades está bajo la conducción de un miembro de la Trinidad, dando así la seguridad de que, en la iglesia, aun la diversidad debe estar integrada en su unidad. La Trinidad actúa siempre en unidad. Los Tres son Uno. Y la diversidad de dones, de ministerios y de actividades también deben tornarse unidad en la iglesia.

El Espíritu Santo administra los dones. Y él los distribuye como quiere (1 Cor. 12:11). Lo contrario a los dones es lo que nosotros poseemos como producto de nuestra propia acción. Como la salvación por la fe, en contraste con la salvación por las obras. La primera es un don de Dios; la segunda, una ilusión. Todo lo que nosotros construimos, por obras exclusivamente nuestras, se torna una fantasía, un espejismo. Se parece a la obra que ejecutan los actores de teatro. Cuando están representando, trabajan, y todo parece una absoluta realidad; pero cuando el espectáculo ha terminado, no queda nada. Un arduo trabajo improductivo. Todo lo hecho se desvanece; y los actores, cuando regresan a sus casas, no pueden llevar consigo nada de lo que hicieron en las tablas. Los dones del Espíritu son reales. El servicio que le rinden a la iglesia tiene consecuencias eternas.

El Señor administra los ministerios. No los que los poseen, ni mucho menos los que se benefician con ellos. Si cualquiera de estos dos intentara apoderarse de ellos, o controlarlos, o modificarlos, o definir su práctica en forma diferente a la que el Señor estableció, estaría usurpando un derecho que no le pertenece. Entre los ministerios mencionados en el Nuevo Testamento se encuentran: el ministerio de la palabra, el ministerio apostólico, el ministerio de la reconciliación, el ministerio pastoral, el ministerio profético, el ministerio evangelístico, y el ministerio de los santos. Todos ellos deben ser administrados en armonía total con la revelación bíblica; porque es en ella donde se encuentra la voluntad de Cristo, el verdadero administrador de todos ellos.

Y tú administras las operaciones o actividades de los santos, porque sólo tú eres quien hace todas las cosas en todos. Todas nuestras acciones tienen verdadero valor, únicamente cuando las hacemos asociados contigo. Cuando actuamos solos, se parecen a las semillas vanas que jamás producirán fruto. La vida termina en ellas. Pero contigo, todas nuestras acciones son semillas de la vida eterna.

Año Bíblico: Salmo 119

MULTIPLICIDAD DE MIEMBROS

Además, el cuerpo no es un solo miembro, sino muchos. 1 Corintios 12:14.

Desde luego, los miembros de la iglesia son muchos. Y tu deseo es que cada ser humano se torne un miembro de ella. La iglesia es una comunidad divina que, por la presencia de tu Espíritu Santo, se convierte en el lugar donde los miembros se multiplican, y su multiplicidad no es una amenaza contra la unidad; siempre que cada uno acepte el lugar que Dios le ha dado en ella, y se sienta feliz en él.

Mas ahora Dios ha colocado los miembros cada uno de ellos en el cuerpo, como él quiso (1 Cor. 12:18).

Pero sabes, Padre, la parte más difícil de este asunto, no está en aceptar el lugar que tú me diste a mí. Está en aceptar el lugar que tú les diste a los demás. Puede ocurrir que otro miembro tenga el lugar que yo pensé que tú dispusiste para mí; y en mí pueden surgir toda clase de pensamientos enemigos de la unidad. ¿Cómo hago para superar esta situación? Tú siempre me das una salida, maravillosa siempre. Por eso te ruego que en esto también me muestres tú el lugar de la Escritura que lo aclare.

Los miembros del cuerpo que parecen más débiles, son los más necesarios;... y los que en nosotros son menos decorosos, se tratan con más decoro;... para que no haya desavenencia en el cuerpo, sino que los miembros todos se preocupen los unos por los otros (1 Cor. 12:22-25).

De nuevo, la mejor solución está en la humildad. Colocar a los otros en el lugar más honorable, aunque pensemos que no merecen honra alguna. Y el lugar más honorable de mi propia persona está exactamente en mis afectos. Es ahí donde yo quiero tener siempre a mis hermanos, y a mi iglesia entera. Son ellos lo que yo amo más. Los amo porque te amo a ti. Por la misma razón que te amo a ti: porque tú me amaste primero; y porque tú los amas, como me amas a mí también.

Y si todos sentimos lo mismo, los unos para con los otros, cada uno tiene un valor no despreciable para el cuerpo. Todos somos vitales, como el ojo y el oído, como la mano y la cabeza, como el pie, como las orejas, como todos los miembros que trabajan conectados entre sí por el mismo cuerpo, al que siempre sirven; porque fuera de él, nada serían.

Y eres tú, mi Dios, el que produce la unidad de tanta multitud. Tú haces el milagro. Y aunque haya siempre algunos que prefieren defender sus propios intereses, o sus puntos de vista personales, sin someterse al cuerpo, como un miembro puesto por Dios en él, tú seguirás obrando la unidad que prometiste.

Año Bíblico: Salmos 120-134

LA UNIDAD DE LA FE

Hasta que todos lleguemos a la unidad de la fe y del conocimiento del Hijo de Dios, a un varón perfecto, a la medida de la estatura de la plenitud de Cristo. Efesios 4:13.

La edificación del cuerpo de Cristo, la iglesia, tiene por objetivo la unidad de la fe y la unidad del conocimiento del Hijo de Dios. Esta unidad es signo de que cada miembro de la iglesia es una persona madura, es decir, está a la altura de la plenitud de Cristo. Con esto nos colocaste, oh Padre, un ideal muy alto. Bien entiendo que no puede ser de otra manera. Pero es casi como tomar a un grupo cualquiera de las calles de una ciudad y subir con ellos un volcán de siete mil metros de altura, pretendiendo que todos lleguen a la cumbre. Difícil. Tengo que admitir, sin embargo, que la unidad de la fe es posible; pues si fuera imposible, tú no la habrías demandado.

Y tú también revelaste la clave para lograrlo. Pablo, en el preámbulo a su párrafo sobre la unidad, menciona dos asuntos vitales. Primero, dice que debemos andar "como es digno de la vocación" con que nos llamaste. E indica varias cualidades de este andar, fundamentales para la unidad de la fe: humildad, mansedumbre, paciencia y amor. Segundo, dice que tú nos mandas guardar "la unidad del Espíritu". Y enumera lo que pertenece a esta unidad: un cuerpo, un Espíritu, una esperanza, un Señor, *una fe*, un bautismo, un Dios. Me impresiona mucho que tú coloques juntas, en el mismo nivel para la unidad, a la Trinidad, la iglesia, la esperanza, la fe y el bautismo. En todo esto, todos los cristianos tenemos que pensar igual, con una sola mente. No puede haber disidencia en la fe.

Además de colocar la fe en el mismo nivel de la Trinidad, la iglesia, la esperanza y el bautismo, hay otro asunto vital para entender la importancia de la unidad doctrinal. Es el contraste que Pablo hace entre "andar como es digno de tu vocación" (la unidad doctrinal es parte de este andar) y "andar como los gentiles". La mente de ellos no puede sumarse a tu comunidad, la iglesia, para mantener una misma creencia, porque no se ha convertido. Los inconversos siguen un modo de vida que pertenece al "viejo hombre". Andan en la vanidad de su mente, tienen un entendimiento oscuro, viven ajenos a tu vida, en ignorancia, y tienen el corazón endurecido. Líbranos de esta mente vacía que lucha contra la fe.

Fe, en este contexto, es creencia; y la unidad de la fe impedirá que tengamos doctrinas personales, diferentes a la doctrina de la iglesia, y que seamos llevados de un lugar a otro por "todo viento de doctrina". Hay muchos engañadores que usan extrañas estratagemas, empleando astutas artimañas para engañar y conducir al error. Pero nosotros no podemos ser fluctuantes ni inmaduros; tenemos que seguir la verdad, tenemos que crecer en Cristo y poseer unidad doctrinal, para edificarnos en amor.

Año Bíblico: Salmos 135-139

UN MISMO SENTIR

Pero el Dios de la paciencia y de la consolación os dé entre vosotros un mismo sentir según Cristo Jesús, para que unánimes, a una voz, glorifiquéis al Dios y Padre de nuestro Señor Jesucristo. Romanos 15:5-6.

La palabra "sentir" en el original griego significa sentir con las emociones y con los pensamientos; Pablo pide, entonces, que tú nos des a todos un mismo modo de sentir-pensar. Igual que Cristo. El nunca actuaba motivado sólo por sus sentimientos, ni actuaba jamás motivado tan sólo racionalmente. El se interesaba en los demás con la razón y con las emociones, al mismo tiempo. No sólo pensaba en la gente, la amaba.

Cuando Pablo se refiere a este sentir-pensar de Cristo, lo describe en su humildad. El era Dios, pero esa característica de la mente, todopoderosa y libre, que puede hacer lo que quiere, no fue algo que detuvo a Cristo para tornarse un siervo sujeto a la obediencia extrema, hasta la muerte; la muerte más insignificante, más vergonzosa y más desprestigiada. Se desvistió de todo lo que, como Dios, poseía, para vestir solamente el ser de los humanos. Lo que se puso era tan insignificante que fue como quedar desnudo a los ojos de todos. Pero él podía identificarse totalmente con los seres humanos porque era humilde (Fil. 2:5-8).

Si tú nos das la capacidad de identificarnos unos con los otros en deseos y pensamientos, pensando y deseando lo mismo que Cristo deseaba y pensaba, no hay la menor duda de que todos estaremos unidos hasta el punto de hablar lo mismo en toda circunstancia. No habrá ninguna pérdida de individualidad mayor que la individualidad divina que Cristo dejó por amor a nosotros. Nada nos justifica en nuestro egoísmo de siempre desear y reclamar para nosotros el derecho de diferir en asuntos que quebranten la unidad del cuerpo de Cristo, como la doctrina y otros.

Desde luego que el modo de pensar y de sentir de todos los miembros de la iglesia, incluyendo a los dirigentes, tiene que estar regido por tu revelación, así como la mente de Cristo estaba guiada por tu voluntad.

Porque he descendido del cielo —decía él—, *no para hacer mi voluntad, sino la voluntad del que me envió* (Juan 6:38).

La Biblia, como revelación que tú nos enviaste por medio de los profetas, y otros autores inspirados por ti, es tu voluntad escrita; y por eso constituye la base objetiva de nuestra unidad como cuerpo de Cristo. Tu voluntad es nuestra unidad y siguiéndola estaremos siempre unidos.

Año Bíblico: Salmos 140-144

LA UNIDAD MISIONERA

Cuando llegó el día de Pentecostés, estaban todos unánimes juntos. Y de repente vino del cielo un estruendo como de un viento recio que soplaba, el cual llenó toda la casa donde estaban sentados; y se les aparecieron lenguas repartidas, como de fuego, asentándose sobre cada uno de ellos. Y fueron todos llenos del Espíritu Santo, y comenzaron a hablar en otras lenguas, según el Espíritu les daba que hablasen. Hechos 2:1-4.

La unidad es la base de la misión exitosa y nada une más que la misión. Cuando un grupo de personas participan juntas en la misión, se establece entre ellas el mismo vínculo que existía entre ustedes, como Personas Divinas, cuando acompañaban a Cristo durante los treinta y tres años de la misión que él cumplió sobre la tierra. No había nada más importante para ninguno de ustedes. El Espíritu Santo estaba acompañando a Cristo permanentemente y tú jamás lo abandonabas.

Ustedes tres actuaban como una pequeña iglesia en misión permanente. En las iglesias pequeñas todos quieren participar y lo hacen. Recuerdo cuando surgió la idea del proyecto "Pioneros" en la División Sudamericana. El pastor Joao Wolff era presidente y discutimos con él la idea, muchas veces. La comisión de evangelización, compuesta por los departamentales y los administradores, también la vio con simpatía. Finalmente, antes de colocarla en el plan quinquenal de la División como una sugestión para todas las iglesias, decidimos realizar una prueba, en una iglesia, para ver si realmente funcionaría, o no.

La iglesia central de Temuco, en Chile, se dispuso a apoyar el proyecto y seleccionó a un grupo de sus miembros, todos dispuestos a dedicar tiempo y todo lo que estuviera a su alcance para fundar una nueva iglesia. Alquilaron una casa en la Avenida Estadio y la transformaron en un salón de reuniones. Yo fui para dar las conferencias.

El grupo de miembros que participaba tenía un espíritu de participación tan grande que jamás se oía nada sobre problema alguno en la relación entre ellos. No había los desentendimientos que a veces surgen en las iglesias mayores. Ninguno codiciaba los cargos que, para algunos, son tan atractivos. Cada uno participaba y estaban todos unidos. Este espíritu de unidad disminuyó la conciencia del sacrificio que significa salir de una iglesia que lo tenía todo, desde piano hasta la mejor atención pastoral posible, para ir a un lugar donde no había nada. Pero el resultado en esta misión fue fantástico. El grupo creció rápidamente. En poco tiempo compraron un terreno para la construcción de una iglesia. Y antes que se dieran cuenta, tenían una de las iglesias más bonitas de la ciudad con una feligresía unida y feliz de seguir adelante con la misión. Hoy es una iglesia importante, todavía unida y muy dedicada a la misión.

Año Bíblico: Salmos 145-150

EL MINISTERIO DE LA RECONCILIACION

De modo que si alguno está en Cristo, nueva criatura es; las cosas viejas pasaron; he aquí todas son hechas nuevas. Y todo esto proviene de Dios, quien nos reconcilió consigo mismo por Cristo, y nos dio el ministerio de la reconciliación. 2 Corintios 5:17-18.

La misión que tú nos diste es, esencialmente, reconciliación. Acción de reconciliación hecha por personas reconciliadas. No de una forma superficial sino profunda. Esta reconciliación es producto del nuevo nacimiento y la nueva criatura no es una persona rearreglada cosméticamente; es una nueva creación espiritual de tu Espíritu Santo.

En una de las iglesias que me tocó servir pastoralmente, a los comienzos de mi ministerio, había un hermano muy peculiar. Un macedonio pobre, alto y, por eso y otros elementos de su personalidad, plenamente visible en donde apareciera. Vivía la soledad de su soltería en una habitación, un tanto descuidada, que le ofrecía la generosidad de uno de los ancianos. Vendía huevos de casa en casa y hablaba del Evangelio en todo lugar.

Esto producía un cierto malestar entre algunos miembros más sofisticados de la iglesia. Pensaban que su testimonio constante no era el más apropiado. "El deja una mala impresión de nuestra iglesia", decían. Yo era joven aún. No tenía suficiente experiencia pastoral y no sabía cómo tratar el asunto. Sin embargo, tenía muy claro el concepto de que todo miembro de iglesia tiene que participar en la misión, para mantener su relación con Dios y para estar en armonía con la iglesia. No podía ni imaginarme prohibiéndole que cumpliera la misión.

Un día decidí seguirlo y visitar las mismas casas, después que él hiciera su trabajo de vendedor, para ver si lograba descubrir la impresión que él dejaba en las personas. Me presenté directamente como pastor de la Iglesia Adventista, hablando del programa radiofónico y ofreciéndoles los cursos de la Escuela Radiopostal. En una casa, apenas dije: "Soy el pastor de la Iglesia Adventista", la señora me dijo: "Uno de sus miembros me visita siempre. Me habla de la Biblia y me cuenta lo que usted predica. El vende huevos, pero cuando comienza a hablar de su iglesia se olvida del negocio y cuando se va, yo le hago recordar su venta; porque pareciera que él vive más para su religión que para su negocio. Algunas veces me he dicho que si las personas simples de esa iglesia son tan buenas como este hombre, ¿cómo serán las más inteligentes? Usted debe tener una iglesia maravillosa, pastor", agregó. Tenía razón. "Cuando sepan esto —me dije—, será más maravillosa aún porque todos tendrán la paz y la alegría de la reconciliación". Una persona reconciliada, que cumple el ministerio de la reconciliación, siempre produce en los demás los sentimientos propios de su experiencia, y los disfruta.

Año Bíblico: Proverbios 1-3

EL BAUTISMO

Porque somos sepultados juntamente con él para muerte por el bautismo, a fin de que como Cristo resucitó de los muertos por la gloria del Padre, así también nosotros andemos en vida nueva. Romanos 6:4.

"Por medio del bautismo confesamos nuestra fe en la muerte y resurrección de Jesucristo, y damos testimonio de nuestra muerte al pecado y de nuestro propósito de andar en novedad de vida. De este modo reconocemos a Cristo como nuestro Señor y Salvador, llegamos a ser su pueblo y somos recibidos como miembros de su iglesia. El bautismo es un símbolo de nuestra unión con Cristo, del perdón de nuestros pecados y de nuestra recepción del Espíritu Santo. Se realiza por inmersión en agua, y está íntimamente vinculado con una afirmación de fe en Jesús y con evidencias de arrepentimiento del pecado. Sigue a la instrucción en las Sagradas Escrituras y a la aceptación de sus enseñanzas (Mat. 3:13-16; 28:19-20; Rom. 6:1-6; Col. 2:12-13; Hech. 16:30-33; 22:16; 2:38)" *(Manual de la iglesia,* Creencia Fundamental N.º 14).

Siempre recordaré mi bautismo. Fue en el río Chillán, junto a la Universidad Adventista de Chile. Me bautizó el pastor Torreblanca que había venido a dirigir la última Semana de Oración del año 1948. Padre, me tomaste por asalto. Si ocho meses antes alguien me hubiera dicho que ese año me tornaría miembro de la Iglesia Adventista, habría respondido: "Estás loco, la religión es para las mujeres", como decía mi padre. Pero tú me tomaste por asalto. La evidencia fue creciendo en mi mente de un modo tan convincente que no podía negar la verdad.

Con una extraña frustración, porque presentía que todos los planes para mi vida tendrían que cambiar, yo te decía: ¿Por qué me trajiste aquí? Habría sido mejor que yo hubiera seguido donde estaba. Ahora, si no acepto esta religión, jamás seré una persona honesta. Y lo peor es que yo sabré que habré abandonado la honestidad y la coherencia que siempre valoré de un modo tan alto. Tanto que, cuando estaba en quinto año de la escuela elemental, renuncié a toda bebida alcohólica; porque el director de la escuela, una escuela de gobierno, me convenció en sus discursos de cada mañana que el alcohol era un enemigo de las personas y de la sociedad.

Habría sigo mejor no haber conocido nunca lo que leí en la Biblia, me decía. Así podría seguir adelante con mis planes, pensando que era lo mejor del mundo. Pero ya no era. Cuando la verdad penetró en mi mente, llegó con una fuerza de realidad tan incontrovertible que no pude resistirme. Y el proceso de muerte a mi pasado fue una consecuencia natural e inevitable. Mi bautismo estaba decidido en mi estructura mental, aun antes de que tomara formalmente la decisión de hacerlo; y cuando me bauticé, ya no tenía conflictos. Había hecho lo mejor y lo sabía.

Año Bíblico: Proverbios 4-7

SIGNIFICADO DEL BAUTISMO

Sepultados con él en el bautismo, en el cual fuisteis también resucitados con él, mediante la fe en el poder de Dios que le levantó de los muertos. Colosenses 2:12.

Una sepultura de agua, el bautismo. Un símbolo. Nada mágico en él. No es agua con efectos milagrosos que transformen la personalidad en un instante. Tú no actúas así. La vida es un acto de responsabilidad y todos tus procesos dan tiempo y abren el espacio suficiente para las transformaciones. Hay cambios que ocurren antes del bautismo y hay cambios que ocurren después; y el bautismo es un símbolo de todo eso.

Antes, ocurre el encuentro con tu Hijo. La aurora luminosa de su arribo. Llega en la palabra grata del Evangelio, como una buena noticia de salvación y nueva vida. Como un nuevo comienzo, que muestra la verdadera dirección para la vida. Y el Espíritu conmueve el corazón, y el sentimiento, y la razón, y todo lo que somos. Nos convence. Primero de pecado, luego de la verdad. Y empezamos a entrar por la experiencia de la fe que seguirá su curso sin parar hasta la vida eterna. Pero la fe no es garantía; la garantía de la salvación está en la muerte de tu Hijo y en tu gracia. La fe se aferra a ti y está segura. Y cuando sé que tu Hijo dio su vida por mi muerte, yo ya sé que viviré y que nunca sufriré la muerte eterna. Pero sé también que hay una muerte espiritual inevitable. Sí, yo tengo que morir al pecado.

Así como Cristo murió *por* mis pecados, yo tengo que morir *al* pecado. Y así como Cristo fue sepultado para poder resucitar, también yo tengo que ser sepultado para salir de ese sepulcro a nueva vida. Sepultado en un sepulcro de agua para anunciar mi fe y para decir que soy de Cristo. Ya no más del enemigo, ni siquiera de mí mismo. Sólo de él. Para vivir con él y para él, sin retornar de nuevo a mis pecados. Limpio, y libre de aquella esclavitud, para servirte.

Así también vosotros consideraos muertos al pecado, pero vivos para Dios en Cristo Jesús, Señor nuestro (Rom. 6:11).

Después del bautismo viene el crecimiento. Al grito de independencia, sigue el ordenamiento de la nueva nación. Dedicación, abnegación, consagración, avance. De una victoria a otra victoria. Y si en el camino hay un fracaso, del fracaso a la victoria. Y si un desvío nos saca del camino, del desvío a la victoria. El cristiano que nació de nuevo tiene todo lo que necesita para el triunfo. Sólo fracasa si se aparta de ti, para volver a la vida que vivió, más atrás de su sepulcro.

El bautismo es sepultura por la fe; y es, por la fe, resurrección a nueva vida.

Año Bíblico: Proverbios 8-11

EL BAUTISMO DE JESUS

Entonces Jesús vino de Galilea a Juan al Jordán, para ser bautizado por él. Mas Juan se le oponía, diciendo: Yo necesito ser bautizado por ti, ¿y tú vienes a mí? Pero Jesús le respondió: Deja ahora, porque así conviene que cumplamos toda justicia. Entonces le dejó. Mateo 3:13-15.

Jesús, tu Hijo, no tenía pecado. No necesitaba morir a una vida de rebelión contra ti para nacer a una nueva vida de fe, en intimidad contigo. ¿Qué justicia era esa que él y Juan el Bautista necesitaban cumplir? No era la justicia que nosotros recibimos por la fe. Era la justicia de la misión.

Juan, al bautizar a Cristo, estaba cumpliendo su ministerio, haciendo justicia a la misión que tú le habías encomendado. El principal objetivo que tú le diste a Juan, al bautizar, era identificar al Mesías en su misión salvadora.

Vi al Espíritu que descendía del cielo como paloma —dijo el Bautista—, y permaneció sobre él. Y yo no le conocía; pero el que me envió a bautizar con agua, aquél me dijo: Sobre quien veas descender el Espíritu y que permanece sobre él, ése es el que bautiza con el Espíritu Santo. Y yo le vi, y he dado testimonio de que éste es el Hijo de Dios (Juan 1:32-34).

Juan tenía que cumplir tu orden misional, sin dejar nada olvidado; mucho menos este bautismo que era la confirmación de todo lo que predicaba al pueblo sobre el Redentor. Los llamaba al arrepentimiento porque el reino de los cielos se había acercado y ahora que su rey estaba presente en persona, ¿podría dejarlo pasar inadvertidamente? No, ciertamente; lo tenía que anunciar del modo más conspicuo y más contundente. Un modo que abarcara lo que decía y lo que hacía. Lo que decía era la más valiente predicación que se había oído en Israel desde ya hacía mucho tiempo. Lo que hacía era bautizar. Y bautizó al Mesías y dio testimonio de que él era el Cordero de Dios.

También Cristo, al dejar que Juan lo bautizara, cumplía la misión para la cual vino al mundo. Es decir, se bautizó para iniciar manifiestamente su ministerio publico que, de ahí en adelante, llamaría tanto la atención de cada habitante de la nación israelita.

Para que fuese manifestado a Israel —dijo Juan—, por esto vine yo bautizando con agua (Juan 1:31).

Cristo se bautizó para consagrarse totalmente a la misión. Este objetivo del bautismo también está incluido en nuestro bautismo. Nosotros nos bautizamos para manifestar que hemos muerto al pecado, que nacemos para una nueva vida y que esa vida nueva está activada por la misión que tú nos diste y a ella nos dedicamos.

Año Bíblico: Proverbios 12-15

EL BAUTISMO DEL CARCELERO DE FILIPOS

Y él, tomándolos en aquella misma hora de la noche, les lavó las heridas; y en seguida se bautizó él con todos los suyos. Y llevándolos a su casa, les puso la mesa; y se regocijó con toda su casa de haber creído a Dios. Hechos 16:33-34.

La historia del carcelero de Filipos es conmovedora. El estaba cumpliendo la rutina de su trabajo al servicio del Imperio. Pero el Imperio Romano era muy grande y él era demasiado pequeño. ¿Quién sabía algo sobre él? ¿El Emperador? No, él no sabía nada. Ni siquiera conocía su oscura existencia de carcelero perdido en la provincia de Macedonia. Recibía toda clase de órdenes sobre prisioneros, pero nadie lo llamaba por su nombre. Aquella noche le entregaron dos azotados, con las ropas desgarradas, para que los colocase en el calabozo de seguridad. Sin duda serán muy peligrosos, se dijo. Y su propia suposición era todo lo que sabía de ellos.

No sabía tampoco que tú estabas haciendo todo eso para su beneficio; porque tú sí lo conocías, aunque él nada supiera de ti.

Los puso en el cepo, así no podrían huir. Y se fue a esperar la madrugada, seguro de que los tendría cuando llegaran las nuevas órdenes con respecto a ellos. Tal vez durmió. ¿Por qué no? Después de todo no había forma de que escaparan. Pablo y Silas cantaban himnos y los otros presos oían asombrados. El mismo carcelero despertó, no muy contento con el ruido, pero muy impresionado por la extraña personalidad de esos dos hombres.

Medianoche. Un terremoto. Sacudiste hasta los cimientos de la cárcel y colocaste en verdadero peligro la vida del hombre que querías impresionar para salvarlo. Las cadenas de los presos cayeron y las puertas de la cárcel se abrieron. Se espantó. Sacó la espada para contenerlos. Eran muchos. Pensó que todos escaparían y en vez de usar la espada contra ellos, la dirigió contra sí mismo. Pero Pablo intervino, muy oportunamente.

No te hagas ningún mal —le dijo con seguridad—, *pues todos estamos aquí* (Hech. 16:28).

Nunca dejo de asombrarme. ¡Tantas cosas que haces tú para salvar a un individuo! Y tan insignificante, a los ojos humanos. ¿Qué valor tenía el carcelero? ¿Para ti? Valía lo mismo que el emperador. Todos tenemos el mismo valor ante tus ojos; porque ninguno de nosotros vale por lo que nosotros hemos hecho de nosotros mismos, sino por lo que tú nos haces. Y si tú nos haces ciudadanos de tu Reino, valemos lo que vale tu Reino.

Y esa noche, el carcelero y su casa, para tu Reino fueron bautizados.

Año Bíblico: Proverbios 16-19

EL BAUTISMO DEL EUNUCO ETIOPE

Y yendo por el camino, llegaron a cierta agua, y dijo el eunuco: Aquí hay agua; ¿qué impide que yo sea bautizado? Felipe dijo: Si crees de todo corazón, bien puedes. Y respondiendo, dijo: Creo que Jesucristo es el Hijo de Dios. Y mandó parar el carro; y descendieron ambos al agua, Felipe y el eunuco, y le bautizó. Hechos 8:36-38.

El bautismo necesita agua. Mucha agua, suficiente para que la persona sea sumergida en ella. Tiene que ser sepultada en agua.

Tus símbolos de la fe son como tú los elegiste, no como nosotros queremos. Como el bautismo es sólo un símbolo, podríamos tener la tentación de pensar: ¿Por qué preocuparse tanto con la cantidad de agua si, después de todo, no hay ninguna realidad en ella; si todo lo real de la experiencia que simbolizamos con el bautismo ocurre en la vida? Es verdad. Pero el símbolo tiene que ser como tú lo quieres. No hay nada importante en el símbolo como tal, pero en lo que tú quieres, sí.

Cuando dijiste a Adán: *De todo árbol del huerto podrás comer; mas del árbol de la ciencia del bien y del mal no comerás; porque el día que de él comieres, ciertamente morirás* (Gén. 2:16-17), se trataba también de un árbol simbólico. No había ningún veneno en él, nada mortal en la constitución del fruto. Lo mortal estaba en la desobediencia, y sigue estando. Cuando tú dices claramente lo que quieres y nosotros lo acomodamos a nuestras circunstancias y conveniencias, estamos haciendo lo mismo que Caín. Tú le pediste, en sacrificio, un cordero. Nada había de especial en el cordero, era sólo un símbolo de Cristo. Pero era lo que tú pediste y en esto no hay símbolo alguno; hay voluntad tuya claramente expresada. Pero Caín prefirió darte lo que le resultaba más conveniente a él, los frutos de la tierra, pues él era agricultor. Y tú no miraste con agrado su ofrenda. Nunca te agrada la ofrenda del orgullo egoísta.

Agua en abundancia. El bautismo tiene que ser por inmersión. ¿Por qué? Porque así lo quieres tú, y ésta es la mayor razón que pueda haber sobre la tierra. Después de todo, los seres humanos somos como somos, no peces, ni flores, ni animales; sólo porque así tú lo quisiste. Y para mí esto ya es suficiente. Lo que quieres tú, es siempre lo mejor, en todo lo que tú quieres. ¿Quién soy yo para cuestionar tu sabiduría, o para argumentar en contra de tu voluntad?

Cuando Juan el Bautista bautizaba en Enón, junto a Salim, lo hacía allí porque había muchas aguas (Juan 3:23). Felipe y el eunuco entraron en el agua y lo bautizó. Y cuando salieron del agua, el Espíritu del Señor llevó a Felipe a otro lugar y el etíope siguió su camino, gozoso. Con la alegría de quien hace lo que tú quieres, y lo hace de la manera como tú quieres que se haga.

Año Bíblico: Proverbios 20-24

BAUTISMO DE PABLO

Ahora, pues, ¿por qué te detienes? Levántate y bautízate, y lava tus pecados, invocando su nombre. Hechos 22:16.

No hay tiempo que perder. Cuando oímos tu verdad tenemos que aceptarla. Dejar el bautismo para el futuro es como jugar a la ruleta rusa. Sólo que nuestra arma no está cargada con balas, como la pistola en ese juego. Está cargada con tiempo. Y ¿quién puede tener la seguridad de que el futuro, tan nuestro porque sólo es la simple continuidad de este seguro presente que vivimos, será nuestro en realidad? Nadie. El tiempo es tan volátil como el suspiro de nostalgia que al salir de nuestro pecho ya se ha ido. Tan incierto como puede ser incierto todo lo que esperamos de esta vida en el futuro. Hoy somos y mañana, ¿quién sabe? Quizá sólo un recuerdo y los recuerdos que tenemos de personas ausentes, nada deciden para ellas.

El Señor que se le apareció a Pablo en el camino a Damasco, no estaba jugando con él a esperar descuidadamente. Veamos la escena según Pablo la evocó años más tarde.

Pablo estaba en Cesarea, en casa de Felipe, viajando a Jerusalén. El profeta Agabo vino, desde Judea, a visitarlo. Tomó el cinto de Pablo y se ató las manos. *Esto dice el Espíritu Santo* —dijo—: *Así atarán los judíos en Jerusalén al varón de quien es este cinto, y lo entregarán en manos de los gentiles.* Momentos muy serios. La preocupación sobre el futuro estaba en la mente de todos. Todos rogaron a Pablo que no fuera a Jerusalén, pero Pablo no sabía de dilaciones con el Señor. Dijo: "¿Qué hacen ustedes llorando y quebrantándome el corazón? Porque yo estoy dispuesto no sólo a ser atado, mas también a morir por el Señor".

Al día siguiente de su llegada a Jerusalén, fue a ver a Jacobo. Todos los ancianos estaban reunidos con él. Pablo les contó lo que el Señor había hecho por medio de él y sus colaboradores, en el campo misionero. Todos se gozaron mucho. Después, siguiendo el consejo de ellos, fue al templo, y poco después lo tomaron preso. La multitud decía: "¡Muera!" Y lo llevaron a la fortaleza. Ya en la puerta, Pablo pidió autorización para hablar al pueblo y dijo: "Soy judío, nacido en Tarso, criado en esta ciudad, e instruido a los pies de Gamaliel. Yo perseguí este Camino, hasta la muerte. Y fui a Damasco para traer presos a Jerusalén, los que estuviesen allá. Cerca del mediodía, me rodeó mucha luz del cielo y una voz me dijo: 'Saulo, Saulo ¿por qué me persigues? Yo soy Jesús de Nazaret a quien tú persigues'. Entonces respondí: '¿Qué quieres que yo haga?' " Y el Señor lo mandó a la ciudad y le envió a Ananías. Este le devolvió la vista, le comunicó la misión que el Señor le encomendaba y le ordenó que se bautizara, sin pérdida de tiempo.

Todo el relato está lleno de urgencia. La vida es así. No podemos dejar nada importante para mañana. Ese mañana puede no existir, y si existiese, tendrá también sus cosas importantes para decidir.

Año Bíblico: Proverbios 25-27

HACER DISCIPULOS BAUTIZANDO

Por tanto, id, y haced discípulos a todas las naciones, bautizándolos en el nombre del Padre, y del Hijo, y del Espíritu Santo. Mateo 28:19.

La misión que nos diste es hacer discípulos en todo el mundo. ¿Cómo? Enseñándoles y bautizándolos. La enseñanza de la creencia cristiana, todo lo que Cristo mandó, es vital para que una persona llegue a ser parte del grupo de discípulos. En igual nivel de importancia está el acto de bautizarlos. El blanco de la misión no es bautizar, es hacer discípulos. Pero uno de los modos de hacer discípulos es bautizar. Los dos están unidos y bautizar depende de hacer discípulos. No se puede bautizar a quien no sea discípulo, sólo por aumentar el número de los bautizados, porque lo que tenemos que aumentar es el número de los discípulos.

Para esto se necesita poder. El poder de la presencia del Señor y el poder de la acción del Espíritu Santo. Cristo prometió estar siempre con nosotros, todos los días, hasta el fin del mundo. Y también repitió tu promesa de enviar el Espíritu.

He aquí —dijo—, yo enviaré la promesa de mi Padre sobre vosotros; pero quedaos vosotros en la ciudad de Jerusalén, hasta que seáis investidos de poder desde lo alto (Luc. 24:49).

Cuando Cristo estaba por retornar a ti, después de haber completado la misión suya sobre la tierra, volvió a repetir esta promesa, aclarando a qué se refería cuando habló con los discípulos en el Aposento Alto.

Recibiréis poder, cuando haya venido sobre vosotros el Espíritu Santo, y me seréis testigos en Jerusalén, en toda Judea, en Samaria, y hasta lo último de la tierra (Hech. 1:8).

Y sus palabras se cumplieron en el día de Pentecostés y siguen cumpliéndose hasta el día de hoy. El Espíritu Santo continúa trabajando para que los miembros de la iglesia, cada uno de ellos, pueda cumplir esta misión. Cada adventista recuerda con mucha felicidad las personas que ha ayudado a discipular, y recuerda también los muchos casos en que el bautismo de uno indujo a que otros se bautizaran.

Estaban bautizando en cierto lugar de Rusia. Era poco después de la caída del Imperio Soviético. Muchas personas vinieron a ver la ceremonia. Después de oír las doctrinas, en el examen bautismal hecho a las personas que se bautizarían, una periodista que había informado el evento mediante la prensa, se sintió profundamente impresionada en el momento del bautismo. Tanto que ella también se colocó en la fila para ser bautizada, y, con ella, muchas otras personas. Los discípulos se hacen enseñándoles la doctrina y bautizándolos. Y el bautismo atrae nuevos discípulos.

Año Bíblico: Proverbios 28-31

LA CENA DEL SEÑOR

La copa de bendición que bendecimos, ¿no es la comunión de la sangre de Cristo? El pan que partimos, ¿no es la comunión del cuerpo de Cristo? 1 Corintios 10:16.

"La Cena del Señor es una participación en los emblemas del cuerpo y la sangre de Jesús como expresión de fe en él, nuestro Señor y Salvador. En esta experiencia de comunión Cristo está presente para encontrarse con su pueblo y fortalecerlo. Al participar en ella, proclamamos gozosamente la muerte del Señor hasta que venga. La preparación para la Cena incluye un examen de conciencia, arrepentimiento y confesión. El Maestro ordenó el rito de humildad (lavamiento de los pies) para manifestar una renovada purificación, expresar disposición a servirnos mutuamente y con humildad cristiana, y unir nuestros corazones en amor. Todos los creyentes cristianos pueden participar del servicio de comunión (1 Cor. 10:16-17; 11:23-30; Mat. 26:17-30; Apoc. 3:20; Juan 6:48-63; 13:1-17)" *(Manual de la iglesia,* Creencia Fundamental N.º 15).

Cuando participamos de la Cena del Señor entramos en comunión con tu Hijo. Ya es mucho que nos permitas aproximarnos a ti como personas reconciliadas, pero entrar en *koinonia* con tu Hijo y, a través de él, contigo y con el Espíritu Santo, es mucho más que cualquier sueño espiritual que pudiéramos tener. Y discúlpame, Padre, pero a veces, a pesar de mis pecados que no puedo ocultar delante de ti, yo imagino mis sueños con Cristo y contigo. No sueño que tú hagas milagros para librarme de mis problemas. No recuerdo haber nunca insistido en algún milagro para mí. Mis sueños son de compañía y amistad. Que tú y yo pudiéramos conversar directamente, sin las limitaciones del mal que está en mí y en el ambiente humano en que yo vivo. Sí, yo sé que puedo decirte todo lo que quiera y sé también que tú siempre me escuchas. Pero yo quisiera escucharte todo el tiempo. Oírte como te escuchaba Adán, o como Abrahán oía tu voz. Especialmente cuando tu iglesia está en problemas, querría oír directamente de ti lo que tú desearías.

En la participación de la Santa Cena puede ocurrir algo de esto. Tú estás presente en medio de tu pueblo. El pan no se transforma en nada, ni tampoco el vino. El vino sigue siendo vino y el pan no deja de ser pan. Símbolos tan solo, pero tienen el mensaje de tu presencia; y, lo mismo que el bautismo, no podemos tomar livianamente los símbolos porque fuiste tú quien los estableció del modo como están en el Evangelio. Con todo, lo que a ti más te importa es la comunión. La sociedad que establecemos con Cristo, la amistad, la participación, la integración, la intimidad con él. Y esto no es sólo en el momento cuando tomamos la Cena, sino siempre. En la Santa Cena expresas tu deseo de que andemos siempre contigo, en plena realidad, como Enoc; para llevarnos a nosotros también a tu morada, en la segunda venida de Cristo.

Año Bíblico: Eclesiastés 1-4

EL LAVAMIENTO DE LOS PIES

Vosotros me llamáis Maestro, y Señor; y decís bien, porque lo soy. Pues si yo, el Señor y el Maestro, he lavado vuestros pies, vosotros también debéis lavaros los pies los unos a los otros. Juan 13:13-14.

Había llegado el primer día de la fiesta de los panes sin levadura. Jesús y sus discípulos debían comer la Pascua. "¿Dónde?", preguntaron los discípulos. "En la ciudad —dijo Jesús. Y envió a dos, para que la prepararan—. Encontrarán un hombre que lleva un cántaro de agua. Síganlo. Y en la casa donde entre, preguntarán al señor de la casa: '¿Dónde está el aposento para que el Maestro coma la Pascua con sus discípulos?' Y les mostrará el lugar. Prepárenlo". Todo ocurrió como Jesús había dicho y, a la hora de la cena, llegaron todos allí.

Venían de Betania, con los pies llenos de polvo. El agua para la purificación estaba en su lugar, el lavatorio y todo lo necesario, pero no había siervo alguno. Entraron, uno a uno, pero nadie pensó en lavar los pies de los demás, ni siquiera hablaron del asunto. Y comenzaron a comer la Pascua. De pronto, Jesús se puso de pie y comenzó a lavar los pies de todos ellos. Atónitos, paralizados de asombro, lo dejaban. Pero cuando llegó a Pedro, se resistió. "No me lavarás los pies jamás", dijo. Le parecía inapropiado que el Maestro cumpliera las funciones de siervo y que todos ellos se dejaran servir sin inmutarse; pero no hizo ademán alguno para sustituirlo. "Si no te lavare —le respondió Jesús—, no tendrás parte conmigo". Pedro pensó en el reino y en los lugares más importantes que todos codiciaban; él no podía quedar afuera. "Señor —le dijo—, no sólo mis pies, sino también las manos, la cabeza, todo". "No necesitas volver a bañarte —dijo el Maestro—, sólo necesitas que te lave los pies. Y ustedes están limpios", dijo, dirigiéndose ahora al grupo, "aunque no todos". Pensaba en Judas que ya había hecho un pacto con los dirigentes de la nación para entregarlo.

Nadie se había repuesto todavía del asombro, cuando Jesús ya había terminado su servicio de humildad. Volvió a la mesa. Los ojos de todos estaban fijos en él. No era posible que él se humillara tanto. ¿Por qué? Y entonces escucharon la pregunta que nadie había tenido el valor de pronunciar. "¿Saben lo que les he hecho? —preguntó. Silencio. Nadie podía decir nada—. Ustedes me llaman Maestro y Señor; dicen bien", continuó. "Como Señor y Maestro, les he dado el ejemplo. Hagan lo mismo. Lávense los pies, unos a otros, porque bienaventurados serán ustedes si hacen lo que saben".

Les había mostrado el camino de la humildad y del servicio por amor. Ahora debían seguirlo, en el símbolo y en la realidad. Desde entonces, el lavamiento de los pies quedó unido a la Santa Cena, como un rito de humildad que debe acompañarla siempre. Y el rito tiene que ser el testimonio de una realidad que cada cristiano viva cada día, espontáneamente.

Año Bíblico: Eclesiastés 5-8

LA IMPORTANCIA DE LA SANTA CENA

Y les dijo: ¡Cuánto he deseado comer con vosotros esta pascua antes que padezca! Lucas 22:15.

Era la última Pascua y la primera Santa Cena. Se iniciaba el proceso de cambio en la historia de tu pueblo. Entre la primera Santa Cena, año 30-31 d.C., y el año 34 d.C., nace la iglesia cristiana. Cristo deseó intensamente la llegada de esta Pascua, no porque era la última de un período histórico tan cargado de alternativas en las relaciones con tu pueblo, sino porque era el momento cuando se cumplían las promesas de salvación, hechas cada día en el santuario, con la muerte del cordero en el continuo sacrificio. Estaban comiendo el último cordero simbólico porque tu auténtico Cordero sería sacrificado al día siguiente. El día de la verdadera liberación, simbolizado por la liberación de Egipto, estaba presente. La esperanza de Israel se había tornado realidad. El pasado estaba cargado de valores: todos los valores de la promesa.

El futuro demandaba símbolos nuevos, pero no radicalmente diferentes. Tu Hijo no estaba eliminando la experiencia del pasado. Había una continuidad y la Santa Cena sería su testimonio permanente. El vino y el pan de la Pascua, permanecieron. El cordero, no. Ya no era necesario. El verdadero sacrificio pascual estaba a punto de ser inmolado. La Santa Cena dice lo que se acabó del pasado; y describe lo que continúa inalterable. El nuevo Israel no cerraba la puerta al antiguo; el antiguo Israel era la base de su formación y toda su riqueza espiritual continuaría sin rechazar nada de ella.

De ahí en adelante, la práctica de la Santa Cena se tornó tan importante como la Pascua. Tan vital como el bautismo. El bautismo es indispensable para testificar públicamente sobre la experiencia que el creyente vive con Cristo, a través del Espíritu Santo. Y la Santa Cena es indispensable como testimonio de lo que ocurre en su práctica del cristianismo. El bautismo es un símbolo de la limpieza de los pecados pasados, que Cristo hace en nosotros al comienzo de la nueva vida con él. La Santa Cena es el lavamiento de los pecados presentes que el cristiano pueda cometer en su experiencia diaria, mientras crece en la victoria sobre sus tendencias pecaminosas. Los símbolos proveen la oportunidad para manifestar nuestra fe en la obra redentora de Cristo; y son los medios para expresar nuestra confianza en tu poder, que nos permite vivir, constantemente, en armonía contigo.

Esta relación de valores entre la historia y la experiencia personal, se caracteriza más plenamente por la esperanza en la segunda venida de Cristo, que la expresamos al tomar los símbolos de la Santa Cena. La Pascua y la Santa Cena están integradas en el cumplimiento de la promesa. El antiguo Israel y el nuevo Israel son uno solo; y tú, nuestro único Dios.

Año Bíblico: Eclesiastés 9-12

LA CENA DE LA UNIDAD

Siendo uno solo el pan, nosotros, con ser muchos, somos un cuerpo; pues todos participamos de aquel mismo pan. 1 Corintios 10:17.

Comemos de un sólo pan. El pan material, quebrado para que todos tomemos un pedazo de él; y el pan espiritual, Cristo. Su cuerpo fue quebrantado por todos nosotros. El es nuestro pan, uno solo, el verdadero pan vivo que descendió del cielo y nos da vida. El es el único que nos sostiene en todo. Y es el fundamento y creador de nuestra unidad.

¿Cómo la Santa Cena se torna en un instrumento para la unidad del cuerpo de Cristo? Por la integración con el Señor, que la cena simboliza. Si todos estamos igualmente unidos a Cristo, en comunión plena con él, y todos participamos en la intimidad con él, ciertamente estaremos unidos entre nosotros en todo.

Cuando Lucas describe la situación de la iglesia cristiana primitiva, en Jerusalén, dice que ellos perseveraban en varias prácticas, entre ellas "el partimiento del pan". Lo hacían en las casas, porque no tenían edificios propios para reunirse. La unidad formal del templo no existía, aunque cada día iban al templo de Jerusalén, pero no era de ellos. Sí, existía la unidad espiritual y la Santa Cena era uno de sus elementos visibles más importantes (Hech. 2:42, 46).

Más tarde algunos cristianos transformaron la Cena en un sacramento, con valores espirituales inherentes a los símbolos. El pan, decían, es el cuerpo real de Cristo y llega a serlo por una transubstanciación milagrosa que ocurre cuando el sacerdote oficia con este fin. Lo mismo ocurre con el vino: se transforma en sangre real de Cristo. Por supuesto que en la realidad esa transformación no se ve. Todos siguen viendo pan y vino, no sangre ni carne. Pero a causa de esta creencia, los elementos de unidad de la Santa Cena adquirieron una dimensión mágica que en ningún sentido concuerda con la que Cristo pretendía establecer.

Cada vez que los cristianos reciben los emblemas de la Santa Cena, participan de la misma fe y de la misma esperanza. Confían en el mismo sacrificio de Cristo y participan del mismo testimonio público que comunican al recibir los símbolos. Creen, y al creer, proclaman su fe. No es una proclamación de palabra, sino de hechos. Anuncian mientras actúan. Esta no es la actuación de un actor; es la acción de una persona identificada con Cristo que realiza sus acciones de fe en completa identidad con él. Y cuando todos los creyentes participan juntos en la Santa Cena, con las mismas motivaciones, se aproximan espiritualmente mucho más y viven unidos en Cristo Jesús.

Año Bíblico: Cantares 1-4

UNA ENSEÑANZA REVELADA

Porque yo recibí del Señor lo que también os he enseñado: Que el Señor Jesús, la noche que fue entregado, tomó pan; y habiendo dado gracias, lo partió, y dijo: Tomad, comed; esto es mi cuerpo que por vosotros es partido; haced esto en memoria de mí. 1 Corintios 11:23-24.

Pablo no estuvo en el aposento alto para contar lo que vivió cuando Cristo estableció la Santa Cena. Tampoco toma como base de su enseñanza lo que otros apóstoles hubieran podido contarle al respecto. La base de su enseñanza no es la experiencia personal, ni la tradición, sino la revelación. Pablo recibió una revelación directa sobre la Santa Cena, entre muchas otras (2 Cor. 12:7; Gál. 1:12).

¿Por qué consideraste necesario agregar una revelación a lo que Pablo podría haber obtenido de los discípulos que estuvieron en el Aposento Alto? Dos razones parecen obvias: Primero, resaltas, de este modo, la importancia que le das tú a la Santa Cena. Segundo, evitaste el problema de la tradición como autoridad para la definición de la doctrina.

Era muy necesario que definieras la base de la doctrina. Y tú no dejaste duda: es la revelación. Si Pablo hubiera basado su enseñanza doctrinal en un relato de los apóstoles, habría dejado espacio para que se introdujera la tradición como autoridad en la formulación de la doctrina. Pero tú, sabiendo todas las cosas, lo evitaste.

Ninguna doctrina puede establecerse o modificarse sobre la base de la tradición apostólica, ni basarse en la tradición del magisterio de la iglesia. La tradición apostólica no se refiere a los escritos dejados por los apóstoles, que ellos escribieron bajo tu inspiración. Se refiere a relatos atribuidos a ellos. El magisterio de la iglesia son enseñanzas transmitidas, en el pasado, por la iglesia, a través de sus concilios. Lo que la iglesia haya enseñado en el pasado, sólo tiene valor en cuanto haya sido testimonio fiel de la revelación, como la entregaste a nosotros en la Escritura. La única autoridad es la revelación.

Tampoco podemos modificar o crear una doctrina, por un simple acuerdo de la iglesia, aunque esto se haga en un concilio ecuménico, o en un congreso mundial. La autoridad para formular doctrinas no son los votos de la iglesia, sino la revelación. Para que el acuerdo de un congreso mundial tenga validez como doctrina, tiene que estar basado en la Escritura sin contradecirla. Tampoco se puede basar una doctrina en el silencio de la Escritura. El silencio de Dios no es revelación. La revelación es lo que Dios dice. Si no dice, tampoco la iglesia debe decir nada. Basar una doctrina en el silencio de Dios es presunción.

Año Bíblico: Cantares 5-8

LA TEOLOGIA DEL RECUERDO

Y tomó el pan y dio gracias, y lo partió y les dio, diciendo: Esto es mi cuerpo, que por vosotros es dado; haced esto en memoria de mí. Lucas 22:19.

Es tan interesante tu actitud con respecto al pasado. Como Dios, en permanente relación con tu pueblo y con cada hijo tuyo que te sirve, tú nunca olvidas. Nos recuerdas cada instante, mucho más de lo que nosotros recordamos a los miembros de nuestra familia. Tú tienes el álbum de las fotografías familiares en tu mente, abierto sin cesar. Y tu memoria, sin fallas, nos recuerda a cada uno, como si cada uno fuera tu hijo único, a quien amas. También recuerdas la historia de tu pueblo.

Fuiste tan meticuloso en inspirar tantos detalles de la historia vivida por tu pueblo, desde siempre. Comenzaste con Adán y su familia. Luego vienen los patriarcas y tu amado pueblo de Israel. Y tu nuevo Israel, nunca lo olvidaste. Siempre querías que tu pueblo contara la historia del pasado a sus hijos, y a los hijos de sus hijos, y éstos a sus nuevos descendientes, como un canto. No como un cuento, sino como un canto de alabanza a tu cuidado; porque nada del pasado vino solo a la existencia. Estabas tú. Tú siempre estabas con la mano abierta y extendida, lleno de un amor que nunca olvida.

¡Oh, qué Dios eres, mi Dios! Cuando te pienso, me conmueves. Cuando vivo contigo, me transformas. Cuando te busco, tú ya me has encontrado. Cuando sueño contigo, tú te has hecho realidad en mi pasado. Cuando lloro, sin poder secar mi lágrima vertida, tú me has hecho un mundo nuevo; sin la falla de mi pena, sin la pena de mi llanto. Tú eres Dios, yo soy tu siervo. Yo me gozo en tu memoria, como un canto que tú escribes en la historia.

En la práctica cristiana, la Santa Cena es nuestra memoria. Es nuestro modo de decir: Te recordamos. Y no podemos olvidarte, Padre, porque también a tu Hijo recordamos. El murió por nosotros porque tú lo diste como un don de salvación al mundo entero. ¿Qué sería nuestra realidad cristiana, de cada día, si nunca recordáramos? Un cristiano que se resiste a participar de la Santa Cena es un cristiano sin memoria. Amnesia espiritual. Tan trágica como es la amnesia mental de los enfermos sin memoria.

Y tú nos mandas recordar, porque olvidar es ignorancia voluntaria. La peor de todas ellas. Ignorar es siempre una experiencia negativa, dolorosa y falsa. La ignorancia es destructora, siempre; elimina de nosotros el mundo que ignoramos. Pero la ignorancia voluntaria es mucho peor: nos destruye a nosotros mismos. Nos elimina a nosotros del mundo que sabemos. Y olvidar a Cristo, nos elimina de la salvación que él nos ha dado. Por eso participamos siempre de la Santa Cena: para recordarlo, y para de ese modo seguir siendo los hijos de su reino.

Año Bíblico: Isaías 1-4

LA FUNCION MISIONAL DE LA SANTA CENA

Así, pues, todas las veces que comiereis este pan, y bebiereis esta copa, la muerte del Señor anunciáis hasta que él venga. 1 Corintios 11:26.

El anuncio de la muerte del Señor, que hacemos en la Santa Cena, no es como la comunicación funeraria acerca de la muerte de una persona. No hay tristeza en esta muerte. Su anuncio es una proclamación de alegría, una celebración. Con la Santa Cena, celebramos la muerte de Cristo y declaramos nuestro propósito de participar en toda la alegría de sus consecuencias.

Y eres tú, mi Dios, y Dios de todo el mundo, reconozcan o no tu reino y tu poder —porque en nada disminuyen tu grandeza los que ignoran tu dominio—; y eres tú, mi Dios, quien nos ha dado esta alegría. La diste cuando diste a tu Hijo, y lo sabías. La historia de tu amor no es una simple historia, ni es historia simplemente; es pura realidad. Una presencia tuya, personal, en el pesebre de Belén, y en los milagros de Galilea, y en la multiplicación de los panes y los peces, y en la cruz de Jerusalén, y a toda persona humilde y creyente de este planeta; porque con el gozo de su muerte a todos se proclama vida eterna.

Yo te siento, Señor, en cada Santa Cena. No estás tú, sobre la mesa, ni en el pan, ni vienes en la copa que recibo hacia el final de nuestra fiesta. Tú estás en cada corazón que se abre a ti, y que te acepta. Revives mis entrañas. Renuevas mi esperanza. Retornas a mis actos como una savia nueva, espiritual, que crece por tu Espíritu en mi cuerpo. Hasta mis huesos se sienten renovados; y mis músculos, más listos a la acción por tu presencia. Soy otra vez una persona nueva, que cree y te obedece. Te busco en cada paso que doy por tu camino. Te sigo en cada acción que mi deber me impone, cada día, en mi trabajo. Soy otra vez testigo de tu muerte, llevando la alegría de tu vida a cada triste que en su pena llora, a cada indiferente que no piensa y sufre, a cada cínico que reclama y padece, y a cada corazón que, sin querer, pierde la vida en cada acción de su desvío.

Te proclamamos, y seguiremos proclamando tu muerte redentora, hasta que vuelvas a este mundo. Sabemos que tú vuelves. Vendrás con toda tu gloria, y te esperamos. La esperanza de la Santa Cena abre su sol de brillo nuevo a nuestra mente que confiada espera. Y te esperamos, sin dudar. No pensamos que te atrasas, no sentimos que hay peligros imposibles de vencer, no tenemos miedo alguno a tu venida, ya sea que vengas hoy o que vengas mañana, porque estamos en tu mano, para siempre protegidos. No dejamos de esperar. Por la fe nos preparamos, sin angustias neuróticas; y sabemos que los tiempos se aproximan, y los hechos finales ya se cumplen; pero nada nos distrae de la paz que nos has dado. Sabemos que tú vuelves y confiamos, y esperamos. Proclamamos tu muerte, y tu vida, y tu regreso sin cesar, porque te amamos.

Año Bíblico: Isaías 5-7

EL JUICIO DE LA SANTA CENA

Porque el que come y bebe indignamente, sin discernir el cuerpo del Señor, juicio come y bebe para sí. Por lo cual hay muchos enfermos y debilitados entre vosotros, y muchos duermen. 1 Corintios 11:29-30.

Ahora, Padre, yo tengo una pregunta complicada. ¿Por qué tú haces un juicio con la Santa Cena? Sus símbolos son los símbolos de la salvación. Su práctica, la propia experiencia de la redención y un claro testimonio de la muerte de tu Hijo que vino a redimirnos. Todo en ella es salvación y es vida eterna, y es sólo la alegría de la vida nueva. ¿Por qué tú haces un juicio?

El que en él cree, no es condenado; pero el que no cree, ya ha sido condenado, porque no ha creído en el nombre del unigénito Hijo de Dios. Y esta es la condenación: que la luz vino al mundo, y los hombres amaron más las tinieblas que la luz, porque sus obras eran malas (Juan 3:18-19).

Entonces no eres tú quien hace el juicio, aunque el castigo proceda de ti. Somos nosotros. El don que nos ofreces nos da la alternativa de recibirlo o rechazarlo. Hago un juicio a mi favor, si lo recibo; y en contra de mí, si lo rechazo. La misma fe es un acto de juicio: Si creo, yo me salvo; si no creo, me pierdo.

La celebración de la Santa Cena me ofrece una oportunidad para la fe. Si acepto a Cristo, participo en ella; si no participo, lo rechazo. Pero el juicio es más profundo, aún. Yo puedo tomar parte, sin aceptarlo. Si lo hago, tomo los símbolos indignamente. Mi propia indignidad los hace vanos. Yo tengo el pan y el vino; pero no tengo el cuerpo ni la sangre. ¿Por qué? Porque no creo. Porque los tomo sin discernir el cuerpo del Señor en ellos.

No eres tú quien hace el juicio de la Santa Cena, porque no has puesto en ella ninguna condenación. Sólo hay vida y salvación. Sólo tu gracia. A veces, algunas personas entienden que el juicio de la Santa Cena se produce cuando una persona participa en ella, estando en conflicto con alguien. Y les parece que la forma de evitar el juicio es ausentarse de la ceremonia. No participar. Es una salida extraña. Sería como cometer una falta y, para no sufrir sus consecuencias, actuar como si uno no la hubiera cometido. Esto sería deshonestidad, por lo menos; y podría ser hipocresía.

¿La solución de un pecado, agregándole otro pecado, posiblemente peor? No, eso no es solución. La única solución del pecado es la muerte de Cristo, y la Santa Cena es su símbolo mayor. Si hay enemistad con alguien, es necesario reconciliarse inmediatamente, no esperar hasta la Santa Cena. Lo único que debe dejarnos sin participar es la incredulidad. Pues si creemos, participamos, aunque hayamos pecado; y participamos para declarar nuestra fe en Cristo, nuestra única redención de los pecados.

Año Bíblico: Isaías 8-10

LA COMIDA DE LA VIDA ETERNA

Jesús les dijo: De cierto, de cierto os digo: Si no coméis la carne del Hijo del Hombre, y bebéis su sangre, no tenéis vida en vosotros. El que come mi carne y bebe mi sangre, tiene vida eterna; y yo le resucitaré en el día postrero. Porque mi carne es verdadera comida, y mi sangre es verdadera bebida. Juan 6:53-55.

Tú acompañabas los viajes de tu Hijo, como nosotros seguimos con atención los pasos de los nuestros, y mucho más. Era al final de su ministerio en Galilea, que duró un año: entre la Pascua del año 29 d.C. y la del 30 d.C.; ya estaba cerca la tercera Pascua de las cuatro que abarcó su ministerio público. El Señor se fue al otro lado del mar de Galilea porque quería estar solo con sus discípulos.

Venid vosotros aparte a un lugar desierto —les dijo, después de escuchar su informe de todo lo que habían hecho y enseñado en Galilea, donde estuvieron separados de Cristo por varias semanas durante el invierno—, *y descansad un poco. Porque eran muchos los que iban y venían, de manera que ni aun tenían tiempo para comer* (Mar. 6:31).

Pero una tremenda multitud lo siguió, a pie, rodeando la parte norte del mar de Galilea. Llegaron antes que él, pues el viaje en bote era más lento. Sintió una fuerte compasión por ellos, y comenzó a enseñar. Sin que se dieran cuenta, se les pasó todo el día y era tarde. "Despídelos para que vayan a las aldeas y compren pan", dijeron sus discípulos. "Denles ustedes de comer", les respondió. ¿Cómo? Sólo había cinco panes y dos peces. No era nada. Y son cinco mil hombres, sin contar las mujeres y los niños. Mucha gente. La gente es siempre mucha, y poco el alimento.

Pero tu Hijo es siempre la abundancia total que necesito. El es el verdadero pan, y mi comida. Lo dijo con toda claridad al día siguiente en Capernaúm. Y esa multitud que se había alimentado del milagro, no lo entendió. "Yo soy el pan de vida", les dijo, pero no creían. Les ofreció la vida eterna y murmuraban. "Yo soy el pan vivo y el que comiere de este pan, para siempre vivirá", les repetía, y ellos dudaban. "Vuestros padres comieron del maná, y murieron. Yo soy el pan que descendió del cielo", él insistía. Y hasta aquellos que ya eran sus discípulos, decían: "Dura es esta palabra, ¿quién la puede oír?" Muchos lo abandonaron.

Se volvió a los doce, y con tierna compasión les dijo: "¿Quieren, acaso, irse también ustedes?" "¿A quién iremos? —respondió Pedro—. Tú solo tienes palabras de vida eterna. Tú eres el Cristo y te creemos". Y era su cuerpo verdadera comida, y era su sangre bebida verdadera. Y las palabras que él hablaba eran espíritu y eran vida. Y nosotros creemos, por oírlas; y por creerlas, vivimos para siempre; porque el que cree tiene vida eterna.

Año Bíblico: Isaías 11-14

PAN Y VINO PARA TODOS

Y tomando la copa, y habiendo dado gracias, les dio, diciendo: Bebed de ella todos; porque esto es mi sangre del nuevo pacto, que por muchos es derramada para remisión de los pecados. Mateo 26:27-28.

"Bebed de ella todos". Todos deben participar de los dos emblemas: pan y vino. Mucha discusión teológica ha habido en la historia del cristianismo sobre este asunto. Hasta guerras sangrientas. Hoy existen cristianos que sólo dan el pan a los miembros y el vino es para los sacerdotes. Otros dan el pan y el vino a todos. Hay tendencias modernas que dejan todo en forma opcional: cada participante decide lo que desea hacer. En la mentalidad moderna, tan inclinada al individualismo y a la defensa de los derechos personales, esto parece muy bueno. Pero nos estamos olvidando que la religión, siendo de opción personal, no es de creación personal. Nosotros no creamos el cristianismo ni definimos sus doctrinas y prácticas.

Las prácticas cristianas y las doctrinas de la fe, fueron entregadas por ti a la iglesia, a través de la revelación. Tu condición de Dios, te coloca en la única posición compatible con el poder definitorio de estos asuntos. Los seres humanos no tenemos la objetividad necesaria, ni poseemos el conocimiento de lo que debe contener la doctrina o de las consecuencias que un determinado contenido doctrinal podría tener para la vida humana, sea en privado o en conjunto, como sociedad.

Y tú decidiste que los dos emblemas: pan y vino, debían administrarse a todos los creyentes. No parece muy difícil entender tus razones. La salvación es para todos por igual. Es decir, los que aceptan el sacrificio de Cristo se salvan todos del mismo modo. No hay una forma para las miembros de la iglesia y otra para los líderes, sean ancianos, pastores o sacerdotes. La salvación es mediante Cristo, para todos. Y todos deben experimentar los mismos símbolos de la salvación. Todos tienen que dar el mismo testimonio y todos deben tener la misma esperanza en el retorno de Jesús. No hay un camino a la vida eterna para un grupo; y otro, más corto o más largo, para otros.

Aunque el camino a la salvación no sean los símbolos de la Santa Cena, sino Cristo mismo, los símbolos tienen que representarla adecuadamente. Y la única forma adecuada de los símbolos es la forma como tú, por medio de tu Hijo y a través de la revelación, los definiste. Pan y vino, fue tu definición, para todos. Nuestro papel en esto, e igualmente el de tu iglesia, es aceptar lo que tú defines y practicarlo. No como repetición ritual de una ceremonia, sino como real experiencia de vida, contigo; sin transformarlos en pura formalidad rutinaria, exenta ya de su contenido verdadero y de la bendición que tú ofreciste.

Año Bíblico: Isaías 15-19

PREPARACION PARA LA CENA DEL SEÑOR

Por tanto, pruébese cada uno a sí mismo, y coma así del pan, y beba de la copa. 1 Corintios 11:28.

¡Oh, mi Dios, tú tienes tantas cosas que me dejan anonadado! Tu apertura, aquí, es tan grande, y te presentas con tanta condescendencia y generosidad, que sólo puedes despertar mi gratitud, mi entrega y mi servicio. Dejas que cada uno determine, si puede tomar la comunión o no. No diste esta tarea a comisión alguna, a ninguna persona con autoridad en tu iglesia, ni siquiera a la iglesia misma, como cuerpo. Cada uno tiene que decidirlo por sí mismo.

Con esto tú dejaste una participación abierta. Y la Iglesia Adventista ha adoptado esta posición. A nadie prohíbe hacerlo entre sus propios miembros, o entre los miembros de otras iglesias. Todos pueden tomar parte en la Cena del Señor, si lo desean. Todo lo que se les pide es lo que tú mismo nos mandaste a todos. Pruébese cada uno a sí mismo y decida.

Este acto de probarse significa: examinarse, escudriñarse, decidir después de un examen, usar el discernimiento, verse como uno realmente es. No es fácil conocerse a uno mismo. La mayoría tiene una imagen distorsionada de su propia persona. Casi todos nos vemos con lentes muy favorables, casi debiera decir, parciales. Muchos de los rasgos que otros ven como defectos, los vemos nosotros como virtudes. Y las virtudes que otros ven en nosotros, las exageramos grandemente y, a nuestros ojos, somos siempre mejores que la mejor imagen que los demás tengan de nosotros. Por supuesto, pensamos en individuos sanos. Los enfermos, que distorsionan todo lo que son, en forma negativa, están en otro tipo de ilusión, que se aproxima más a la pesadilla que al sueño. En todo caso, ambos se ven en forma distorsionada y falsa.

La Santa Cena nos invita a usar el discernimiento espiritual en nuestra propia evaluación personal. Y el mejor discernimiento nos dice que necesitamos ayuda. La ayuda del Espíritu Santo. El es un experto en las cosas del espíritu; sabe distinguir todo lo bueno de lo malo. Sabe evaluar cada experiencia sin error. Sabe estimular, cuando el estímulo es un bien; y sabe agilizar la conciencia, cuando necesitamos ser redargüidos de pecado. Con su ayuda, descubriremos lo que somos realmente.

Y el paso siguiente es corregir lo que esté mal. Aquí es donde viene la preparación que debemos hacer, antes de cada Santa Cena; porque ella nos dice el precio que tú y Cristo pagaron por nuestro pecado. Esta preparación incluye remediar todo lo que nos haya separado de ti y de nuestros hermanos, confesar nuestros pecados debidamente, a ti y a cualquier persona afectada. Reparar los daños hechos con actos o palabras. Renovar nuestro vínculo espiritual contigo, y distanciarnos del pecado.

Año Bíblico: Isaías 20-23

DONES Y MINISTERIOS ESPIRITUALES

Por lo cual dice: Subiendo a lo alto, llevó cautiva la cautividad, y dio dones a los hombres. Efesios 4:8.

"Dios concede a todos los miembros de su iglesia en todas las edades dones espirituales para que cada miembro los emplee en amante ministerio por el bien común de la iglesia y la humanidad. Concedidos mediante la operación del Espíritu Santo, quien los distribuye entre cada miembro según su voluntad, los dones proveen todos los ministerios y habilidades necesarios para que la iglesia cumpla su función divinamente ordenada. De acuerdo con las Escrituras estos dones incluyen ministerios tales como fe, sanidad, profecía, predicación, enseñanza, administración, reconciliación, compasión y servicio abnegado y caridad para ayudar y animar a nuestros semejantes. Algunos miembros son llamados por Dios y dotados por el Espíritu para cumplir funciones reconocidas por la iglesia en los ministerios pastoral, de evangelización, apostólico y de enseñanza, particularmente necesarios a fin de equipar a los miembros para el servicio, edificar a la iglesia de modo que alcance madurez espiritual, y promover la unidad de la fe y el conocimiento de Dios. Cuando los miembros emplean estos dones espirituales como fieles mayordomos de las numerosas gracias de Dios, la iglesia es protegida de la influencia destructora de las falsas doctrinas, crece gracias a un desarrollo que procede de Dios, y es edificada en la fe y el amor (Rom. 12:4-8; 1 Cor. 12:9-11, 27-28; Efe. 4:8, 11-16; Hech. 6:1-7; 1 Tim. 2:1-3; 1 Ped. 4:10-11)" *(Manual de la iglesia,* Creencia Fundamental N.º 16).

Nada es tan grato como la posesión de un don espiritual, sabiendo, sin ninguna distorsión, que uno lo tiene. Y tú nos has dado dones en abundancia. Hay en esto un dato previo que pocos reconocen. En realidad, tú no das dones a nadie para ellos mismos. Todos tus dones son dones con un objetivo. Y el objetivo está siempre fuera de nosotros, porque son dones de servicio.

Siendo aun más específico: tu objetivo final es la salvación de todos, si todos la aceptan por la fe. Por lo tanto, los dones que nos has dado deben ser puestos al servicio de la iglesia, para la misión redentora que tú encomendaste, corporativamente, a la iglesia; y en forma individual, a todos nosotros.

Los dones espirituales son talentos especiales que imparte el Espíritu Santo. Los da como él quiere, es verdad. Pero siempre toma en cuenta lo que le falta a la iglesia y la personalidad del instrumento humano que los administrará. Cuanto más sensibles y receptivos seamos a su obra, más fácil le será depositar sus talentos en nosotros; porque una vez que los entrega, él sigue trabajando con ellos. Es como un ave que deposita sus huevos en un nido apropiado, pero no los abandona. Los protege e incuba para que se desarrollen y crezcan, y para que se multipliquen.

Año Bíblico: Isaías 24-26

EL DON DEL ESPIRITU

Pedro les dijo: Arrepentíos, y bautícese cada uno de vosotros en el nombre de Jesucristo para perdón de los pecados; y recibiréis el don del Espíritu Santo. Hechos 2:38.

La misión que encomendaste a la iglesia era muy superior a su capacidad. Los cristianos eran pocos, sin recursos, sin influencia social, sin poder político, y estaban reducidos geográficamente a un solo país del planeta. Pero tú les dijiste que debían ir por todo el mundo para predicar el Evangelio a toda criatura (Mar. 16:15). ¿Cómo? Siempre ha sido así. Tus órdenes han implicado siempre la capacitación para cumplirlas. Y esta vez también tenías todo lo que ellos necesitaban: el don del Espíritu Santo con todos sus dones espirituales.

No les enviaste riquezas, ni ejércitos, ni grandes dirigentes políticos; les enviaste tu Espíritu. Un poder no tradicional para la conquista del mundo. Lo primero que el Espíritu hace en la persona es proveerle el mayor poder de convicción que el espíritu humano pueda tener. Y la predicación del Evangelio lo necesitaba mucho. Para convencer a otro, uno tiene que estar convencido primero. Y, básicamente, la predicación del Evangelio es un traspaso de convicción por medio de la persuasión. La capacidad para persuadir requiere una profunda convicción personal, y la habilidad de influir en la mente del otro, sin controlarla. El Espíritu Santo sabe hacer esto como nadie. Respeta la voluntad y, en lugar de invadirla, la fortalece.

Además de producir convicción y dar la habilidad para influir en la mente de los demás, el Espíritu aumenta las capacidades totales de la persona donde él mora, porque cuando tú otorgas el Espíritu, con él tú das también todos los otros dones. En el día de Pentecostés, por ejemplo, tú expandiste su capacidad de hablar.

Y comenzaron a hablar en otras lenguas, según el Espíritu les daba que hablasen (Hech. 2:4).

En un instante pudieron pasar su convicción a una multitud de extranjeros, presentes en la fiesta de Pentecostés. Ellos volverían a sus distantes y esparcidos lugares de origen, y harían avanzar el Evangelio a todos esos lugares, en poco tiempo.

"Recibirán poder —les había dicho Cristo— cuando haya venido sobre ustedes el Espíritu". Lo más interesante de la historia espiritual que tú inspiraste a Lucas y él informó en su libro de los Hechos, es que tú no sólo diste el Espíritu a los dirigentes de la iglesia; lo diste también a todos sus miembros. Cuando se bautizaban, les era otorgado el Espíritu. Esto, en sí mismo, también era contrario a la práctica humana común de retener el poder sólo para los dirigentes. Tus dones son para todos porque son para la iglesia.

Año Bíblico: Isaías 27-29

PARABOLA DE LOS TALENTOS

Porque el reino de los cielos es como un hombre que yéndose lejos, llamó a sus siervos y les entregó sus bienes. A uno dio cinco talentos, y a otro dos, y a otro uno, a cada uno conforme a su capacidad; y luego se fue lejos. Mateo 25:14-15.

Jesús estaba en el monte de los Olivos y era tarde. Posiblemente de noche, porque había estado todo el día enseñando en el templo, antes de pronunciar el discurso sobre las señales de su venida, que incluye la parábola de las diez vírgenes y la de los talentos. La primera tiene que ver con la preparación para su venida; y la segunda, con la misión. Esto es, el cumplimiento de la misión en el tiempo cuando ocurrirían las señales del fin.

"El reino de los cielos —dijo Cristo— es como un hombre que estaba por hacer un viaje y llamó a sus siervos para encomendarles sus bienes". Eran ocho talentos en total: a uno entregó cinco, a otro dos, y al tercero, uno. Mucho dinero. El talento era un medida de 21,38 kilos de plata. Más de 18 años de salario para un hombre de trabajo. En total distribuyó suficiente riqueza como para pagar el salario de un hombre durante 144 años.

Los tres hicieron algo con los talentos. Por una simple razón, los tenían. Nadie puede simplemente ignorar los talentos que posee. Tiene que hacer algo. Los dos primeros, trabajaron diligentemente con ellos, y los multiplicaron. El tercero, lo escondió. Pensó que era lo más seguro. Estaba equivocado. La única seguridad, en el manejo de los talentos, es la diligencia y la fidelidad. Trabajar con ellos. Hacerlos producir al máximo. Facilitar su aumento. Y los talentos tienen una tremenda capacidad de multiplicación.

Llegó el día del retorno. El señor de los siervos los llamó a rendir cuentas. El que recibió cinco talentos y los transformó en diez, y el de los dos que transformó en cuatro, sintieron una enorme alegría cuando su señor, reconociendo la fidelidad de ellos, les aseguró su permanencia con él. El otro, negligente y malo, perdió todo; y fue expulsado de la casa de su señor.

La enseñanza principal de la parábola es que los talentos deben ser usados, con diligencia y fidelidad, para aumentar los bienes de aquel que los otorgó, no de quien los recibió. El que sólo piensa en sí mismo, y trata de protegerse de cualquier tipo de consecuencias negativas, es el que las sufre.

Fidelidad y diligencia en la misión, es el mensaje de cada talento que tenemos. No es grandeza personal. Porque el que sólo busca su propia grandeza en la misión, es el que con toda seguridad la pierde. La última consecuencia, en el uso fiel de cada talento, es la participación en la alegría de nuestro Señor.

Año Bíblico: Isaías 30-33

LOS DONES Y LA UNIDAD

Gracias doy a mi Dios siempre por vosotros, por la gracia de Dios que os fue dada en Cristo Jesús; porque en todas las cosas fuisteis enriquecidos en él, en toda palabra y en toda ciencia; así como el testimonio acerca de Cristo ha sido confirmado en vosotros, de tal manera que nada os falta en ningún don, esperando la manifestación de nuestro Señor Jesucristo. 1 Corintios 1:4-7.

De nuevo tu generosidad. Diste todos los dones a la iglesia de Corinto. Con ellos, cada miembro tendría que haber alcanzado la plena madurez en Cristo, pero estaban divididos. Y los grupos, en contienda. Los cuatro líderes mencionados: Pablo, Apolos, Cefas y Cristo, no habían ido allí para conquistarlos para sí. No habían enviado sermones escritos ni en ninguna otra forma, para convencerlos de sus doctrinas. No era una división de la iglesia mundial que hubiera llegado a la iglesia de Corinto. Los miembros de esa iglesia se habían inventado sus líderes por pura conveniencia. Cada uno pensaba que el nombre escogido les daba un prestigio mayor. Por supuesto, además del pecado de división, había otros pecados, bien conocidos, en esta iglesia.

Lo que me llama la atención, Señor, es que, a pesar de esta extraña realidad, tú les hubieras otorgado todos los dones, sin discriminarlos. Me desconciertas. Pero al mismo tiempo me obligas a pensar en el verdadero objetivo de los dones. Tú no los das como un premio. No son una condecoración por buenos logros. Son instrumentos de la misión. Y tu misión no es sólo convertir a las personas; incluye su conservación en la iglesia, hasta el día del Señor. Si tú hubieras retirado los dones de esa iglesia, por causa de sus conflictos y pecados, ¿cómo los hubieras convencido de su desvío? Tal vez cuando la iglesia está peor, es cuando más necesita la acción de todos los dones, para restaurarse. Puede, entonces, haber un extraño peligro en la arrogancia de las iglesias que se consideran importantes por la simple posesión de muchos dones. Lo importante no es la cantidad de dones, cinco o dos daba lo mismo en la parábola de los talentos, sino la fidelidad en su uso.

Los corintios discutían sobre cuáles eran los dones más importantes. Doble error: la discusión y la clasificación de los dones. Pablo les dijo que lo que vale es procurarlos y andar por el camino excelente del amor (1 Cor. 12:31-13:1). Esta discusión no era útil, y los dividía.

Os ruego, pues, hermanos —les decía Pablo—, *por el nombre de nuestro Señor Jesucristo, que habléis todos una misma cosa, y que no haya entre vosotros divisiones, sino que estéis perfectamente unidos en una misma mente y en un mismo parecer* (1 Cor. 1:10).

Año Bíblico: Isaías 34-37

EL CONOCIMIENTO DE LOS DONES

No quiero, hermanos, que ignoréis acerca de los dones espirituales. 1 Corintios 12:1.

El conocimiento de los dones es como el conocimiento que una empresa debe tener de los recursos que posee para la realización de su negocio. Si no conoce el tamaño ni el poder de su patrimonio, jamás podrá planear y ejecutar apropiadamente su trabajo. Tu empresa, Padre, es la misión. Y es nuestra también. Tú no quieres que ignoremos nada acerca de los dones.

Y Pablo dijo algunas cosas acerca de los dones. Primero, hay diversidad de dones. Sí, el Espíritu es uno, y aunque todos los dones vienen del mismo Espíritu, los dones son diversos. La diversidad de dones no existe para dividirnos como miembros de la iglesia, y para que cada uno se especialice en unos dones y nada sepa de los otros, o no haga nada para poseerlos. Como tú eres generoso, de una generosidad ilimitada, no puedo reducirte a algunos dones, pensando que eso es todo lo que tú me das. Debo pensar exactamente lo contrario: no importa los dones que yo tenga, lo que importa es la tarea que me das; porque junto con ella, me darás también los dones necesarios para ejecutarla. La cantidad de dones es ilimitada para cada siervo fiel. Tú siempre tienes más.

Segundo, el distribuidor de los dones es el Espíritu. No hay riesgo de injusticia. El Espíritu no tiene parientes, ni amigos especiales, ni aliados ideológicos, ni gente favorita. El sólo tiene la iglesia y la misión. Es cierto, da los dones como él quiere; pero él no quiere como nosotros queremos, arbitrariamente. El quiere como Dios, porque él es Dios. Y lo que Dios quiere es siempre más, no es nunca menos. No busca nuestra disminución; sólo busca la grandeza, para todos. La medida de sus dones es el tamaño de la misión. Si aceptamos una misión pequeña, no habiendo desperdicio en la economía del Espíritu, él nos dará los dones que estén en armonía con ella. Nunca rechacemos las grandes misiones que nos dé la iglesia.

Tercero, recibimos los dones por tu gracia. Los dones son regalos tuyos, Padre; no son derechos nuestros. Los humanos somos un poco abusadores; si nos dan la mano, nos tomamos el codo. Una gracia de hoy, mañana la reclamamos como derecho; o, por lo menos, actuamos como si lo fuera. Y el don espiritual es para aumentar la grandeza de nuestro espíritu; no para tornarnos más mezquinos, ni más solos.

Cuarto, tus dones incluyen: profetizar, servir, enseñar, exhortar, repartir, presidir, hacer misericordia, amar, ser diligente, ser ferviente, tener gozo, tener capacidad para sufrir, compartir, bendecir; y mucho, mucho más. Todo lo que tú, Padre, posees; y eso es infinito.

Año Bíblico: Isaías 38-40

LOS DONES CONSTITUIDOS POR CRISTO

Y él mismo constituyó a unos, apóstoles; a otros, profetas; a otros, evangelistas; a otros, pastores y maestros, a fin de perfeccionar a los santos para la obra del ministerio, para la edificación del cuerpo de Cristo. Efesios 4:11-12.

Tu generosidad, Padre, otorgó los dones en forma global. Pero no todos los dones están en todas las personas; y hay un grupo de dones, constituidos por tu Hijo, que son entregados de modo especial. Pablo dice que Cristo los constituyó porque él fue la fuente, la autoridad, el poder y el único que los dio a la iglesia y los controla. Son cuatro: apóstoles, profetas, evangelistas, y pastores-maestros. El último, aunque en la traducción parezcan dos, en el original se refiere a un solo oficio, con dos fases.

Cada uno de ellos tiene una tarea específica y todos están bajo tu propio control. Estos dones especiales aparecen más como funciones que como dones espirituales, porque son personas que tú, tu Hijo, y el Espíritu otorgan a la iglesia. Tú los eliges y decides los principios de su elección. El caso de los apóstoles no se repite, pero nadie más que la Trinidad había tomado parte en su elección. Y ¿quién se atrevería a designar un profeta, si tú no lo llamaras? Sólo restan evangelistas y pastores-maestros. Tú los llamas, y la iglesia los confirma. Para esto tiene que basarse en la instrucción revelada que posee, y en la obra espiritual hecha por ellos, bajo la dirección del Espíritu Santo.

Yo sé que en los últimos tiempos muchas cosas de la iglesia serán desestabilizadas, por la acción de hombres amadores de sí mismos, que sólo tendrán apariencia de piedad, habiendo negado su eficacia. Obrarán a la manera como Janes y Jambres resistieron a Moisés, falsificando lo que el enviado de Dios debía hacer, y desacreditaron el ministerio, con sus extrañas teorías de falsa repetición. Dirán que los ministros propiciados por ellos son tan verdaderos como los tuyos, Padre. Dos varas iguales. La misma apariencia. Pero una tenía la vida de tu poder, y tú la utilizabas; la otra, era una rama encantada, que tú rechazaste.

Mas no irán más adelante —dice Pablo, describiendo el resultado de su falsedad—; *porque su insensatez será manifiesta a todos, como también lo fue la de aquéllos* (2 Tim. 3:9).

La actitud correcta, en el último tiempo, será la misma que Pablo encomió ante Timoteo: seguir la doctrina verdadera aprendida de las Sagradas Escrituras; porque la Escritura es inspirada por ti, Padre, y porque es útil para enseñar, para redargüir, para corregir, para instruir en justicia, a fin de que tus hombres, consagrados al ministerio, sean perfectos, enteramente preparados para toda buena obra (2 Tim. 3:10-17).

Año Bíblico: Isaías 41-44

¿PARA QUE TENEMOS PASTORES?

A fin de perfeccionar a los santos para la obra del ministerio, para la edificación del cuerpo de Cristo, hasta que todos lleguemos a la unidad de la fe. Efesios 4:12-13.

Tú, Padre, nada haces sin objetivo. Organizaste la iglesia para la misión. Les diste dones a los miembros, para que cumplan exitosamente la misión. Les diste ministros a la iglesia, y colocaste en ellos ciertos dones especiales, para que dirijan a la iglesia en la misión, y preparen a cada miembro en su tarea. No organizaste la iglesia para que fuera un centro de poder, dentro de la comunidad donde se encuentra. ¿Verdad, Padre, que toda actividad pastoral dirigida a alcanzar este mezquino objetivo, contradice tus propósitos?

Mi reino no es de este mundo; si mi reino fuera de este mundo, mis servidores pelearían para que yo no fuera entregado a los judíos; pero mi reino no es de aquí (Juan 18:36).

¿Pero qué diremos en cuanto a estructurar un poder interno, dentro de la misma iglesia? ¿Está bien que un determinado grupo controle los cargos más importantes en cualquier nivel de la organización de la iglesia? ¿Y si lo hacen los ancianos, o algunos dirigentes de la Asociación, Unión, División o Asociación General? ¿Es una debilidad de los dirigentes cuando ellos permiten que los miembros, en las reuniones de negocios o en los congresos, ejerzan el poder que los estatutos de la iglesia les conceden? ¿Y podemos estructurar grupos para controlar el poder de ordenación? La misión es lo que importa. El poder de la iglesia es el poder del Espíritu Santo, para cumplir la misión.

Los pastores-maestros y los evangelistas tienen que: (1) Equipar a los miembros para el servicio. Organizar seminarios sobre administración de la iglesia y cursos de entrenamiento para líderes de los diferentes departamentos; todos ellos con el objetivo de atender espiritualmente a cada miembro, con la mira puesta en la misión. Ofrecer seminarios de práctica cristiana: cómo orar, cómo controlar el mal temperamento, cómo entenderse bien con los demás, cómo testificar, cómo administrar los recursos materiales, cómo estudiar la Escritura, cómo administrar el hogar, cómo educar a los hijos, cómo ayudar a los vecinos en sus problemas de la vida diaria, cómo..., todos los importantes cómos de la vida en todos sus aspectos. (2) Edificar a la iglesia para que alcance la madurez espiritual. El cuerpo de Cristo a veces no se parece a un cuerpo. Y es tarea del pastor-maestro, o de los pastores, si la iglesia tiene más de uno, conducir a la iglesia en un proceso de crecimiento espiritual, hasta alcanzar la madurez en Cristo. (3) Promover en la iglesia la unidad doctrinaria y el conocimiento personal de Cristo. Todos los conflictos sobre doctrina son prevenibles y el pastor tiene el deber de trabajar para lograrlo. Si no lo consigue, tiene que enfrentar la herejía.

Año Bíblico: Isaías 45-48

COMO UTILIZAR LOS DONES

Cada uno según el don que ha recibido, minístrelo a los otros, como buenos administradores de la multiforme gracia de Dios. Si alguno habla, hable conforme a las palabras de Dios; si alguno ministra, ministre conforme al poder que Dios da, para que en todo sea Dios glorificado por Jesucristo, a quien pertenecen la gloria y el imperio por los siglos de los siglos. Amén. 1 Pedro 4:10-11.

Pedro habla de dos tipos de dones: Dones de comunicación y dones de servicio. Y dice cómo utilizarlos.

(1) Hay que ministrarlos. Debido a que los dones proceden de tu gracia, Padre, hay que ministrarlos en armonía con ella, para beneficio de los demás. ¿Qué significa esto? Ser administradores de tu gracia, ¿es acaso convertirse en intermediarios o mayoristas que venden el producto a un precio tremendamente mayor para beneficiarse personalmente? Me parece que no. No creo que tú favorecerías ese tipo de negocio con tus dones. Pero, entonces, ¿qué significa ser buenos administradores? ¿No significa invertir poco y ganar mucho? ¿O significa conformarse con ganar un pequeño porcentaje solamente? Este es un caso en que la ganancia es pérdida y la pérdida es ganancia. Si utilizamos los dones sólo para los demás, se hacen más nuestros; pero si los utilizamos sólo para nosotros, dejan de ser nuestros y se tornan objetos robados. Robados a ti, mi Dios, porque todos los dones pertenecen a tu gracia, y tú los otorgas para que los usemos de gracia. De gracia recibimos, de gracia tenemos que dar.

(2) Hay que ministrarlos conforme a la Palabra de Dios. Tú, Padre, ¿qué piensas? ¿Será que el don de comunicación es uno de los mejores dones? Yo estoy pensando en la misión. Si todos los dones espirituales son instrumentos de la misión, el don de comunicar debe ciertamente estar a la cabeza de todos ellos. Espera un momento, ¿no estoy yo entrando en el mismo problema de los corintios, queriendo clasificar los dones de acuerdo a su importancia? Déjame, entonces, reformular la pregunta. ¿Son los dones de comunicación de una utilidad muy grande para la predicación del Evangelio? Ahora está mejor ¿verdad? Ya sé. Tú estas colocando otro problema en mi mente. No todo lo que uno diga es útil para la misión; uno puede comunicar una herejía ¿y entonces? No sirve, es claro. Lo que hablamos tiene que estar en armonía con la Escritura, de otro modo pervertimos el don del habla, y no me sirve.

(3) Hay que ministrarlos conforme al poder que Dios da. ¿Quiere decir, entonces, que no es suficiente que ministre tu don con mi propio poder, o con algún otro poder que yo consiga? ¿Por qué? Ya entiendo. Tú no puedes ser ignorado cuando ministramos porque este ministerio es una sociedad contigo y ministramos para gloria tuya, por medio de Jesucristo.

Año Bíblico: Isaías 49-51

EL DON DE PROFECIA

Dios, habiendo hablado muchas veces y de muchas maneras en otro tiempo a los padres por los profetas, en estos postreros días nos ha hablado por el Hijo. Hebreos 1:1-2.

"Uno de los dones del Espíritu Santo es el de profecía. Este don es una de las características de la iglesia remanente y se manifestó en el ministerio de Elena G. de White. Como mensajera del Señor, sus escritos son una permanente y autorizada fuente de verdad, y proveen consuelo, dirección, instrucción y corrección a la iglesia. También establecen con claridad que la Biblia es la norma por la cual deben ser evaluadas todas las enseñanzas y toda experiencia (Joel 2:28-29; Hech. 2:14-21; Heb. 1:1-3; Apoc. 12:17; 19:10)" *(Manual de la iglesia,* Creencia Fundamental N.º 17).

El pecado te trajo, Padre, un tremendo problema de comunicación. Tú ya no podías venir a hablar cara a cara con el ser humano. Yo sólo puedo imaginar tu sentimiento de distancia, de separación entre ti y tu criatura, tan ajeno a tu experiencia. Nosotros vivimos la distancia muchas veces en la vida. Es como seguir estando y ya no estar. Una persona, muy allegada a nosotros, que se torna separada porque ya no hay comunicación. Dos enamorados, siempre juntos, con toda la emoción grata de la aceptación; de repente, un conflicto. Quizás un tercero ha abierto lentamente la brecha hasta que aparece la distancia, y las palabras ya no pueden pronunciarse. No las mismas, por lo menos. Después viene el silencio. No importa la distancia geográfica, la otra es peor. Tú la sentiste también. Pero tú nunca te fuiste. Fuimos nosotros.

Porque tú nunca te fuiste, tenías que comunicarte. ¿Cómo? Tú que resuelves bien toda dificultad, también para este problema tuviste una excelente solución: el espíritu de profecía. Enviaste tu Espíritu a hombres o mujeres que elegiste para esto. Personas abiertas a escucharte; dispuestas a seguir tus instrucciones porque ya estaban viviendo en grata intimidad contigo. Y tú les hablaste, por visiones, por sueños, por voces tuyas audibles, sin que vieran tu persona. Un flujo de comunicación llegó a nosotros, conteniendo la expresión de lo que tú querías de nosotros y para nosotros. Tus planes, así, quedaron abiertos a nuestro limitado saber.

Los humanos sólo podíamos conocer las cosas que nuestros sentidos podían captar y nuestra limitada existencia, experimentar. Pero gracias al espíritu de profecía, y a tu buena voluntad, todo tu mundo espiritual quedó también abierto a nuestra vida. Por eso, los profetas han sido tan importantes, y las Escrituras, donde ellos registraron tus revelaciones, han llegado a ser vitales para todo lo que sabemos y vivimos.

Año Bíblico: Isaías 52-55

EL PROFETA COMUNICA

Jehová dijo a Moisés: Mira, yo te he constituido dios para Faraón, y tu hermano Aarón será tu profeta. Tú dirás todas las cosas que yo te mande, y Aarón tu hermano hablará a Faraón, para que deje ir de su tierra a los hijos de Israel. Exodo 7:1-2.

El *profeta* es tu mensajero. Yo sé, Padre, que nadie puede elegir a un profeta para ti. Ni siquiera podríamos influir en ti para que tomes a alguien como tu profeta. No puedo ni imaginarme orando: "Padre, viene el próximo congreso de la Asociación General, por favor elige a Nevil Gorski como tu profeta. El es un hombre dedicado a ti. Te ha servido muy bien toda su vida. Todos somos testigos de su rectitud, y nadie lo rechazaría si tú lo eligieras. ¡Ah! y me olvidaba decirte: él es mi amigo".

¿Cuántos de nosotros oraríamos así por alguien? Nadie. Todos sabemos, Señor, que no hay poder alguno, ni medio disponible para que los humanos podamos participar en la elección de tus profetas. Sólo tú tienes el poder de hacerlo. Por eso el profeta es sólo mensajero tuyo, de nadie más. La obra del profeta está relacionada con el mensaje que transmite. Por eso Aarón sería el profeta de Moisés. Lo que Moisés tuviera que comunicar a Faraón, se lo diría a Aarón, y él lo comunicaría al Faraón.

El *vidente* cumplía el mismo oficio del profeta. Sólo que su nombre estaba basado en la forma como recibía el mensaje de ti. Tú le abrías los ojos, o la mente, para que él lo "viera". Luego comunicaba lo que había visto.

Pareciera, Padre, que apenas el profeta, o el vidente, dijeran algo venido de ti, nosotros, sin vacilar, deberíamos aceptar su mensaje, cualquiera fuera el contenido. Pero, ¡es tan extraño! La reacción humana no siempre acepta. En cada uno de nosotros hay siempre un espíritu de rebelión, debido al pecado.

Porque este pueblo es rebelde —decías tú, por medio de Isaías—, *hijos mentirosos, hijos que no quisieron oír la ley de Jehová; que dicen a los videntes: No veáis; y a los profetas: No nos profeticéis lo recto, decidnos cosas halagüeñas, profetizad mentiras* (Isa. 30:9-10).

Pero gracias sean dadas a ti, Padre de gracias infinitas, porque nunca tus profetas anuncian la mentira. Ellos son tus propios mensajeros, agentes de verdad que traen sólo la verdad de tu mensaje. Y hasta el mismo Balaam, que deseaba decir lo que el impío Balac quería —maldecir a tu pueblo—, sólo pudo decir la sola verdad de tu mensaje. Y los bendijo.

Año Bíblico: Isaías 56-58

CREER EN LOS PROFETAS

Y cuando se levantaron por la mañana, salieron al desierto de Tecoa. Y mientras ellos salían, Josafat, estando en pie, dijo: Oídme, Judá y moradores de Jerusalén. Creed en Jehová vuestro Dios, y estaréis seguros; creed a sus profetas, y seréis prosperados. 2 Crónicas 20:20.

Me parece muy apropiado, Padre, que Josafat haya relacionado la creencia en ti con la creencia en tus profetas. En realidad, yo no podría creer en tus profetas, si no creyera en ti; ni podría dejar de creer en ellos, una vez que creyera en ti. Yo creo en tus profetas porque creo en ti.

Ahora, ayúdame a entender la prosperidad que viene a la persona que cree en los profetas. La seguridad que uno siente cuando cree en ti, me es conocida. Yo la siento. No hay nada petulante en ella, nada mágico. Es como estar en la casa propia, a la hora de la comida, sin haber sido invitado. Ninguna incomodidad. Ninguna prisa por salir. Sin disimulo alguno. Tan simple: es la hora de comer, la comida está lista; vamos a la mesa. Y todo el mundo conversa y come, sin nada de inquietud. La seguridad es como hacer lo que uno sabe, y hacerlo después de muchos éxitos logrados. Este sentimiento de tener derecho, porque yo soy tuyo; y esta realidad de haber vivido, muchas veces, lo que tú has planeado para mí, sin fracaso, me hace estar seguro en todo lo que viene y lo que vivo. Porque yo creo en ti, ya sé; y estoy seguro.

¿Cómo es esto de ser prosperado por creer en tus profetas? ¿Qué clase de prosperidad es esta? ¿Será que todos podemos obtenerla, en cantidad igual, o por lo menos en cantidad tan grande que la diferencia no importe? Josafat era un buen rey. Había eliminado los lugares de culto pagano y quitó las imágenes de Asera de todo Judá. Te buscó y anduvo en tus mandamientos. Pero mantenía una relación amistosa con el impío rey Acab, de Israel. Esa amistad casi le costó la vida cuando lo acompañó en su guerra contra Ramot de Galaad, donde Acab murió, a pesar de haberse disfrazado para que no lo reconocieran; y Josafat volvió con vida porque tú, Padre, lo ayudaste. Cuando volvía de esa guerra, el profeta Jehú lo reprendió porque ayudaba a los impíos y protegía a los que te aborrecían.

Y le salió al encuentro el vidente Jehú hijo de Hanani, y dijo al rey Josafat: ¿Al impío ayudas, y amas a los que aborrecen a Jehová? Pues ha salido de la presencia de Jehová ira contra ti por eso (2 Crón. 19:2).

Y los hijos de Amón y de Moab salieron a la guerra contra él. Y él confió en ti. No teman, dijo al pueblo, deténganse, estén quietos y vean la salvación de Jehová. Fe. Había descubierto la prosperidad de la fe y del gozo en ti. *Y el reino de Josafat tuvo paz, porque su Dios le dio paz por todas partes* (2 Crón. 20:30).

Año Bíblico: Isaías 59-62

UNA CREENCIA LIMITADA

Entonces Eliezer hijo de Dodava, de Maresa, profetizó contra Josafat, diciendo: Por cuanto has hecho compañía con Ocozías, Jehová destruirá tus obras. Y las naves se rompieron, y no pudieron ir a Tarsis. 2 Crónicas 20:37.

Me da pena, Padre, que un hombre como Josafat, líder de tu pueblo, no haya sabido creer completamente. El conocía la teoría de la fe en los profetas y la enseñó al pueblo. Aun en momentos de grave peligro para la nación, creyó en ellos y se reformó; pero después volvió a su práctica limitada. Sabía que debía creer todo lo que los profetas le dijeran, porque cada una de sus enseñanzas y todas las órdenes que le transmitían, venían de ti. Pero persistió en no separarse de los que colocan sus propias opiniones sobre las tuyas.

Se hizo amigo de Ocozías como había sido amigo de Acab. Ocozías reinó sólo dos años después de la muerte de Acab, su padre. En ese corto tiempo hizo lo malo ante tus ojos, siguiendo los perversos caminos de Acab; repitiendo las malvadas acciones de su madre, Jezabel; y adorando los mismos ídolos que Jeroboam introdujo en Israel cuando dirigió su separación como nación independiente de Judá. La adoración de dioses inventados por el hombre es adoración de sí mismo. Culto al ser humano en lugar del respeto a ti. Adoración de la criatura en lugar del Creador.

Ocozías había invertido los valores de la vida porque estaba en otro rumbo. No era la voz de tus profetas; era su propia voz, su propio pensamiento, lo que él obedecía. Respetaba las malas tradiciones de su propia historia familiar y sólo seguía las costumbres de su pueblo. Siervo de su propio contexto cultural y esclavo del pecado que existía en él; y, sin embargo, pensaba que todo estaba bien. Hasta el mismo rey de Judá, un buen rey, por el pecado de la mala asociación, lo acompañó en sus proyectos de progreso humano, sufriendo trágicas consecuencias. Entre ellas, la destrucción de una pacífica prosperidad que tú le habías dado por obedecerte a ti y por oír la voz de tus profetas.

Puede ser que Josafat haya pensado: "No acompañaré a Ocozías en su maldad; sólo me interesan sus ideas progresistas, su fantástica creatividad innovadora, su forma ingeniosa de producir nuevos proyectos; cuyo éxito él tal vez lo utilice mal, pero yo lo voy a usar para la propia grandeza del pueblo". Y se asoció con Ocozías en la construcción de una flota para ir a Tarsis. Buen comercio y mucha riqueza. Todo el poder de la grandeza humana. ¿Por qué no? ¿No es eso lo que debe hacer un líder? ¿Hacer todo para lograr la mayor grandeza de su pueblo? No era así. Una creencia parcial en tus profetas, sólo cuando llega la crisis, es falsa. Las naves fueron todas destruidas y esa prosperidad humana no llegó jamás.

Año Bíblico: Isaías 63-66

FUNDAMENTO DE LA IGLESIA

Así que ya no sois extranjeros ni advenedizos, sino conciudadanos de los santos, y miembros de la familia de Dios, edificados sobre el fundamento de los apóstoles y profetas, siendo la principal piedra del ángulo Jesucristo mismo, en quien todo el edificio, bien coordinado, va creciendo para ser un templo santo en el Señor. Efesios 2:19-21.

Tu familia, Padre, la iglesia, tiene el fundamento que tú mismo le diste. Nadie puede cambiarlo. Pretender un cambio en el fundamento que tú pusiste es entrar en contradicción contigo, hacerte oposición. Yo no quiero oponerme a ti jamás. Esta actitud no me ayudaría en nada. Por el contrario, me pondría fuera de tu propia iglesia, porque cada miembro de la iglesia verdadera está siempre en armonía contigo. Y tú pusiste a los profetas, el don de profecía, como uno de sus fundamentos. No puedo disminuirlo, ni oponerme a él, ni rechazarlo. Sólo tengo que aceptarlo porque te acepto a ti.

¿Por qué colocaste tú a los profetas, junto con los apóstoles, como fundamento de tu iglesia? ¿Es porque por medio de ellos nos diste la revelación? Y en ese caso, ¿son los profetas y los apóstoles fundamentos en sí mismos, o lo son por causa de su relación especial contigo? Sin duda, por su relación contigo. Nada, independiente de ti, puede nunca ser fundamento de la iglesia. La iglesia no pertenece a los seres humanos. Hay en el Nuevo Testamento sólo dos cosas que tu Hijo llamaba suyas: Tú —él te llamaba "mi Padre"— y la iglesia: "mi" iglesia, como él decía. Y la iglesia es santa, porque te pertenece; y todo lo que es tuyo es santo, como tú eres santo. Esta es la santidad por relación. También existe santidad en cada uno de sus miembros. Esta es la santidad que tú compartes. Un atributo tuyo que estás dispuesto a compartir, por gracia.

Tu revelación puso a los profetas en una relación especial, única, contigo. Y la iglesia que acepta el don de profecía, se beneficia de la revelación en tal grado que la revelación se torna el propio fundamento de su existencia. Tiene una existencia fundamentada en tu Palabra, lo que equivale a decir que, por fundamentarse en ti, te pertenece. Es santa por relación y porque acepta la santidad compartida por ti a cada uno de sus miembros que no rechazan el espíritu de profecía.

Aceptar o rechazar el espíritu de profecía, no es un asunto de opción personal. No pertenece a una simple decisión de mi libre albedrío. Es mucho más. Es una cuestión de coherencia. Si digo que soy tu hijo, te pertenezco. Y mi aceptación del espíritu de profecía revela la realidad de mi relación contigo. Si creo ser tuyo y lo digo, tengo que formar parte de tu iglesia y estar fundado en el espíritu de profecía. Es una cuestión de ser o no ser. Y yo quiero ser tuyo, tuyo para siempre. Creo.

Año Bíblico: Jeremías 1-3

EL DON DE PROFECIA EDIFICA A LA IGLESIA

Pero el que profetiza habla a los hombres para edificación, exhortación y consolación. El que habla en lengua extraña, a sí mismo se edifica; pero el que profetiza, edifica a la iglesia. 1 Corintios 14:3-4.

El que profetiza es un siervo tuyo, Padre, y el que cree en el profeta se edifica en ti. Tú nos has dado el don de profecía para que comprendamos tu manera de pensar y para que conozcamos tu voluntad. Y en estos postreros tiempos, lo has dado para que estemos bien orientados en todo lo que viene y en el estilo de vida que debemos seguir. Nada escapa a tu orientación. Tu gracia abunda en todo conocimiento y nunca nos falta nada de lo que, en cada tiempo específico, necesitamos.

Escribo esto en Francistown, Botswana, Africa. Con Rex Edwards estamos en un concilio ministerial y esta mañana, Strike Ben, presidente de la Misión Norte de Botswana, al abrir las actividades del día, dijo: "Escuchemos a estos siervos de Dios; son verdaderos 'profetas', porque profeta es el que recibe las revelaciones del Señor, y también el que las enseña". Esta definición es correcta. Basada en ella, tú mismo llamaste a cada miembro de la iglesia remanente a "profetizar".

Y él me dijo: Es necesario que profetices otra vez sobre muchos pueblos, naciones, lenguas y reyes (Apoc. 10:11).

El don de profecía edifica a la iglesia. ¿En qué? ¿Cómo? En la comprensión de la Escritura, en la práctica real de la doctrina, en el estilo cristiano de vida, en la obediencia a todas las leyes morales y de la salud, en la misión, y en todo lo demás. Y lo hace con un mensaje; comunicando, con fidelidad, un mensaje que viene directamente de ti. La fidelidad del profeta lo obliga a comunicar tu mensaje en plenitud. No omitiendo nada. No agregando nada. Comunicando todo el mensaje del Señor.

Hubo ocasiones cuando el profeta se sintió compelido a reducir el contenido o la fuerza del mensaje; y esto por las circunstancias, o por la condición en que se encontraban los destinatarios del mensaje. Pero nunca el profeta sintió que pudiera hacerlo. Por el contrario, cada vez se sintió compelido a no reducir nada de lo que tú le habías comunicado. En el otro lado del proceso de edificación, el lado del que recibe el mensaje para edificación, también debe haber un proceso de fidelidad y plenitud. En este caso, para aceptar el mensaje total comunicado por el profeta. Quien no acepta el mensaje, o el que lo acepta parcialmente, o mucho peor aún, el que lo rechaza, se coloca fuera de la fidelidad; es infiel. Pero el don de profecía es un llamamiento a la fidelidad: todas las fidelidades que tú demandas; porque, desde lo poco a lo mucho, tú lo incluyes todo, y el todo te interesa porque es tuyo.

Año Bíblico: Jeremías 4-6

APRECIO POR LA PROFECIA

No apaguéis al Espíritu. No menospreciéis las profecías. 1 Tesalonicenses 5:19-20.

Menospreciar no es despreciar, ni aborrecer, ni abandonar, ni desechar. Es simplemente darle menos valor que el que le corresponde. Como pretender la compra de una mansión ofreciendo pagar sólo el dinero que cuesta una choza. Sí, le doy un valor; pero muy bajo. ¿Cómo te sientes tú, Dios, con esta actitud del ser humano hacia el don de profecía que tú nos diste? Ya sé, esto es una especie de traición a ti. Como Pedro que prometió hasta su vida, como garantía de que no negaría a su Señor. Terminó negándolo tres veces. Falló, sin atenuantes, porque tu Hijo ya le había advertido lo que haría.

Despreciarte no quiero. Ayúdame a valorar el don de profecía en la medida en que tú lo valoras. No menos. Especialmente si me señala lo que me duele. Hay cosas que afectan mi sensibilidad, como ser humano. Me hieren. Las desprecio, y hasta puedo incluir al profeta mismo como blanco de mi desprecio. Peor si mi desprecio a tu don de profecía incluye mi aprecio por otra clase de experiencias con dones espirituales, sean verdaderas o falsas. Más probablemente, falsas.

Al ser humano le gusta más hablar a Dios sobre los hombres que hablar a los hombres acerca de Dios. Por eso desprecian las profecías. Prefieren lo que los hombres dicen, en lugar de lo que dices tú. Extraño. Pero los seres humanos hacemos cosas extrañas. A veces, hasta son contradictorias. Decimos que somos tus hijos, pero menospreciamos la palabra que tú envías por medio de tus profetas. Si tú vinieras a hablar con nosotros, personalmente, sería diferente. Valoraríamos tu palabra, sin reducirla en nada. Pero, normalmente, tú no te comunicas de este modo. Tú prefieres usar el don de profecía porque de este modo das espacio a la fe.

Si nos hablaras directamente, no habría necesidad de fe; y una experiencia cristiana sin fe, no es cristiana. Puede ser racional, lógica, o hasta inteligente; pero no es de fe. Y todo lo que no es de fe, es separación de ti. Independencia rebelde. Separación y soledad. No hay soledad más profunda que la ausencia de fe. Y tú no quieres este tipo de experiencia para nosotros, por eso te comunicas a través del don de profecía. Y así nos llevas a beber en la misma fuente de la fe: tu revelación. Cuanto más la oímos, más creemos, si dejamos que el Espíritu trabaje libremente en nosotros. Y el mismo Espíritu que inspira al profeta, nos conducirá a la comprensión de tu mensaje. En ese trabajo del Espíritu está la prueba de que el espíritu de profecía viene de ti.

Año Bíblico: Jeremías 7-9

EN LOS POSTREROS DIAS

Y en los postreros días, dice Dios, derramaré de mi Espíritu sobre toda carne, y vuestros hijos y vuestras hijas profetizarán; vuestros jóvenes verán visiones, y vuestros ancianos soñarán sueños; y de cierto sobre mis siervos y sobre mis siervas en aquellos días derramaré de mi Espíritu, y profetizarán. Hechos 2:17-18.

El día de Pentecostés fue una nueva presencia tuya entre los seres humanos. Tu Espíritu vino como nunca antes. Un viento recio llenó toda la casa y como lenguas de fuego repartidas vinieron sobre cada discípulo. Comenzaron a hablar idiomas que no sabían, según el Espíritu les daba que hablasen. La multitud quedó confusa, primero; luego, atónita y maravillada. ¿Qué quiere decir esto?, se decían uno a otro. Y algunos decían: Todos están ebrios.

Pedro tomó la palabra para explicar la situación. No están ebrios, dijo. Y aplicó la profecía de Joel. El profeta usó una metáfora agrícola para anunciar tu promesa. Dios, dijo, hará descender sobre vosotros lluvia temprana y tardía. La lluvia temprana del Espíritu vino en el día de Pentecostés y la lluvia tardía estaba reservada para los postreros días. Según esa profecía, la iglesia de los postreros tiempos tendría el don de profecía.

Como todas las profecías de la Escritura, también ésta viene de ti, Padre. Tú eres quien dijo que la iglesia recibiría el don del espíritu de profecía. Lo anunciaste por medio de los profetas y lo confirmaste en la revelación acerca del fin que diste a Juan y él registró en el libro de Apocalipsis. Esto significa que si la iglesia no tuviera el espíritu de profecía no sería tu remanente.

En la profecía de Joel, repetida por Pedro en el día de Pentecostés, Padre, nos prometiste dos obras del Espíritu. La primera es su presencia misional en todos los creyentes. La lluvia tardía que tú envías para la terminación de la obra misional encomendada por ti a la iglesia y a cada creyente en particular. Cada familia debe participar en esto, como familia. Aunque el Espíritu vendrá sobre las personas individuales, las familias también deben recibirlo, y la iglesia entera. Todos los miembros de cada familia, en forma personal, y también cada uno de ellos integrados como grupo familiar, debieran estar interesados en esto: preparándose y estudiando lo que tú has revelado sobre la recepción del Espíritu Santo en la lluvia tardía.

La segunda obra del Espíritu que tú prometiste para el tiempo del fin es su obra profética. No transforma a cada creyente en un profeta, sólo a la persona o personas que tú elijas para esto. Y al dar un profeta a la iglesia, tú le das el espíritu de profecía.

Año Bíblico: Jeremías 10-13

EL TESTIMONIO DE JESUS

Yo me postré a sus pies para adorarle. Y él me dijo: Mira, no lo hagas; yo soy consiervo tuyo, y de tus hermanos que retienen el testimonio de Jesús. Adora a Dios; porque el testimonio de Jesús es el espíritu de la profecía. Apocalipsis 19:10.

Juan estaba impresionado con tu grandeza. Las alabanzas que la gran multitud te ofrecía, y la adoración de los veinticuatro ancianos con los cuatro seres vivientes, más el anuncio de las bodas del Cordero con la belleza espiritual de su esposa, impactaron de tal modo a Juan que él deseó sumarse a todo el grupo y se postró delante del ángel que le entregaba tu mensaje; y quiso adorarlo. No correspondía, y el mismo ángel lo detuvo. "Yo soy consiervo tuyo", le dijo.

Ningún siervo merece adoración. Sólo tú. ¿Por qué? En otras ocasiones se mencionan como razones tu poder creador, tu amor redentor, tu misericordia, tu cuidado sustentador y tu grandeza. Pero el ángel, en esta oportunidad, dice a Juan: "Adora a Dios; porque el testimonio de Jesús es el espíritu de la profecía".

¿En qué sentido el testimonio de Jesús se torna una causa para adorarte? ¿Es tan importante como tu poder creador, o tu amor redentor, o cualquiera de los grandes atributos que te colocan sobre todo otro ser del universo? El ángel se declaró consiervo de Juan y de aquellos que retienen el testimonio de Jesús. ¿Por qué no dice simplemente: y de los que creen en Jesús? El énfasis de Juan no está en lo que hacen estos seres humanos, sino en lo que tú, Padre, haces por ellos. Es cierto que son ellos los que tienen el testimonio de Jesús y lo retienen. Pero si tú no se lo dieras, jamás podrían retenerlo. El hecho de que ellos lo posean indica que tú te aproximaste, que tú te revelaste, que tú los aceptaste, que tú has abierto el cofre lleno de todos tus misterios para que ellos los conozcan. Tú eres generoso. Nunca cesas de ser grande. Tú repartes y das, das y repartes como Dios; porque tú eres Dios.

El don de profecía, que tú diste a la iglesia remanente, no es un don común. Es tan grande que cuando tú lo entregas, aparece tu grandeza de Dios en este don. Nuestra gratitud, al recibirlo, tiene que ser de adoración. Y adorarte por él, es más que recibirlo, y es mucho más que aceptarlo simplemente. Más que obedecerlo, y respetarlo y enseñarlo. Es verte a ti, en el don, y en plena acción para salvarnos. Es entender tus actos especiales en el tiempo más crítico de todos los tiempos. Es asociarse a ti para vivir contigo los hechos más grandiosos de la historia y a tu lado marchar hacia la vida eterna y la victoria.

El espíritu de profecía nos coloca en el mismo nivel de los profetas: conocedores de los tiempos, intérpretes de los hechos que ocurren en la tierra y en el cielo, respetadores de tu persona misma y todo lo que es tuyo, y aliados permanentes de tu propio saber que abre las puertas del misterio, y lo revela.

Año Bíblico: Jeremías 14-16

DIOS GUIA POR PROFETA

Y por un profeta Jehová hizo subir a Israel de Egipto, y por un profeta fue guardado. Oseas 12:13.

Cada vez que te contemplo, Padre, en el pasado, en el presente y en todo lo que estás, yo siempre encuentro tu plena protección y tu dominio. Tú eres el único que tiene pleno poder de gobernar y de dominio, y eres el único que sabe usar la fuerza, sin llegar a la opresión ni al despotismo. Tú guardas y conduces. Tú proteges y guías. No duermes, no descansas, no te olvidas. Eres un faro de poder en mi camino y una fuerza del amor que nunca cesa.

Y el pueblo de Israel era un esclavo. Una fuerza superior los oprimía. Con un ejército potente, avezado en la guerra, el opresor era una fuerza de la tierra. Y a los oprimidos les dolía. ¿Qué hacer? ¿Sólo quejarse para acortar el día? ¿Seguir los pasos de la noche y angustiarse al asomar la aurora? ¿Secar el llanto y apurar la pena como un trago de ajenjo o de veneno? ¿Vivir envenenado y amargado y triste y sin consuelo? Nada de esto quieres tú. Tú quieres proteger y liberar y renovar la vida que, cansada y triste, ya se escapa. Tú quieres ser un Dios presente que bendice y guarda, que conduce y llega, que protege y salva.

Y Moisés, delante de Faraón, era una voz de tu palabra. "Deja a mi pueblo salir", le repetía. Y el Faraón no lo escuchaba. Era una piedra. La roca de la vida humana que resiste. El orgullo del poder. La altivez de la soberbia. La vanidad de la arrogancia. Pero el día de salir, llegó; porque nada es superior a tu poder. Y tú guiaste a tu pueblo con la voz de tu profeta. Lo sacaste de la esclavitud egipcia hacia la tierra prometida. Y el desierto no fue capaz de destruirlo. Falta de agua y escasez de pan, no fueron peligros. Enemigos y distancias, traiciones y rebeldes, celadas y serpientes, no vencieron a tu pueblo porque estaba allí el profeta. Tu profeta con la voz de tu palabra. Y tu palabra alumbra todo, y todo dice con certeza. Nada le falta cuando somos nosotros un vacío. Todo lo tiene cuando nosotros, como mendigos errantes, transitamos sin rumbo por la vida.

Pero el pueblo era otro Faraón, y no te oía. ¿Escuchamos hoy a aquel profeta que mandaste en su lugar? ¿El que nos mandas hoy para guiarnos por el mundo hacia la vida?

Este Moisés es el que dijo a los hijos de Israel: Profeta os levantará el Señor vuestro Dios de entre vuestros hermanos, como a mí; a él oiréis. Este es aquel Moisés que estuvo en la congregación en el desierto con el ángel que le hablaba en el monte Sinaí, y con nuestros padres, y que recibió palabras de vida que darnos; al cual nuestros padres no quisieron obedecer, sino que le desecharon, y en sus corazones se volvieron a Egipto (Hech. 7:37-39).

¡Líbranos, Señor, de ser como ellos!

Año Bíblico: Jeremías 17-19

FALSOS PROFETAS

Amados, no creáis a todo espíritu, sino probad los espíritus si son de Dios; porque muchos falsos profetas han salido por el mundo. 1 Juan 4:1.

Siempre lo falso está presente, y tú, Padre, lo sufres; pero nunca aceptas su desvío, y lo rechazas. Eres tú la prueba mejor contra su astuta simulación. Y nosotros, munidos de tu Espíritu, por gracia de tu propia gracia, sabemos discernir entre lo falso y lo genuino, entre el profeta que tú envías y el que viene por sí mismo, o por el propio engañador. Y aunque nos acosen los profetas falsos, que son muchos, y los falsos oídos, que sólo buscan lo falso para oír, tú estás junto a nosotros, y nos guías.

Cuando tú nos dices: "No creáis a todo espíritu", no nos llamas tú a una vida de incredulidad. No, tú siempre nos invitas a creer. Tú quieres que cada hijo tuyo sea creyente, pero no crédulo. La ingenuidad de aceptar lo falso como verdadero, es un error tan grave como el propio error de producir engaño. Dejarse engañar es como engañar, sólo que es peor aún; porque el engañado participa voluntariamente del engaño, pues teniendo, en el Espíritu, el poder de discernir, elige la ceguera espiritual que lo seduce.

Y no es difícil distinguir el falso profeta del profeta verdadero que tú envías. Primero, están sus frutos. Lo que vemos externamente en su conducta.

Guardaos de los falsos profetas —decía tu Hijo—, *que vienen a vosotros con vestidos de ovejas, pero por dentro son lobos rapaces. Por sus frutos los conoceréis. ¿Acaso se recogen uvas de los espinos, o higos de los abrojos? Así, todo buen árbol da buenos frutos, pero el árbol malo da frutos malos* (Mat. 7:15-17).

Segundo, sus profecías. ¿Se cumplen ellas o no? El falso profeta jamás anuncia profecías ciertas, y no se cumplen; o se cumplen parcialmente, por ambigüedad. La precisión de lo que tú revelas no se encuentra en la profecía falsa. La base de ésta no es el exacto conocimiento que tú tienes de las cosas y los hechos; es la intuición humana que compara y saca conclusiones, válidas y ciertas cuando se refieren al presente y al pasado, pero erráticas y presuntuosas cuando se aplican al futuro.

Y si dijeres en tu corazón: ¿Cómo conoceremos la palabra que Jehová no ha hablado?; si el profeta hablare en nombre de Jehová, y no se cumpliere lo que dijo, ni aconteciere, es palabra que Jehová no ha hablado; con presunción la habló el tal profeta; no tengas temor de él (Deut. 18:21-22).

Tercero, armoniza con la Escritura, o no. *¡A la ley y al testimonio! Si no dijeren conforme a esto, es porque no les ha amanecido* (Isa. 8:20).

Año Bíblico: Jeremías 20-23

EN EL TIEMPO DE LA SEGUNDA VENIDA DE CRISTO

Porque se levantarán falsos Cristos, y falsos profetas, y harán grandes señales y prodigios, de tal manera que engañarán, si fuere posible, aun a los escogidos. Mateo 24:24.

Tu Hijo, Padre, lo anunció porque sería realidad. Falsos profetas muy activos en el tiempo de su retorno. ¿Por qué? Porque también tú guiarías a tu pueblo por profeta. Y el diablo, que ama la falsificación, para engañar produce siempre su propia versión de lo que tú haces. Una versión bien parecida, casi igual, pero nunca exactamente igual porque no puede, ni desea hacerlo. El sólo busca un parecido, que le permita circular, como verdad, todo su engaño; y así la gente no viva tu verdad.

El tiempo previo al retorno de tu Hijo será un tiempo de tanto engaño que el demonio tratará de engañar hasta a tu pueblo escogido: aquéllos que conocen los tiempos y las profecías. Toda herramienta espiritual será necesaria. La Escritura, profecía del pasado, escrita para nuestra enseñanza; y el espíritu de profecía del presente, para orientarnos. Así como por un profeta guiaste al pueblo en su salida de la esclavitud egipcia, hacia la tierra prometida, por un profeta estás guiando a tu pueblo en el éxodo final desde este mundo al reino prometido. Y el diablo falsifica.

La necesidad de conocer el espíritu de profecía se torna imperativa. Si tú lo envías para librarnos del engaño, y para que podamos entender lo que hoy ocurre en el proceso histórico visible, y en el orden del mundo espiritual rebelde, casi invisible para todos, necesitamos todos conocerlo.

Al contemplar el mundo de este tiempo extraño en que vivimos, no podemos dejar de sentir una especie de tiniebla que va en aumento. Como la que crece antes del trueno y la tormenta, que va cubriendo la tierra con un viento extraño; y vuelan las aves a sus nidos; y los animales, asustados, se van a sus guaridas. Hasta nosotros, los humanos, apresuramos el paso, y aun corremos para protegernos. Tiempo de peligro. Tiempo de buscar sabiduría en los profetas que todo lo supieron sobre el tiempo en que vivimos, porque tú lo revelaste, no para que ellos disfrutaran espiritualmente su saber, aunque lo hacían, mas para que nosotros pudiéramos saber qué hacer en estas circunstancias.

Tú, Padre, llamaste a Elena de White para atraer al pueblo hacia la Biblia, porque de ella estaba separado. El espíritu de profecía era una luz menor para guiar a todos hacia la luz mayor y así dejarlos sin excusa por su extraño alejamiento de las Escrituras. Y ella insistía siempre: "Recomiendo al amable lector la Palabra de Dios como regla de fe y práctica". Y en su último discurso ante una sesión del congreso de la Asociación General, en 1909, dijo: "Hermanos y hermanas, os recomiendo este Libro" *(Primeros escritos*, p. 78; W. Spicer, *The Spirit of Prophecy*, p. 30).

Año Bíblico: Jeremías 24-26

LA LEY DE DIOS

El hacer tu voluntad, Dios mío, me ha agradado, y tu ley está en medio de mi corazón. Salmo 40:8.

"Los grandes principios de la ley de Dios están incorporados en los Diez Mandamientos y ejemplificados en la vida de Cristo. Expresan el amor, la voluntad y el propósito de Dios con respecto a la conducta y a las relaciones humanas, y están en vigencia para todos los seres humanos de todas las épocas. Estos preceptos constituyen la base del pacto de Dios con su pueblo y la norma del juicio divino. Por medio de la obra del Espíritu Santo señalan el pecado y avivan la necesidad de un Salvador. La salvación es sólo por gracia y no por obras, pero su fruto es la obediencia a los mandamientos. Esta obediencia desarrolla el carácter cristiano y da como resultado una sensación de bienestar. Es una evidencia de nuestro amor al Señor y preocupación por nuestros semejantes. La obediencia por fe demuestra el poder de Cristo para transformar vidas y por lo tanto fortalecer el testimonio cristiano (Exo. 20:1-17; Sal. 40:7-8; Mat. 22:36-40; Deut. 28:1-14; Mat. 5:17-20; Heb. 8:8-10; Juan 15:7-10; Efe. 2:8-10; 1 Juan 5:3; Rom. 8:3-4; Sal. 19:7-14)" (*Manual de la iglesia,* Creencia Fundamental N.° 18).

Tú, Padre, tienes una mente muy estricta cuando creas la ley; pero al tratar con las personas, siempre extiendes tus brazos en abierta bienvenida de amor y de paciencia. Es por tu gracia. Y en tu gracia no hay contradicción, ni incoherencia; sólo hay misericordia. Y es por tu propia misericordia que hiciste tú la ley tan clara y terminante, sin ninguna confusión. Tú no querías que anduviéramos errantes, como el viento de un tornado, que se enreda todo, para la horrenda destrucción de lo que encuentra en su camino. Tú has querido siempre que sepamos muy bien lo que no es bueno; que sepamos distinguir lo que no aceptas; que el mal no nos confunda con su brillo, y al saber lo que es el bien, que lo persigamos con la fuerza del amor que en nosotros opera sin cesar por el Espíritu.

Tu ley, Padre, existe por causa de tu amor, sereno, seguro, inagotable; como un río. Fluye y fluye, y así se surte con tu lluvia. No hay razón para pensar que nos obligas; que tu ley, llena de amor, sea una carga. Tú la diste, porque amabas; porque sólo así, bajo su fuerza de control y orientación y clara senda, haríamos de la vida una delicia protegida, una serena compañía sin engaños, una constante acción de compartir, y una seguida marcha en compañía de tu propia persona que la ha dado. Tú eres la ley, y ella revela tu manera de ser, sin distorsiones. Tú eres constante protección, y eres camino. Por ti quisiera andar, sin desviarme. Dejando en cada paso la propia huella buena de tu paso, y andando en cada metro la completa distancia de tu senda.

Año Bíblico: Jeremías 27-29

LA PREPARACION PARA LA LEY

Todo el monte Sinaí humeaba, porque Jehová había descendido sobre él en fuego; y el humo subía como el humo de un horno, y todo el monte se estremecía en gran manera. Exodo 19:18.

Allí, en el monte, estabas tú, Padre, y él temblaba. La piedra no es tan fuerte cuando llegas, no es fuerte la montaña cuando pisas. Tu sola presencia es un dominio y nada te resiste. Eres un Dios con todos los poderes. Poderes de la tierra y de la altura, poderes de la vida y del gobierno, poderes de toda creación y de sentencia. Tú decides lo que es bueno y lo que es malo, y en tu ley tú lo defines.

Era el mes tercero, después de la salida de Egipto, cuando acampó el pueblo de Israel frente al monte Sinaí, en el desierto. Y llamaste tú a Moisés, desde el monte, para informarle la misión del pueblo.

Ahora, pues —tú les dijiste—, *si diereis oído a mi voz, y guardareis mi pacto, vosotros seréis mi especial tesoro sobre todos los pueblos; porque mía es toda la tierra. Y vosotros me seréis un reino de sacerdotes, y gente santa* (Exo. 19:5-6).

Esta es la misma misión que, posteriormente, repetiste a los cristianos a través de Pedro.

Mas vosotros sois linaje escogido, real sacerdocio, nación santa, pueblo adquirido por Dios, para que anunciéis las virtudes de aquel que os llamó de las tinieblas a su luz admirable (1 Ped. 2:9).

Tenían que aceptar la misión antes que les proclamaras la ley desde el monte. Y la aceptaron. "Todo lo que Jehová ha dicho haremos", dijo el pueblo. Y Moisés confirmó ese propósito. Después ordenaste que todos el pueblo se santificara, por dos días, antes de verte aparecer, en el tercero. Y cuando vino el día, tus truenos y relámpagos llegaron anunciando que tú estabas. Y el pueblo, estremecido, enmudeció. Y ardía el monte, y subía el humo como el humo de un horno, y las rocas temblaban, y el mismo monte sacudían sus entrañas, como en pánico. Y tú insistías: "No traspasen el límite marcado, santifíquense los sacerdotes, y tú y Aarón vengan conmigo".

Todo el mundo estaba preparado. Nadie pretendía deshonrarte. Cada uno prometía y todos confirmaban sus promesas. Y tú, entonces, les diste la ley en tablas de piedra permanente, marcada con tu propio dedo, confirmada con tu propia voz, y autorizada con tu propia presencia. Nada era frágil o transitorio. Ni la ley. Tú la anunciaste para siempre y ya existía antes del monte, antes de la misión y antes del pueblo, porque no era sólo de Israel; era tu ley de siempre y para siempre y para todos.

Año Bíblico: Jeremías 30-32

Y HABLO DIOS

Y habló Dios todas estas palabras, diciendo: Yo soy Jehová tu Dios, que te saqué de la tierra de Egipto, de casa de servidumbre. Exodo 20:1-2.

Tú, Padre, has hablado muchas veces. Antes de Adán y Eva, tú hablaste a los otros miembros de la Trinidad, diciendo: "Hagamos al hombre a nuestra imagen". Y a tu imagen los hiciste. Semejante en apariencia, en libertad, en decisiones, en responsabilidad, en apertura a los demás, en experiencia espiritual, en mente, en vida, y mucho más. Y conversabas tú con ellos, cada día, con toda la apertura de tu amor que nunca acaba. Era un tiempo sin interferencias, sin restricciones, sin limitaciones. Era una sola relación: directa, sin culpa, completa. Tú enseñabas y explicabas los principios de tu gobierno, sin que hubiera rebelión alguna, ni un pecado. Tu ley era muy clara y sin ninguna oposición. Nuestros primeros padres tuvieron con ella una experiencia normal, casi sin advertir su presencia, como todo lo que en la vida no tiene rechazo.

Pero entró el pecado y todo se hizo triste. Adán y Eva se escondieron. Y tú volviste a hablar. "¿Dónde estás tú?", le dijiste a Adán. Tu voz ya no sonaba igual, no porque hubieras tú cambiado en nada; el cambio estaba en la conciencia. Y Adán bien lo sentía y lo sentía Eva también. Tenían la conciencia culpable porque habían transgredido tu ley. Ya no eran inocentes. La culpa y la inocencia son experiencias que se viven con la ley. Tu ley estaba allí y ellos la habían transgredido. Tú los creaste en la inocencia y ahora se habían escondido. "¿Dónde estás tú?", les preguntaste. Estaban en la culpa.

Una experiencia triste: dolores de parto en la mujer, dolores de verse dominada. Y el hombre con dolor de tierra improductiva, con dolor de cansado labrador que busca el pan y en el sudor lo alcanza limitado. Dolor de desnudez y sin morada. La expulsión de la morada fue un dolor muy triste; lo dejó sin techo, sin recursos, pobre y peregrino. Y la tragedia se hizo muerte en la familia. Al matar Caín a Abel se hizo visible la segunda parte de la ley, y tú volviste a hablar. "¿Dónde está tu hermano?", le dijiste. "¿Soy yo acaso guarda de mi hermano?", respondió. Y entonces fuiste directamente a la tragedia. "¿Qué has hecho?", preguntaste. Y no esperaste su respuesta. Ya no era necesario, Caín bien lo sabía. Cuando la ley es clara, la ignorancia existe tan sólo como una excusa, jamás en la realidad. "La voz de la sangre de tu hermano clama a mí desde la tierra", le anunciaste. Y tu sentencia vino clara: "Maldito seas tú de la tierra, y errante y extranjero tú serás en ella".

Y hablaste muchas veces: para anunciar el diluvio, para llamar a Abrahán, para orientar a Jacob, para proteger a Israel por medio de José, para enviar a Moisés en la misión más temeraria de la historia y para dictar tu ley al pueblo liberado.

Año Bíblico: Jeremías 33-35

NO TENDRAS DIOSES AJENOS

No tendrás dioses ajenos delante de mí. Exodo 20:3.

¿Por qué, Padre, tú eres Dios? ¿Tan sólo porque tú lo dices y proclamas con la fuerza de un poder que nos aterra? ¿O es porque tú prohíbes que hagamos otros dioses menos fuertes, con menos exigencias, sin tu ley que nos obliga? Sí, el poder tiene alguna relación, mas éste no es un poder que aterra; es un poder que crea, que gobierna, que autoriza, que prohíbe, que sustenta, que protege, que hace siempre más, y más aún, porque está movido por un amor inagotable y tierno. Tu poder te hace cercano. Como el poder del dinero que está siempre circulando. Como el propio poder de la vida, que siempre está en el cuerpo; y si lo deja, deja el hombre de ser, para no ser lo que tú has hecho en él, por tu presencia. Tú siempre estás cercano a cada persona individual porque tú eres un Dios vivo, sin ausencia. Tu poder de presencia no se agota, y la presencia de tu poder, cuando tú llegas a la vida diaria, te hace parte de nosotros e integra a cada uno de nosotros a tu fuerza y tu dominio, con placer. Y tú eres Dios.

Tú no eres Dios porque prohíbes otros dioses; porque eres Dios, tú los prohíbes. Todos los otros dioses han sido creados por el hombre; pero tú eres el único que, con poder de vida, creó al hombre con todo lo que existe. Sólo tú eres Dios. Y los dioses ajenos son extraños a la vida. Nada saben porque nada son. Son un sueño humano que no pasa más allá de la pequeña celda en que cada mente humana se aprisiona, en su egoísmo. Proyección del ser humano, el dios ajeno tiene la propia forma de ser del hombre y sus pasiones. La vida presente, del dios ajeno, es sólo una ficción; y su futuro, un espejismo. ¿Por qué seguir la nada en forma de dios, si tú, que eres el todo, nos das vida para todos?

Ya hace mucho que dejé de pensar lo que pensaba cuando comencé a saber de tu existencia. Si Dios no fuera cierto, me decía, ¡qué tremendo error seguirlo en las pisadas que jamás marcó sobre la vida! ¡Qué engaño sin medida! Tu ley no existiría. Tus órdenes morales serían tan sólo descripción de una existencia deseable, pero ausente de toda realidad, porque jamás se cumpliría en nuestra vida. Ya dejé de pensar de esta manera. Primero, porque estás. Ya me encontraste, sin que yo pudiera ocultarme de tus ojos. Me encontraste y me invitaste. La misma invitación que tú me extiendes es prueba de tu amor, tu ser de Dios. Tu invitación es sólo el Evangelio.

Cuando yo recibí el Evangelio, me hablaron de tu amor que da. Diste a tu Hijo, para que todos pudiéramos salvarnos. ¿Quién puede dar a su hijo por los otros, así, sin restricción, completamente? Sólo tú, porque eres Dios. Me hablaron de un poder. Poder tan poderoso que consigue transformar la vida humana en una vida unida a ti, y así, divina. Tú eres Dios y yo no quiero tener ninguno de los dioses que no saben nada y nada pueden.

Año Bíblico: Jeremías 36-38

NO TE HARAS IMAGEN

No te harás imagen, ni ninguna semejanza de lo que esté arriba en el cielo, ni abajo en la tierra, ni en las aguas debajo de la tierra. No te inclinarás a ellas, ni las honrarás; porque yo soy Jehová tu Dios, fuerte, celoso, que visito la maldad de los padres sobre los hijos hasta la tercera y cuarta generación de los que me aborrecen, y hago misericordia a millares, a los que me aman y guardan mis mandamientos. Exodo 20:4-6.

Si un dios ajeno es sólo una ficción, creada por el hombre en sus pasiones, hacer una imagen de tu propia persona, o de otros seres de tu reino, con la intención horrible de adorarla, es una falsificación tremendamente extraña. Falsificación de Dios, como dinero falso, sin valor. La imagen que hacemos de ti, Padre, aunque pretenda ser la copia de tu forma, no eres tú. Y aunque de algún modo se pareciera a ti, tampoco serías tú; como ninguna fotografía es la persona que muestra. Adorar la representación, no es adorar la realidad; es substituirla. Y substituirte a ti, Padre, Dios de todo el universo, es despreciarte.

La adoración de representaciones, según tu propia definición, es una maldad. Como el pecado de Acán. El cometió anatema, robando los valores que eran tuyos. Y tú ordenaste que encontraran al culpable *y el que fuere sorprendido en el anatema* —dijiste—, *será quemado, él y todo lo que tiene, por cuanto ha quebrantado el pacto de Jehová, y ha cometido maldad en Israel* (Jos. 7:15).

Un día, David mandó a Joab que hiciera un censo de Israel. "Recorre desde Dan hasta Beerseba —le dijo—, y haz un censo del pueblo, para que yo sepa el número de la gente". A Joab no le pareció bien la idea: "¿Por qué se complace mi señor el rey en esto?", le observó. Pero David insistió y se hizo el censo. Cuando le dieron el informe, sintió que había hecho mal y así lo reconoció. "Yo he pecado gravemente", te dijo, Padre. Y tú le enviaste al profeta Gad, diciendo: "Tres cosas te ofrezco, escoge una de ellas. Siete años de hambre, tres meses huyendo de tus enemigos, o tres días de peste". David eligió caer en tu mano por causa de tus misericordias. Y la peste comenzó, pero cuando llegó el ángel a Jerusalén, David te dijo: "Yo pequé, yo hice *maldad*; ¿qué hicieron estas ovejas? Te ruego que tu mano se vuelva contra mí, y contra la casa de mi padre". Luego sacrificó un holocausto y tú detuviste la plaga (2 Sam. 24).

¿En qué consistió la maldad de David? Quiso hacer el censo para saber cuál era el poder humano que tenía para enfrentar a sus enemigos, cuántos soldados podría disponer en cualquier momento de necesidad. Pero su poder estaba en tu propio poder, Padre. Y al poner su atención y su interés en el poder del pueblo, estaba haciendo una engañosa substitución, despreciándote. Estas substituciones no te honran y tú las rechazas porque son pecado.

Año Bíblico: Jeremías 39-41

NO TOMAR EL NOMBRE DE DIOS EN VANO

No tomarás el nombre de Jehová tu Dios en vano; porque no dará por inocente Jehová al que tomare su nombre en vano. Exodo 20:7.

Tu nombre, Padre, es la propia expresión de tu persona. Tomar tu nombre en vano, es atentar contra ti mismo vaciando todos los valores de tu personalidad. Es hacerte vano. Y lo hacemos, muy a menudo, por medio de palabras, o por nuestras acciones.

Hablando de las palabras que toman tu nombre en vano, Moisés, al escribir las leyes que tú le revelaste, registró esta orden tuya: *Y no juraréis falsamente por mi nombre, profanando así el nombre de tu Dios* (Lev. 19:12). Este falso juramento es perjuro. Jurar y no cumplir. Pero hay más en esto. Tu Hijo, al ordenar a los doce como sus apóstoles, predicó el famoso Sermón del Monte, y en él incluyó una explicación de algunos mandamientos, entre ellos, el referente al perjurio.

Además —dijo— *habéis oído que fue dicho a los antiguos: No perjurarás, sino cumplirás al Señor tus juramentos. Pero yo os digo: No juréis en ninguna manera; ni por el cielo, porque es el trono de Dios; ni por la tierra, porque es el estrado de sus pies; ni por Jerusalén, porque es la ciudad del gran Rey. Ni por tu cabeza jurarás, porque no puedes hacer blanco o negro un solo cabello. Pero sea vuestro hablar: Sí, sí; no, no; porque lo que es más de esto, de mal procede* (Mat. 5:33-37).

¿Por qué no hay posibilidad de inocencia en la persona que toma el nombre de Dios en vano? No puede ser inocente porque la profanación de tu nombre implica un conocimiento de ti. Nadie que te ignore completamente puede tomar tu nombre en vano y el único atenuante del pecado es la ignorancia.

Al que sabe hacer lo bueno, y no lo hace, le es pecado (Sant. 4:17).

El menor conocimiento que alguien tenga de ti, le informará que tú mereces respeto. En términos religiosos, hablamos de reverencia. Tú mereces una reverencia del espíritu. No es sólo la formalidad de guardar silencio en una iglesia, o de omitir toda reacción grotesca y mal educada en una ocasión de culto; es también, y mucho más, la actitud interior de sentir que estás presente; y, por sentirlo, reconocerte con acciones de respeto y con palabras que te honren. Las acciones son los ladrillos que construyen la vida, y detrás de cada acción hay una decisión. En cierto sentido, somos lo que hacemos. En realidad, nuestras acciones debieran proceder de lo que somos; pero la mayoría de la gente transforma su propio ser ejecutando acciones impensadas, irreverentes, descuidadas. Cuando con los hechos de la vida tomamos tu nombre en vano, transformamos nuestra vida, destruyéndola.

Año Bíblico: Jeremías 42-44

EL SEPTIMO DIA ES REPOSO

Acuérdate del día de reposo para santificarlo. Seis días trabajarás, y harás toda tu obra; mas el séptimo día es reposo para Jehová tu Dios; no hagas en él obra alguna, tú, ni tu hijo, ni tu hija, ni tu siervo, ni tu criada, ni tu bestia, ni tu extranjero que está dentro de tus puertas. Porque en seis días hizo Jehová los cielos y la tierra, el mar, y todas las cosas que en ellos hay, y reposó en el séptimo día; por tanto, Jehová bendijo el día de reposo y lo santificó. Exodo 20:8-11.

Tú, Padre, ya habías establecido el séptimo día como día de reposo para la humanidad. En el Sinaí sólo lo hiciste recordar, como es el caso con toda la ley. Cada uno de los preceptos ya estaba en aplicación en la vida humana, y hay evidencias de esto en el libro del Génesis.

Tu Hijo terminó la creación de todo lo que existe en la tierra, y reposó el séptimo día. Y él está tan unido a ti y al Espíritu Santo, que, siendo tres, ustedes son un solo Dios. Y fue este Dios quien reposó, ¿verdad? Ahora bien, si toda la Deidad entró en reposo, tan sólo para dar al ser humano un día con el más alto valor espiritual posible, ¿por qué nosotros, los seres humanos, andamos tan distantes de él, sin observarlo? ¿Es sólo por nuestra rebeldía o también se debe a un poco de egoísmo?

La rebeldía es una contradicción. Una forma de negarte y olvidarte. Como que nosotros te declaramos ausente, aunque nunca nos falte tu presencia. Siempre estás y nosotros actuamos como que no estuvieras. El sábado define tu constante presencia en el tiempo. Presencia mucho más fuerte que la presencia en un lugar. Si tú hubieras dejado un lugar geográfico específico, donde encontrarte, fácilmente habríamos concluido que en los otros lugares tú no estás. Pero al decir que tú estás en el tiempo, todo el tiempo, y al separar una porción de tiempo para que estemos contigo en él, tú nos dices que existe eternidad, que existe un tiempo eterno para estar contigo. La única distancia entre el tiempo presente y el tiempo eterno es el pecado.

Y el centro mismo del pecado es egoísmo. El egoísmo es una tergiversación de los valores tan grande que cambia el mismo foco de su interés. Todos los valores verdaderos se centran en ti. Giran en torno a ti, de ti dependen. Pero el pecado los hace depender del ego humano. Y su máxima aberración es la adoración propia. Por eso el hombre de pecado que se opone a ti y busca su propia adoración, no pudiendo adorarse a sí mismo en el sábado, lo cambió por el domingo. Alteró los mandamientos en un intento inútil de arrogarse una autoridad que no posee. Les quitó a los seres humanos la oportunidad de vivir y trabajar, todo el tiempo, centrados en ti: reconociéndote, sirviéndote, y amándote; porque el sábado representa tu propia presencia permanente, en todas las acciones y deseos de la persona que lo observa.

Año Bíblico: Jeremías 45-48

HONRAR PADRE Y MADRE

Honra a tu padre y a tu madre, para que tus días se alarguen en la tierra que Jehová tu Dios te da. Exodo 20:12.

Tengo que admitir, Padre, contra mi propio deseo, que hoy las cosas no son como debieran ser. Hay tantas influencias negativas, para todos, que resulta difícil el cumplimiento completo de este mandamiento. No imposible, por supuesto, pero, para que los hijos obedezcan a sus padres, necesitan tener una actitud diferente a la tendencia social del momento. Yo sé que tú lo ves, y también sé que tú extiendes una ayuda especial a los hijos que desean ser obedientes.

Tú les das el poder de la obediencia. Este poder incluye la adaptación de la mente a tu propia mente. Obedecerte no es sólo ejecutar los actos que tú ordenas; es también, y mucho más, pensar del modo que tú piensas. El pensamiento amable hacia los padres, cuando todo el ambiente dice lo contrario y cuando hasta los mismos padres actúan de modos tan extraños, requiere un poco de tu propio milagro. Ese milagro que tu Espíritu ejecuta en todo joven. Cada joven, en el proceso de su crecimiento y formación, tiene una asistencia constante de tu Espíritu; lo reconozcan o no. Nada bueno se hace sobre la tierra sin que provenga de ti, a través del Espíritu. Cada acto de obediencia, por pequeño que sea, es resultado de la directa influencia ejercida por tu Espíritu sobre las personas. Mucho más poderosa es la vida que ejecuta el bien, conoce su acción; y, conscientemente, actúa en sociedad contigo.

Obedecer al padre y a la madre, porque tú, Padre, lo mandas y porque tú estás unido, en sociedad espiritual, con el hijo obediente, es una experiencia espiritual muy semejante a la que tu propio Hijo vivió sobre la tierra. El sabía que toda la experiencia misionera por la cual vino a este mundo, era un acto de constante sociedad contigo, y así lo declaraba. Era consciente de ello, y en esa forma consciente de ejecutar contigo sus acciones, estaba la extraordinaria fuerza de su poder espiritual que nunca lo dejaba. El joven que obedece a sus padres terrenales, siente algo muy parecido y vive en forma igual a la manera como Cristo vivió. No digo que el joven sea otro Cristo, porque esto no sería real, ni es posible. Pero sí me parece, y tú, Padre, puedes confirmarlo, que el joven que honra a sus padres siente la propia realidad de tu presencia, y experimenta una acción de tu poder en forma incuestionable. Y se alargan sus días en la tierra. Una larga vida es lo que toda persona desea. Si pudiera comprarse, habría largas filas, sin cansarse.

A todo esto agregas tú otra forma de tu poder, la promesa. Todo lo que tú prometes es un cheque al portador, basado en tu poder, y muchas veces el cheque es a la vista. En el mandamiento de hoy, el portador es todo joven que obedece a su padre y a su madre.

Año Bíblico: Jeremías 49-50

RESPETAR LA VIDA

No matarás. Exodo 20:13.

Díme, Padre, ¿cuánto vale la vida? ¿Se mide la vida por los valores humanos o por los valores tuyos, divinos? ¿Puede tomarla quien no tiene poder para otorgarla? Para mí resulta claro, muy claro: sólo puede quitar la vida quien también tiene poder para darla. Tú, y nadie más. El respeto a la vida es la base de la conducta moral, pero no por la vida misma, sino porque eres tú quien la concede. Todo lo que afecta a la vida, alterando su calidad o destruyéndola, es inmoral. No la hiciste tú para que el ser humano la destruyera. Tú la hiciste para que cada persona la viva en plenitud, bajo tu propia orientación. La vida humana es un modo especial de ser: ser en plena conciencia de una asociación contigo. Otros modos de ser son: la forma mineral, la forma vegetal, y la forma animal. Las dos últimas tienen vida, pero no tienen conciencia de estar en relación contigo.

No todos los seres humanos aceptan que tú hiciste la vida para que estuviéramos en relación contigo. Pero esta actitud es sólo una separación de ti, no un cambio en los objetivos de la vida, porque nadie puede cambiarlos. Vivir ignorándote es una opción hacia la muerte. Esta opción es la base de la tragedia humana, en todas sus formas, incluyendo el suicidio, el homicidio y cualquier otra manera de destruirla. El acto de quitar la vida es el paso final de una actitud egoísta de rechazo a la vida, por rechazarte a ti. Pero en su curso hay otros pasos previos tan destructores como éste. Por ejemplo la ofensa, el desprecio, el agravio, la injuria, el insulto, la burla, la calumnia, la censura, el vituperio y el ultraje. Todos ellos modifican la vida: la alteran negativamente, la destruyen.

Las emociones constituyen una de las partes más hermosas de la vida, pero son frágiles, como las flores. Cualquier manoseo violento, las marchita. Es verdad, hay personas de una resistencia encomiable, y todo cristiano haría muy bien en madurar espiritualmente de un modo que le permita resistir toda violencia, sin alterarse. Pero no podemos esperar esto de los demás. Tenemos que actuar sobre la base de que todas las personas son sensibles, y la ofensa hiere y duele.

El dolor emocional es una muerte apresurada que no alcanza a completar su destrucción. Llega y desbasta, pero no extermina. Deja un escombro de cristales, todavía brillando, pero ya en pedazos, sin la forma completa que los hacía hermosos. Pueden ser destrozados por medio de palabras, o por medio de acciones. ¿Cuál es peor? Cuando hay algo que se ha quebrado, no importa si fue con un hierro o con un palo. Hasta puede haber sido con un simple toque de la mano que lo hizo caer desde una altura sobre el suelo. Está quebrado. Y eso es lo peor. No matarás prohíbe todo acto negativo contra la vida, ajena o propia.

Año Bíblico: Jeremías 51-52

LA CONDUCTA SEXUAL

No cometerás adulterio. Exodo 20:14.

¿Y cómo enfrento este desvío de mi siglo que se ha tornado una epidemia universal? Su consecuencia presente más horrible se llama SIDA (AIDS). Y tú, ¿qué piensas, Padre, de esta muerte? ¿Es por amor? La muerte por amor no es negativa. Puede ser tan valiosa como valiosa fue la muerte de tu Hijo: trajo vida para todos los mortales pecadores. Pero en la mayoría de los casos, la muerte a causa del SIDA no es muerte por amor; es por vicio, por desobediencia a ti.

Tu ley protege la vida; nuestros vicios, la destruyen. La libertad está en tu ley; en nuestros vicios, la esclavitud y la muerte. Cuando pensamos que somos, dejamos de ser. Y cuando en ti dejamos de ser y vivir para el mundo que rechaza tus principios, somos. Somos tus hijos, tus representantes y tus propios modelos de la vida que se vive en ti porque para ti, somos. Cuando tú prohibiste el adulterio querías proteger el hogar y también la vida de las personas que lo cometen. El adulterio abre un camino de bajada hacia un abismo de vacíos muy profundos y de culpas muy anchas. Hay angustia en él. Hay destrucción.

Cuando tu Hijo definió que el adulterio comienza cuando uno mira a una mujer para codiciarla, indudablemente incluyó también el acto de mirar a un hombre para codiciarlo, porque él estaba hablando de evitar el infierno. No el infierno al cual muchos creen que van los pecadores después de la muerte, porque toda la revelación lo excluye; sí, el infierno que destruye la vida. Ahora, con la angustia; después del milenio, con fuego.

Mejor te es entrar en la vida cojo o manco, que teniendo dos manos o dos pies ser echado en el fuego eterno. Y si tu ojo te es ocasión de caer, sácalo y échalo de ti; mejor te es entrar con un solo ojo en la vida, que teniendo dos ojos ser echado en el infierno de fuego (Mat. 18:8-9).

La angustia no siempre viene con la infidelidad. A veces la infidelidad no produce angustia alguna, especialmente cuando la racionalización que la justifica es verdadera. Es decir, cuando se basa en un hecho verdadero. Por ejemplo, la infidelidad previa del otro cónyuge, imaginada o real. Es cierto, la infidelidad produce angustia; pero la angustia mayor proviene de la separación de ti. Puede haber dos clases de vacío en esta angustia: uno proviene de la ausencia del cónyuge, no importa la razón que lo separa afectivamente, y produce tristeza y abandono. El otro vacío es por tu ausencia. Y tu ausencia produce soledad. Los dos vacíos destruyen; el primero arrasa con la calidad de la vida diaria, y el segundo con la vida de hoy, también la de mañana, y con la vida eterna. Sólo tu presencia nos salva. Tu presencia en el Cristo de la cruz para salvarnos y tu presencia en nuestros actos de la vida diaria, sin pecado.

Año Bíblico: Lamentaciones

LA HONRADEZ

No hurtarás. Exodo 20:15.

Hoy me asaltaron. Tuve una extraña sensación. No la sensación de haber perdido cosas, ni la sensación del miedo, sino el sentimiento claro de limitación. Caminaba por una calle de Johannesburgo, Sudáfrica. Domingo, tres y media de la tarde. Habíamos llegado de Gaborone, Botswana, poco antes del mediodía, con la intención de seguir viaje mañana hacia Durban. Como nunca he estado en esta ciudad, decidí ir a ver el centro. Tomé un bus en el aeropuerto —estamos hospedados, con Rex Edwards, en un hotel bien cerca de él—, y me fui en mi rápida excursión. El bus me condujo a un lugar llamado Rotunda, una estación donde llegan buses de todas partes. A fin de orientarme, pregunté a un hombre joven, en una de las compañías de buses, en cuanto a la ciudad. Se sintió ofendido por mi pregunta porque, según él, no estaba allí para esas cosas. Le pedí disculpas y me fui.

Salí a caminar, buscando orientarme hacia el lugar donde estaba el centro. Caminé una media hora por una zona comercial llena de gente, pero no era lo que yo imaginaba como centro para esta ciudad. Decidí volver al bus y retornar al aeropuerto. A una cuadra de la estación de buses, en una luz, se detuvo un auto con cuatro personas, una familia. Les pregunté hacia dónde estaba el centro y me lo indicaron. Era en la misma dirección en que estaba caminando, hacia el otro lado de la estación.

Seguí andando y debatiendo conmigo mismo si retornaría al hotel o si continuaría hacia el centro. Me faltaban unos treinta metros para llegar a la escalera que daba acceso a los buses. De pronto, como surgiendo de la nada, tres individuos me cercaron. Uno se puso frente a mí: tenía un cuchillo grande, de unos 25 centímetros. Los otros dos, detrás. Todos bien cerca de mi cuerpo, sin dejarme espacio alguno. Uno cortó mi cinturón cartera y el otro me sacó la billetera que tenía en el bolsillo de atrás. Todo en segundos. Y huyeron tan rápido como habían aparecido, llevándose mis documentos, cheques de viaje, dinero en efectivo y otros objetos. Les pedí que me dejaran los documentos, pero no respondieron. Jamás dijeron palabra alguna.

Allí estaba yo, en esa ancha calle: solo y sin documentos. Tal vez esto era lo que me daba la sensación de sentirme tan limitado. Me habían robado el derecho de tránsito libre y me colocaron en una tremenda complicación documentaria. Todavía no sé cómo voy a salir de este problema; pero tú, Padre, lo sabes; y yo en ti confío. Dentro de media hora iré a hablar con el cónsul norteamericano para ver si me otorga una visa que me permita retornar a casa. Tú tienes razón: robar no es bueno. A mí me afectó, les afectó a ellos porque se han hecho delincuentes, le afectará al cónsul, con un trabajo innecesario, y la onda de consecuencias seguirá creciendo. Es mucho mejor obedecerte.

Año Bíblico: Ezequiel 1-3

RESPETO AL PROJIMO

No hablarás contra tu prójimo falso testimonio. Exodo 20:16.

Hablar contra alguien es una cosa y decir falso testimonio es otra. La primera puede ser mala o no, pero la segunda es siempre mala. Hablar contra alguien cuando lo que se dice es verdadero puede ser inconveniente, pero no es falso. Puede ser una cuestión de falta de refinamiento, pero no es un problema moral. Su propiedad depende, a veces, de cómo se diga, dónde, y cuándo; pero jamás deja de ser legítimo. En cambio, el falso testimonio es un hablar malvado; su motivación es egoísta, su intención perversa, y el resultado perseguido es perjudicial. Nada es bueno en él. Cada vez que se pronuncia, el falso testimonio oscurece la mente del que lo dice y confunde el espíritu del que lo escucha. Se forma un ambiente de sospecha y algo pierden los dos, aunque el que escucha rechace lo que se dice. Por lo menos pierde un poco la amistad del que ha sido rechazado, porque el rechazo le duele.

Cuando tú, Padre, creaste al ser humano, lo equipaste para una buena relación con los demás. Le diste las capacidades de comprensión, de simpatía, de afecto; pusiste en él una estructura emocional plenamente adaptada para amar; y le instalaste un sistema de comunicación al que no le falta nada. El falso testimonio anula todo esto y quiebra la relación. Pone al ser humano en un tropiezo. Lo torna un puente roto en el camino. Lo hace una muralla de cemento en una curva donde se estrellan todos los que en él confían. El falso testimonio hace la vida una tragedia con un saldo de dolor y cementerio.

¿Qué debe uno hacer, Padre, para no caer en la celada del falso testimonio? ¿Para no decirlo y para no dejarse destruir, cuando alguien lo dice de uno?

Amarás a tu prójimo como a ti mismo (Mat. 22:39).

¿Amarlo para no hablar mal de él y amarlo aunque hable mal de mí?

No paguéis a nadie mal por mal; procurad lo bueno delante de todos los hombres. Si es posible, en cuanto dependa de vosotros, estad en paz con todos los hombres. No os venguéis vosotros mismos, amados míos, sino dejad lugar a la ira de Dios; porque escrito está: Mía es la venganza, yo pagaré, dice el Señor. Así que, si tu enemigo tuviere hambre, dale de comer; si tuviere sed, dale de beber; pues haciendo esto, ascuas de fuego amontonarás sobre su cabeza. No seas vencido de lo malo, sino vence con el bien el mal (Rom. 12:17-21).

El falso testimonio es malo hasta cuando se utiliza como venganza porque el cristiano ni siquiera se venga cuando le hacen un mal. Remite todo a ti, y en ti espera confiado, sabiendo que en tu mano todo está bien y no hay errores.

Año Bíblico: Ezequiel 4-7

NO CODICIAR

No codiciarás la casa de tu prójimo, no codiciarás la mujer de tu prójimo, ni su siervo, ni su criada, ni su buey, ni su asno, ni cosa alguna de tu prójimo. Exodo 20:17.

La codicia es un deseo intenso. Lo que es del otro, yo lo deseo para mí. Lo deseo con un deseo irracional, como la envidia. Es una especie de queja, una protesta por mi suerte que me priva de aquello que mi prójimo posee. Como si fuera una injusticia y yo, la víctima de un sino malo que debo corregir con mi deseo.

Cada vez que siento la codicia estoy negando los valores propios de la vida. La forma como están distribuidos los objetos y las cosas y los bienes. Mi codicia también rechaza el poder de decisión de las personas, incluyendo mis propias decisiones. Si codicio la mujer de mi prójimo, es como decir: qué derecho tuvieron ustedes de decidir casarse y andar juntos; yo debiera tener la facultad de alterar sus decisiones y a mi propio arbitrio apoderarme de lo que a mí me gusta.

Pero es más, cuando codicio, la codicia me coloca en un triste antagonismo contra ti, mi Dios, porque no acepto el orden de las relaciones que tú apruebas y sostienes. Tú reconoces el derecho de propiedad que cada individuo posee sobre sus objetos. Tú proteges el derecho que cada persona tiene sobre su cónyuge. Tú dices que es moral la protección de ese sistema y denuncias como un acto malo su derrumbe. Y cuando yo codicio estoy negando tu derecho a definirlo y alejándome de ti con un deseo en rebelión y en desafío.

Me vuelvo un invasor de una morada ajena. Un asaltante emocional que en sus deseos despoja a los demás sin alcanzarlos, pero me alcanzo yo a mí mismo con mi engaño. Mi infracción me altera y me fractura. Es como un golpe de piedra en el cristal y el vaso de mi espíritu se quiebra. Sus partes trituradas dibujan en mi ser un nuevo mapa y soy de un modo diferente. Sin forma, sin belleza, sin valor, sin atractivo. Un desecho de mi propia mano. Sólo una sombra entristecida de aquello que yo fui porque cada vez que yo codicio coloco lo que soy en un vacío.

Después camino comandado por mi sombra. La sigo esclavizado. La imito en su vacío. Me lleno de tinieblas como una noche vieja que sólo hace misterios y rincones. No he dejado de ser, pero en la ausencia de las cosas que codicio y en la triste soledad, sin las personas que deseo, me vuelvo un ermitaño cansado de su ermita, y vivo las tinieblas mirando yo al revés la realidad de todo lo que existe, como un murciélago sin luces que cuelga de la noche con su miedo. Por eso prefiero yo la luz de tu orden bueno que entrega a cada uno lo que es suyo, que alegra la existencia del que tiene y aumenta la esperanza del que busca, que llena de ternura al que te encuentra y otorga eternidad al que te sigue.

Año Bíblico: Ezequiel 8-10

EL SABADO

Fueron, pues, acabados los cielos y la tierra, y todo el ejército de ellos. Y acabó Dios en el día séptimo la obra que hizo; y reposó el día séptimo de toda la obra que hizo. Y bendijo Dios al día séptimo, y lo santificó, porque en él reposó de toda la obra que había hecho en la creación. Génesis 2:1-3.

"El benéfico Creador descansó el séptimo día después de los seis días de la Creación, e instituyó el sábado para todos los hombres como un monumento de la Creación. El cuarto mandamiento de la inmutable ley de Dios requiere la observancia del séptimo día como día de reposo, culto y ministerio, en armonía con las enseñanzas y la práctica de Jesús, el Señor del sábado. El sábado es un día de deliciosa comunión con Dios y con nuestros hermanos. Es un símbolo de nuestra redención en Cristo, una señal de santificación, una demostración de nuestra lealtad y una anticipación de nuestro futuro eterno en el reino de Dios. El sábado es la señal perpetua de Dios del pacto eterno entre él y su pueblo. La gozosa observancia de este tiempo sagrado de tarde a tarde, de puesta de sol a puesta de sol, es una celebración de la obra creadora y redentora de Dios (Gén. 2:1-3; Exo. 20:8-11; 31:13-17; Luc. 4:16; Isa. 56:5-6; 58:13-14; Mat. 12:1-12; Eze. 20:12, 20; Deut. 5:12-15; Heb. 4:1-11; Lev. 23:32; Mar. 1:32)" (*Manual de la iglesia*, Creencia Fundamental N.º 19).

Estoy en México y te siento. Se aproxima el sábado. Una suerte de canción de tu recuerdo que me trae los ecos de tu obra creadora. Tú lo hiciste todo con la misma perfección de tu grandeza y al final, cortaste el tiempo. Lo cortaste en trozos semanales. Siete días para hacer el ciclo del trabajo productor y del reposo. El tiempo tuyo, abierto a cada ser humano, con la diáfana presencia de tu santidad y con la fuerza inagotable de tus abundancias. Tú bendices y santificas generosamente.

El sábado posee un don inadvertido. Una especie de pasaje hacia la misma eternidad, esquiva y fugitiva a los mortales, pero quieta en las pisadas de tus pasos sempiternos. Tu huella del tiempo quedó grabada para siempre en cada sábado que aquí te consagramos. Tú estás allí. Asomados a tu tiempo, cada sábado, adorando tu persona de grandeza creadora irrepetible, te sentimos siempre eterno y te sentimos muy cercano, en nuestro tiempo, con tus pasos repetidos por los nuestros, y la novia temporal engalanada en el encuentro.

Tú eres todo y mi sencilla adoración todo se torna, porque tú la multiplicas; para hacerla una guirnalda de infinitas y variadas acciones permanentes, para hacerla una presencia indestructible, con mi frágil ser real y tus moradas eternas en el tiempo y en la vida.

Año Bíblico: Ezequiel 11-13

UN DIA PARA SANTIFICAR

Acuérdate del día de reposo para santificarlo. Exodo 20:8.

¿Puedo yo, Padre, santificar alguna cosa? Yo sé que tú, sí puedes; tú eres santo. Tú bendijiste y tú santificaste el día de reposo. Tú puedes colocar tu santidad en las cosas y hacerlas santas. Tú santificas cosas y lugares y personas cuando los destinas para ti.

Mío es todo primogénito de entre los hijos de Israel, así de hombres como de animales; desde el día que yo herí a todo primogénito en la tierra de Egipto, los santifiqué para mí. Y he tomado a los levitas en lugar de todos los primogénitos de los hijos de Israel (Núm. 8:17-18).

Pero yo, ¿cómo podría santificar tu día?

Guardarás el día de reposo para santificarlo, como Jehová tu Dios te ha mandado (Deut. 5:12).

Yo puedo santificar el día de reposo, guardándolo. Guardar el día de reposo significa protegerlo como una madre protege a sus hijos que ama entrañablemente. Guardar el día de reposo significa custodiarlo como se custodia el tesoro de un amigo ausente, por ser el amigo. Guardar el día de reposo significa pasarlo de una generación a otra, inalterado, como se pasa una querida reliquia sin modificarla. Guardar es obediencia y mucho más. La obediencia puede ser rígida, o fría, o muy formal. Pero guardar es obediencia que incluye amor, y simpatía, y fidelidad.

Al guardar el sábado lo santifico porque yo lo acepto plenamente y, sin ninguna restricción, le rindo todo el respeto que pusiste en él; porque en él yo busco toda bendición que tú le diste; y porque lo uso para encontrarte en él como una cita personal que tú me hiciste. Nada más que tú me importa en ese día. Sólo tu persona y el bien que tú dijiste que era lícito hacer en los sábados. Y en este encuentro por amor, adquiero anticipadamente la experiencia de vivir contigo, que será una realidad constante en la tierra nueva. Es una forma de penetrar en el futuro de la eternidad, es un modo de estar contigo no sólo como una vivencia espiritual, sino también como una clara experiencia de la realidad.

Por eso, la llegada del sábado es tan grata. Al realizar el día viernes los preparativos para recibirlo, uno siente la clara expectativa de un encuentro. Mientras se limpia la casa y el jardín, al preparar las ropas y alistar las comidas, y en todo el concentrado proceso de ordenarlo todo, uno siente que alguien viene: una visita, un ser querido, alguien que amamos muy profundamente. Vienes tú, Dios creador, y Dios presente con nosotros siempre; pero en el sábado de un modo muy real, muy especial, muy tuyo.

Año Bíblico: Ezequiel 14-17

MONUMENTO DE LA CREACION

Porque en seis días hizo Jehová los cielos y la tierra, el mar, y todas las cosas que en ellos hay, y reposó en el séptimo día; por tanto, Jehová bendijo el día de reposo y lo santificó. Exodo 20:11.

Parece que el sábado es lo único que nunca deja de contar sobre tu obra creadora. Los que observan el sábado, saben muy bien cómo vino a la existencia todo lo que está sobre la tierra. Fuiste tú quien lo hizo todo; y, cada siete días, lo repite el sábado, sin cesar. El sábado es una historia de tu poder, un relato de tu gobierno universal, una expresión de tu grandeza, una vivencia de tu amor. Tú eres Creador; y nosotros, el producto de tus manos. Tus propias criaturas hechas con amor para la vida. No nos creaste tú para la muerte. Y el sábado lo dice. Lo dice con la bendición, lo dice con el reposo y lo dice con la santidad que tú pusiste en él. Tres elementos presentes, al comienzo, cuando pusiste en marcha esta maravillosa experiencia de la vida.

Y bendijo Dios al día séptimo, y lo santificó, porque en él reposó (Gén. 2:3). El reposo del sábado, Señor, aunque fue dado para el ser humano, es un reposo a tu modo; no al modo humano. Nosotros reposamos porque estamos cansados; tú, porque has concluido tu obra. Nosotros reposamos para reponer energías y, así, prepararnos para seguir trabajando; tú reposas para acompañar. Nosotros reposamos para acercarnos a ti y adorarte; tú, para santificar, porque tu sola presencia santifica. La santidad del sábado no proviene de nuestra obediencia, ni del respeto con que lo observemos. Proviene de tu presencia y del objetivo que tú le diste. Debía ser un memorial, o monumento de la creación hecha por un acto soberano de tu voluntad; voluntad tuya que, de ese modo, quedaba ligada al sábado para siempre; y el sábado sería siempre una expresión de tu voluntad para los seres humanos de la tierra entera.

El sábado sería el monumento de tu voluntad. Un monumento hecho de tiempo; para que, cada semana, recordásemos que las cosas no vinieron a la existencia por sí mismas, ni de un modo natural. Tú las creaste porque tú quisiste y porque así tú lo determinaste. No fue por necesidad, ni fue por consecuencia; fue por voluntad, por pura soberanía tuya. Y al recordarlo, vivenciamos esta realidad de tu poder. Es por causa del mismo poder creador que nosotros hoy vivimos y somos. Nuestra vida física y nuestra vida espiritual dependen de tu poder creador. Por él vinimos a la existencia, como seres humanos; y como nuevas criaturas, existimos por él. Sin ti, nada vive; y nadie renace para tu reino, sin ti.

Año Bíblico: Ezequiel 18-20

UN DIA PARA RECORDAR

Acuérdate **del día de reposo para santificarlo. Exodo 20:8.**

¿Significa esto, Señor, que además de ser el sábado un monumento que nos hace recordar, tenemos que recordar también el monumento? ¿Quiere decir que no podemos olvidar el sábado? Y si es así, ¿qué significa *recordarlo*? Primero, que la orden de observarlo no se inicia en el monte Sinaí. Segundo, que es necesaria una preparación para el sábado. Tercero, que existe un modo revelado y específico de observarlo.

El sábado, séptimo día de la semana, ya existía, por orden tuya, como día de reposo, antes del Monte Sinaí. Las referencias más claras están al fin de la semana de la creación (Gén. 2:1-3) y cuando se produjo el milagro del maná, en el desierto de Sin, más o menos un mes y medio después de la salida de Egipto (Exo. 16:1), y unos 45 días antes de que te aparecieras a Israel en el Monte Sinaí (Exo. 19:1). *¿Hasta cuándo no querréis guardar mis mandamientos y mis leyes?* —dijiste a Moisés—. *Mirad* —recordó Moisés al pueblo— *que Jehová os dio el día de reposo, y por eso en el sexto día os da pan para dos días. Estése, pues, cada uno en su lugar, y nadie salga de él en el séptimo día. Así el pueblo reposó el séptimo día* (Exo. 16:28-30). Es evidente que tú ya habías dado el sábado como santo día de reposo y el pueblo sólo tenía que reconocerlo como tal. Las circunstancias relacionadas con la caída del maná en seis días, sin que cayera en el día de sábado, y el hecho de que sólo el viernes podían recoger doble porción, sin que se descompusiera, indicaban en forma incontrovertible que tu posición con respecto al sábado no había cambiado en nada desde el Edén.

Acuérdate también significa: no te desentiendas, prepárate. La preparación para el sábado abarca toda la semana, pero el día anterior al sábado, el sexto día, es el más apropiado para realizarla; tan apropiado es y tan clara la necesidad de considerarlo así, que los evangelios lo llaman *la preparación. Cuando llegó la noche, porque era* la preparación, *es decir, la víspera del día de reposo, José de Arimatea, miembro noble del concilio, que también esperaba el reino de Dios, vino y entró osadamente a Pilato, y pidió el cuerpo de Jesús* (Mar. 15:42-43). José de Arimatea tenía que hacer este trámite antes que comenzara el sábado. Hay cosas que deben ser hechas antes del sábado para que en él no exista ninguna obligación que nos separe de su debida observancia.

El modo de observar el sábado no depende de las circunstancias, ni del medio cultural, ni de lo que nosotros deseemos hacer. Hay una sola forma de observarlo, Padre: tu propia manera. Y abarca el tiempo desde la puesta del sol del viernes hasta la puesta del sol del sábado y en él nada secular debe ser atendido. Sólo tus cosas y tus intereses, que incluyen la iglesia y la misión.

Año Bíblico: Ezequiel 21-23

UN DIA PARA IR A LA IGLESIA

Vino a Nazaret, donde se había criado; y en el día de reposo entró en la sinagoga, conforme a su costumbre, y se levantó a leer. Lucas 4:16.

Yo sé que tú, Padre, estabas con él siempre; y que él siempre estaba contigo: todos los días. Pero cada sábado, Jesús iba a la sinagoga para encontrarse contigo de un modo singular: comunitariamente. La adoración comunitaria del sábado tiene un sentido espiritual profundo. Uno puede estudiar las Escrituras solo y puede en soledad orar a ti sin restricciones, en cualquier lugar, y bajo toda circunstancia; pero estas prácticas espirituales no tienen el sentido de plena pertenencia humano-divina que se siente cuando se ejecutan en comunión con otros creyentes. Cuando estoy en tu presencia, solo, me conmuevo. Me siento en unidad contigo y, de algún modo que no sé cómo explicar, te siento muy cercano; unido a mí, con una activa realidad que existe en el espacio de mi propia vida.

Para sentir a los demás tengo que estar en una adoración comunitaria. Por eso tú creaste el culto. En él yo vivo la unidad contigo y con aquellos que te sirven. Disfruto su presencia y me acompañan. Me hacen ser un poco más de lo que soy en soledad. Penetran en mi vida y me completan. Tú no me hiciste una persona solitaria, vagabunda y sin destino, en dirección hacia sí misma, como un círculo cerrado y sin salida. Yo soy persona abierta a los demás: sociable y amigable, y compañera. Mi ser espiritual nunca se sacia si estoy solo. No es completo por sí mismo. Yo necesito a los demás en un ambiente espiritual, y a ti también te necesito. Por eso me pediste adoración comunitaria, en cada sábado, para que pueda estar contigo y los demás, en un encuentro espiritual que me completa.

Jesús, el ser humano, también lo percibía; y cada sábado, sin olvidar ninguno, como una costumbre inalterada, iba a la sinagoga. En este sábado específico, en Nazaret, tomando parte activa, se levantó a leer. No es sólo estar presente. La belleza espiritual del sábado aparece, más real y más sensible, cuando más activamente participamos. Y podemos ser activos aun cuando no tengamos nada específico que *hacer*. Basta que la mente, unida a cada sentimiento nuestro, se interese en todo lo que ocurre y, sin indiferencia, se incorpore a tu presencia y a la simple realidad espiritual vivida por los fieles, en plena honestidad y sin ninguna restricción de todo lo que somos. Así, se torna el tiempo un templo tuyo. Tu propia presencia es una realidad espiritual de consecuencias que llegan más allá del sábado. Penetran en la vida haciéndola más buena, más tuya y, al mismo tiempo, más propia del creyente; porque cuando somos tuyos, en presencia de los otros, nos volvemos tus testigos. Y el testigo tuyo es el que vive en el presente como un siervo libre, y vivirá el futuro eterno como un hijo propio.

Año Bíblico: Ezequiel 24-26

DIA DE REPOSO UNIVERSAL

Y a los hijos de los extranjeros que sigan a Jehová para servirle, y que amen el nombre de Jehová para ser sus siervos; a todos los que guarden el día de reposo para no profanarlo, y abracen mi pacto, yo los llevaré a mi santo monte, y los recrearé en mi casa de oración; sus holocaustos y sus sacrificios serán aceptos sobre mi altar; porque mi casa será llamada casa de oración para todos los pueblos. Isaías 56:6-7.

Para ti, mi Dios, no hay extranjeros. Nosotros inventamos la separación. Nos dividimos en grupos nacionales, en grupos étnicos, en grupos sociales, en pandillas, en toda clase de agrupaciones que levantan sus fronteras propias alejando a las personas unas de otras. Pero tú nunca separas. Unes. Tú llamas a cada uno, no importa de dónde venga —si de tu propio pueblo unido a ti como tus hijos, o de otros pueblos que de ti se han separado—, a cada uno llamas tú para que en ti se integren todos en un solo pueblo sin fronteras. Y el sábado, como verdadero día de reposo, pertenece a todos ellos porque es tuyo. Y tu sábado es la más concreta marca de tu señorío universal. Tú eres Dios de cada ser humano que ha existido y existe en esta tierra. Es verdad, existen los rebeldes, los incrédulos, los que alejados de ti prefieren vivir en la distancia. Son seres de la soledad y la tristeza. No quieren admitir que tú eres Dios. Pero su extraña posición no te reduce. Tú no dejas de ser Dios porque te nieguen. Su pequeñez incrédula los modifica a ellos. No a ti. Tú eres el mismo Dios inalterable que los hizo con poder ilimitado y con sapiencia. El incrédulo te niega con la voz y su silencio, pero tú sigues presente en cada paso que de ti se aleja porque nunca dejas tú de ser el Dios que busca y que redime.

Tu sábado es también una señal de salvación y vida eterna.

Acuérdate —dijiste al pueblo de Israel— *que fuiste siervo en tierra de Egipto, y que Jehová tu Dios te sacó de allá con mano fuerte y brazo extendido; por lo cual Jehová tu Dios te ha mandado que guardes el día de reposo* (Deut. 5:15).

Era tu plan que la observancia del sábado, debidamente respetada, mantuviera constantemente su poder libertador, sacando a las personas de la abyecta esclavitud en un Egipto de trabajo irracional y desmedido que no se restringe a un país determinado, ni reduce su existencia a un tiempo definido, sino que abarca a las naciones todas de la tierra, incluyendo los tiempos repetidos en la historia entera.

Todo ser humano necesita ser librado del amor a las ganancias, la codicia, el egoísmo y el pecado del poder y la opresión social que crean la escasez en unas mesas y llenan de riqueza los cofres de los otros. La cruz fue nuestro éxodo del mal y del pecado, de la opresión por el trabajo que nos esclaviza; y el reposo de Dios, en cada sábado, nos trae su poder libertador, con la delicia de su bendición y su abundancia compartida.

Año Bíblico: Ezequiel 27-29

UN DIA PARA DELEITARSE EN EL SEÑOR

Si retrajeres del día de reposo tu pie, de hacer tu voluntad en mi día santo, y lo llamares delicia, santo, glorioso de Jehová; y lo venerares, no andando en tus propios caminos, ni buscando tu voluntad, ni hablando tus propias palabras, entonces te deleitarás en Jehová; y yo te haré subir sobre las alturas de la tierra, y te daré a comer la heredad de Jacob tu padre; porque la boca de Jehová lo ha hablado. Isaías 58:13-14.

Tú eres mi Señor, mi Dios, mi soberano Rey que manda y yo obedezco. Y te obedezco porque tú eres el propio Salvador que me redime. Nunca me falta tu poder y cuando mandas, con poder tan soberano, también me otorgas tú toda la fuerza espiritual que necesito para ser la nueva criatura que obedece y ama. Yo no quiero voluntad independiente, ni deseo seguir por mis caminos. Prefiero seguir tu sola voluntad, porque hay poder en ella; y busco, sin cesar, tus caminos; porque en ellos encuentro compañía; la compañía mejor, tu compañía. El sábado provee el doble valor espiritual de la obediencia y la liberación. Una liberación del pecado por la fe y una obediencia que libera del pecado por la gracia. Porque sin la gracia activa no existe verdadera obediencia que libera.

Cuando se junta la salvación por fe y la obediencia por gracia, tenemos el ambiente espiritual que trae la delicia. Una delicia espiritual que es obra tuya como es tuya toda la obra de nuestra redención en Cristo Jesús. El sentimiento y las emociones entran en una situación de estabilidad porque lo que impera es tu voluntad, no la mía. Mi propia voluntad es una especie de espejismo psicológico. Cuanto más real parece, más ficticia se torna porque, dependiendo sólo de mi propia sabiduría, contaminada y restringida, estará siempre mezclada con una fuerza destructora, proveniente del pecado que mora en mí. Y mora como una real naturaleza conductora que ya se ha posesionado de mi persona y la controla. La somete, la domina y la esclaviza. Por eso, cuando quiero hacer mi propia voluntad, ya no es mi voluntad la que controla, y voluntad que no controla no es real, es la pasión que me esclaviza. Prefiero yo seguir tu voluntad, dejarla que controle plenamente todo lo que soy y todo lo que vivo, porque así yo me libero del poder de mi pecado, teniendo presente que mis bajas pasiones no pueden superar tu voluntad inconquistable.

Descubro un nuevo modo de ser, mi ser en ti. Mi propia voluntad llamada de nuevo a la existencia por la tuya, y sostenida en su poder como una espiga. Un nuevo fruto, multiplicado y bueno, se repite cada día sin cesar porque tú actúas. Y yo me siento cada vez mejor, y más feliz, y más seguro, y más dichoso. Todo este proceso de vivir tu voluntad se torna realidad, de un modo temporal, en cada sábado que observo, armonizando mi vida con todo lo que tú siempre deseas. Se torna una delicia. Y nada puede ser mejor que estar contigo desde cada sábado hasta siempre.

Año Bíblico: Ezequiel 30-32

EL SEÑOR DEL SABADO

Y si supieseis qué significa: Misericordia quiero, y no sacrificio, no condenaríais a los inocentes; porque el Hijo del Hombre es Señor del día de reposo. Mateo 12:7-8.

¿Cómo te sientes tú, mi Dios, cuando el capricho humano tergiversa tu enseñanza y juzga erradamente los hechos de tus hijos? ¿Sientes compasión o sientes ira? ¿Los miras con tristeza o con dolor?

Jesús, tu Hijo, y sus discípulos, viajando un día de sábado por un sembrado de trigo, tuvo que enfrentar a sus acusadores por un acto muy simple de sus seguidores. Cortando unas espigas, comenzaron a comer del trigo nuevo como un pequeño placer indiferente. Nada especialmente importante. Sólo un acto de espontánea gracia campesina, sin malicia, ni ambición, ni formalismo. Un corazón abierto y unas manos llenas del pequeño fruto que la historia ha consagrado como el más querido alimento de todos los pueblos de la tierra. Dos manos presionando las espigas y un pequeño soplo para eliminar la paja suelta y liberar el oro vivo de la tierra amiga. Trigo, simple fruto de pequeña abundancia que se torna un bien multiplicado.

Y los que siempre lo acechaban con sus juicios, le dijeron: "He aquí tus discípulos hacen lo que no es lícito hacer en el día de reposo" (Mat. 12:2).

¿No es lícito según quién?

Si fueras tú quien emitiera el juicio, y tú lo has hecho con el sábado, no sería lícito jamás; y toda vez que un ser humano volviera a ejecutarlo estaría repitiendo un acto moralmente errado. Pero no eras tú quien definía la acción de los discípulos en ese sábado. Era el antiguo prejuicioso modo de juzgar a los demás, sin consultarte en nada. Prejuicios religiosos o sociales, prejuicios culturales o étnicos, prejuicios filosóficos o científicos, mostrando una forma de verdades bien fundadas, cuando en realidad son puras apariencias, nada más.

¿No habéis leído lo que hizo David, cuando él y los que con él estaban tuvieron hambre; cómo entró en la casa de Dios, y comió los panes de la proposición, que no les era lícito comer ni a él ni a los que con él estaban, sino solamente a los sacerdotes? (Mat. 12:3-4).

¿Dónde estaba lo sagrado? ¿Estaba en el pan o estaba en Aquel que el Pan representaba? El Pan de Dios, aquel que descendió del cielo y da vida al mundo, era el verdadero pan sagrado que todos comerían sin ninguna distinción. Los mismos sacerdotes, que era gente dedicada a los azares de la vida común y presa de los peligros de la vida diaria. Todos, sin ninguna diferencia, habían de recibir el beneficio del reposo redentor porque el Señor del sábado estaba allí. Señor de vida eterna y salvación que no destruye nada de lo que ha mandado, porque logra todo lo que se ha propuesto conseguir con esas órdenes sagradas.

Año Bíblico: Ezequiel 33-35

POR CAUSA DEL HOMBRE

También les dijo: El día de reposo fue hecho por causa del hombre, y no el hombre por causa del día de reposo. Por tanto, el Hijo del Hombre es Señor aun del día de reposo. Marcos 2:27-28.

Uno puede, muy fácilmente, entrar en confusión cuando lee tu Palabra en forma superficial. Por eso te pregunto, Señor, ¿qué estaba en tu mente cuando revelaste esto? ¿Una enseñanza sobre la secuencia temporal en que creaste al hombre y el sábado: cuál primero, cuál después; o una enseñanza sobre el orden de importancia de los dos, cuál sirve a quién? Te explico la razón de mi pregunta. Si estuvieras hablando de la secuencia temporal, mi conclusión sería ésta: primero creaste al ser humano; y después, el sábado. Lo que no es cierto; porque tu ley viene contigo desde los tiempos eternos. Ni tampoco creaste tú a la humanidad porque tenías ya el sábado y necesitabas a alguien para guardarlo. Por el contrario, antes, mucho antes de crear al ser humano, sabías tú que esta nueva obra de tu maravilloso poder creador, necesitaría el sábado para su crecimiento espiritual y para su tranquilo reposo, psíquico, mental y físico, en ti.

Cuando yo observo el sábado, entonces, no soy yo quien está al servicio del sábado; sino el sábado, a mi servicio. Servir al sábado sería una conducta legalista, y no me daría el reposo en ti, que tú programaste para mí cuando lo hiciste. Cuando yo observo el sábado te sirvo a ti, y el reposo sabático me sirve a mí. Así, yo sigo reconociendo que mi Señor eres tú y tú sigues siendo el Señor del sábado; porque, aunque el sábado esté a mi servicio, no es mi siervo, ni yo soy su señor. Fuiste tú quien lo ordenó, y eres tú quien determina la forma de guardarlo, y eres tú quien define y da el mismo bien que debe transmitir al que lo observa.

Es por eso que mi reposo del sábado, es un reposo en ti. Tú eres mi Dios y en ti yo soy, y en ti yo vivo. En ti me torno mucho más que el ser de las acciones seculares buscando el bien pasar de cada día, con las cosas y recursos materiales, con el propio saber profesional que me hace un buen trabajador, un productor del pan, la casa, la máquina y el libro: un trabajador, obrero, proletario, peón, asalariado. Sí, soy más porque yo soy en ti, y el sábado es tu siervo que me entrega la confianza del reposo en ti, como un alivio, como un canto de esperanza, como el sueño de un futuro renovado, como un don de tus dominios, como un favor de tus acciones, como un sinfín de tus regalos, como un encuentro. Y tú te acercas, y conmigo estás sin restricciones, llenando mi ser con tu reposo, y yo te siento tan cercano trayendo eternidad a mi finito tiempo aglomerado.

Y es así tu bendición: No se restringe nunca. Cada vez se expande un poco más, porque viniendo de tu mano en abundancia, tiene siempre un poco más, y es para todos los demás.

Año Bíblico: Ezequiel 36-38

UNA SEÑAL DE DIOS

Tú hablarás a los hijos de Israel, diciendo: En verdad vosotros guardaréis mis días de reposo; porque es señal entre mí y vosotros por vuestras generaciones, para que sepáis que yo soy Jehová que os santifico. Exodo 31:13.

Estaba viajando por primera vez solo hacia Nosoca Pines Ranch, en Carolina del Sur. Me dirigía a un retiro espiritual y hasta el momento todo había ido muy bien. Ultimo tramo del camino. Faltaban pocos kilómetros y yo iba sintiendo una grata sensación de bienestar y una calmada seguridad porque no había equivocado ninguna de las muchas indicaciones que recibí para encontrar el lugar. Cuando llegara la señal, con el nombre del campamento, debía doblar hacia la izquierda y ese camino me llevaría directamente al campamento.

De pronto percibí que la distancia era muy larga. Controlé los kilómetros andados y eran muchos. Redujé la velocidad y una pequeña inquietud se apoderó de mí, como si hubiera penetrado en un lugar más frío. Mi atención se concentró buscando la señal en el camino, y no llegaba. La inquietud se hizo una clara sensación de soledad y de vacío. "No puede ser, yo me decía, no hay señal". Y luego, más intensamente, como abriéndome una herida, la sentía. Y la señal, tan simple como es la rutinaria simplicidad de ese pequeño letrero en el camino, se me había tornado el elemento más vital del viaje. Y retorné. Ya no podía seguir. Al recorrer de vuelta ese camino mi mente no conseguía pensar en nada más que en el letrero. Yo esperaba encontrarlo, ahora, al otro lado del camino. Otra vez anduve demasiado y no lo vi. Tenía que estar en la cumbre de esos cerros y ya estaba bajando por el otro lado. Me volví de nuevo y ahora, sí, vi la señal. ¡Qué alivio! Con qué seguridad doblé a la izquierda para llegar a mi destino. Tú me diste una señal para saber, y dijiste: *Santificad mis días de reposo [mis sábados], y serán por señal entre mí y vosotros, para que sepáis que yo soy Jehová vuestro Dios* (Eze. 20:20).

Israel tenía dos señales del pacto o relación contigo: La circuncisión, señal en la carne; y el sábado, señal en el corazón. El sábado estaba relacionado con el nuevo pacto y con la santificación. Si guardáis el sábado —dijiste a Israel—, sabréis que yo soy vuestro Dios y que soy yo quien os santifica. De esta manera tú juntaste el sábado a la sangre porque la sangre es el medio de la santificación y el sábado, su señal. *Por lo cual también Jesús, para santificar al pueblo mediante su propia sangre, padeció fuera de la puerta* (Heb. 13:12).

Podemos andar por la vida muy confiados; pero si perdemos la señal, toda la vida se altera negativamente: Quedamos desligados de tu pueblo y el pacto se deshace. Sólo nos queda la oscuridad de la ignorancia. Si no existe la señal de santificación, tampoco la santificación existe. Sin embargo, si guardamos el sábado, sabemos que la sangre de Cristo, además de justificarnos, nos santifica.

Año Bíblico: Ezequiel 39-41

UN DIA PARA HACER EL BIEN

Por consiguiente, es lícito hacer el bien en los días de reposo. Mateo 12:12.

Entró en la sinagoga. Como siempre los ojos de todos se volvieron a él, incluyendo a sus enemigos, que lo observaron de manera muy especial. Entre los adoradores había un hombre con una mano seca. Un caso triste. Tu Hijo vio la necesidad del hombre, pero también se dio cuenta de los riesgos que corría si intentaba sanarlo. Era sábado. No sería un problema desde tu punto de vista y en armonía con el objetivo que tú mismo le diste al sábado. Pero los enemigos de Cristo pensaban diferente. Sus prejuicios lo condenarían. Pero tu Hijo nunca se dejó atemorizar por nada. El sabía lo que era recto delante de ti; y sólo aceptaba tu voluntad para determinar sus actos. Nada más, ni siquiera su propia voluntad actuaba independiente de la tuya.

Procedió de manera dramática. "Levántate —dijo al hombre— y ponte en medio". La visión del pobre hombre, limitado por su defecto físico para enfrentar sus obligaciones de la vida, no podría sino despertar un sentimiento de misericordia. Pero Jesús sabía que en las opciones religiosas falsas, hay poderes superiores a la fuerza de los valores humanitarios. Sabía que sus enemigos habían construido una barrera de tradiciones, encarcelando el sábado, y se ofenderían si él hiciera alguna cosa para ayudar al necesitado. Pero no vaciló.

¿Es lícito en los días de reposo hacer bien, o hacer mal; salvar la vida, o quitarla? (Mar. 3:4).

Silencio. Sus enemigos callaron porque los había enfrentado con sus propias enseñanzas. Ellos decían que no hacer el bien, teniendo la oportunidad de hacerlo, era igual que hacer el mal; y la negligencia en proteger la vida, equivalía a una acción para matar. Pero el corazón de ellos, empaquetado en su propia dureza, los enmudeció. Se entristeció tu Hijo, intensamente, hasta el enojo. Se enojó con el único enojo que no es pecado: el enojo contra el pecado. Y dijo al hombre: "Extiende tu mano". El la extendió. Todos, mirando la mano lisiada, no vieron que era peor tener un corazón reseco, endurecido y con grietas, por las tradiciones. Sus enemigos preferían dejar a un hombre sufriendo, en lugar de violarlas; preferían conspirar contra la vida de tu Hijo, en lugar de abolirlas. Pero nada dijeron, por temor. Tu Hijo, entonces, restauró la mano y fue sanada.

Sus enemigos eran capaces de sacar una oveja que cayera dentro de un pozo, en sábado, pero no ayudarían a un ser humano en necesidad. ¿Qué vale más, el animal o el ser humano? La respuesta es obvia, pero toda religión que rechaza tu soberanía, invierte los valores y protege más al animal que al ser humano, por egoísmo. En cambio, la religión que acepta tu soberanía y no rechaza tu voluntad sino que la obedece, hace el bien.

Año Bíblico: Ezequiel 42-44

LA MAYORDOMIA

De Jehová es la tierra y su plenitud; el mundo, y los que en él habitan. Porque él la fundó sobre los mares, y la afirmó sobre los ríos. Salmo 24:1-2.

"Somos mayordomos de Dios, a quienes él ha confiado tiempo y oportunidades, capacidades y posesiones, y las bendiciones de la tierra y sus recursos. Somos responsables ante él por su empleo adecuado. Reconocemos que Dios es dueño de todo mediante nuestro fiel servicio a él y a nuestros semejantes, y mediante la devolución de los diezmos y al dar ofrendas para la proclamación de su Evangelio y para el sostén y desarrollo de su iglesia. La mayordomía es un privilegio que Dios nos ha concedido para que crezcamos en amor y para que logremos la victoria sobre el egoísmo y la codicia. El mayordomo fiel se regocija por las bendiciones que reciben los demás como fruto de su fidelidad (Gén. 1:26-28; 2:15; 1 Crón. 29:14; Hag. 1:3-11; Mal. 3:8-12; 1 Cor. 9:9-14; Mat. 23:23; 2 Cor. 8:1-15; Rom. 15:26-27)" *(Manual de la iglesia,* Creencia Fundamental N.° 20).

Sólo tú eres dueño. Tú formaste, tú fundaste, tú creaste. Cuando nada había en esta tierra y tú, con tu palabra, llamaste cada cosa a su existencia, tú eras todopoderoso, y eras dueño. La brizna no era demasiado pequeña para tus bienes; y no era grande la grandeza del mar y el universo. Tú eras dueño del ganado libre que pacía sin violencia por los campos, y de los árboles y el bosque y las semillas y las flores y los frutos, y las noches estrelladas, y las tardes apacibles, y la luz de la alborada, y hasta del hombre con sus hijos; todos eran tuyos. Nada estaba más allá de tu poder. Nada era distante, nada enajenado, porque tú eras dueño incuestionable; y todos en la tierra te servían. Todavía sólo tú eres dueño. Nadie más. Nosotros, los humanos, somos sólo mayordomos. Mayordomos que administran lo que es tuyo, para ti; y a tu servicio.

Cada vez que arrancamos una planta de la tierra, y cada vez que derramamos el petróleo sobre el agua, como sombra, te olvidamos. Somos menos mayordomos; y peor aun, los invasores que arrebatan tu limpia propiedad para explotarla. Ya no somos tus socios en la empresa de formar para la vida; somos sólo unos agentes del mal, para la muerte; y usurpamos tus derechos. Yo a veces me pregunto: ¿Por qué somos tan insensatos? ¿Por qué tan egoístas y tan interesados? Y sólo me responde el eco de la tierra triste, solitaria y desecha. Físico desecho de nuestra rebeldía, cáscara marchita que arrojó nuestra codicia sobre el suelo. Y me arrepiento. Me arrepiento de cada pecado moral que de ti me ha separado; me arrepiento de cada rebelión que me desvía de tu plan, y me hace un hombre solo, sin control de leyes sabias que escribiste en mi conciencia y en el orden real de la existencia; y me arrepiento de no ser tu mayordomo, fiel a tu dominio y en grata sensación de estar contigo. Y quiero serlo, para ti, porque eres dueño.

Año Bíblico: Ezequiel 45-48

UN GOBERNANTE MAYORDOMO

Hagamos al hombre a nuestra imagen, conforme a nuestra semejanza; y *señoree* en los peces del mar, en las aves de los cielos, en las bestias, en toda la tierra, y en todo animal que se arrastra sobre la tierra. Génesis 1:26 (la cursiva es nuestra).

Yo sé, no hubiera sido mejor de otra manera. Tú, Creador de todo y Dios del universo, no podías crear y abandonar. Tenías que trazar también un cuidadoso plan para el gobierno de todo lo que hiciste. ¿Y quién mejor que el hombre? Un ser que llegaba a la existencia, por tu propia voluntad, sin un defecto. Dotado de todo lo mejor que tú podías diseñar para su vida: inteligente, espiritual, astuto y abnegado. En relación estrecha con tus planes y objetivos. Ansioso de agradarte. Para él, tu voluntad era sagrada y todo lo que más quería hacer era servirte. Ni un trazo de egoísmo, ni pizca de apatía; tenía un corazón abierto para amar, sin restricciones, con amor muy semejante al tuyo. El mismo afecto, la misma generosidad, el mismo esmero. Era un ser para el gobierno. Y tú lo hiciste de este modo porque era así como lo querías. "Hagamos al hombre... y señoree", habías dicho. Esto equivalía a decir: Hagamos al hombre para que gobierne.

¿Qué clase de gobernante debía ser el hombre? Un virrey, un mayordomo. Alguien que estuviese por debajo de ti y alguien que fuese tu propio representante personal. No, él no podría ser un soberano, ni un subordinador, ni un déspota. Tenía que gobernar a imagen y semejanza tuya, en tu lugar y para ti. Y el principal atributo de tu gobierno es el cuidado, la protección, la sustentación. Tú no permites el desgaste, ni dejas nada librado a su extinción. Más que un señor, y mucho más que un explotador, el hombre debía ser un protector y un dador de sentido. Lo que eras tú para él, él tendría que serlo para el resto de la creación.

Le has hecho poco menor que los ángeles, y lo coronaste de gloria y de honra. Le hiciste señorear sobre las obras de tus manos; todo lo pusiste debajo de sus pies. —Pero la grandeza no era del hombre, seguía siendo tuya, y el salmista concluyó su salmo en forma majestuosa y magistral—: *¡Oh Jehová, Señor nuestro, cuán grande es tu nombre en toda la tierra!* (Sal. 8:5-9).

Y el poder de gobierno que entregaste al ser humano, aunque parezca ilimitado, tiene algunas restricciones: está sometido a ti, debe actuar dentro de los objetivos que tú le diste, y se reduce a los seres de la tierra; no le entregaste el gobierno de los seres celestiales. El ser humano es un mayordomo tuyo, tu representante; y el dueño eres tú solo, nadie más. Y aunque las cosas y los seres que creaste, todos ellos, estén en nuestras manos; en tu mano estamos todos nosotros, con cada cosa que pusiste bajo el dominio nuestro, porque todo es tuyo; y lo que damos, sigue saliendo de tu mano como tu propio don inagotable y generoso.

Año Bíblico: Daniel 1-3

COMO RECONOZCO TU DERECHO DE PROPIEDAD

Porque ¿quién soy yo, y quién es mi pueblo, para que pudiésemos ofrecer voluntariamente cosas semejantes? Pues todo es tuyo, y de lo recibido de tu mano te damos. 1 Crónicas 29:14.

Yo reconozco, Dios, tu derecho de propiedad de muchas formas. Lo reconozco con mi cuerpo y mis talentos; y lo reconozco sin cesar con mi tiempo y con mis bienes. Y al pensar, y al hablar, y al vivir, sí, mucho más con mis acciones que con las meras palabras, reconozco que todo lo existente es propiedad de tu dominio.

Yo administro mi cuerpo con tus leyes. Tus leyes de salud regulan su mantenimiento; y tus leyes morales, su conducta. Y al hacerme pensar en la conducta, tú me conduces a algo más que simplemente el cuerpo. Me recuerdas que mi carne y mi sangre, piensa y siente y te comprende. Te ama. Y esto es algo especial: Amarte no es tan sólo una emoción que crece en mí para extinguirse, como toda volátil emoción que yo genero. Es imitar tu propio ser obedeciendo la palabra de tu mandamiento.

Amarás al Señor tu Dios con todo tu corazón, y con toda tu alma, y con todas tus fuerzas, y con toda tu mente (Luc. 10:27).

Con mi cuerpo están también mis sentimientos, mi energía vital, mis pensamientos. Todo lo que soy te pertenece y te amo con todo esto que soy, porque soy tuyo. Y cuando cuido mi salud, cuido lo tuyo, porque así lo quieres tú. *Amado* —escribía Juan, en tu nombre, a Gayo—, *yo deseo que tú seas prosperado en todas las cosas, y que tengas salud, así como prospera tu alma* (3 Juan 2). Cuando como y cuando bebo, o cuando dejo de beber o de comer lo que no es bueno para mi salud, o cuando evito lo dañino en cualquier forma que me venga —drogas, o tabaco, o alcohol—, no sólo cumplo yo una ley porque la ley me lo manda; yo administro mi cuerpo para ti, porque soy tuyo. Y hay un alivio y un placer en la salud; hay una gracia de la vida en su cuidado.

Y el tiempo lo administro para ti porque no soy dueño del tiempo. Tú solo eres eterno. De ti recibo el tiempo de la vida, organizado en las semanas: Seis días para mí; y el séptimo tan tuyo, que puedo sólo hacer en él las cosas tuyas. Y hasta ese tiempo de los días que me has dado, no es mío sin ti. Tú y yo vivimos juntos, para emplear mejor el tiempo de la vida, y plasmar con él el comienzo de la vida eterna.

Y hasta las cosas que me das, y los recursos que en tu amor me concedes, yo los disfruto mucho más cuando los empleo contigo.

Año Bíblico: Daniel 4-6

SIN DEJAR DE HACER AQUELLO

Diezmáis la menta y el eneldo y el comino, y dejáis lo más importante de la ley: la justicia, la misericordia y la fe. Esto era necesario hacer, sin dejar de hacer aquello. Mateo 23:23.

Todos sabemos que te agradan la justicia, la misericordia y la fe. Sabemos que nuestra propia condición cristiana las demanda. Lo que no está tan claro para los cristianos de hoy es que también tú demandas que devolvamos el diezmo. Cuando tu Hijo lo explicó a los escribas y fariseos, censurándolos, su comprensión era exactamente opuesta. Ellos sabían que tú exigías el diezmo, y lo devolvían con meticulosa regularidad, pero no entendían tu exigencia sobre la justicia, la misericordia y la fe. A ellos les atraía lo concreto, lo formal y lo visible; a nosotros, lo más espiritual y lo invisible. Por eso, el cristiano del tiempo presente tiende a olvidar el diezmo. Más bien prefiere decir que tú ya no lo pides, que dejó de ser obligación, que es un deber antiguo, propio para el pueblo de Israel, mas no para los cristianos. Pero tu Hijo habló muy claro: Diezmar era correcto, y hacer justicia, misericordia y fe, también. Los cristianos debían tener fe, ser justos y misericordiosos; y al mismo tiempo debían devolver el diezmo. La importancia de ambos asuntos era inmensa. Desde los tiempos más antiguos, hasta los días en que vivimos, la obligación de devolver el diezmo no ha cesado. Junto con él están las ofrendas voluntarias más diversas.

Algunos piensan que tú requerías el diezmo de los israelitas, pero nunca lo demandaste de nadie más. Sin embargo, mucho antes de dar las leyes a Israel en el monte Sinaí, estaba la verdad del diezmo muy clara para Abrahán. Después de derrotar a los captores de su sobrino Lot, volviendo ya a su campamento en el encinar de Mamre, se encontró con Melquisedec en el valle de Save, y, reconociendo el carácter divino del sacerdocio de Melquisedec, le dio los diezmos de todo el botín (Gén. 14:20).

Traed todos los diezmos al alfolí —dijiste más tarde a Israel— *y haya alimento en mi casa; y probadme ahora en esto, dice Jehová de los ejércitos, si no os abriré las ventanas de los cielos, y derramaré sobre vosotros bendición hasta que sobreabunde* (Mal. 3:10).

Como el diezmo se utiliza para el sostén del ministerio, podría venirme la tentación de pensar que mi devolución del diezmo debe estar condicionada a la fidelidad de los ministros: si ellos son fieles a ti, yo devuelvo el diezmo; si son infieles, no. Pero mi diezmo no depende de la fidelidad de los pastores, sino de la mía. Tú lo demandas de mí, sin condiciones; porque yo tengo que reconocer mi dependencia de ti y porque mi función de mayordomo no se modifica, aunque otros sean infieles a ti en sus obligaciones.

Año Bíblico: Daniel 7-9

MAYORDOMOS DE TODA POSESION

A todo aquel a quien se haya dado mucho, mucho se le demandará; y al que mucho se le haya confiado, más se le pedirá. Lucas 12:48.

Tu Hijo había contado una parábola para ilustrar la vigilancia que debiéramos observar los cristianos acerca del retorno de nuestro Señor al mundo. Tenemos que ser como los siervos que, cuando vuelve su señor de las bodas, le abren la puerta enseguida. Pedro, siempre rápido para hablar, le preguntó: "¿Dices esta parábola a nosotros, o a los demás?" Jesús le habló de un siervo infiel que en su corazón decía: "Mi señor se atrasa". Y se tornó tirano con los otros siervos, mientras él se dedicaba a festejar y divertirse. No sabía que, de esa manera, estaba escribiendo su propia sentencia. Cristo dijo: "Vendrá el señor de aquel siervo en día que no espera, y a la hora que no sabe, y lo castigará duramente". El tenía que ser fiel en todo lo que su señor le había dado.

Tú sabes, Padre, cómo es engañosa nuestra forma de pensar. Una vez que te hemos devuelto el diezmo pensamos fácilmente que ya nuestro deber de mayordomos está cumplido; y podemos usar el resto como nos parezca. No es así. Somos mayordomos también del otro noventa por ciento. Tenemos que administrarlo en armonía con tus planes. No podemos ser egoístas después de haber devuelto el diezmo y pensar que tú te agradas con lo que hacemos. Uno de los objetivos del diezmo es la eliminación del egoísmo, y esto abarca el uso total de nuestras posesiones. Egoísmo equivale a robo.

Malditos sois con maldición —dijiste al pueblo de Israel en su egoísmo—, *porque vosotros, la nación toda, me habéis robado* (Mal. 3:9).

Y este robo trae consecuencias negativas de todo orden. Tu casa, Señor, queda sin alimento para tus siervos; y la obra que debiera hacerse en poco tiempo, se demora. Nosotros, que debiéramos tener tu bendición y tu abundancia, perdemos las cosechas, somos víctimas de plagas, permanecemos viviendo en la pobreza y nos quejamos. Los pueblos de la tierra que debieran ser testigos de tu amor multiplicado, ven sólo la escasez que nos agobia. Vivir para servir, sirviendo a todos por amor, es la manera más brillante de anunciarte a los mortales. Cuando ellos ven que somos fieles, y descubren la belleza del servicio que te rendimos al atender sus necesidades, no pueden evitar de conocerte. Saben que tú amas y los buscas. Saben que tú no fallas y bendices. Saben que la vida es mucho más que los pesares y que el ser humano puede vivir sin egoísmo, como tú, sólo sirviendo. Saben que en las cosas y en los bienes hay un sentido espiritual de vida eterna. ¡Oh, Señor, dame esta vida de tu amor sin egoísmo! Yo quisiera servirte sin cesar, quisiera abrirme al que no tiene, quisiera que tu iglesia no padezca de escasez y que a todos proclamemos vida eterna.

Año Bíblico: Daniel 10-12

EN QUE CONSISTE LA VIDA

Mirad, y guardaos de toda avaricia; porque la vida del hombre no consiste en la abundancia de los bienes que posee. Lucas 12:15.

Mientras tu Hijo comía en la casa de un fariseo, unos pocos meses antes de su crucifixión, la multitud afuera lo aguardaba. Esa fue una de las oportunidades cuando pronunció sus famosos ayes contra los fariseos y contra los intérpretes de la ley. Otra vez, con un contenido muy similar, predicó en el templo (Mat. 23:1-39). Cuando salió de la casa (Luc. 12:1), habló a sus discípulos con la intención de alcanzar también a la multitud con sus palabras. Debían guardarse de la levadura de los fariseos, que es hipocresía. No debían decir cosas en secreto porque todas ellas se tornarían públicas. No debían temer a los que matan el cuerpo, sino a aquel que puede destruir la vida para siempre. No debían hablar ninguna palabra contra el Espíritu Santo porque la blasfemia contra él no sería perdonada. No debían preocuparse de las palabras que dirían a las autoridades cuando fueran conducidos ante ellas, porque el Espíritu Santo les enseñaría, en ese momento, lo que debían decir.

Y en ese instante, salió un hombre de la multitud, e interrumpiéndolo, le dijo: "Maestro, di a mi hermano que parta conmigo la herencia". ¡Cuán lejanos estaban sus pensamientos de lo que tu Hijo estaba hablando! Pero la mente nuestra no es muy diferente. La herencia es siempre un tema de atracción inevitable y el deseo de riqueza no nos deja nunca. Usamos casi toda la vida para hacer un patrimonio que nos dé seguridad y complacencia. Una vez preguntaron a un rico: "¿Cuánto es necesario tener para sentirse bien y estar seguro?" "Un poco más", fue su respuesta. Pero la vida no consiste en una herencia cuya abultada distribución me favorezca. Tu Hijo aconsejó, sin vacilar: "Mirad, y guardaos de toda avaricia". Y a continuación contó la parábola del rico insensato. Sus campos produjeron mucho. "¿Qué haré? —pensaba el rico—. No tengo dónde guardar tanta cosecha. Esto haré —se dijo—. Derribaré mis graneros y los haré más grandes. Y en ellos guardaré mis bienes". Y hablando consigo mismo, se decía: "Tienes todo lo que necesitas, para mucho tiempo; repósate, come, bebe, regocíjate". Pero esa noche moriría. ¿Para quién serían sus bienes? La vida no consiste en una abundancia de bienes que no podrán usarse, porque la vida pasa.

Así es el que hace para sí tesoro, y no es rico para con Dios (Luc. 12:21).

Te ruego esa riqueza que consigo trae la mejor sabiduría. La riqueza que no logro en la avaricia, la riqueza que no alcanzo solo con mi esfuerzo, la riqueza que recibo de ti como un don, porque soy fiel; porque soy tu mayordomo que administra para ti, sin egoísmo.

Año Bíblico: Oseas 1-4

A MI LO HICISTEIS

Y respondiendo el Rey, les dirá: De cierto os digo que en cuanto lo hicisteis a uno de estos mis hermanos más pequeños, a mí lo hicisteis. Mateo 25:40.

Tú, Padre, nos enfrentas con nosotros mismos, de un modo impresionante. Nos hablas de las cosas simples, con la fuerza final de tu poder ilimitado. Nos describes lo más grave de la vida y lo infinito de ti mismo, como hablando de algo simple y rutinario. A través de tus profetas, nos has hecho pensar y comprender, y nos diste a conocer lo más secreto y lo escondido de tu propia persona y de tus planes. Y por medio de tu Hijo, nos hablaste del presente y del futuro sin trazarles la frontera que nosotros encontramos cada instante, como un muro, una barrera impenetrable.

Estaba Jesús hablando de su gloria, del momento cuando vendrá con santos ángeles, sentado sobre el trono de su gloria, cuando él convocará a todos los seres de esta tierra, cada nación y cada pueblo, para que rindan cuenta de sus actos. Y entonces, el mensaje se torna personal. Tan personal que habla de cosas familiares. Un grupo son cabritos, y el otro son ovejas. La izquierda y la derecha, no de la política terrena, ni del espectro teológico en la iglesia; la izquierda y la derecha de la vida y de la muerte. Toda pequeña discusión se habrá olvidado. Sólo estará presente lo que cuenta para vida eterna, o para perdición, sin otra oportunidad para salvarse. Y vale, entonces, lo que hicimos; como si fuera vital para salvarnos. ¿Qué cosas? Las obras de servicio. Un poco de pan para el hambriento, un vaso de agua para el que tiene sed, un acto de hospitalidad para el forastero, una ropa común para el desnudo, una visita amable al lecho del enfermo, una simple conversación con el que sufre la prisión y está olvidado. "A mí lo hicisteis", dice Cristo.

¿A ti, Señor, y cómo? ¿Cuándo? No se dieron cuenta. Ni cuenta se dieron de las obras buenas que fueron haciendo por la vida, sin pensar en otra cosa que el servicio por amor. Tan espontáneas, permanentes, como la propia respiración que nadie cuenta entre sus actos de importancia. La bondad del mayordomo que se olvida de sí mismo en su trabajo; y sólo piensa en el servicio, sólo vive haciendo bienes, sólo busca el objetivo de su dueño; la bondad del mayordomo es sólo vida, nada más. Sólo tu propia vida repitiéndose en la vida de tu siervo, el mayordomo. Y es por eso que vale lo que él hizo. Fueron todas obras tuyas, repetidas por él, sin darse cuenta.

Lo mejor de la vida está en la identificación contigo. Cuando yo ando junto contigo hago tus obras sin pensar que estoy produciendo salvación o vida eterna. Simplemente las disfruto, como disfruto del amor, la compañía, los afectos; sin bullicio. Con la misma simplicidad que tú le otorgas a las cosas grandes, con la misma grandeza que le das a lo pequeño. Y yo me siento bien porque nada hay mejor que tu presencia; y todas las cosas que hago, por no hacerlas solo, por sólo hacerlas contigo, las acabo haciendo para ti, para tu gloria.

Año Bíblico: Oseas 5-9

OFRENDA PARA LOS SANTOS POBRES

Porque Macedonia y Acaya tuvieron a bien hacer una ofrenda para los pobres que hay entre los santos que están en Jerusalén. Pues les pareció bueno, y son deudores a ellos; porque si los gentiles han sido hechos participantes de sus bienes espirituales, deben también ellos ministrarles de los materiales. Romanos 15:26-27.

Si colocaste en el corazón de tu siervo Pablo, este interés por los pobres de la iglesia que estaba en Jerusalén, fue porque a ti te importaba mucho su pobreza y su dolor. La economía andaba mal en toda Palestina. La sequía era un azote que los visitaba periódicamente y los impuestos los drenaban constantemente. Entre impuestos religiosos y civiles, tenían que pagar más o menos cuarenta por ciento de sus entradas. Nadie escapaba. Y el pueblo común, sufría. La mayor parte de los miembros de la iglesia pertenecían a esta clase social; o se tornaban pobres al hacerse cristianos, por causa de las persecuciones que los obligaban a huir abandonando sus propiedades, o empobrecían al entregar sus bienes a la iglesia para ayudar a sus miembros. Casi todos eran pobres, pero sin necesidades.

Así que no había entre ellos ningún necesitado; porque todos los que poseían heredades o casas, las vendían, y traían el precio de lo vendido, y lo ponían a los pies de los apóstoles; y se repartía a cada uno según su necesidad (Hech. 4:34-35).

Bajo estas circunstancias, Pablo cuenta a los hermanos de Roma que está a punto de ir a Jerusalén llevándoles las donaciones de los cristianos de Macedonia y Acaya. Yo sé, Padre, que tú estabas detrás de esto. No existe obra de caridad que tú no inspires. Pero las dos razones que Pablo menciona son muy interesantes. Primera razón, les pareció bueno. Segunda, debían pagar su deuda. Es siempre bueno ayudar a los miembros de la iglesia que están en necesidad. Los miembros de la iglesia primitiva nunca sintieron que era su responsabilidad atender a los pobres de la comunidad humana, colectivamente. Sólo sentían responsabilidad por las personas individuales. Pero sí se sentían obligados de atender a los pobres de la iglesia, colectivamente. A todos ellos, sin abandonar a ninguno. Esto era bueno entonces; y sigue siendo bueno hoy. Los gentiles habían adquirido una deuda con los hermanos de Jerusalén. La Iglesia de Jerusalén, como madre de todas las iglesias, les había dado los bienes espirituales y, por eso se sentían obligados a compartir con ellos los bienes materiales que poseían, aunque no fueran muchos.

Si nosotros sembramos entre vosotros lo espiritual —dice Pablo—, ¿es gran cosa si segáremos de vosotros lo material?... Así también ordenó el Señor a los que anuncian el evangelio, que vivan del evangelio (1 Cor. 9:11, 14).

Año Bíblico: Oseas 10-14

COMO PARA EL SEÑOR

Y todo lo que hagáis, hacedlo de corazón, como para el Señor y no para los hombres; sabiendo que del Señor recibiréis la recompensa de la herencia, porque a Cristo el Señor servís. Colosenses 3:23-24.

Pablo dio este consejo a los siervos, junto con otros consejos dados a las esposas, a los maridos, a los hijos, a los padres y a los amos. En realidad, estaba hablando a todos los miembros de la familia, pues los siervos también formaban parte de ella. Cada uno debía hacer algo especial, dentro del contexto de su servicio a ti. Las casadas debían amar, los maridos no debían ser ásperos, los hijos debían obedecer, los padres no tenían que exasperar, los amos debían ser rectos y justos, y los siervos tenían que obedecer y trabajar. La mayordomía familiar administra las relaciones entre todos los miembros de la familia. Y su sentido se encuentra en ti, igual que la mayordomía en todos los otros aspectos de la vida. El amor de la esposa debía ser como conviene al Señor, la obediencia de los hijos tenía que existir porque agrada al Señor, la justicia de los amos tenía que estar basada en la justicia del amo que ellos tienen en ti, y el trabajo de los siervos debía ser hecho como para el Señor y con temor a ti.

Tú eres la motivación y el foco de la vida familiar. Después de todo, la familia sólo existe porque tú la organizaste. Cuando tú creaste a Adán, ya tenías en mente la familia. No es que tú hayas pensado en la creación de Eva sólo cuando Adán no encontró ayuda idónea para él. Esa experiencia fue el modo como tú motivaste a Adán, pero no produjo la motivación tuya. Tú ya lo habías planeado así desde el principio. También la familia es tuya, como todo lo demás. Y desde el padre al hijo más pequeño, incluyendo a los trabajadores que sirven en la casa, todos sus miembros deben hacer todo como para el Señor.

El objetivo que diste al trabajo en la familia es altamente altruista. Nada tiene de egoísmo. Su producto no está destinado a formar el patrimonio personal de ninguno de sus miembros, sino el tuyo; "porque a Cristo el Señor servís", dice Pablo. Y eso no es todo. Ni siquiera deben pensar en la herencia familiar como recompensa apropiada para el trabajo constante que cada miembro realiza en la familia. "Del Señor recibiréis la recompensa de la herencia".

La mejor forma de vivir en familia se da cuando cada uno de sus integrantes vive para ti. El trabajo y las relaciones son las dos fuentes de mayor tensión familiar. Si se hacen como para el Señor y todos te sirven verdaderamente, no habrá conflicto y todos sentirán que su vida tiene sentido y aceptación. Además, el sentido de pertenencia será muy fuerte y sano. Cada miembro sentirá que pertenece a su familia y a ti: dos raíces fundamentales de la seguridad psicológica y espiritual que toda persona necesita para vivir confiadamente y sin angustias.

Año Bíblico: Joel

RICOS Y DADIVOSOS

A los ricos de este siglo manda que no sean altivos, ni pongan la esperanza en las riquezas, las cuales son inciertas, sino en el Dios vivo, que nos da todas las cosas en abundancia para que las disfrutemos. Que hagan bien, que sean ricos en buenas obras, dadivosos, generosos; atesorando para sí buen fundamento para lo por venir, que echen mano de la vida eterna. 1 Timoteo 6:17-19.

Tú también tienes hijos ricos en tu iglesia. No son menos valiosos para ti que los pobres. En tu iglesia, nadie vale menos, ni nadie es sospechoso. Tú das bienes materiales y bienes espirituales. A veces la riqueza viene por herencia, o por buen éxito en los negocios, o por otras circunstancias que tú bendices; en todo caso, ningún hijo tuyo se enriquece por obra del enemigo, quien nada bueno quiere para tus hijos. Y la riqueza es buena. Puede ser mal usada, pero en sí misma no es mala. Puede ser una gran bendición para el que la posee, para otras personas y para la iglesia. En realidad, tu manera de dar riquezas a la iglesia es dándosela a sus miembros. Y ellos, como buenos mayordomos, sabrán colocarla a disposición de la iglesia en abundancia. Hace unos días, alguien estaba comentando acerca de una persona muy rica, que da mucho, para una gran diversidad de programas de la iglesia, millones de dólares cada año, y dijo: "El último año se le triplicó su negocio". Bendición en abundancia para él; sí, también para la iglesia. Cuanto más él da para la iglesia, más ha estado recibiendo de ti.

El buen cristiano rico no pone su esperanza en las riquezas; espera en ti. Tú no te devalúas, no sufres inflación, no te gastas, no puedes ser destruido por incendios y ladrones no te roban .Tú eres un Dios vivo que siempre das en abundancia. Y cuando tú das, la riqueza es buena. Tan buena que se puede *disfrutar*. Algunas personas piensan que el cristiano rico no tiene derecho a disfrutar de lo que posee. Pero tú no eres un Dios austero, ni triste.

Me mostrarás la senda de la vida —dice David—; *en tu presencia hay plenitud de gozo; delicias a tu diestra para siempre* (Sal. 16:11).

También esta delicia se comparte y para compartirla hay que disfrutarla. Si se reprime, o se esconde, o se destruye, no se puede compartir. Hay que disfrutarla de tal modo que se vea; y cuando se ve, se ve completa, hasta su origen en ti. Tú también te haces visible en la vida del cristiano que disfruta lo que tú le das, y ese gozo es un testimonio. Y el rico en bienes, puede también ser rico en buenas obras, y debe serlo; porque es cristiano, un hijo tuyo. Pablo dice que el rico cristiano debe ser dadivoso: listo para compartir. Además es una persona sociable, amigable, abierta a la buena relación con los otros miembros de la iglesia, simpático. No hace mucho dos personas hablaban de una tercera. Una le decía a la otra: "Sabes, le ha ido tan bien, tiene tanto éxito y se ha hecho tan rico, que hasta simpático se ha vuelto".

Año Bíblico: Amós 1-4

LOS POBRES QUE ENRIQUECEN

Como pobres, mas enriqueciendo a muchos; como no teniendo nada, mas poseyéndolo todo. 2 Corintios 6:10.

Pero también tienes pobres en tu iglesia, y muchos. Muchos son pobres a causa de las circunstancias de la vida: una adversidad les hizo perder todo lo que tenían, nacieron en familias pobres, no tuvieron oportunidades ni medios para estudiar una carrera lucrativa, no dispusieron de capital para establecer un buen negocio, no tuvieron las relaciones apropiadas en el momento que las necesitaron para poder entrar en un buen trabajo con futuro. Y el Evangelio los encontró con esa desventaja. Ya no pueden remediarla por causa de la edad u otras razones. A muchos el Evangelio les abre una nueva oportunidad y les da una mejor visión para la vida, hasta el punto de ayudarles a mejorar considerablemente su situación económica, y tú los bendices en su esfuerzo. Pero igual hay muchos pobres.

El cristiano pobre es un pobre diferente. Puede no tener bienes materiales, pero en bienes espirituales es rico. Y ésta es la mejor de todas las riquezas. Casi todo el mundo está acostumbrado a valorar a los demás por la apariencia. Yo sé que tú haces en forma diferente; tú evalúas por lo que cada uno es en su interior. Pero la gente, no procede así. Sólo aquellos que viven en plena intimidad contigo, pueden evaluar a tu manera. Los demás se mueven siempre en ese extraño mundo vacío de las apariencias. Y ven a tu hijo pobre como un pobre ser humano. No le dan valor, ni lo respetan, ni le dan importancia alguna; hasta que conocen su interior. Y entonces descubren su riqueza.

Tú los haces herederos de todas las cosas, porque todo es tuyo y al tornarse tus hijos, tienen derecho a recibir la herencia de todos tus bienes. Pero claro, una herencia sólo se recibe cuando muere el Padre, y tú, como Padre, nunca mueres. Esto parece una desventaja, o parece crear la imposibilidad de recibir la herencia. Pero es lo contrario. Primero porque ya tu Hijo murió para que la herencia pudiera ser repartida a todos los que en él creyeran. Segundo, porque como tú no mueres, no necesitas esperar hasta un tiempo futuro para repartirla; puedes comenzar a darla ya, en el tiempo presente. Además de la herencia, tu Evangelio otorga un tipo especial de riqueza espiritual que incluye nobleza de pensamientos, altura de ideales, pureza de corazón, grandeza de humildad, confianza de fe, penetración de discernimiento, cordialidad de relaciones, y una tranquila confianza de sabiduría. El cristiano pobre posee una riqueza inagotable como la riqueza de Cristo.

Porque ya conocéis la gracia de nuestro Señor Jesucristo, que por amor a vosotros se hizo pobre, siendo rico, para que vosotros con su pobreza fueseis enriquecidos (2 Cor. 8:9).

El cristiano pobre que posee a Cristo puede enriquecer a muchos, para vida eterna.

Año Bíblico: Amós 5-9

LA CONDUCTA CRISTIANA

Por lo demás, hermanos, os rogamos y exhortamos en el Señor Jesús, que de la manera que aprendisteis de nosotros cómo os conviene conduciros y agradar a Dios, así abundéis más y más. 1 Tesalonicenses 4:1.

"Se nos invita a ser gente piadosa que piense, sienta y obre en armonía con los principios del cielo. Para que el Espíritu vuelva a crear en nosotros el carácter de nuestro Señor, participamos solamente de lo que produce pureza, salud y gozo cristianos en nuestra vida. Esto significa que nuestras recreaciones y entretenimientos estarán en armonía con las más elevadas normas de gusto y belleza cristianos. Si bien reconocemos diferencias culturales, nuestra vestimenta debiera ser sencilla, modesta y pulcra como corresponde a aquellos cuya verdadera belleza no consiste en el adorno exterior, sino en el inmarcesible ornamento de un espíritu apacible y tranquilo. Significa también que puesto que nuestros cuerpos son el templo del Espíritu Santo, debemos cuidarlos inteligentemente. Junto con practicar ejercicios adecuados, y descansar, debemos adoptar un régimen alimentario lo más saludable posible, y abstenernos de alimentos impuros identificados como tales en las Escrituras. Puesto que las bebidas alcohólicas, el tabaco y el empleo irresponsable de drogas y narcóticos son dañinos para nuestros cuerpos, también nos abstendremos de ellos. En cambio, nos dedicaremos a todo lo que ponga nuestros pensamientos y cuerpos en armonía con la disciplina de Cristo, quien quiere que gocemos de salud, de alegría y de todo lo bueno (Rom. 12:1-2; 1 Juan 2:6; Efe. 5:1-21; Fil. 4:8; 2 Cor. 10:5; 6:14-7:1; 1 Ped. 3:1-4; 1 Cor. 6:19-20; 10:31; Lev. 11:1-47; 3 Juan 2)" (*Manual de la iglesia*, Creencia Fundamental N.º 21).

También a ti te importa nuestra conducta. ¿Por qué? No por reducir la libertad que nos has dado sin restricción alguna. Tu interés en la conducta tiene que ver con nuestra propia vida. La vida, como todas las cosas, tiene un ambiente más apropiado que otro para su desarrollo. Si actuamos mal, ya sea moralmente o en relación con nuestros hábitos físicos, intelectuales o espirituales, la vida se resiente y, eventualmente, se destruye. También la calidad de la vida depende de nuestra conducta. Una mala conducta baja la calidad de la vida hasta el punto de no producir satisfacción alguna. Y lo que es peor, destruye a la persona en todos sus valores. Cada vez que cometemos un acto contra la vida, incurrimos en un error moral y sufrimos una reacción negativa en nuestra personalidad entera. Es un hecho que las malas acciones también afectan al prójimo y modifican negativamente nuestras relaciones contigo. Hasta la naturaleza sufre cuando actuamos mal.

Cuando nuestra conducta te agrada, lo sentimos. Hay un equilibrio espiritual en nuestros sentimientos que nos produce placer. El verdadero placer de la vida que la reconstruye y la engrandece, como un árbol florecido después del invierno.

Año Bíblico: Abdías y Jonás

LA VOLUNTAD DE DIOS

Porque ya sabéis qué instrucciones os dimos por el Señor Jesús; pues la voluntad de Dios es vuestra santificación. 1 Tesalonicenses 4:2-3.

Las instrucciones que los apóstoles nos dieron con respecto a tu voluntad, no eran sólo informaciones opcionales. El término que usa Pablo es el mismo que describe las órdenes de un oficial de ejército a un soldado. Son, entonces, mandamientos tuyos. Tu voluntad generalmente se expresa en mandamientos. Es decir, es definida, no en sentido autoritario, sino en el sentido de que representa una realidad inalterable. Tan inalterable como decirle a alguien: "No aprietes el gatillo", si tiene un revólver cargado apuntando a su cabeza. Es una orden terminante, pero no autoritaria. Porque la persona sigue siendo libre para actuar, para tomar la decisión que desee; y porque la orden contrarresta una realidad absoluta: si aprieta el gatillo, muere. Sí, quien se beneficia con tus órdenes sobre nuestra conducta no eres tú, somos nosotros.

Tú eres un Dios protector. Toda expresión de tu voluntad, sea a través de mandamientos u otras órdenes menores, o simplemente por medio de instrucciones, aunque parezcan muy generales, manifiestan siempre tu deseo de ayuda y protección, y nos ofrecen una orientación moral indispensable para nuestras decisiones. Tu voluntad es que nadie perezca y tus órdenes tienen siempre el objetivo de la vida eterna.

Cuando tú deseas nuestra santificación; más aun, cuando tú la demandas con la fuerza de tu mandamiento, no estás reduciéndonos la vida. No estás privándonos de algo bueno para ella. Tú conoces lo que somos, lo que nos hace bien, lo que completa nuestro ser con la alegría; y lo que pides de nosotros tiene siempre el objetivo de tornarnos mejores y de hacernos más felices en todo lo que hacemos. Tú deseas santidad para nosotros. No hay nada negativo en esto, ni nada irreal, ni extraño, ni obsoleto. No pretendes tú que hagamos un retroceso temporal para vivir como lo hacían las personas en siglos pasados de la historia. Todo lo que tú quieres es que nuestra conducta armonice con las leyes de la vida: tus leyes naturales y tus leyes escritas. Para que la vida nuestra sea realmente vida, y no se torne un modo de morir de a poco, como un estanque roto que va perdiendo el agua en goterones hasta quedar vacío y sin utilidad.

Tú buscas nuestro bien; y al demandar la santidad, tú la regalas. Nos das la simpatía para estar en buenas relaciones con las demás personas. Nos otorgas poder espiritual para alejarnos del pecado. Nos limpias la mente con tu Espíritu para entender la vida y discernir con claridad entre lo bueno y lo malo. Nos das el poder de voluntad indispensable para hacer las decisiones apropiadas. Y tú vives con nosotros sin nunca abandonarnos porque tú nos amas. Así, por medio de tu Espíritu, nos haces personas santas, que comprenden tu santa voluntad y la ejecutan.

Año Bíblico: Miqueas 1-4

LA CONDUCTA COMIENZA EN LA MENTE

Así que, hermanos, os ruego por las misericordias de Dios, que presentéis vuestros cuerpos en sacrificio vivo, santo, agradable a Dios, que es vuestro culto racional. No os conforméis a este siglo, sino transformaos por medio de la renovación de vuestro entendimiento, para que comprobéis cuál sea la buena voluntad de Dios, agradable y perfecta. Romanos 12:1-2.

Cuando tú creaste la mente, abriste a nuestra vida la completa realidad de lo que existe, y la incorporaste a nuestra experiencia de un modo inimitable. Toda tu revelación es accesible a nosotros porque tú nos diste la mente. Sin ella, no habría diferencia entre nosotros y los animales. Ellos también tienen cerebro con funciones impresionantes, pero no poseen la capacidad mental que tú nos diste a nosotros. Siempre me pregunto si no hay algo en nuestra mente inexistente en otra criatura tuya, inteligente o no. Pero no tengo la respuesta. En todo caso, parece que todas las cosas de nuestra vida están vinculadas y comienzan en la mente.

Sí, cuando nos diste la mente, colocaste en nosotros una herramienta tan útil que hasta nuestra conducta delante de ti comienza en ella. La entrega del cuerpo es importante y tenemos que entregártelo diariamente como el sacrificio de la mañana y de la tarde en el perpetuo ritual del templo de Israel. No podemos descuidarlo nunca, ni un solo día. Si no lo controlamos, se desvía. ¿Cómo controlar el cuerpo sin entrar en una guerra con él? La batalla sobre el cuerpo no se gana en el cuerpo, es en la mente donde se la gana. Lo malo de esta realidad es que la mente está moldeada ya por el pecado. No conseguimos desviar su curso loco hacia el abismo. No logramos detenerla en su flaqueza hacia lo malo. La mente nuestra es un viejo tren de carga que desliza, rechinando, sus duras ruedas tristes, sobre el riel inalterable del pecado. ¿Cómo hacer para evitar que choque contra el fondo del abismo?

Renovar la mente. Ese es el camino. ¿Pero cómo consigo renovarla si mi mente tiene una tendencia irresistible al pecado, y yo sólo puedo trabajar con ella? No tengo alternativa; necesito ayuda y una ayuda poderosa. Superior, muy superior, a todo lo que mi mente puede. Y tiene que ser superior porque mi mente actúa con lo que ella puede hacer, y con su loca pretensión de hacerlo todo y mucho más. Nadie se cree menos. Somos todos más que todos los demás. ¿Habrá siquiera alguno que tenga la razón en esto? ¿O será que somos todos menos, mucho menos que los otros, por el solo hecho de pensar que somos más? La mente está constantemente creando nuevos trucos y nunca los planea, es espontánea. Apenas surge la necesidad de justificarse, lo hace aceleradamente. Y hay un solo camino que logra la transformación de nuestra mente. Es la muerte de ella, por medio del Espíritu Santo, y su nuevo nacimiento en Cristo. Logrado esto, está renovada para una nueva forma de conducta que, por su unión contigo, es santidad.

Año Bíblico: Miqueas 5-7

ANDAR COMO EL ANDUVO

El que dice que permanece en él, debe andar como él anduvo. 1 Juan 2:6.

La conducta que tú esperas de cada cristiano, es la misma que siguió tu Hijo cuando vino al mundo. El vino para salvarnos de la condenación del pecado y de la presencia del pecado en nuestra vida. Vivió en obediencia y sin pecado. Tenemos que vivir sin pecado, en obediencia. ¿Cómo? No podemos eliminarlo por nuestra conducta, pero nuestra conducta tiene que ser sin pecado. La eliminación del pecado es por medio de Cristo.

Hijitos míos —dice Juan—, *estas cosas os escribo para que no pequéis; y si alguno hubiere pecado, abogado tenemos para con el Padre, a Jesucristo el justo. Y él es la propiciación por nuestros pecados; y no solamente por los nuestros, sino también por los de todo el mundo* (1 Juan 2:1-2).

Es Cristo quien elimina el pecado. Pero también dime, Padre, la forma como lo hace. Yo sé que lo elimina, y tengo confianza total de que lo ha hecho; pero yo todavía cometo pecado. ¿Significa esto que todavía está el pecado en mí? Y si en mí sigue existiendo, ¿será que, por eso, estoy perdido? Tú me lo has dicho muchas veces: no es por la conducta, es por la fe. Porque sin fe es imposible agradarte. Y yo creo, Dios, sin ninguna duda, sin vacilación alguna; pero peco. ¿Qué pasa conmigo? ¿Estoy aún en la ignorancia y no te conozco todavía con el saber que me libera totalmente del pecado? Sí, yo sé muy bien que la perfección no es impecabilidad, que nunca estaremos libres de la posibilidad de cometer pecado, hasta el fin del tiempo de gracia. Pero sé también que tú esperas que yo guarde tus mandamientos, porque el que no los guarda, en realidad no te conoce.

El que dice: Yo le conozco, y no guarda sus mandamientos, el tal es mentiroso, y la verdad no está en él (1 Juan 2:4).

Y vuelvo a preguntarte: ¿Cuál es la base de la conducta verdaderamente cristiana? Yo no quiero tan sólo una apariencia, ni deseo tampoco una mera fórmula teológica que sólo alcance el reducido nivel del pensamiento. Yo quiero una verdad para la vida, que me hable a lo que soy, que me haga ser lo que tú quieres, sin las racionalizaciones de mi mente y sin las mentiras de mi imaginación. Dímelo tú con toda la verdad de tu palabra, dímelo por medio de alguno de tus enviados: profeta, o apóstol, da lo mismo. Ellos sabían, y sabían porque tú se lo dijiste.

*P*ero *el que guarda su palabra* —dice Juan—, *en éste verdaderamente el amor de Dios se ha perfeccionado; por esto sabemos que estamos en él. El que dice que permanece en él, debe andar como él anduvo* (1 Juan 2:5-6). Tu palabra es la clave para andar contigo. Es por tu palabra en mi vida que se perfecciona tu amor en mí, y en esta perfección de tu amor, yo contigo vivo.

Año Bíblico: Nahúm

TEMPLOS DEL ESPIRITU

¿O ignoráis que vuestro cuerpo es templo del Espíritu Santo, el cual está en vosotros, el cual tenéis de Dios, y que no sois vuestros? 1 Corintios 6:19.

Cuando yo te pregunto: "¿Qué soy?", tú respondes: "Mi hijo, mi morada; el lugar donde más me gusta mostrarme a los demás humanos". Y yo me siento muy tuyo. Como si yo no fuera yo, aunque nunca deje de serlo. Y hay algo en tu presencia que yo percibo con un profundo placer. Hay algo que me hace diferente. Me quita lo que ha sido más mío; pero al mismo tiempo lo que más me ha separado de ti. Una falsa identidad. Mi yo ficticio de egoísmo. Una especie de SIDA espiritual que me destruye poco a poco y me aniquila. Me lo quita sin dejarme en un vacío. Yo he sentido muchas veces un vacío, pero cuando tú me vacías de mí mismo, no lo siento. Tú me dejas el Espíritu y con él me siento satisfecho.

Acabo de recibir una llamada telefónica de un amigo de quien nada he sabido desde 1988. Fue víctima de celadas que le tendió el enemigo. Pero tú no lo dejaste. "No he perdido nada de lo que usted enseñó en sus clases —me dijo—. Sigo listo para servir en lo que el Señor me mande". Joven aún, tiene para muchos años más de vida contigo. La conducta cristiana es algo que se construye lentamente, porque es una transformación. Como la madera cuando se transformó en piedra, por causa del elemento químico que se integró a su propia constitución. No se desintegró como fácilmente se desintegra toda madera. Petrificada y pulida, esa madera es una joya. Y tú, cuando nos llenas con tu Espíritu, nos haces otra cosa. Una persona nueva, una joya espiritual, no focalizada: viva; porque tú eres un Dios vivo que vive en nuestra vida, y el mal ya nos resulta incompatible.

No os unáis en yugo desigual con los incrédulos; porque ¿qué compañerismo tiene la justicia con la injusticia? ¿Y qué comunión la luz con las tinieblas?... Porque vosotros sois el templo del Dios viviente, como Dios dijo: Habitaré y andaré entre ellos, y seré su Dios, y ellos serán mi pueblo (2 Cor. 6:14-16).

Tu templo que somos los cristianos sólo es tuyo. Nada tiene de extraño que tú nos pidas que el templo se conduzca como templo. Cuando yo estudiaba el doctorado, en una institución de antigua tradición, en Buenos Aires, Argentina, el comedor era un salón bastante grande y atractivo. Uno de los coadjutores, que atendía la enfermería, protestando contra los muchos cambios negativos que, según él, estaban ocurriendo en la institución, dijo: "Cualquier día de estos van a transformar este comedor en una discoteca". Lo decía con un profundo sentimiento de amargura y frustración. Como que eso sería una acción contra natura, totalmente opuesta a todo lo que racionalmente debía esperarse. Peor sería que un templo se volviera una discoteca, porque un templo tiene que ser templo, y nosotros tenemos que conducirnos en armonía con el Espíritu que mora en nosotros.

Año Bíblico: Habacuc

HIJOS DE DIOS

Sed, pues, imitadores de Dios como hijos amados. Efesios 5:1.

Ser imitadores tuyos puede ser la tarea más gigantesca y menos realista que enfrentemos los seres humanos. Si fuera una idea nuestra, posiblemente habría que clasificarla como presunción y hasta como una blasfemia. Pero eres tú quien la demanda y quién soy yo para descartarla. Debo decirlo de otro modo. Tu idea me espanta, pero me agrada mucho. Me espanta por la magnitud de tal empresa y me encanta porque tú eres tan bueno. Y lo que más desearía yo en el mundo es eso mismo: ser bueno, de bondad inalterable. De corazón abierto para aceptar a toda la gente con amor y simpatía. Y tú lo logras bien. ¡Qué bien lo consigues! Tú eres tan bueno, y tan benigno, que perdonas hasta al más culpable de los pecadores. Sin decir nada de lo que haces a tus enemigos; pues tú estabas perdonando hasta a los hombres que mataban a tu Hijo.

Sed benignos unos con otros, misericordiosos, perdonándoos unos a otros, como Dios también os perdonó a vosotros en Cristo (Efe. 4:32).

Este es tu carácter. Y tú no podrías pedir a tus hijos que sean menos de lo que eres tú. Hasta nosotros los padres terrenales queremos que nuestros hijos sean por lo menos como nosotros. Y algunos padres desearíamos que ellos fueran mucho más que lo que hemos logrado nosotros. Claro, tú no puedes desear que nosotros seamos más que tú, porque esto es imposible. Nadie puede ser más que tú, pero podemos imitarte. Esta imitación no es la imitación de la falsificación, como los que fabrican el dinero falso: lo imitan perfectamente, pero no tiene valor, porque no es genuino.

Aquí está el punto crítico de la imitación. Tiene que ser genuina. Hecha en la misma imprenta y con el mismo valor del dinero genuino. Toda nueva edición de dinero es una imitación de la anterior, pero no es una falsificación. Es una nueva edición del producto verdadero. Cuando entramos en la experiencia de tu amor y nos tornamos en tus "hijos amados", e imitamos tu personalidad basados en el mismo amor con que nos amas, nuestra imitación es verdadera y la conducta nuestra responde a tu conducta. Ya no existe fornicación, ni avaricia, ni inmundicia, ni deshonestidad, ni necedades, ni engaño. Especialmente el engaño herético.

Nadie os engañe con palabras vanas, porque por estas cosas viene la ira de Dios sobre los hijos de desobediencia (Efe. 5:6).

Las palabras vacías son herejías teológicas y herejías de la conducta. Toda herejía es un engaño y el engaño peor es el que conduce a la apostasía. Por eso la ira de Dios está contra el hereje. No por tener una idea original, sino por ser originador de apostasía; y esta obra, Señor, no te imita en nada pues es exactamente opositora a tu trabajo redentor.

Año Bíblico: Sofonías

EN ESTO PENSAD

Por lo demás, hermanos, todo lo que es verdadero, todo lo honesto, todo lo justo, todo lo puro, todo lo amable, todo lo que es de buen nombre; si hay virtud alguna, si algo digno de alabanza, en esto pensad. Filipenses 4:8.

Tú nos diste la mente para pensar. Sin embargo, el control de los pensamientos es una de las tareas más difíciles que enfrentamos los seres humanos. Hay en nosotros una extraña negligencia. Como la mente piensa de todas maneras, no estructuramos los controles necesarios. Y eso no es todo el problema, Padre; tú bien sabes la enorme cantidad de elementos externos que toman nuestra mente por asalto y nos invaden el pensamiento. Ya no es posible ir a lugar alguno sin ser víctimas de la propaganda que impregna el aire con imágenes y sonidos. Es una verdadera guerra en la que el descuido es suficiente para perder la batalla; y el pensamiento queda sin control alguno.

Sé muy bien: ésta es la vía por donde yo pierdo el control de mi vida entera. Primero se van los pensamientos; luego, las emociones. Un segundo después, las decisiones. Y yo me encuentro en un serio conflicto por mi propia identidad. ¿Quién soy? ¿Por qué hago lo que hago, y no lo que sé y quisiera hacer porque es mejor para mi vida? Yo sé que estás ahí, Dios, bien cerca; pero hay algo en mi pensamiento que tiende a ignorarte. Es parte de mi negligencia mental. Yo sé que estás, pero lo olvido. No pienso en esa realidad. Es como el árbol que está frente a la puerta de la casa. Paso tantas veces a su lado que no pienso más en él. Ya no lo veo cuando llego, y cuando vengo, su presencia es un olvido. Pero está. La realidad de tu presencia no ha cambiado; el cambio está en mi mente: no pienso. Y ando solo.

En esa soledad espiritual es fácil llenar la mente con malos pensamientos. Todo lo que se deja abandonado, se destruye. El jardín se llena de malezas, la casa se destiñe y desmorona poco a poco, la siembra no produce una cosecha buena; y la mente se llena de todo lo que la destruye. Cuando la mente se contamina, las acciones la acompañan y la vida entera sufre el deterioro de todo lo que queda abandonado. La conducta cristiana no se forma de manera automática; crece. Primero se hace flor, tierna y delicada; después se torna fruto de atractiva dulzura, y la semilla en su interior nos asegura la multiplicación y la abundancia. En todo ese proceso hay algo indispensable que hacer con los pensamientos. Controlarlos. Y el único modo de control que existe está en su mismo contenido. "En esto pensad", nos dices tú.

¿Cómo cultivo la mente? Haciendo contigo lo que tú mismo nos enseñas. Una sociedad del pensamiento y de la acción. Contigo siempre y en todo. Juntos, sin la negligencia de mi pensamiento, con una clara conciencia de tu realidad y una experiencia constante de tu eterna compañía.

Año Bíblico: Hageo

SIN VIDA SECULAR

Porque aunque andamos en la carne, no militamos según la carne; porque las armas de nuestra milicia no son carnales, sino poderosas en Dios para la destrucción de fortalezas, derribando argumentos y toda altivez que se levanta contra el conocimiento de Dios, y llevando cautivo todo pensamiento a la obediencia a Cristo. 2 Corintios 10:3-5.

Cuando creaste al ser humano, tu plan para su vida era distinto de lo que vemos hoy. El mundo sería bueno, cada persona viviría en armonía perfecta con tu voluntad y nada habría secular ni mundano. Pero, desde la entrada del pecado, todo es diferente. La vida independiente de ti, autónoma, es una realidad constante. Cada persona prefiere vivir sola, sin ti. Y la forma más coherente que ha inventado es afirmar que tú no existes. Sólo existe el mundo de las cosas reales, dicen, donde ocurren las experiencias de vida. Las realidades espirituales son sólo una nostalgia humana, una ficción de su deseo; nada más. Y los cristianos, sabiendo que esto no es así, tenemos que vivir en este mundo con esa realidad del pensamiento y la conducta humana, sin sumarnos a ella.

No militamos en la conducta secular. Estamos en el mundo, como declaró tu Hijo, pero no somos del mundo. Y esta situación nos coloca en una guerra entre la carne y el espíritu; y la conducta cristiana se desarrolla en esa guerra. Vivir como cristiano no es la vida de un escondido paraíso donde caminamos contigo en bucólica contemplación espiritual. No, seguimos en el mundo y es en él donde tenemos que vivir como cristianos. Pero la guerra de la carne contra el espíritu no ocurre sólo en la mundana realidad de nuestra vida, es decir en el hecho de estar viviendo en una realidad muy diferente de la que tú querías para la vida humana. También se libra en nuestro propio interior.

Porque el deseo de la carne es contra el Espíritu, y el del Espíritu es contra la carne; y éstos se oponen entre sí, para que no hagáis lo que quisiereis (Gál. 5:17).

La conducta cristiana tiene que conquistar el área del deseo. En íntima relación, el pensamiento y el deseo se constituyen en núcleo vital de la conducta. Nadie puede actuar en armonía con su propia voluntad, mucho menos en armonía con tu divina voluntad, sin la conquista del deseo. Y el deseo de la persona pecadora será siempre un deseo de la carne, contrario al Espíritu Santo. Hay sólo una manera de evitar que los deseos de la carne se nos impongan como un imperativo destructor de nuestra vida. Es no tenerlos. Y para no tenerlos, tenemos que entregar el control de nuestra voluntad al Espíritu Santo. "Si vivimos por el Espíritu, andemos también por el Espíritu". Y "los que son de Cristo han crucificado la carne con sus pasiones y deseos" (Gál. 5:25, 24). Sólo así controlaremos el pensamiento en obediencia a ti.

Año Bíblico: Zacarías 1-4

LA CONDUCTA DE LAS ESPOSAS

Asimismo vosotras, mujeres, estad sujetas a vuestros maridos; para que también los que no creen a la palabra, sean ganados sin palabra por la conducta de sus esposas, considerando vuestra conducta casta y respetuosa. Vuestro atavío no sea el externo de peinados ostentosos, de adornos de oro o de vestidos lujosos, sino el interno, el del corazón, en el incorruptible ornato de un espíritu afable y apacible, que es de grande estima delante de Dios. 1 Pedro 3:1-4.

Padre, yo siempre me pregunto: ¿Es necesario que entres en todos los detalles de la conducta para que nuestra forma de proceder sea realmente cristiana? ¿Tienes que decirles a las mujeres hasta lo que pueden vestir y cómo adornarse? Discúlpame por estas preguntas. Quizá se deba al problema que tenemos para decirlo; porque algunas reaccionan negativamente, pensando que alguien es responsable de estas órdenes, olvidando que eres tú quien espera la conducta que describes por medio de la revelación. En fin, ¿qué me dices tú sobre mis preguntas?

Para que también los que no creen a la palabra, sean ganados sin palabra por la conducta de sus esposas (1 Ped. 3:1).

¿Se trata sólo de la conducta específica de esposas cristianas cuyos maridos no se han entregado a ti? Se refiere a todos los esposos y especialmente a los incrédulos, porque dice: "También los que no creen". No lo había entendido antes de esta manera. Me parecía que este texto se refería a toda mujer cristiana. Pero en realidad habla de las esposas. Ellas son el foco especial de este pasaje, sin olvidar a las solteras; porque no se trata sólo de una forma de agradar a los maridos creyentes, ni de una estrategia evangelística para ganar a los maridos incrédulos. Abarca también lo que es *de gran estima* para ti. Incluye lo externo y lo visible, como la castidad, el respeto, los peinados, los adornos de oro y los vestidos lujosos; y lo interno, como es el espíritu afable y apacible.

Es evidente que la conducta de la mujer cristiana tiene que tomar en cuenta a dos personas: una divina, tú; la otra humana, el marido. La mujeres tienen que agradar a los dos. En estos tiempos de liberación femenina, nadie quiere hablar de la conducta femenina. Porque es ofensivo. Pero nada tiene de anticristiano, ni de antifeminista. La persona cristiana, hombre o mujer, tiene una manera cristiana de vida. Será un error muy grande no hablar del asunto, sólo porque la sociedad humana vive un gran conflicto entre hombres y mujeres. Ese conflicto no pertenece al cristianismo. Los cristianos todos tenemos el mismo modo de vida, en el cual hay unos cuantos elementos claves: misionero-evangelista-testigo, castidad, respetuosidad, adornos sin ostentación, ornato del espíritu, gracia. Con respecto a la salvación, no hay diferencia entre hombre y mujer. Ellas son "coherederas de la gracia de la vida". Herederas juntamente con los hombres.

Año Bíblico: Zacarías 5-8

TODO PARA GLORIA DE DIOS

Si, pues, coméis o bebéis, o hacéis otra cosa, hacedlo todo para la gloria de Dios. 1 Corintios 10:31.

Vivo contigo, Dios, y no reniego en nada por eso. En realidad, me siento muy bien de que tú me hayas dado esta magnífica oportunidad de la vida. Pero también vivo con los demás seres humanos: buenos, no tan buenos, y definidamente malos. Debo decirte, sin embargo, que todos nosotros pensamos que somos buenos; y, al mismo tiempo, decimos que muchos de los otros, si no todos, son malos. Y no está bien que pensemos así. Como este error hay muchos otros; como el error de pensar: Yo puedo hacer lo que yo quiera porque, después de todo, yo soy dueño de mi propia vida y nada de mi vida les importa a los demás.

Todo me es lícito —decía Pablo por revelación tuya—, *pero no todo conviene; todo me es lícito, pero no todo edifica* (1 Cor. 10:23).

Tú no quieres que me olvide de los demás, ni puedo hacerlo. La comunidad toma siempre en cuenta lo que yo hago. A todos les interesa la vida de las otras personas, por eso son tan populares las novelas de la televisión: Proveen una oportunidad para observar la vida privada de los personajes y permiten que se hable de ellos sin riesgo alguno. Es lo que cada persona desearía hacer con todos los demás. Pero esta es una distorsión del verdadero interés que debiéramos tener por ellos. Esto es, no hacer nada que los ofenda, o los incomode, o los influya para mal.

Cuando Pablo enfrentó el problema del consumo de carnes sacrificadas a los ídolos, elaboró muy bien este principio. En primer lugar, dijo, no tomen en cuenta las apariencias. Una carne sacrificada a un ídolo no se altera, porque el ídolo no es nada. Pero hay una situación en la que sí hay que tomar en cuenta este hecho: cuando afecta a las personas. Si hubiere una persona que llamara la atención al sacrificio, ya sería suficiente razón para no comerla, por causa de su conciencia. Nuestra conducta no puede ser causa de desvío, o de escándalo, o de frustración para los demás; sólo tiene que ayudarlos a vivir mejor, a ser cristianos. Ocurre que siendo testigos del poder divino, tenemos que mostrarlo siempre y en todo a los que no lo conocen.

No seáis tropiezo ni a judíos, ni a gentiles, ni a la iglesia de Dios; como también yo en todas las cosas agrado a todos, no procurando mi propio beneficio, sino el de muchos, para que sean salvos. Sed imitadores de mí, así como yo de Cristo (1 Cor. 10:32-11:1).

El objetivo de nuestra conducta es la salvación de cada persona que entre en contacto con nosotros o que nos observa. Nuestras buenas obras no sirven como garantía de nuestra salvación, pero son un testimonio que ayuda a la salvación de los demás.

Año Bíblico: Zacarías 9-11

LIBRES, MAS NO PARA LAS PASIONES

Porque vosotros, hermanos, a libertad fuisteis llamados; solamente que no uséis la libertad como ocasión para la carne, sino servíos por amor los unos a los otros. Gálatas 5:13.

¡Libertad! Tú nos hiciste libres, Padre. Con una libertad ilimitada. Pero el uso de esa libertad no justifica el mal, cuando lo hacemos. No nos hiciste tú para vivir el mal. Tú nos creaste para ti, y en ti no existe mal alguno. Fue necio usar la libertad para perderla. Y el pecado fue exactamente eso: Una triste necedad y una manera de alejarnos de ti. Tu plan se interrumpió y nosotros dejamos de ser libres. Nos tornamos esclavos de la carne. Pasiones escritas en nosotros como marcas a fuego que nos mandan. Nos enajenamos y somos propiedad de otro señor, tirano y déspota, que domina nuestra vida, sin cedernos ni un poco de la libertad que antes teníamos. Pero tú, Padre, de nuevo nos ofreces libertad, en Cristo, por el Evangelio. Y cuando, por la fe, aceptamos el regalo de la salvación, volvemos a ser libres.

Libres por tu poder, jamás por nuestras obras. Lo que nosotros hacemos, por bueno que pudiera ser, no tiene poder libertador. Acaba siendo controlado por nuestras pasiones: orgullo de ser buenos, vanidad de lo logrado, altivez de la eficiencia, presunción de lo posible, arrogancia de estar en lo correcto. No son tus objetivos, son los nuestros los que mandan en todo lo que hacemos. Y ellos nunca nos conceden libertad: somos esclavos de aquello que aspiramos, sin buscar lo que tú aspiras para nuestra vida nueva.

Bajo el control de las pasiones, gritamos libertad, a nuestro modo carnal; y no es la vida libre lo que así logramos, es sólo una licencia para el mal. Más mal que libertad. Más separación de ti que compañía. Y nos volvemos cada vez más oprimidos. Un poco más esclavos, menos tuyos cada día, y al fin, con la ilusión de una liberación moral completa, nos tornamos completamente siervos de pasiones libres, con todo su poder sobre nosotros. Sólo podemos ocuparnos de lo bueno, de nuestra salvación y la obediencia cuando, en la plena libertad del Evangelio, actúas tú en nosotros con todo tu poder.

Por tanto, amados míos —decía Pablo a los filipenses—, como siempre habéis obedecido, no como en mi presencia solamente, sino mucho más ahora en mi ausencia, ocupaos en vuestra salvación con temor y temblor, porque Dios es el que en vosotros produce así el querer como el hacer, por su buena voluntad. Haced todo sin murmuraciones y contiendas, para que seáis irreprensibles y sencillos, hijos de Dios sin mancha en medio de una generación maligna y perversa, en medio de la cual resplandecéis como luminares en el mundo; asidos de la palabra de vida, para que en el día de Cristo yo pueda gloriarme de que no he corrido en vano, ni en vano he trabajado (Fil. 2: 12-16).

Año Bíblico: Zacarías 12-14

ALIMENTACION DE FRUTAS Y SEMILLAS

Y dijo Dios: He aquí que os he dado toda planta que da semilla, que está sobre toda la tierra, y todo árbol en que hay fruto y que da semilla; os serán para comer. Génesis 1:29.

También tú, Padre, te interesas en nuestra alimentación. Nada olvidas. Tú sabes lo que es bueno y no lo ocultas. Yo me siento completamente confiado en ti. Recurro a tu revelación para todo lo que necesito; y mi vida, gracias a tu Palabra, está orientada en todo. La comida es importante. Su ausencia es muerte inevitable. Su exceso, enfermedad; y al fin, deceso. Comer para vivir requiere la comida que tú diste, la más apropiada y la mejor. Antes de entrar en el pecado, la comida era de frutas, nueces y legumbres. Nada más. Parece poco, sin mucha variación. Poco atractiva. Pero es todo lo contrario. Es exactamente en esta clase de alimento donde reside la dieta más variada, más saludable y de mayor atracción.

Después de la entrada del pecado autorizaste el consumo de verduras. Antes, estaban destinadas sólo para la alimentación de los animales. Era una nueva realidad. El pecado afectaría también la propia producción de la tierra.

Y al hombre dijo: Por cuanto obedeciste a la voz de tu mujer, y comiste del árbol de que te mandé diciendo: No comerás de él; maldita será la tierra por tu causa; con dolor comerás de ella todos los días de tu vida. Espinos y cardos te producirá, y comerás plantas del campo (Gén. 3:17-18).

La salud está directamente relacionada con la dieta y el estilo de vida. La mayor parte de las enfermedades más dañinas son del tipo degenerativo y sus causas principales están en el área de la alimentación y el estilo de vida. En el área de la mente y las emociones se origina la mayor parte de las enfermedades. El Instituto Mayo afirma que el 75 por ciento de las enfermedades se originan en la mente. Y Elena de White dice que son nueve de cada diez. Lo que ocurre en la mente depende en alto grado del estilo de vida y de los hábitos alimentarios. La mejor dieta es vegetariana. Por eso que la gente de nuestra época, altamente consciente de la importancia que tiene la buena salud, se ha vuelto a la comida vegetariana.

El tipo de comida que consumimos afecta también nuestra conducta. La alimentación a base de carne estimula la violencia. Otros elementos considerados menos peligrosos que la carne también contribuyen a aumentar las actitudes violentas, como el uso de colorantes y azúcares. Se han hecho experimentos con niños escolares muy inquietos, eliminando o aumentando los colorantes artificiales en las bebidas y en los cereales y otros alimentos, y se ha descubierto que cuanto más de estas sustancias tenían en su alimentación, más violentos se conducían. Tu orientación alimentaria, Padre, es vital para la conducta y para la calidad de vida. Con buena salud somos mejores.

Año Bíblico: Malaquías

COMIDA DE EMERGENCIA

Eres pueblo santo a Jehová tu Dios, y Jehová te ha escogido para que le seas un pueblo único de entre todos los pueblos que están sobre la tierra. Nada abominable comerás. Deuteronomio 14:2-3.

Es fácil entender que tú, Padre, orientaras a tus hijos, aconsejándoles que no comieran nada abominable. Dejar lo abominable, lo perjudicial para la salud, no representa privación alguna. Es muy común la idea de privación cuando alguien, por causa de la dieta recomendada por el médico, tiene que dejar de comer alguna cosa determinada; se está privando de algo. Por ejemplo, un enfermo del hígado, cuando le ofrecen comidas fritas, puede decir que es una lástima, pero tiene que privarse de eso. Como si se tratara de un sacrificio personal, una penosa obligación. Dejar de comer las cosas que perjudican la salud, no es sacrificio, es un acto inteligente que toda persona debiera hacer con alegría.

Cuando autorizaste el uso de carne en la dieta, tuviste muy en cuenta el factor perjudicial. Esto ocurrió inmediatamente después del diluvio. No había verduras, ni frutas, ni legumbres, ni nueces. Sólo estaban los animales que, por orden tuya, Noé había puesto en el arca. Y autorizaste el uso de carne como un alimento de emergencia. No es apropiada como comida normal. Es perjudicial para la salud. Pero más perjudicial es no tener ninguna clase de alimento. Morir después de pocos días es peor que vivir un tiempo más corto. Y fue exactamente eso lo que ocurrió después del diluvio. La vida humana se acortó considerablemente. Antes del diluvio vivían por siglos. Adán vivió 930 años, Jared vivió 962 años, Matusalem, abuelo de Noé, vivió 969 años. Poca variación en el tiempo de la vida durante ocho generaciones de vegetarianos. Después del diluvio, el cuadro cambió radicalmente: Sem vivió 600 años, y ocho generaciones después, Nacor, abuelo de Abrahán, vivió 148 años. La vida humana, en ocho generaciones, se había reducido unos 800 años.

Autorizaste la carne como alimento. Pero no toda clase de carne porque algunas son más perjudiciales para la salud que otras. Clasificaste los animales en limpios e inmundos. Los primeros podían usarse como alimento de emergencia. Los inmundos, no. La razón no era ritual, ni religiosa. Estaba relacionada con la salud. Y en dos ocasiones, tu instrucción fue tan detallada que se hicieron listas de los animales comestibles y de los que no debían comerse bajo ninguna circunstancia. Estas listas quedaron registradas en Levítico 11 y en Deuteronomio 14. Pero su clasificación viene del tiempo del diluvio, cuando ordenaste a Noé que colocase en el arca una cantidad limitada de animales, por causa del espacio disponible. De los animales inmundos, una pareja; para preservar la especie. De los animales limpios, siete parejas; porque algunos de ellos serían usados como alimento.

Año Bíblico: *Repaso general del Antiguo Testamento*

UNA VIDA SIN ANSIEDAD

Por tanto os digo: No os afanéis por vuestra vida, qué habéis de comer o qué habéis de beber; ni por vuestro cuerpo, qué habéis de vestir. ¿No es la vida más que el alimento, y el cuerpo más que el vestido? Mateo 6:25.

La conducta cristiana verdadera se basa en una confianza completa en ti; sólo porque tú eres Dios. Una confianza de fe. No es suficiente una confianza psicológica de autoconcientización. Tiene que surgir de una experiencia real contigo. Cuando te conozco porque hemos estado juntos resolviendo situaciones reales de la vida, yo confío en ti. Tú eres mi Dios personal. Sí, también eres el Dios de Abrahán, de Isaac y de Jacob. El Todopoderoso de la Biblia, cuyas obras magníficas me atraen más y más. Pero cuando se agrega a esto la simple vivencia mía contigo, te transformas tú en mi propio Dios en quien confío también con la experiencia, además de lo que sé por mis lecturas de tus grandes hechos.

Y entonces no me angustio. Se elimina de mí hasta la misma posibilidad de la congoja. Para la mente que vive sola, en la espinosa soledad del egoísmo, existe una atracción hacia la angustia. Se forma en ella el hábito del interés ansioso por las cosas materiales de la vida. Un deseo tan intenso que conduce con fuerza hacia la misma extravagancia, y hasta transforma los valores mismos de las cosas. En esta escala distorsionada se confunde también el criterio de lo que merece interés. Y la persona se preocupa de un modo exagerado. Por las cosas que normalmente son consideradas de pequeño valor, paga un precio emocional tan alto que se enferma. Pierde la paz y hasta la más saludable atracción hacia la vida se encuentra amenazada. La vida se vuelve una congoja, una especie de crisis permanente, una emergencia que no acaba; y la persona se siente perseguida por algo indefinido que siente tan real como la misma vida. Y es ficción. Sólo existe en ella misma. Pero al mismo tiempo, aunque morbosa, es una realidad muy cruda, por la sola razón de estar presente en la persona: limitándola, controlándola y angustiándola. Por eso, Señor, tu consejo es propio y saludable: "No os afanéis por vuestra vida".

La angustia por la comida puede ir desde la dura realidad de no tenerla, hasta la triste enfermedad de la anorexia. Y al pobre no le dices: "Despreocúpate del pan y siéntate a morir a causa de su escasez, porque esto es santidad y vida eterna". Ni dices al que tiene: "Deja que el pan acumulado se te vuelva viejo e inservible porque esto es humildad y a mí me agrada que obres así". Tú no hablas a ninguno de los dos de aquella realidad de lo que falta o lo que sobra. Les hablas de la otra realidad, la espiritual. Y sobre ella les dices: "No estén solos. Si solos, las cosas les darán angustia, teniéndolas o no. Si están conmigo, la angustia por las cosas habrá desaparecido; y ustedes serán valiosos para mí".

Año Bíblico: Mateo 1-4

LA MENTE DE CRISTO

Porque ¿quién conoció la mente del Señor? ¿Quién lo instruirá? Mas nosotros tenemos la mente de Cristo. 1 Corintios 2:16.

El conocimiento de tu mente depende de tu propia revelación. Conocemos de ti tanto como tú mismo nos cuentas acerca de ti. Por supuesto que nos gustaría saber cada vez más. Imagínate, estamos siempre llenos de curiosidad por descubrir todo lo relacionado con las demás personas, especialmente si son importantes. Por eso, se venden en abundancia las revistas que hablan sobre la vida privada de artistas, políticos y dirigentes de todas las actividades de la vida. Cuánto más interesados estamos en conocer todas las cosas tuyas, Señor.

Bueno, tengo que admitirlo, no tanto. El interés por saber las cosas tuyas, no es tan acentuado como el interés por conocer todo lo relacionado con los seres humanos. Y la razón es sencilla. El conocimiento de alguien implica siempre, en forma implícita, la posibilidad de la imitación. Aunque a la gente no le importa la posibilidad de imitar a los artistas, le resulta un poco más difícil la idea de tener que imitarte a ti. Y esto se debe al tipo de mente que tienen. La mentalidad del hombre natural, siempre motivado por valores materiales, no está bajo la orientación del Espíritu Santo. Y esto lo limita a pensar sólo dentro de los límites estrechos de la sabiduría humana. Carece de percepción espiritual. No puede conocerte y todo lo tuyo le parece una locura. Y tú, con toda tu revelación, eres extraño, incomprensible, y en nada influye sobre él lo que a ti te agrada.

En cambio, la sabiduría del Espíritu es plenamente accesible para el ser humano espiritual. El discierne, concluye y actúa como partícipe de tu Santo Espíritu. Esta presencia constante del Espíritu en su misma potencia intelectual le otorga la forma de pensar de Cristo, su propia mente.

¿Cómo se adquiere la mente de Cristo? Por la reconciliación. El hombre natural tiene una mente enemiga de Dios y por eso su conducta está cargada de malas obras. Cuando tu Espíritu Santo consigue penetrar en ella, comienza en su interior el proceso espiritual que la transforma en una mente amiga de lo divino, por medio de la reconciliación contigo. Tú mismo la iniciaste. Reconciliaste al mundo contigo mismo por medio de Cristo. Y el Espíritu guía la mente y la conduce en el proceso. Le otorga su sabiduría y transforma enteramente su estructura. Le da capacidad de discernir y con ella examina, depura y juzga todo asunto de la vida que viene a su experiencia. La persona elige, decide y determina bajo la clara conducción del Santo Espíritu, tornando sus acciones en actos de conducta que armonizan plenamente con tu expresa voluntad. Así, lo que tú mandas, ya nunca se ejecuta como órdenes que pesan, y el cristiano hace todo con satisfacción igual a la de Cristo, porque tiene su mente y está dominado por él.

Año Bíblico: Mateo 5-7

HACER LA VOLUNTAD DE DIOS

No améis al mundo, ni las cosas que están en el mundo. Si alguno ama al mundo, el amor del Padre no está en él. Porque todo lo que hay en el mundo, los deseos de la carne, los deseos de los ojos, y la vanagloria de la vida, no proviene del Padre, sino del mundo. Y el mundo pasa, y sus deseos; pero el que hace la voluntad de Dios permanece para siempre. 1 Juan 2:15-17.

El amor a tus enemigos con el estilo de vida que ellos practican, te ofende. No porque tú seas una persona sensiblera que responde emocionalmente a las acciones de los demás, sino porque esa actitud revela que tu amor no está en esa persona; y porque, de ese modo, ella toma partido contra sí misma y contra ti. Contra sí misma porque se enajena de ti, y al hacerse indiferente a ti, se torna extraña también para la vida. Vive como errante en ella. No sabe lo que concuerda mejor con su estructura eterna y actúa como un forastero de la eternidad. Contra ti, porque atrapada en una actitud de mente enemiga, no puede agradarte, ni puede hablar a tu favor.

Tú hablas aquí, por el contexto del pasaje, a un grupo definido: hijos, padres y jóvenes. Y te refieres a su interés fundamental y a su conducta permanente. Su interés puede estar centrado en ti, si no aman el mundo; o en sus concupiscencias, si lo aman. Y su conducta se relaciona con la carne, con los ojos y con la vida. La carne habla de bajas pasiones que controlan con poder las decisiones. Los ojos, y en general los sentidos, son las avenidas del alma, por las cuales recibimos toda la comunicación externa con la mente. Y la vida es la experiencia total de la existencia. La conducta afecta todo lo que somos.

Los problemas de los padres con los hijos y de los hijos con los padres, se han tornado vitales, más vitales que nunca. Especialmente ahora que las dos generaciones se encuentran en un conflicto destructor. Los hijos cristianos han recibido el perdón de sus pecados y han conocido al Padre, dos experiencias básicas para la conducta. Sin ellas no es posible vivir el estilo cristiano de vida. Ni podrían los hijos estar bien relacionados con sus padres. Tampoco todos los miembros de la iglesia que están incluidos aquí, podrían vivir lejos del mundo. Los padres cristianos tienen, como base, el hecho de que han conocido al que es desde el principio. Tú, Padre, has sido desde siempre. Cuando vino el principio, cualquier cosa que ese principio sea, ya estabas tú, a menos que el principio seas tú mismo; porque nada existió antes de ti.

Y los jóvenes enfrentan el poder destructor del maligno y lo derrotan. Poder que viene por el oído, como la música rock, que él ha inventado; poder que viene por el deseo sexual que él ha puesto en libertad como si fuera un beneficio; poder que viene por la futilidad de la vida que él ha valorado como si fuera buena. Pero los jóvenes cristianos son fuertes y han vencido al maligno.

Año Bíblico: Mateo 8-10

EL MATRIMONIO Y LA FAMILIA

Entonces Jehová Dios hizo caer sueño profundo sobre Adán, y mientras éste dormía, tomó una de sus costillas, y cerró la carne en su lugar. Y de la costilla que Jehová Dios tomó del hombre, hizo una mujer, y la trajo al hombre. Dijo entonces Adán: Esto es ahora hueso de mis huesos y carne de mi carne... Por tanto, dejará el hombre a su padre y a su madre, y se unirá a su mujer, y serán una sola carne. Génesis 2:21-24.

"El matrimonio fue establecido por Dios en el Edén, y confirmado por Jesús, para que fuera una unión por toda la vida entre un hombre y una mujer en amante compañerismo. Para el cristiano el matrimonio es un compromiso a la vez con Dios y con su cónyuge, y ese paso debieran darlo sólo personas que participan de la misma fe. El amor mutuo, el honor, el respeto y la responsabilidad, son la trama y la urdimbre de esta relación, que debiera reflejar el amor, la santidad, la intimidad y la perdurabilidad de la relación que existe entre Cristo y su iglesia. Con respecto al divorcio, Jesús enseñó que la persona que se divorcia, a menos que sea por causa de fornicación, y se casa con otra, comete adulterio. Aunque algunas relaciones familiares estén lejos de ser ideales, los socios en la relación matrimonial que se consagran plenamente el uno al otro en Cristo pueden lograr una amorosa unidad gracias a la dirección del Espíritu y al amante cuidado de la iglesia. Dios bendice la familia y es su propósito que sus miembros se ayuden mutuamente hasta alcanzar la plena madurez. Los padres deben criar a sus hijos para que amen y obedezcan al Señor. Mediante el precepto y el ejemplo debieran enseñarles que Cristo disciplina amorosamente, que siempre es tierno y que se preocupa por sus criaturas, y que quiere que lleguen a ser miembros de su cuerpo, la familia de Dios. Un creciente acercamiento familiar es uno de los rasgos característicos del último mensaje evangélico (Gén. 2:18-25; Mat. 19:3-9; Juan 2:1-11; 2 Cor. 6:14; Efe. 5:21-23; Mat. 5:31-32; Mar. 10:11-12; Luc. 16:18; 1 Cor. 7:10-11; Exo. 20:12; Efe. 6:1-4; Deut. 6:5-9; Prov. 22:6; Mal. 4:5-6)" *(Manual de la iglesia,* Creencia Fundamental N.° 22).

Destacaste dos rasgos básicos del matrimonio: que los cónyuges se separen de sus respectivos padres y que la pareja experimente una unión integral. Esta no es una separación afectiva, ni la eliminación de las responsabilidades filiales. Es una separación de prioridades. Para el hombre, la esposa viene primero, antes que nadie más, incluyendo a sus propios padres. Para la esposa, el primero es su marido. Se deben entre sí afectos y deberes, amor y dedicación, más que a ninguna otra persona. Y este rasgo debe contribuir a la unidad de la pareja, que debe ser total. En la primera expresión: "se unirá a su mujer", se refiere a los aspectos generales de la unión; y en la segunda: "serán una sola carne", identifica la unidad física de sus propios cuerpos.

Año Bíblico: Mateo 11-13

DIVORCIO

¿No habéis leído que el que los hizo al principio, varón y hembra los hizo, y dijo: Por esto el hombre dejará padre y madre, y se unirá a su mujer, y los dos serán una sola carne? Así que no son ya más dos, sino una sola carne; por tanto, lo que Dios juntó, no lo separe el hombre. Mateo 19:4-6.

Tú, Padre, no hiciste el matrimonio para la separación. El divorcio no estaba en tu mente cuando los juntaste en el Edén. Adán y Eva debían ser una sola carne para siempre. Si así no fuera, ¿cómo sería el matrimonio una ilustración de tu unidad trinitaria en la que vives tú, sin separarte jamás de tu Hijo y del Espíritu Santo? No, tú no hiciste el matrimonio para el divorcio. Lo estableciste con la misma integración de tu propia existencia trinitaria.

La unidad del matrimonio, como tú la definiste, tendría que eliminar hasta la misma discusión sobre el primer lugar que existe y ha existido siempre. ¿Quién es el que manda? ¿El hombre? ¿La mujer? Tanto la respuesta machista como la respuesta feminista, son divisorias del matrimonio; y, por eso mismo, contrarias a tu voluntad y anticristianas. No se trata de quién es más, o quién es menos. Lo importante es la unidad. Y la unidad tampoco exige la igualdad. Exige integración, entrega personal, abnegación. La discusión machista o feminista se mueve en dirección opuesta: No se basa en lo que doy, más bien es un reclamo de lo mío. Es egoísta. Y el egoísmo es la peor enfermedad del matrimonio. Una dolencia mortal.

Tú estableciste el amor como la base esencial del matrimonio. Nada es más importante que el amor. Ni la belleza física, ni la posición social, ni los recursos económicos, ni las afinidades étnicas, ni la formación intelectual, ni los talentos; nada puede ocupar el espacio del amor. Cualquier otra cosa puede faltar, pero no el amor. Si no hay amor para iniciar el matrimonio, la pareja no debiera casarse; porque el casamiento es para siempre. Y sin amor, el matrimonio nace con la sombra del divorcio a sus espaldas. El *para-siempre* es limitado. Y el egoísmo, lo mata. Cuando los fariseos, en Judea, tentaron a tu Hijo con la extraña pregunta sobre el divorcio; él, apelando a la Escritura, dijo: "¿No habéis leído?" Y nos enseñó con esto que en la disyuntiva: divorcio, no-divorcio; hay que recurrir a la Escritura. No se puede resolver por medio de las costumbres sociales, ni siquiera por medio de las leyes. Cuando Abrahán y Sara decidieron utilizar los servicios de Agar para tener el hijo de la promesa, estaban siguiendo una ley babilónica, ley de su país natal, la más importante de la tierra en ese tiempo, que autorizaba lo que hicieron; y le daba a Sara el derecho legal de maternidad sobre el hijo de su sierva. Solución legal, basada en las leyes y costumbres de su pueblo. Falsa solución. Tú hiciste el matrimonio para siempre y el divorcio, para ti, no existe; con una sola excepción.

Año Bíblico: Mateo 14-16

POR CAUSA DE FORNICACION

También fue dicho: Cualquiera que repudie a su mujer, dele carta de divorcio. Pero yo os digo que el que repudia a su mujer, a no ser por causa de fornicación, hace que ella adultere; y el que se casa con la repudiada, comete adulterio. Mateo 5:31-32.

Todo el Nuevo Testamento describe tu voluntad incondicional a favor de la indisolubilidad del matrimonio. Tú no quieres el divorcio. Tú Hijo, en completa armonía contigo, insiste en un matrimonio indisoluble. Aunque las costumbres del antiguo Israel permitían el divorcio y en los días de Cristo los rabinos lo favorecían hasta el punto de ser más aceptado que nunca, y su trámite había llegado a ser el más simple de toda la historia de Israel, tu Hijo lo rechazó como una práctica incompatible con el plan que tú trazaste para el matrimonio desde su comienzo. Admitió una sola excepción: cuando hay fornicación, *porneia*.

Tú conoces la discusión que existe sobre esta palabra. Es verdad que no se refiere específicamente al adulterio. Para este pecado hay otro término más propio y más reducido: *moixéo*, adulterar. El que aparece en el Sermón del Monte tiene un sentido más general y se usa con el significado de "fornicación", "libertinaje sexual", que incluye la homosexualidad y termina en prostitución. Pero esto no significa que el pecado específico del adulterio quedaría excluido del pecado general de libertinaje sexual. Tampoco quiere decir que cualquier pensamiento licencioso, o la menor manifestación de interés sexual por una persona fuera del matrimonio, como un beso o una caricia, ya sería razón suficiente para justificar el divorcio. Tengo que recordar el hecho de que tú estás contra el divorcio y la excepción que tú permites no es para facilitarlo, sino para indicar lo contrario.

¿Cómo ocurre esto? El adulterio está incluido en la excepción. Si existe adulterio, como un acto aislado de la conducta sexual, puede haber divorcio. Pero es mejor resolver el problema perdonando, si la persona adúltera se arrepiente. El adulterio es un pecado perdonable, como lo son todos los pecados. Tú lo perdonas y también nosotros debiéramos perdonarlo. "Nosotros" significa primero como integrantes de la unidad matrimonial: marido o mujer; y luego, como iglesia. El caso se hace grave cuando se repite el adulterio, hasta caer en la prostitución, y se expande en otras vilezas sexuales relacionadas con él. Y es esta clase de delito a la que se refiere el Sermón del Monte. Cristo dijo que la *porneia*, o libertinaje con práctica sexual, justifica un divorcio y deja libre de toda crítica al cónyuge que lo otorga. Aunque es mejor si lo evita, respondiendo al arrepentimiento con el perdón. Es más cristiano cambiar de actitud que cambiar de cónyuge. Claro que para perdonar, tiene que amar con verdadero amor; porque el amor "nunca deja de ser", "no busca lo suyo" y "es sufrido" y "todo lo espera" y "todo lo soporta".

Año Bíblico: Mateo 17-20

SI LLEGARA A DIVORCIARSE

Pero a los que están unidos en matrimonio, mando, no yo, sino el Señor: Que la mujer no se separe del marido; y si se separa, quédese sin casar, o reconcíliese con su marido; y que el marido no abandone a su mujer. 1 Corintios 7:10-11.

Tu sentido de la realidad, Padre, es impresionante. Colocas el ideal de vida delante del ser humano con una claridad inconfundible. El matrimonio no es para el divorcio. Tú no lo apruebas y lo dices claramente.

Y yo os digo —agregó— *que cualquiera que repudia a su mujer, salvo por causa de fornicación, y se casa con otra, adultera; y el que se casa con la repudiada, adultera* (Mat. 19:9).

No hay confusión. No queda espacio para justificar el divorcio ni con las mejores excusas alegadas por las leyes civiles que lo autorizan, como incompatibilidad de caracteres, agresión física, crueldad mental y otras. Y Cristo estaba hablando en un ambiente social completamente favorable al divorcio. Las leyes de los griegos y los romanos lo autorizaban hasta por las causas más triviales. No era menos en Israel. La escuela liberal de Hillel, admitía como causa de divorcio hasta el hecho de que la esposa dejara que la comida se quemase. La escuela de Shammai, más conservadora, sólo aceptaba como causas de divorcio el que por lo menos hubiese acciones inmodestas o indecentes. Dejaba abierto, de todas maneras, un portal de aceptación muy amplio. Pero tu Hijo dijo: "No".

Y entonces viene la realidad. ¿Qué pasa si de todas maneras alguien, una persona cristiana, se divorcia? Está bien, puede hacerlo; pero quédese sin casar o reconcíliese. Y ¿qué ocurre en el caso de un matrimonio de dos personas no cristianas, en el cual, una de ellas se torna cristiana y la otra quiere divorciarse por causa de esto?

Si una hermana tiene marido que no sea creyente, y él consiente en vivir con ella, no lo abandone. Porque el marido incrédulo es santificado en la mujer, y la mujer incrédula en el marido... Pero si el incrédulo se separa, sepárese; pues no está el hermano o la hermana sujeto a servidumbre en semejante caso, sino que a paz nos llamó Dios. Porque ¿qué sabes tú, oh mujer, si quizá harás salvo a tu marido? ¿O qué sabes tú, oh marido, si quizá harás salva a tu mujer? (1 Cor. 7:13-16).

Los discípulos de Cristo, en su tiempo y quizá también en el nuestro, encontrando muy rígida la posición del Señor, le dijeron: "Si así es la condición del hombre con su mujer, no conviene casarse". Y Cristo respondió: "No todos son capaces de recibir esto; sino aquellos a quienes es dado" (Mat. 19:10-11). Y ¿cómo puede ser capacitado? Por el Espíritu Santo.

Año Bíblico: Mateo 21-23

IGUALDAD DEL HOMBRE Y LA MUJER

Y dijo Jehová Dios: No es bueno que el hombre esté solo; le haré ayuda idónea para él. Génesis 2:18.

En el sexto día de la creación, después de haber creado todo lo que existe, creaste al hombre. Le diste un trabajo para hacer: Debía dar nombre a todos los animales de la tierra. Y entre ellos, Adán no encontró nadie que fuera igual a él. Estaba solo. Y tú, Dios sabio y compañero, resolviste su problema de soledad, dándole una mujer. Desde entonces la soledad del hombre se resuelve con la compañía de una mujer, siempre que esa mujer se la des tú.

El hecho de que tú le diste la mujer a Adán, ¿lo colocó a él, y con él a todos los hombres, en una posición superior a la mujer? El relato de la creación de Eva no tiene nada que así lo determine (Gén. 2:18, 20-24). Por el contrario, destaca varios elementos que se refieren a la igualdad entre ambos. Esta igualdad aparece en el concepto de ayuda idónea, en la misma creación de Eva y en la unión matrimonial.

Al definir a la mujer como ayuda idónea, colocaste dos ideas importantes para entender la unidad de los dos. La palabra "ayuda", en hebreo, nunca se usa para designar a un ayudante subordinado. Se refiere a una persona que tiene la capacidad de prestar ayuda; por eso, hasta tú, siendo Dios, te defines como ayudador del hombre. Y en el texto donde esto aparece, aunque no se la niega, no se habla de tu superioridad sino de tu poder para ayudar al ser humano. Tienes poder y puedes ayudarlo, porque hiciste los cielos y la tierra, el mar y todo lo que en ellos hay, porque guardas la verdad, porque libertas a los cautivos, porque amas a los justos, porque guardas a los extranjeros, porque sustentas a los huérfanos y a las viudas, y porque reinas para siempre jamás (Sal. 146:5-10). Eres ayudador del ser humano porque estás plenamente capacitado para ayudarlo y quieres hacerlo. Lo mismo ocurre con la palabra "idónea". En hebreo significa "equivalente", "duplicado", "contraparte", "igual y adecuado a". La mujer, por determinación tuya, está plenamente capacitada para ayudar al hombre como una persona igual a él.

También la creación de Eva describe su igualdad con el hombre. Como planeaste la creación del hombre, también planeaste la creación de la mujer. Hiciste a los dos en forma personal. Aunque usaste una parte del cuerpo del hombre, éste no participó en la creación de la mujer: Adán dormía mientras tú creabas. Por lo tanto, los dos fueron creados por un acto exclusivo tuyo. Adán, al recibir a Eva, reconociendo su igualdad de constitución y su igualdad de ser, dijo: "Esto es ahora hueso de mis huesos y carne de mi carne; ésta será llamada Varona, porque del varón fue tomada" (Gén. 2:23). Había una diferencia de sexo, es cierto, pero no lo hiciste así para crear separación o desigualdad, sino para producir unidad y multiplicación, por casamiento.

Año Bíblico: Mateo 24-26

CASAMIENTO MONOGAMO

Y dijo Abraham a un criado suyo, el más viejo de su casa, que era el que gobernaba en todo lo que tenía: Pon ahora tu mano debajo de mi muslo, y te juramentaré por Jehová, Dios de los cielos y Dios de la tierra, que no tomarás para mi hijo mujer de las hijas de los cananeos, entre los cuales yo habito; sino que irás a mi tierra y a mi parentela, y tomarás mujer para mi hijo Isaac. Génesis 24:2-4.

El casamiento que tú estableciste es monógamo. La poligamia fue introducida por Lamec, perverso descendiente de Caín, que además era vengativo y asesino (Gén. 4:19, 23-24). El más notable ejemplo de matrimonio monógamo del Antiguo Testamento es el de Isaac y Rebeca. Isaac tomó la precaución de seguir todas las instrucciones que tú, como su Dios, y su padre le dieron acerca del matrimonio.

Abrahán, padre de Isaac, ya estaba muy viejo. Rico, por tu abundante bendición, tenía un mayordomo sobre sus bienes. Un día lo llamó y lo comprometió, bajo juramento, a que buscase una esposa para su hijo. Pero no de entre las hijas de Canaán, incrédulas e incompatibles con la fe que ellos profesaban. No era tu plan que se produjeran casamientos de creyentes con incrédulos, y todavía mantienes este principio; porque ¿cómo "andarán dos juntos, si no estuvieren de acuerdo?" (Amós 3:3). O "¿qué compañerismo tiene la justicia con la injusticia? ¿Y qué comunión la luz con las tinieblas?" (2 Cor. 6:14-18). El matrimonio es una intimidad demasiado profunda para que puedan integrarse bien dos personas que tienen principios religiosos contradictorios, o simplemente distintos.

Eliezer, siervo de Abrahán, hizo el juramento. Preparó la expedición para el viaje. Juntó muchos regalos en una caravana de diez camellos, y se fue a la ciudad de Nacor, en la Mesopotamia. Cuando llegó a la ciudad, atardecía. Hizo que sus camellos descansaran junto al pozo y, arrodillado, conversó contigo, diciendo: "Oh Jehová, Dios de mi señor Abrahán, permite que tenga un buen encuentro; y, entre las doncellas que vendrán al pozo, aquella que aceptare mi pedido de agua y también a mis camellos diere de beber, sea la que tú has elegido para mi señor Isaac". Y Rebeca, hermosa y virgen, cumplió la condición; y el siervo sabio, lleno de alegría, ofreciéndole regalos costosos, le preguntó por su familia. Y era de la familia que debía contactar.

Todo lo demás siguió el curso de tu bendición. Rebeca se fue con Eliezer. Y cuando estaban llegando a las tiendas de Abrahán, Isaac regresaba del lugar donde acostumbraba orar. Se amaron mutuamente, y Rebeca fue la única esposa que tuvo Isaac, con la cual se consoló de la muerte de su madre. Este casamiento, realizado en tiempos cuando la poligamia era una costumbre muy generalizada, revela tu plan de casamiento entre creyentes y monógamos; y la bendición que significa el matrimonio cuando se realiza en armonía con tu voluntad.

Año Bíblico: Mateo 27-28

LA ESCASEZ DE LA FAMILIA

Al tercer día se hicieron unas bodas en Caná de Galilea; y estaba allí la madre de Jesús. Y fueron también invitados a las bodas Jesús y sus discípulos. Juan 2:1-2.

Siempre que pienso en las bodas de Caná de Galilea, me llama la atención la simpatía de Jesús, tu Hijo, hacia la familia humana, la que por causa de la encarnación se tornó en su propia familia. En el tercer día de su ministerio público, todavía fuertemente impresionado por la riqueza espiritual de su bautismo y escuchando aun tu voz que públicamente había dicho: "Este es mi Hijo amado, en quien tengo complacencia", tuvo que experimentar, una vez más, la escasez humana que aparece casi en toda circunstancia de la vida. "No tienen vino", le dijo su madre.

Nada había en Israel que ensalzara más la familia, ni experiencia más gozosa que una fiesta de bodas. Los parientes, lejanos y cercanos, eran invitados; y se sentían obligados a asistir. Sólo estarían ausentes los que tuvieran razones poderosas que cada uno conociera y aceptara. Ni siquiera Jesús intentaría encontrar una razón aceptable para justificar su ausencia. Fue con sus discípulos a Caná. El novio era un miembro lejano de su familia. Siguiendo una costumbre bien establecida en Israel, las familias de los novios habían invitado a parientes de todas partes y a amigos sólo de la ciudad de Caná. La fiesta estaba yendo muy bien cuando llegó Jesús. Todavía tenían por lo menos cuatro días más para disfrutar de esta feliz reunión familiar. No había necesidad de ir a casa porque durante siete días se les proveía de todo en la casa del novio. La ley lo obligaba. Si faltara alguna cosa, debía pagar una multa a cada uno de sus invitados. Y entonces surgió la crisis. María acudió a Jesús.

Habló como madre. La falta de vino era un problema para la fiesta, para el brillo de la boda, para el novio, para ella, y para Jesús mismo. Los parientes del novio tenían la responsabilidad de preparar el vino para la boda. Se hacía con la uva de una sección de la viña del padre del novio, reservada para la ocasión. Este trabajo se hacía la semana previa a la boda, lo que proveía una oportunidad para extender el tiempo que la familia permanecía junta durante la fiesta. Jesús era uno de los parientes, pero no había llegado a tiempo para cumplir su parte en esta obligación familiar. Y ahora, a mitad de la fiesta, no había vino. El tendría que pagar la multa, y María estaba muy preocupada: él no tenía dinero. Pero también sabía que su hijo podía resolver el problema. La escasez coloca a la familia en situaciones graves, hasta en momentos de mayor alegría. El mismo Jesús conoció la escasez en su familia. Sabía lo que significa estar limitado económicamente. María pidió un milagro. Dijo a los siervos: "Hagan todo lo que les mande". Pero Jesús transformó la escasez familiar en un instrumento de fe para los discípulos: "Y sus discípulos creyeron en él" (Juan 2:11).

Año Bíblico: Marcos 1-3

ESPOSA Y ESPOSO

Someteos unos a otros en el temor de Dios. Las casadas estén sujetas a sus propios maridos, como al Señor; porque el marido es cabeza de la mujer, así como Cristo es cabeza de la iglesia, la cual es su cuerpo, y él es su Salvador. Así que, como la iglesia está sujeta a Cristo, así también las casadas lo estén a sus maridos en todo. Maridos, amad a vuestras mujeres, así como Cristo amó a la iglesia, y se entregó a sí mismo por ella. Efesios 5:21-25.

Yo me pregunto, Padre, ¿por qué tanto antagonismo entre hombres y mujeres? ¿No sería todo más simple si simplemente se amaran? La relación de marido y esposa no tiene razón de ser conflictiva, a menos que el egoísmo invada destruyendo. Si sólo fuera una relación de amor, ocurriría exactamente lo que tú, por medio de Pablo, dijiste a los efesios y a todos los humanos. La esposa "sujeta" a su marido. El marido "amando" a su mujer. La misma cosa. Pero no, la mujer dice: "No me 'sujeto', soy igual a él; quién sabe, superior". El marido: "No tengo por qué vivir 'amando', yo mando". Y tú, Padre, ¿qué dices? "Someteos unos a otros".

¿Qué significa sujetarse? Significa entregarse voluntariamente. Ponemos el énfasis en "voluntariamente". Nadie puede obligar la sujeción de entrega. Es lo mismo que darse. Y el darme, depende todavía más de mi propia voluntad; porque es la entrega de mi propia persona. Y sólo me entrego a mí mismo si quiero. Pero tú le ordenas a la esposa que se sujete a su marido. ¿No es esto una obligación? Parece, pero no es. ¿Por qué no? Porque la esposa ya se dio a sí misma al consentir el casamiento. Todo lo que tú le ordenas es que sea coherente. Si se dio en casamiento para ser una carne con ese hombre, no tiene nada de especial que le pidas una vida sujeta a él.

Es cierto, en la sujeción, siendo voluntaria como debe ser, hay un elemento adicional a la entrega voluntaria que se deriva de ella. Es el reconocimiento de que el marido es cabeza. Cabeza del hogar. La familia es una comunidad y el ser humano, casado, es una comunidad como tú, Padre, en tu esfera divina, eres un Dios comunitario. Tres Personas y un solo Dios. Es una comisión con un presidente: Tú, Padre. La sujeción al marido lleva consigo el reconocimiento de que el marido es el presidente de la comisión familiar. ¿Hay algo de malo en el hecho de que uno dirija el grupo? Puede haber, si el que dirige es déspota, o el dirigido es rebelde. Para evitar la rebeldía del dirigido, tú le ordenaste a la esposa una entrega voluntaria. Y para evitar el despotismo machista, le ordenaste al esposo que "ame" a su mujer. ¿Cómo? "Los maridos deben amar a sus mujeres como a sus mismos cuerpos. El que ama a su mujer a sí mismo se ama" (Efe. 5:28). ¿Es éste un tipo de amor egoísta? No, el amor nunca es egoísta. Este es un amor comunitario. El amor que tú, Padre, ordenas al marido es una "entrega" también; como es la sujeción que le ordenas a la mujer. "Someteos unos a otros en el temor de Dios".

Año Bíblico: Marcos 4-6

PADRE Y MADRE

Y vosotros, padres, no provoquéis a ira a vuestros hijos, sino criadlos en disciplina y amonestación del Señor. Efesios 6:4.

Cuando yo me convertí en padre, estaba en una pequeña ciudad llamada Reconquista, al norte de la provincia de Santa Fe, Argentina. Tú, mi Padre celestial, estabas conmigo en una campaña de evangelización en el pueblo de Avellaneda; y estabas también con Lucy en el Sanatorio Adventista del Plata, a un día de distancia por caminos de tierra que cuando llovía se tornaban intransitables. No sabíamos cómo sería. Por el momento, mientras esperábamos, era emocionante. Esperábamos una hija. Nuestra conversación de los nueve meses de espera fue siempre en relación con una hija. Algunos sueñan con un varón. Ese fue nuestro sueño la segunda vez. Y cada vez tú nos diste lo que te pedimos.

Liliana llegó el día que yo daba una conferencia sobre la familia. Y comencé contándole al público que acababa de recibir la noticia del nacimiento de mi hija. "¡Soy padre!", les dije. Y hubo un tremendo aplauso. Estaba en una gran carpa, no como las carpas bien equipadas de los conferenciantes que vinieron después. Era la carpa-comedor del Departamento de Jóvenes que usábamos en los campamentos; y quedaba sin uso por el resto del año, cuando terminaba el verano. Ese año la usamos en pueblos pequeños, como salón de conferencias.

Madre y padre, estábamos en el mismo trabajo; junto contigo. Lucy dando a luz, yo distribuyendo tu luz; y tú concediendo vida por medio de los dos procesos. La sociedad contigo era maravillosa y siempre ha sido. Antes sólo éramos marido y mujer. Desde el nacimiento de Liliana y un año después, cuando llegó Eloy, nos habíamos vuelto padre y madre. Un poco más que marido y mujer. Una nueva relación. No era lo mismo. Pero en el fondo se trataba de lo mismo porque los queríamos tanto, y los queremos intensamente todavía. Se trataba de amor. La infinita aventura del amor dando la vida. Todo en la familia es puro amor. A veces uno piensa que lo más importante en la familia es la conducta. Si el papá y la mamá y los hijos se conducen como cristianos, todo andará bien. Y es cierto, como resultado; pero antes del árbol vienen las raíces. Y la raíz de la buena conducta es el amor. Ninguno de los dos conocía el oficio de ser madre o padre, pero los queríamos. Todavía hacemos fiesta cuando nos encontramos con ellos y los llamamos por teléfono cada semana. Ellos saben que los amamos y nosotros sabemos que ellos también nos aman. La disciplina y la amonestación del Señor proceden del amor. De otro modo se tornan censuras, reclamos, una constante acusación de faltas cometidas y una continua crítica que hace hervir los sentimientos con ira y rebelión. Padres, "no provoquéis a ira a vuestros hijos". Amadlos en el Señor, porque sólo él los hará buenos, por amor.

Año Bíblico: Marcos 7-9

MORAL Y TRABAJO

Instruye al niño en su camino, y aun cuando fuere viejo no se apartará de él. Proverbios 22:6.

Tú mismo, Padre, estás interesado en el camino del niño y en el camino del viejo. No quieres que el ser humano llegue a viejo y todavía esté buscando su camino, sin haberlo encontrado nunca. Todas las culturas tienen un determinado camino general para ofrecer a los que viven en ellas. Pero también todas ellas tienen una especie de neblina que confunde en el camino. ¿Cuál es mi verdadero camino moral? ¿Cuál la profesión para mi vida? Y el camino de la conducta, y el camino del trabajo, muchas veces se presentan muy confusos. Yo sé que no es tu culpa, Padre. Tú fuiste siempre definido. Y cuando leo tu Palabra, no tengo ninguna confusión sobre ninguno de los dos.

Yo sé que tu moral no está librada a las circunstancias; no se rige por situaciones fortuitas o inconstantes; no se omite como un grito libertario que elimina toda ley, todo principio y torna el ego la suprema norma de conducta. Tu moral no quiere nada con la muerte. Tú eres vida; y a la vida tienden tus principios, y tus normas de conducta y tu gobierno buscan la vida. Por eso hay solidez en lo que mandas. Hay ley en todo lo que existe. Desde el átomo a mi psiquis, todo sigue tu ley y tus principios. Sin tu norma, mi moral es un desvío, una inconducta, una condena. Un paso sin camino y un camino sin destino. Yo sólo sé por dónde voy y hacia dónde me dirijo, cuando sigo tu camino. "Yo soy el camino —dijo Cristo—, y la verdad, y la vida". Y el modo de vida de Cristo es mi camino moral hacia tu vida. Y como padre, este es el camino que yo debo transmitir a mis hijos.

Y el camino del trabajo tampoco tiene confusión en tu enseñanza. Tú tienes una sola ocupación que te interesa. Una obra sola, un objetivo: salvación. Tú quieres que cada ser humano consiga salvación para su vida. Tú quieres vida eterna para todos. Y es esto lo que todo ser humano debiera estar haciendo, especialmente los creyentes. Todos los creyentes tenemos que ocuparnos en oficios que ayuden a salvar a las personas. Los oficios son múltiples, el objetivo es uno solo. El trabajo para la vida se elige en armonía con las inclinaciones naturales que una persona tenga. Se determina por sus capacidades.

Las capacidades personales abarcan áreas extensas de la actividad humana. Nunca son tan reducidas que sólo sirvan para una profesión y nada más. Tú no eres el Dios de lo finito, lo siempre reducido y lo pequeño. Tú expandes, tú haces más, tú siempre multiplicas. Por eso pusiste en nuestras capacidades la virtud del crecimiento. Aumentan como el grano y la semilla cuando se cultivan. Podemos ser felices haciendo muchas cosas. Debemos elegir, en nuestra realidad, lo que mejor se adapte a nuestro gusto y alcance mejor tus objetivos.

Año Bíblico: Marcos 10-12

COMO INSTRUIR AL NIÑO

Y estas palabras que yo te mando hoy, estarán sobre tu corazón; y las repetirás a tus hijos, y hablarás de ellas estando en tu casa, y andando por el camino, y al acostarte, y cuando te levantes. Y las atarás como una señal en tu mano, y estarán como frontales entre tus ojos; y las escribirás en los postes de tu casa, y en tus puertas. Deuteronomio 6:6-9.

La enseñanza sin repetición no es enseñanza. En el mes undécimo del año 40 después del Exodo, acampando tu pueblo en Sitim, frente a Jericó, en la llanura de Moab, al este del Jordán, Moisés pronunció los cuatro discursos registrados en el libro de Deuteronomio. Los dos meses que tu pueblo estuvo allí fueron de intensa preparación para la conquista de Canaán. Pero, sin duda, lo más importante para ti fue el repaso y la repetición de tus leyes. En el segundo discurso, inspiraste a Moisés para que incluyera la forma en que todas estas enseñanzas debían ser transmitidas de padres a hijos, como patrimonio espiritual de la nación israelita, y también como la mejor herencia de todo ser humano, para quien tú deseas el bien y la salvación.

Repetición a los hijos de todo lo que de ti vino y entró con plena aceptación en el corazón de los padres. Me llama la atención la cantidad de detalles que incorporaste en esta instrucción. Ellos hacen de la repetición una constante inalterable. La repetición sólo tendría valor como enseñanza si residía constantemente en el corazón de los padres. No podía ser una pura formalidad. Tenía que representar la más íntima autenticidad de sus propias vidas, como padres. Luego tus enseñanzas debían ser repetidas oralmente. No en forma casual, como al descuido, y para dejarlas olvidadas. Por eso no podían perder oportunidad alguna. Debían enseñar estando en casa, o de viaje, y en todas las actividades desde que se levantaban hasta que se acostaban; usando todos los medios disponibles: el propio cuerpo, la mente, la casa, y todo lo que había en ella.

Evidentemente tú querías que tus hijos fueran inteligentes. Con una mente aguda, perspicaz, ingeniosa, creativa. Con un entendimiento que no perdiese nada. ¿Cómo enseñar la inteligencia? Es la inteligencia lo que más se necesita para el éxito en la vida, pero es el tema más extrañamente olvidado de todo currículo escolar o académico. La inteligencia no se logra en un proceso intelectual, sólo se obtiene en un proceso de vida. Y la escuela está más interesada en los procesos intelectuales que en los procesos de la vida. En cambio, cuando los padres transmiten tus enseñanzas, en la forma dicha por Moisés, enseñan con la vida. Y esta es la enseñanza que prepara para la vida con principios correctos y con la inteligencia necesaria para hacerla una experiencia de crecimiento constante, de éxito seguro, y de extensión en el tiempo; abarcando, más allá del presente, también la eternidad.

Año Bíblico: Marcos 13-14

OBEDIENCIA EN EL SEÑOR

Hijitos, obedeced en el Señor a vuestros padres, porque esto es justo. Honra a tu padre y a tu madre, que es el primer mandamiento con promesa; para que te vaya bien, y seas de larga vida sobre la tierra. Efesios 6:1-3.

Con esto completas tú el círculo de las relaciones familiares. La relación entre marido y mujer es de sumisión mutua: por entrega y por amor. La relación de padres a hijos es de tierna disciplina en el Señor: no es la conducta que compra amor y simpatía; sino amor en busca de conducta, con la firmeza de tu propia presencia y compañía. Y la relación de hijos a padres es de obediencia.

Tú eres el Dios de la obediencia. ¿Por qué? ¿No es la obediencia una forma de relación más árida y más dura que el amor? No. La rigidez no está nunca en la obediencia. Está, más bien, en la desobediencia porque ella destruye la relación. La desobediencia jamás pone al desobediente en una relación de afecto, apego o simpatía. Produce lo contrario. En ella existe rebelión, desprecio, antipatía. El hijo desobediente a sus padres desarrolla la psicología del hijo pródigo. Se cansa de la rutina familiar. Comienza a pensar en sus derechos personales, y hasta ve los bienes de su padre como objetos propios. Le parece que él tiene derecho a decidir sobre la forma de su uso; y como no le resulta aceptable la manera en que el padre decide, reclama y exige su parte de los bienes. Cansado del modo injusto de la vida familiar, desea irse donde nadie le impida hacer lo que él quiere. Se torna intransigente y sufre. No solamente sufre, también hace sufrir y no le importa.

La obediencia en el Señor no es obediencia por necesidad, ni lo es por simple conveniencia, como una transacción de bienes: tú me das, yo te obedezco; o te obedezco y tú me das. Es obediencia por amor. La obediencia es una de las relaciones afectuosas más fuerte. Cuando Abrahán subía al monte Moria, por pura obediencia a ti, su Padre celestial, para entregarte a su hijo, no sabía la paz y el sentimiento de armonía contigo que iba a experimentar después, al encontrar el cordero de la sustitución. El sólo obedecía y aunque al parecer estaba andando hacia la muerte, iba en la ruta de la vida con tu buena bendición, que lo hace todo tan de gracia.

Y la obediencia es siempre más; y es mucho más porque ella es justa. Con ella nos va bien y nuestra vida se alarga, en muchos años, sobre el mundo. Y seguirá extendiéndose por mucho tiempo, por los tiempos infinitos de la eternidad. Y tú, que has sido siempre, desde siempre y hasta siempre, te complaces en hacer la vida más extensa para el hijo obediente, porque es él quien la disfruta. Si el hijo desobediente ya se cansa con sus padres, en los pocos años que ha vivido, ¿para qué extenderle el sufrimiento en largos años sin sentido? Mejor es la obediencia con amor y en tu presencia, por la eternidad.

Año Bíblico: Marcos 15-16

RESTAURACION DE LA FAMILIA

He aquí, yo os envío el profeta Elías, antes que venga el día de Jehová, grande y terrible. El hará volver el corazón de los padres hacia los hijos, y el corazón de los hijos hacia los padres, no sea que yo venga y hiera la tierra con maldición. Malaquías 4:5-6.

Tú siempre estás activo. Y antes que venga tu gran día, el día de tu juicio grande, viene el día de la reconciliación. Primero la reconciliación de tus hijos rebeldes contigo y luego la reconciliación de los hijos con sus padres terrenales. El mensajero de esta reconciliación trae el mismo espíritu y el mismo poder del profeta Elías. Antes de la primera venida de Cristo, fue Juan el Bautista. Y antes de la segunda, será tu Remanente que vendrá con el mismo mensaje preparando el camino del Señor.

Cuando el sacerdote Zacarías recibió la visita del ángel, en el templo, mientras la multitud estaba fuera orando a la hora del incienso, se asustó.

Zacarías —le dijo el ángel—, no temas; porque tu oración ha sido oída, y tu mujer Elizabet te dará a luz un hijo, y llamarás su nombre Juan. Y tendrás gozo y alegría, y muchos se regocijarán de su nacimiento; porque será grande delante de Dios. No beberá vino ni sidra, y será lleno del Espíritu Santo, aun desde el vientre de su madre. Y hará que muchos de los hijos de Israel se conviertan al Señor Dios de ellos. E irá delante de él con el espíritu y el poder de Elías, para hacer volver los corazones de los padres a los hijos, y de los rebeldes a la prudencia de los justos, para preparar al Señor un pueblo bien dispuesto (Luc. 1:13-17).

La condición de los tiempos finales demandará una reforma similar. La separación de ti, en una sociedad secularizada y humanista, requiere un retorno a tu servicio. Y nadie puede volver sin la acción del Evangelio. Será, pues, necesario que se repita el mismo mensaje y el poder de Elías, y eso exactamente es lo que tú prometes a través de Malaquías. Pero este mensaje también incluye la invitación a los hijos y a los padres, para que vuelvan a integrarse en la familia, profundamente afectada por el individualismo y por la apostasía.

El mensaje del Remanente hará volver el corazón de los padres a los hijos y el corazón de los hijos a los padres. Este profundo retorno sólo es posible como resultado de una verdadera conversión, obra exclusiva del Espíritu Santo. La lluvia tardía traerá el poder total de la cosecha. La lluvia temprana, movilizó a la familia entera: hijos, hijas, padres, abuelos, y aun los siervos de la familia. Lo mismo ocurrirá en el tiempo del fin. Toda la familia será invitada por el Espíritu Santo y bajo el espíritu de una verdadera conversión; toda la familia estará unida y recibirá los efectos de la lluvia tardía. También ésta vendrá sobre personas sin familia, porque la iglesia entera actuará tan integrada y tan unida como si fuera una sola familia extendida, donde todos son parientes espirituales que obedecen a su Padre celestial.

Año Bíblico: Lucas 1-2

CRISTO EN EL SANTUARIO CELESTIAL

Y harán un santuario para mí, y habitaré en medio de ellos. Conforme a todo lo que yo te muestre, el diseño del tabernáculo, y el diseño de todos sus utensilios, así lo haréis. Exodo 25:8-9.

"Hay un santuario en el cielo, el verdadero tabernáculo que el Señor erigió y no el hombre. En él Cristo ministra en nuestro favor, para poner a disposición de los creyentes los beneficios de su sacrificio expiatorio ofrecido una vez y para siempre en la cruz. Llegó a ser nuestro gran Sumo Sacerdote y comenzó su ministerio intercesor en ocasión de su ascensión. En 1844, al concluir el período profético de los 2.300 días, entró en el segundo y último aspecto de su ministerio expiatorio. Esta obra es un juicio investigador que forma parte de la eliminación definitiva del pecado, representada por la purificación del antiguo santuario judío en el día de la expiación. En el servicio simbólico el santuario se purificaba mediante la sangre de los sacrificios de animales, pero las cosas celestiales se purifican mediante el perfecto sacrificio de la sangre de Jesús. El juicio investigador pone de manifiesto frente a las inteligencias celestiales quiénes de entre los muertos duermen en Cristo y por lo tanto se los considerará dignos, en él, de participar de la primera resurrección. También aclara quiénes están morando en Cristo entre los que viven, guardando los mandamientos de Dios y la fe de Jesús, y por lo tanto estarán listos en él para ser trasladados a su reino eterno. Este juicio vindica la justicia de Dios al salvar a los que creen en Jesús. Declara que los que permanecieron leales a Dios recibirán el reino. La conclusión de este ministerio de Cristo señalará el fin del tiempo de prueba otorgado a los seres humanos antes de su segunda venida (Heb. 8:1-5; 4:14-16; 9:11-28; 10:19-22; 1:3; 2:16-17; Dan. 7:9-27; 8:13-14; 9:24-27; Núm. 14:34; Eze. 4:6; Lev. 16; Apoc. 14:6-7; 20:12; 14:12; 22:12)" *(Manual de la iglesia*, Creencia Fundamental N.° 23).

Tu relación con el pueblo de Israel fue directa y real, por medio del santuario. Pero, aunque tú estuviste presente en el santuario, en la shekina, ésta era sólo un símbolo total de Cristo y su ministerio; porque nada podía ser más real que la propia presencia tuya a través de Jesucristo. Tú estabas con tu pueblo de Israel en el santuario, y estabas con toda la humanidad a través de Cristo. Todavía se necesita el santuario celestial; no por la persona de Cristo —él está con nosotros por su naturaleza misma—, sino por causa de su ministerio que continúa aún. No como expiación por el pecado, porque él ya concluyó la expiación en el Calvario. Su ministerio continúa como aplicación de sus méritos redentores al pecador arrepentido que se entrega a él. Y es por su ministerio en el santuario celestial que pone a disposición de todos los beneficios de su sacrificio expiatorio, del cual todos dependemos para nuestra salvación.

Año Bíblico: Lucas 3-5

EL VERDADERO SANTUARIO

Ahora bien, el punto principal de lo que venimos diciendo es que tenemos tal sumo sacerdote, el cual se sentó a la diestra del trono de la Majestad en los cielos, ministro del santuario, y de aquel verdadero tabernáculo que levantó el Señor, y no el hombre. Hebreos 8:1-2.

Tú tienes un santuario real en el cielo y el santuario de Israel fue construido tomando como base ese santuario. En el Monte Sinaí, tú mostraste a Moisés un modelo, o miniatura, del santuario celestial. Le ordenaste la construcción de un santuario parecido, "figura del verdadero" (Heb. 9:24). Pero el verdadero santuario estaba, y todavía está, en el cielo. Algunos piensan que la idea de un santuario en el cielo es un mera ficción teológica y que el ministerio de Cristo es sólo una invención para salir bien de una dificultad histórica que los primeros adventistas tuvieron con la profecía de los 2.300 días, de Daniel 8:14. Pero tú has hablado siempre del santuario o templo celestial. Por medio de David tú nos dijiste que tu trono celestial está en tu santo templo (Sal. 11:4), y el salmista ubica tu santuario en el cielo (Sal. 102:19). Miqueas, tu profeta, te anuncia saliendo en juicio ejecutivo desde tu santo templo (Miq. 1:2-3) y el vidente Juan vio el santuario muchas veces y lo describe como el mismo lugar de tu presencia (Apoc. 11:19; 15:8).

Pero de todo lo que ocurre en el templo celestial, lo más atractivo es el ministerio de Cristo. Ese ministerio intercesor es la base de la propia existencia del santuario en el cielo, porque una vez que se termine este trabajo, ya no habrá más templo en el cielo. Juan, al final de todas las cosas, cuando incluso la tierra estará restaurada y nueva, al describir la Nueva Jerusalén, su capital, dice: *Y no vi en ella templo; porque el Señor Dios Todopoderoso es el templo de ella, y el Cordero* (Apoc. 21:22). Esta es la verdadera realidad de tu presencia. Tú mismo y en persona. No ya en forma simbólica, no ya por medio de una luz, no ya usando el humo que agranda tu misterio. Tú mismo, tu persona de plena realidad, está presente, y el santuario ha terminado su simbólica función de doble representación: la representación de tu presencia y la descripción del ministerio intercesor de tu Hijo.

Juan describe también los muebles de su ministerio: siete candelabros, un altar de incienso y el arca del pacto. El altar del incienso se encuentra frente a tu propio trono (Apoc. 8:2; 9:13), que está ubicado en el lugar santísimo, llamado templo por Juan, donde también ocurre el juicio final (Apoc. 15:5-8). El ministerio de Cristo, en el santuario celestial, está relacionado con la salvación tanto como lo estaban los servicios del santuario terrenal. Pero no ya en forma simbólica, sino real.

Porque no entró Cristo en el santuario hecho de mano, figura del verdadero, sino en el cielo mismo para presentarse ahora por nosotros ante Dios (Heb. 9:24).

EL VERDADERO MEDIADOR

Porque hay un solo Dios, y un solo mediador entre Dios y los hombres, Jesucristo hombre. 1 Timoteo 2:5.

La figura de un mediador en un conflicto es vital. Y nosotros los seres humanos estábamos en una verdadera enemistad contra ti. Te habíamos ofendido. No con una ofensa social o emocional, o de esas que ocurren sin pensarlo. Nuestra ofensa era y es moral; la peor de todas. En este caso, el mediador no puede mediar tan sólo negociando. Tiene que ofrecer reparación. Y desde tiempos antiguos, el mediador sacerdotal fue siempre una persona que ofrecía un sacrificio como medio simbólico de reparación por el daño moral que produjo el pecado. El sacrificio era una expiación por el pecado y el sacerdote, el mediador que la ofrecía.

Y si por su ofrenda por el pecado trajere cordero, hembra sin defecto traerá. Y pondrá su mano sobre la cabeza de la ofrenda de expiación, y la degollará por expiación en el lugar donde se degüella el holocausto. Después con su dedo el sacerdote tomará de la sangre de la expiación, y la pondrá sobre los cuernos del altar del holocausto, y derramará el resto de la sangre al pie del altar. Y le quitará toda su grosura, como fue quitada la grosura del sacrificio de paz, y el sacerdote la hará arder en el altar sobre la ofrenda encendida a Jehová; y le hará el sacerdote expiación de su pecado *que habrá cometido, y será perdonado* (Lev. 4:32-35).

El sacerdote era un mediador para expiar el pecado. Pero en realidad no lo expiaba él mismo; sólo actuaba en forma simbólica y el sacrificio que ofrecía era también un símbolo. La realidad del sacrificio, lo mismo que del ministerio mediador, estaba en Cristo. El es el único verdadero mediador para todo ser humano que vive en el pecado, y estamos todos en esta situación. No digo que el pecado sea la situación en que vivimos, sino el mal moral que cometemos. La vida de Cristo, como mediador, es fascinante. El, siendo Dios, vino a la tierra como un hombre, nacido de mujer, para poder ser realmente humano. Y así se identificó con la familia humana, sin nunca volverse un pecador. ¿Por qué hizo esto? Por causa de la ofensa moral del ser humano. Como él quería ser el mediador y el sustituto, tenía que ser también un ser humano.

Una vez que Cristo ocupó su lugar de mediador, ya no era necesario el auxilio simbólico de ningún otro mediador. Los mediadores humanos desaparecieron y el sacerdocio se tornó un símbolo del testimonio cristiano que conduce a los pecadores a Cristo, el único verdadero mediador. Porque nosotros, los cristianos todos, somos "real sacerdocio", sólo para "anunciar las virtudes de aquel que nos llamó de las tinieblas a su luz admirable". En realidad, no somos sacerdocio. No intercedemos, ni expiamos. Sólo anunciamos y testificamos, porque somos tu pueblo y hemos alcanzado tu misericordia (1 Ped. 2:9-10).

Año Bíblico: Lucas 9-11

MINISTRO DE LA MISERICORDIA

Por tanto, teniendo un gran sumo sacerdote que traspasó los cielos, Jesús el Hijo de Dios, retengamos nuestra profesión. Porque no tenemos un sumo sacerdote que no pueda compadecerse de nuestras debilidades, sino uno que fue tentado en todo según nuestra semejanza, pero sin pecado. Acerquémonos, pues, confiadamente al trono de la gracia, para alcanzar misericordia y hallar gracia para el oportuno socorro. Hebreos 4:14-16.

Tú tienes muchos que te desacreditan, Padre. Incluso algunos dicen que la doctrina del santuario tiene la finalidad de aterrar a los cristianos, presentando delante de ellos, en forma permanente, tu acción de juicio y condenación del ser humano. Pero tú propósito no es realizar un juicio de condenación, sino de amor y salvación y vida eterna. Los que viven contigo, nada tienen que temer porque Cristo no está contra nosotros; él intercede a nuestro favor delante de ti, que ya nos amas por ti mismo, porque tú estabas en Cristo reconciliando al mundo contigo mismo. Los que van a condenación, lo hacen por su sola elección y ellos lo saben. Nadie que acepte tu gracia y se asocie contigo para vivir como cristiano, tiene por qué sentir ningún peligro con tu juicio.

Y Cristo es un mediador sin pecado. Esto es la plena garantía de nuestra redención. Sufrió la tentación como nosotros la sufrimos, y más fuerte aún. Porque cuando era tentado a usar los poderes divinos en favor de su persona, él podría haberlo hecho. Nadie podía más que él; pero jamás dejó de actuar como el humano que vino a ser, para salvarnos. Tenemos garantía. Tampoco perderá su redentora paciencia con nosotros. No será como Moisés que en el momento menos esperado, perdió su compostura y se enojó contra su pueblo. Cristo no peca. No ha pecado nunca y nunca pecará porque él nos ama con amor inalterable.

La base de nuestra experiencia con el mediador es la confianza. Tú, Padre, eres un Dios confiable. Ensalzado estás sobre tu trono, pero nunca te ensalzas a ti mismo para despreciarnos. Tú posees toda la grandeza que existe en cielo y tierra y en todo este universo, pero tú nunca te engrandeces a ti mismo contra tu pueblo porque lo amas. Somos tuyos, y siempre tu grandeza se sienta sobre el trono de tu gracia. Y nos socorres. Cada paso desviado, tú corriges. A cada gesto de temor, tú nos proteges. Cada vez que nos sentimos cargados de dolor, tú nos consuelas. Cada vez que en el desánimo, cansados, lejos de ti, sin querer nos descarriamos, tú nos buscas otra vez y nos animas.

Tú eres un Dios siempre confiable, y es por eso que siempre nos invitas a acercarnos al trono de tu gracia, confiadamente; porque nunca se agotan tus misericordias, porque tu gracia jamás se acaba, y porque tú eres el socorro constante que, en amor, necesitamos.

Año Bíblico: Lucas 12-14

LIMPIEZA DEL SANTUARIO

Cuando hubiere acabado de expiar el santuario y el tabernáculo de reunión y el altar, hará traer el macho cabrío vivo; y pondrá Aarón sus dos manos sobre la cabeza del macho cabrío vivo, y confesará sobre él todas las iniquidades de los hijos de Israel, todas sus rebeliones y todos sus pecados, poniéndolos así sobre la cabeza del macho cabrío, y lo enviará al desierto por mano de un hombre destinado para esto. Levítico 16:20-21.

Tú ordenaste que cada día se ofrecieran los sacrificios por el pecado cuya sangre el sacerdote llevaba del altar del sacrificio, en el atrio del templo, al velo que separaba el Lugar Santo del Lugar Santísimo. El pecador confesaba su pecado sobre la cabeza de la víctima y la degollaba, derramando su sangre en el altar. Luego el sacerdote hacía la intercesión, en favor del pecador, con esa sangre. La sangre asperjada en la cortina, era el registro del pecado que quedaba en el templo. Y una vez al año debía realizarse la limpieza o purificación del santuario. Se necesitaban dos machos cabríos. Uno para el Señor, el otro para Azazel.

El primero se sacrificaba. Y el sumo sacerdote llevaba la sangre al Lugar Santísimo, ante tu propia presencia, en el propiciatorio. Era el Día de la Expiación, única oportunidad cuando alguien podía entrar en el Santísimo, y era sólo el sumo sacerdote quien podía hacerlo. Mientras él realizaba la purificación, el pueblo confesaba sus pecados, en silencio reverente, escuchando las campanillas atadas a la ropa sacerdotal del sumo sacerdote. Al salir del Lugar Santísimo aplicaba la sangre al altar del incienso, y luego al altar del holocausto, haciendo expiación por el santuario y por el pueblo. Llevaba sobre sí los pecados de todo el pueblo de todo el año. De esta manera purificaba todo el santuario. Después, colocando las manos sobre el macho cabrío para Azazel, depositaba la responsabilidad por el pecado sobre él; y un hombre destinado para esto, lo llevaba al desierto, abandonándolo vivo y a su propia suerte.

Tú ordenaste a Israel que hiciera esto para que llegara a comprender, por actos de experiencia, la obra de tu Hijo en el santuario celestial. Y él hizo también la intercesión del lugar santo y está ahora en pleno proceso de limpieza del Santuario Celestial. Este proceso incluye una obra de intercesión y otra de juicio. La intercesión por tu pueblo sigue su curso ininterrumpido hasta el último día de gracia. Sólo cesará cuando termine el tiempo de gracia y él salga del santuario. La obra de juicio determina quiénes son los miembros de tu pueblo y quiénes no. Para tus hijos, el juicio es una confiada seguridad en ti, porque están libres de su condenación, gracias a tu misericordia. *Y teniendo un gran sacerdote sobre la casa de Dios, acerquémonos con corazón sincero, en plena certidumbre de fe, purificados los corazones de mala conciencia, y lavados los cuerpos con agua pura* (Heb. 10:21-22).

Año Bíblico: Lucas 15-17

EL TIEMPO DE LA PURIFICACION

Entonces oí a un santo que hablaba; y otro de los santos preguntó a aquel que hablaba: ¿Hasta cuándo durará la visión del continuo sacrificio, y la prevaricación asoladora entregando el santuario y el ejército para ser pisoteados? Y él dijo: Hasta dos mil trescientas tardes y mañanas; luego el santuario será purificado. Daniel 8:13-14.

También nos revelaste el tiempo. Tu explicación sobre el santuario terrenal está en el libro de Levítico y el servicio de su purificación, en el capítulo 16. El ministerio de Cristo en el Santuario Celestial se describe en la Epístola a los Hebreos. Y el tiempo de la purificación del Santuario Celestial lo encontramos en el libro de Daniel. ¿Por qué es tan importante la purificación del santuario? Yo sé que tiene mucho que ver con nosotros, los humanos pecadores. La aplicación de los méritos de Cristo a mí personalmente y a cada hijo tuyo es vital para nosotros. Además, el conocimiento del juicio es importante para vivir el cristianismo de un modo más serio, sabiendo todo lo que tú haces para asegurarnos la eterna salvación. Y el tiempo del juicio es vital para entender al Remanente, su propia identidad, lo específico de la misión que tú le diste, las luchas que enfrenta por servirte, sus chascos, sus victorias, su vida en ti para vencer y todo el poder que viene de la sangre del Cordero para estar de ropas blancas cada día en tu presencia.

Pero ¿tiene algo que ver también contigo la purificación del Santuario Celestial? No, yo no quiero incorporar confusión en la doctrina. Yo sé que en ti no hay nada que necesite purificación alguna. No es sobre eso que pregunto. Mi pregunta va a lo que hizo el enemigo cuando, lleno de egoísmo, trajo el mal a tus dominios. Lo que hizo con el santo lugar de tu morada. Lo que incorporó en la mente de tus santos seres. Las acusaciones falsas que hizo contra ti, sembrando dudas y apuntando errores, como si existieran. ¿Tiene algo que ver la purificación del Santuario Celestial con la propia reivindicación de tu Persona, además de la reivindicación de tu pueblo? Por supuesto. Tu poder y tu dominio sobre todo el universo será proclamado de nuevo cuando termines con la purificación del santuario, porque todo lo que el enemigo ha dicho contra ti y todo lo que ha hecho contra tu pueblo, está basado en la falsedad, el engaño y la confusión. Confusión que el archienemigo comenzó en el cielo y luego trajo a este mundo, incorporando su maldad al cristianismo por medio de la apostasía y el dominio del cuerno pequeño.

Pero se sentará el Juez, y le quitarán [al cuerno pequeño] *su dominio para que sea destruido y arruinado hasta el fin, y que el reino, y el dominio y la majestad de los reinos debajo de todo el cielo, sea dado al pueblo de los santos del Altísimo, cuyo reino es reino eterno, y todos los dominios le servirán y obedecerán* (Dan. 7:26-27).

Año Bíblico: Lucas 18-20

LA FECHA EXACTA

Sabe, pues, y entiende, que desde la salida de la orden para restaurar y edificar a Jerusalén hasta el Mesías Príncipe, habrá siete semanas, y sesenta y dos semanas; se volverá a edificar la plaza y el muro en tiempos angustiosos. Y después de las sesenta y dos semanas se quitará la vida al Mesías, mas no por sí; y el pueblo de un príncipe que ha de venir destruirá la ciudad y el santuario; y su fin será con inundación, y hasta el fin de la guerra durarán las devastaciones. Y por otra semana confirmará el pacto con muchos; a la mitad de la semana hará cesar el sacrificio y la ofrenda. Daniel 9:25-27.

¿Cómo sabes tú, Padre, lo que ocurrirá en el futuro? Porque tú no lo predestinas, tú lo sabes. Y esta diferencia no penetra con facilidad en nuestra mente humana que nada sabe del futuro, a menos que tú lo reveles. A nosotros nos parece que eso que tú sabes, en realidad tú lo determinas para que ocurra de ese modo; pero tú sólo lo sabes. Y a esto se agrega otra dificultad. Como tú conoces el futuro, en base a ese conocimiento planeas los eventos importantes del plan de salvación para que ocurran en los momentos y circunstancias más favorables a tus objetivos redentores. Y esta planificación también nos parece predestinación, aunque no sea. Nosotros también planeamos nuestro futuro, y a veces nada de lo que hemos planeado ocurre de ese modo. La razón es muy simple: no conocemos el futuro. Pero tú lo conoces como un atributo propio de tu divinidad y puedes planear con precisión total lo que deseas hacer en él.

En esta profecía revelaste tu plan, para muchos eventos, con fechas exactas. En este párrafo, escrito por Daniel alrededor del año 539 a.C., tú definiste las siguientes fechas, todas pertenecientes a la profecía de los 2.300 días: El comienzo de esa profecía, con la salida del decreto para reedificar Jerusalén en el año 457 a.C. Las siete semanas de años para la reedificación de Jerusalén, que terminan en el año 408 a.C. Las 62 semanas de años más hasta el ungimiento del Mesías, o bautismo de Cristo, que nos llevan al año 27 d.C. La semana para terminar el pacto con Israel, en el año 34 d.C. La primera mitad de esa semana para quitar la vida del Mesías, en el año 31 d.C. Completas así las primeras 70 semanas, ó 490 años, en el año 34 d.C. Finalmente, los 1.810 años para completar los 2.300 años de la profecía que llegan al año 1844, cuando comienza la purificación del Santuario Celestial.

Esta última fecha es, además, una fecha clave para el Remanente. El resto de tu iglesia, los fieles que guardan tus mandamientos y tienen el testimonio de Jesucristo, comenzarían su existencia en ese año. Y desde 1844 hasta la segunda venida de Cristo proclamarían tu Evangelio eterno con las enseñanzas de las profecías del fin, en el contexto del juicio investigador que estaría ocurriendo al mismo tiempo en el Santuario Celestial.

Año Bíblico: Lucas 21-22

EL CUERNO PEQUEÑO Y EL JUICIO

Mientras yo contemplaba los cuernos, he aquí que otro cuerno pequeño salía entre ellos, y delante de él fueron arrancados tres cuernos de los primeros; y he aquí que este cuerno tenía ojos como de hombre, y una boca que hablaba grandes cosas. Estuve mirando hasta que fueron puestos tronos, y se sentó un Anciano de días, cuyo vestido era blanco como la nieve, y el pelo de su cabeza como lana limpia... El Juez se sentó, y los libros fueron abiertos. Yo entonces miraba a causa del sonido de las grandes palabras que hablaba el cuerno. Daniel 7:8-11.

La revelación que tú diste del juicio investigador parece muy clara, pero algunos la tergiversan y otros la niegan. Hasta algunos han dicho que habrá un juicio antes de la segunda venida de Cristo, pero que ocurrirá al término del tiempo, en el mismo fin, momentos antes de su venida. Y la razón que dan es aparentemente tan lógica que se torna inaceptable. Dicen: "Dios sabe todo, no necesita un juicio para saber quién ha aceptado verdaderamente a Cristo y quién no; pero si fuera necesario hacer un juicio, él no necesita de tiempo para hacerlo, sólo un instante es suficiente para él". Un juicio para él y ante sí mismo, es, por supuesto, innecesario. El sabe todo. Pero el juicio investigador tiene por objetivo eliminar toda posible duda que pudiera existir en la mente de los seres que pueblan el universo de Dios. Y será usado, en el milenio, para que los seres humanos redimidos entiendan que tú trataste a cada persona con justicia.

Todo lo relacionado con el tiempo del juicio lo revelaste por medio de Daniel, quien registró una clarísima secuencia de los hechos. En el capítulo siete da la secuencia de la historia desde los tiempos de Babilonia, más o menos desde el año 606 a.C. hasta la segunda venida de Cristo. Cuatro bestias le sirven de apropiado símbolo para describir la historia en grandes rasgos: Un león representando al Imperio Neobabilónico de Nabucodonosor y sus sucesores (606-538 a.C.). Un oso explicando al Imperio Medo-Persa, entre 538-331. Un leopardo describiendo al Imperio Greco-Macedónico de Alejandro Magno (331-168 a.C.), y finalmente una bestia indescriptible identificando al Imperio Romano (168 a.C.- 476 d.C.). Los diez cuernos que tiene la cuarta bestia describen la división del Imperio Romano en los pequeños o grandes países de la Europa posterior al Imperio Romano. Entre ellos surge el cuerno pequeño, diferente a los otros cuernos, de realidad exclusivamente civil y política; éste tiene características religioso-políticas. Es una estructura semejante a los países de Europa, pero con poderes religiosos y políticos juntos. El tiempo del juicio investigador está dado en relación con el tiempo de su actividad que va desde el Imperio Romano a la venida de Cristo. Habla grandes cosas, luego viene el juicio, y el cuerno pequeño sigue hablando grandes cosas. El juicio viene en el medio de su tiempo de actuación, no al final.

Año Bíblico: Lucas 23-24

EL DOMINIO DEL CUERNO PEQUEÑO Y EL JUICIO

Y los diez cuernos significan que de aquel reino se levantarán diez reyes; y tras ellos se levantará otro, el cual será diferente de los primeros, y a tres reyes derribará. Y hablará palabras contra el Altísimo, y a los santos del Altísimo quebrantará, y pensará en cambiar los tiempos y la ley; y serán entregados en su mano hasta tiempo, y tiempos, y medio tiempo. Pero se levantará el Juez, y le quitarán su dominio para que sea destruido y arruinado hasta el fin. Daniel 7:24-26.

En tu revelación sobre el juicio investigador, tú dices que el fin del dominio del cuerno pequeño y el comienzo del juicio están temporalmente relacionados. Colocas un fuerte énfasis en el tiempo al definir el período de dominio ejercido por el cuerno pequeño sobre tu pueblo: Tiempo, tiempos y medio tiempo. Cada tiempo es un año, en total: tres años y medio; o sea 1260 días-años. Y no es difícil llegar a esta definición del período porque aparece en varias profecías: unas veces como tres años y medio; y otras, como 1260 días-años. Este es un período en que el cuerno pequeño ejercería un poder religioso usurpado de ti. El poder que define la fe. Modifica la ley y cambia los tiempos de la ley. La única referencia a tiempo que existe en la ley, es el cuarto mandamiento que manda reposar el séptimo día de la semana; y el cambio del reposo sabático por un reposo dominical cumple esta descripción. El cuerno pequeño persigue a los cristianos que no aceptan su poder como base autoritativa para que tales cambios sean verdaderos.

El período de su mayor autoridad comenzó en el año 538 d.C., cuando los ostrogodos, abandonando el sitio de Roma, dejaron el espacio político abierto para que el obispo de Roma ejerciera las prerrogativas y la autoridad que le concedía el decreto de Justiniano del año 533. Y terminó en 1798 d.C., cuando las tropas de Napoleón, al mando del General Berthier, despojaron al papa de poder político, llevándolo prisionero a Francia, donde falleció en el exilio. La profecía de los 1.260 años y la profecía de los 2.300 años colocan las fechas de los años 1798 y 1844 en perfecta armonía con la secuencia profética que establecía el comienzo del juicio después que terminara el dominio del cuerno pequeño. Posteriormente, según una profecía del libro del Apocalipsis, esa herida sería sanada, y el poder papal, restablecido, dando tiempo para que ese poder y el juicio investigador existieran temporalmente en forma paralela.

Ya estamos viviendo en el tiempo del fin. Y el juicio investigador es una realidad presente que está ocurriendo en el cielo. Tan presente que debe integrar el contenido de la predicación del Remanente. Y todo cristiano haría muy bien en prestar atención a tu enseñanza y en confesar sus pecados para ser purificados por la sangre del Cordero, así como el pueblo de Israel confesaba los suyos el día de la expiación.

Año Bíblico: Juan 1-3

LA HORA DE SU JUICIO HA LLEGADO

Vi volar por en medio del cielo a otro ángel, que tenía el evangelio eterno para predicarlo a los moradores de la tierra, a toda nación, tribu, lengua y pueblo, diciendo a gran voz: Temed a Dios, y dadle gloria, porque la hora de su juicio ha llegado; y adorad a aquel que hizo el cielo y la tierra, el mar y las fuentes de las aguas. Apocalipsis 14:6-7.

En nuestro tiempo, tú has juntado el Evangelio y el juicio. Antes de 1844 sólo estaban juntos en la enseñanza; ahora, como realidad. El mensaje del Evangelio ha sido siempre un mensaje de salvación. ¿De qué nos salva? Del pecado y sus consecuencias, de la muerte, de la condenación que el pecador merece en el juicio. Y al estar en proceso, el juicio se torna una realidad para la cual el Evangelio resulta también un hecho presente. Ya tú no nos hablas de doctrinas. Nos colocas en la misma realidad de lo enseñado, y la palabra se hace hecho, y el hecho es de una forma o de otra dependiendo de tu compañía. Si estoy contigo, el hecho del juicio para mí es pura salvación; si no camino contigo, el hecho del juicio es un peligro. No es condenación aún, porque yo vivo. Y mientras viva, la oportunidad de salvación sigue conmigo. Tu Espíritu continuará trabajando en mí, por siempre; a menos que yo peque contra él, atribuyendo su obra de bien a los demonios.

La salvación en Cristo que me promete el Evangelio, me resulta atractiva y yo respondo positivamente a ella, por la obra del Espíritu Santo en mí; y se aplica a mi persona por el ministerio de Cristo en el Santuario Celestial. Cuando tú y tu Hijo inauguraron su ministerio en el Santuario Celestial, él se presentó delante de ti, ante tu trono, en el lugar santísimo; como ocurrió también con la inauguración del santuario terrenal, al entrar Aarón en el santísimo, aunque no era día de la expiación. Esa inauguración ocurrió en el día de Pentecostés. Y el envío del Espíritu Santo fue una manifestación espiritual poderosa en la tierra que indicó que el servicio de Cristo en el Santuario Celestial estaba inaugurado. Es una delicia saber que tu Santo Espíritu jamás nos deja. Después de la inauguración de su ministerio intercesor, Cristo lo continuó en el lugar santo, hasta 1844.

En 1844 se inició la obra de Cristo en el lugar santísimo, continuando su obra intercesora para limpiar la vida personal de los creyentes; y al mismo tiempo realizando el juicio investigador para determinar quién es trigo limpio y quién cizaña, y para la purificación de tu santuario. No haces el juicio para los seres humanos, sino para que los habitantes de los mundos no caídos reconozcan tu justicia en el proceso de salvar a los creyentes sinceros. Esto demanda un examen de los registros celestiales y una abierta presentación de aquellos que profesaron la fe, viviendo en compañía contigo, por lo cual sus nombres fueron incorporados al libro de la vida del Cordero, de quien han dependido siempre, para todo.

Año Bíblico: Juan 4-6

EL SACRIFICIO DE SU PROPIA SANGRE

Fue, pues, necesario que las figuras de las cosas celestiales fuesen purificadas así; pero las cosas celestiales mismas, con mejores sacrificios que estos. Porque no entró Cristo en el santuario hecho de mano, figura del verdadero, sino en el cielo mismo para presentarse ahora por nosotros ante Dios; y no para ofrecerse muchas veces, como entra el sumo sacerdote en el Lugar Santísimo cada año con sangre ajena. Hebreos 9:23-25.

Según la instrucción que tú diste a Moisés, todos los pecados se purificaban con sacrificios de animales. Y sin derramamiento de sangre no se hacía remisión de pecados. Sólo que esos sacrificios no podían purificar nada por sí mismos. La sangre de los animales no era nada más que sangre. Y aunque la vida esté en la sangre, la sangre de los animales no transmitía vida, ni tenía poder espiritual alguno. Para los israelitas, sin embargo, tenía todo el significado de la promesa. No podían ellos tener la realidad del sacrificio de Cristo, porque ella estaba todavía en el futuro. Pero en el presente estaba la promesa. La promesa como tal era una realidad y manifestaban su confianza en ella con otra realidad: el sacrificio de animales. La sangre no purificaba en realidad, pero realmente expresaba su fe total en tu promesa.

Para vivir la promesa tenían que derramar la sangre de los sacrificios, porque así tú lo habías establecido. Lo importante era la unidad de la voluntad tuya y la fe de ellos. Unidas las dos, el templo dejaba de ser un matadero, para convertirse en el lugar de tu presencia. Y el sacrificio ya no era un asado para comer con los amigos, sino la expiación que amistaba al creyente contigo mismo. Pero su fe se expresaba sobre un sacrificio muerto: el cordero; o sobre un sacrificio futuro: la muerte de Cristo en el Calvario.

Hoy te vivimos de otro modo. No hacemos sacrificios de corderos, ni Cristo se sacrifica a sí mismo cada vez que nos acercamos a ti para confesar nuestros pecados. El se sacrificó una sola vez y es suficiente. Cada vez que intercede por nosotros, ofrece en nuestro favor los mismos méritos de la misma ofrenda que, por nosotros, ya ofreció sobre el Calvario. La demanda de la ley ya está atendida. Todo lo que tiene que hacer es aplicar la realidad de su muerte en favor de la realidad de nuestra fe que te ofrecemos.

Hoy vivimos la doctrina del santuario en una realidad de fe concentrada sobre un sacrificio vivo. La muerte de Cristo se ha quedado en el pasado; hoy tratamos con un Cristo vivo. Vida real. No es vida prometida. Es la vida que nos hace vivir de un modo nuevo. Y ese nuevo modo de vida incluye la ofrenda de nosotros mismos, en un sacrificio vivo también. *Así que, hermanos, os ruego por las misericordias de Dios, que presentéis vuestros cuerpos en sacrificio vivo, santo, agradable a Dios, que es vuestro culto racional. No os conforméis a este siglo, sino transformaos por medio de la renovación de vuestro entendimiento, para que comprobéis cuál sea la buena voluntad de Dios, agradable y perfecta* (Rom. 12:1-2).

Año Bíblico: Juan 7-9

EL CAMINO NUEVO Y VIVO

Así que, hermanos, teniendo libertad para entrar en el Lugar Santísimo por la sangre de Jesucristo, por el camino nuevo y vivo que él nos abrió a través del velo, esto es, de su carne, y teniendo un gran sacerdote sobre la casa de Dios, acerquémonos con corazón sincero, en plena certidumbre de fe, purificados los corazones de mala conciencia, y lavados los cuerpos con agua pura. Hebreos 10:19-22.

El camino antiguo, para llegar a tu presencia, era el santuario de Israel: sus sacrificios. El camino nuevo y vivo es el Santuario Celestial: el sacrificio de Cristo. En el antiguo templo había un velo que separaba el Lugar Santo —donde entraban los sacerdotes cada día con la sangre del sacrificio— del Lugar Santísimo, donde sólo entraba el sumo sacerdote una vez al año. El velo impedía el acceso libre a tu presencia. El pecador sólo podía cruzar el velo por medio de un intermediario: el sumo sacerdote. Es decir, para él, el velo estaba siempre allí. No era posible eliminarlo. Existía por causa de su propio pecado. Ni los sacrificios, ni el intercesor humano, tenían poder para sacarlo. Todo acceso era indirecto.

Ahora tenemos libertad en Cristo. El acceso es directo porque el abrió un camino nuevo y vivo a través del velo. Su carne es el camino. Algunos han interpretado que la carne de Cristo es el velo, abriendo subsecuentes interpretaciones confusas. Entre ellas la idea de que al ser quebrantada la carne de Cristo, se eliminó el santuario y toda existencia de un santuario en el cielo se hace innecesaria. Lo que el libro de Hebreos habla sobre el Santuario Celestial no es nada más que simbólico. Pero el asunto principal de la Epístola a los Hebreos es el libre acceso a ti, por medio de Jesucristo. Cristo, por su sangre, nos abrió el acceso al Lugar Santísimo, por lo menos en dos sentidos vitales: Podemos dirigirnos directamente a ti, sin más intermediario que su sangre; y él intercede por nosotros constantemente, sin interrupción.

Si el camino a ti está abierto por medio de Cristo, todo lo que necesitamos hacer es acercarnos a ti con corazón sincero. Esto es, sin hipocresía. La hipocresía nunca fue aceptable para ti. Tú eres un Dios íntegro. Abres tu pensamiento a nosotros sin significados dobles, o variantes escondidas. No usas un lenguaje abierto, donde después tú puedas colocar lo que más te convenga. No hablas de una manera para actuar de otra. Existe integración completa entre el discurso y tus acciones. Y es eso lo que tú esperas de nosotros. También nos pides una fe de plena certidumbre. Ninguna duda de que tú realmente limpias nuestras vidas de todo pecado. Demandas corazones purificados y cuerpos limpios. Consagración a ti que va desde el interior de nosotros: todo el pensamiento, el sentimiento, la emoción, la voluntad; hasta lo externo del cuerpo y la conducta. La intimidad contigo exige conversión y bautismo. La vida nueva de la nueva criatura, por medio de Cristo.

Año Bíblico: Juan 10-11

LA MUERTE Y EL JUICIO

Y de la manera que está establecido para los hombres que mueran una sola vez, y después de esto el juicio, así también Cristo fue ofrecido una sola vez para llevar los pecados de muchos; y aparecerá por segunda vez, sin relación con el pecado, para salvar a los que le esperan. Hebreos 9:27-28.

Cuando vino tu Hijo la primera vez, el mismo objetivo de su venida estaba relacionado con el pecado. Vino para llevar sobre sí los pecados de muchos. *Y él es la propiciación por nuestros pecados; y no solamente por los nuestros, sino también por los de todo el mundo* (1 Juan 2:2). Los llevó de tal manera que tú lo hiciste pecado: *Al que no conoció pecado —dice Pablo—, por nosotros lo hizo pecado, para que nosotros fuésemos hechos justicia de Dios en él* (2 Cor. 5:21). Pero la segunda venida será sin relación alguna con el pecado. Cristo no viene para dar a los pecadores una nueva oportunidad de arrepentimiento. Ni viene para extender un perdón general con el objetivo de salvar a toda la humanidad, de todos los tiempos. La salvación no es universal. La segunda venida, trae salvación, pero está relacionada con el juicio.

Tú sólo haces el juicio después de la muerte. Esto es verdad inclusive para el juicio investigador, pues éste comienza por los muertos y termina con los vivos. Es decir, termina con la última generación de seres humanos que exista sobre la tierra para el tiempo de la segunda venida de Cristo. Además, todos mueren sólo una vez antes del juicio. No significa esto que nadie podrá morir, de nuevo, después de que Cristo venga por segunda vez. Sólo significa que después de la muerte vendrá el juicio, para todos. Los que creyeron en Cristo, en cualquier forma de cristianismo, pasan por el juicio investigador. Los que no creyeron, por el juicio del milenio. La ejecución de la sentencia ocurrirá al final del milenio.

La doctrina del santuario habla de juicio y salvación. Seremos salvos o seremos condenados. Muchos predicadores prefieren hablar sólo de la posibilidad redentora. Les parece que cualquier referencia al juicio trae una connotación negativa, contraria a la naturaleza de tu amor y ajena a la obra redentora de Cristo. Prefieren una predicación de agua con azúcar en lugar de ofrecer, para el pecado, el remedio verdadero. Pero la segunda venida de Cristo traerá consigo la realidad de la salvación, para todos los que ya la hayan recibido de él, y también vendrá con juicio. Lo peor del caso es que, no deseando ahora reconocer la realidad del juicio, cuando llegue no tendrán duda alguna de lo que les ocurrirá. *Y los reyes de la tierra, y los grandes, los ricos, los capitanes, los poderosos, y todo siervo y todo libre, se escondieron en las cuevas y entre las peñas de los montes; y decían a los montes y a las peñas: Caed sobre nosotros, y escondednos del rostro de aquel que está sentado sobre el trono, y de la ira del Cordero; porque el gran día de su ira ha llegado; ¿y quién podrá sostenerse en pie?* (Apoc. 6:15-17).

Año Bíblico: Juan 12-13

RETENGAMOS NUESTRA FE

Teniendo un gran sumo sacerdote que traspasó los cielos, Jesús el Hijo de Dios, retengamos nuestra profesión. Hebreos 4:14.

¿Por qué, Padre, nos revelaste tú la doctrina sobre el santuario? Yo sé que tú nada haces sin objetivos. Y por eso cada vez que estudio una verdad revelada por ti, me hago esta misma pregunta. Tu objetivo, ¿cuál es? Si es claro para mí, puedo entender lo que me enseñas. Si es confuso, o impreciso, o escondido, no logro comprender lo que me enseñas. No consigo aprenderlo; y mucho menos, vivirlo. Por eso ¿cuál es el objetivo del santuario? No es simple. Pero lo que yo te pido es algo simple. Dímelo en forma simplificada, aunque tenga que perder algunos de sus elementos más profundos. En todo caso yo sé que la comprensión de tu verdad es progresiva y si logro subir el primer escalón, tengo más posibilidades de subir el segundo; y así sucesivamente, hasta el último.

Tu primer objetivo es que yo sepa, sin ninguna duda, de que en Cristo tengo un sumo sacerdote que penetró los cielos. Penetró como tu Hijo, pero también como el ser humano que era Jesús. Y en su entrada al cielo tengo yo la garantía de mi propia entrada. Esto es muy importante para mí porque soy pecador y tengo una mente muy inclinada al mal. Esta clase de mente sería para mí una constante fuente de duda. Además, también yo sé que tú lo sabes todo. *Porque no hay cosa creada que no sea manifiesta en su presencia* —dice Pablo sobre ti—; *antes bien todas las cosas están desnudas y abiertas a los ojos de aquel a quien tenemos que dar cuenta* (Heb. 4:13).

Tu juicio, en estas condiciones, podría tornarse el centro de mis dudas y la base de mi propia inseguridad espiritual. Pero teniendo el sumo sacerdote que yo tengo en Cristo, el cuadro cambia totalmente. Ya no necesito concentrarme en mi pecado, sino en mi sumo sacerdote que los carga sobre sí mismo para limpiarme a mí. Y así descubro mi nueva relación: ya no es con el pecado, ni con mis dudas. Con Cristo el sacrificio, estoy en relación de justificación; y con Cristo el sumo sacerdote mi relación es de santificación. Constantemente aplica los poderes de la cruz para que yo pueda vivir sin apartarme.

Y viene aquí tu segundo objetivo con la enseñanza del santuario: ayudarme a vivir sin apartarme de la profesión que hice al comienzo, cuando se produjo mi reconciliación contigo. Yo concordé contigo en seguir el estilo de vida que tú apruebas y que está en armonía con tu carácter. También concordé con la verdad que tú me revelaste en la Escritura y admití que no inventaría mis verdades propias, ni mi propia forma de salvación. Yo sólo viviría en armonía contigo. Y el santuario me dice que esto es posible porque tu Hijo está en permanente intercesión, sin abandonarme nunca. Todo lo que debo hacer es retener mi profesión primera. Y retenerla con una fe total y con una plena confianza en él.

Año Bíblico: Juan 14-15

LA SEGUNDA VENIDA DE CRISTO

Aguardando la esperanza bienaventurada y la manifestación gloriosa de nuestro gran Dios y Salvador Jesucristo. Tito 2:13.

"La segunda venida de Cristo es la bienaventurada esperanza de la iglesia, la gran culminación del Evangelio. La venida del Salvador será literal, personal, visible y de alcance mundial. Cuando regrese, los justos muertos resucitarán y junto con los justos vivos serán glorificados y llevados al cielo, pero los impíos morirán. El hecho de que la mayor parte de las profecías esté alcanzando su pleno cumplimiento, unido a las presentes condiciones del mundo, nos indica que la venida de Cristo es inminente. El momento cuando ocurrirá este acontecimiento no ha sido revelado, y por lo tanto se nos exhorta a estar preparados en todo tiempo (Tito 2:13; Heb. 9:28; Juan 14:1-3; Hech. 1:9-11; Mat. 24:14; Apoc. 1:7; Mat. 24:43-44; 1 Tes. 4:13-18; 1 Cor. 15:51-54; 2 Tes. 1:7-10; 2:8; Apoc. 14:14-20; 19:11-21; Mat. 24; Luc. 21; 2 Tim. 3:1-5; 1 Tes. 5:1-6)" (*Manual de la Iglesia*, Creencia Fundamental N.º 24).

La segunda venida de Cristo ha sido siempre una esperanza bienaventurada y es así como, por medio de Pablo, la enseñaste a los cretenses. Cuando revelaste el contenido de la Epístola a Tito, tu preocupación no era solamente con respecto a él, como joven ministro. También estabas interesado en la vida de los cristianos que componían la iglesia de Creta, de la cual Tito era pastor. Querías que vivieran de manera recta, sobria y casta. Pero les haces recordar que no es posible ganar tu simpatía con buenas obras. Tu bondad es un regalo de tu gracia en Cristo Jesús. Los cretenses estaban confundidos por causa de la enseñanza de falsas doctrinas y esto los había conducido a una conducta falsa. Es siempre así: el error doctrinal acarrea consigo una conducta errada.

En la Epístola a Tito, presentas delante de nosotros dos poderosos incentivos para que vivamos la vida cristiana como a ti te agrada más: tu gracia, y la segunda venida de Cristo. La gracia actúa como poder redentor y como poder que acompaña tus órdenes para que las cumplamos. La segunda venida de Cristo pone en acción todo el poder de la esperanza. Este poder no sale del ser humano que espera. Viene también de ti. Porque se trata de una esperanza bienaventurada. Una esperanza con tu bendición. Cuando la vida se oscurece y la voluntad parece perder el control sobre la dirección que debe seguir, necesitamos un incentivo que supere el desánimo, la desilusión, o la tristeza. Ese incentivo jamás podrá crearse dentro de nosotros por un pensamiento positivo nuestro, o por una fuerza espiritual propia. Tiene que venir de afuera: de ti, de tu promesa. Y la segunda venida es la única realidad que atrae toda la fuerza de nuestra esperanza y nos concede todo el poder de tu promesa; porque es lo único que pone a nuestro alcance la manifestación de tu propia gloria y la plena realidad de la salvación en Jesucristo.

Año Bíblico: Juan 16-18

LA PROMESA DE CRISTO

No se turbe vuestro corazón; creéis en Dios, creed también en mí. En la casa de mi Padre muchas moradas hay; si así no fuera, yo os lo hubiera dicho; voy, pues, a preparar lugar para vosotros. Y si me fuere y os preparare lugar, vendré otra vez, y os tomaré a mí mismo, para que donde yo estoy, vosotros también estéis. Juan 14:1-3.

Cuando tu Hijo prometió volver, se aproximaba su hora, la hora de la crucifixión. Habían salido del aposento alto e iban hacia el Getsemaní. La distancia no era grande, pero dio tiempo para que, en la quietud de la noche, hablara muchas cosas importantes a sus discípulos. Entre ellas, la promesa de su retorno. Es la primera vez que les abre los asuntos del cielo. Los ve preocupados. Sabe que, a medida que ocurran los extraños acontecimientos finales de su ministerio, esta especie de ansiedad irá en aumento. Necesitan una palabra que atraiga el cielo a su pequeña realidad de frustraciones. Por eso les habla de él como una confidencia de la casa paterna.

¿Quién no se siente atraído hacia la casa paterna? Hay siempre una emoción muy especial cuando uno piensa en ella. Mi pueblo natal está a la orilla sur del río Toltén, en el sur de Chile. Cuando los caminos de mi país no eran muy buenos, la llegada al pueblo o la salida de él era por tren. Pero, fuera por tren o por bus, cuando llegaba del norte tenía que cruzar el río. Y cada vez que lo hacía, sentía en el puente una sensación muy especial sobre mi estómago y una especie de frío artificial sobre mi espalda. Era la emoción. La emoción de la llegada a casa.

En la casa de mi Padre, dijo Cristo, hay muchas moradas. Lugares donde uno puede detenerse por un corto tiempo y lugares donde uno puede quedarse para siempre. "Yo voy a preparar lugares donde se queden por la eternidad". Era una forma tierna de anunciarles su partida. Era un modo de decir que tus moradas, Padre, son lugares de ternura plena. Y a todos nos hace falta un poco de ternura. No sólo un poco, quizá. Tal vez, un poco más. Pero la casa del Padre es mucho más que nuestra casa terrenal: tiene toda la ternura que necesitamos, tiene todo el amor que nos hace falta, y tiene, Padre, tu constante presencia, sin ausencias.

Vendré otra vez, siguió diciendo. No lo duden. Esto es tan seguro que pueden tomarlo como algo que ya está ocurriendo. Y algunos teólogos que no pueden penetrar la sencillez y la ternura del lenguaje íntimo, han dicho que Cristo prometió su venida para el tiempo inmediato en que vivían. Que Cristo no tuvo idea del extenso tiempo que habría entre la promesa y su cumplimiento. Pero bien sabes tú, Padre, que tu Hijo sólo estaba dando fuerza a la promesa. Haciéndola real y convincente. Tu promesa no tiene duda; es como tú mismo. Firme como tu reino. Eterna como tu existencia. Real como tu vida. Y es hacia ti que vamos, hacia tu casa, donde moraremos con Cristo cuando vuelva.

Año Bíblico: Juan 19-21

COMO LO HABEIS VISTO

Y habiendo dicho estas cosas, viéndolo ellos, fue alzado, y le recibió una nube que le ocultó de sus ojos. Y estando ellos con los ojos puestos en el cielo, entre tanto que él se iba, he aquí se pusieron junto a ellos dos varones con vestiduras blancas, los cuales también les dijeron: Varones galileos, ¿por qué estáis mirando al cielo? Este mismo Jesús, que ha sido tomado de vosotros al cielo, así vendrá como le habéis visto ir al cielo. Hechos 1:9-11.

Una despedida singular. Los discípulos junto a su Maestro, sabiendo ya que era tu Hijo y conociendo todo lo que él vino a hacer sobre la tierra. Y tu Hijo retornando a ti, con la misión redentora cumplida, sabiendo que esta separación duraría mucho tiempo, pero abierto a la conversación natural de toda despedida. "Señor, ¿restaurarás el reino a Israel en este tiempo?", preguntaron sus discípulos. El sabía que no. Pero aprovechó la oportunidad para decirles dos verdades importantes sobre el reino: Primero, hay cosas que sólo sabes tú; y es mejor aceptar esta situación con el respeto debido a ti. Segundo, para los humanos el poder del reino es más importante que la fecha de su instalación. Lo recibirán cuando venga el Espíritu Santo sobre ustedes. Pero con el poder también está su objetivo. Tú no haces nada sin objetivo. Y en este caso el objetivo es la misión: "Me seréis testigos", dijo el Señor.

Testigos extraordinarios. Habían vivido con él durante todo su ministerio. Habían dudado lo suficiente, casi demasiado, para que sus conclusiones con respecto a él fueran confiables. Pero, al mismo tiempo, habían creído lo suficiente como para que sus dudas se fueran y más que suficiente para que su testimonio fuera creíble. Podían testificar. Y, con el poder del Espíritu Santo, irían a todo el mundo: sin descuidar paraje alguno.

Y entonces, tu Hijo se puso en viaje. No fue en un carro de fuego, ni en un platillo volador, ni en un tren de las estrellas. Fue en una nube. Tan simple y tan visible como una nube y un cuerpo. Su cuerpo, su persona: el mismo que habían visto y conocían. No se fue en una forma espiritual, ni esotérica, ni mágica. Así como era. El mismo Hijo tuyo encarnado en ser humano. El que con ellos recorrió cada distancia de Israel. El que vivió con ellos, sin salir jamás de su contexto humano. El que sentía compasión por los sufrientes, y sufría con dolor por los perdidos. El se alegraba cuando alguien respondía con fe a sus llamados; y se ponía triste, y solo, cuando sin fe se alejaba de su camino. El mismo. Y de la misma manera vendrá. Como ustedes lo vieron, fue la palabra de los dos testigos en vestiduras blancas. De vuelta, en una nube. Y aunque no sepan cuándo, no duden, vendrá.

Cuando el Hijo del Hombre venga en su gloria, y todos los santos ángeles con él, entonces se sentará en su trono de gloria, y serán reunidas delante de él todas las naciones (Mat. 25:31). *Amen; sí, ven, Señor Jesús* (Apoc. 22:20).

Año Bíblico: Hechos 1-3

TODO OJO LE VERA

He aquí que viene con las nubes, y todo ojo le verá, y los que le traspasaron; y todos los linajes de la tierra harán lamentación por él. Sí. Amén. Apocalipsis 1:7.

Su venida será una visión para los ojos, una completa realidad para la vida, y una angustia final para los hombres y las mujeres que quisieron apartarlo de la vista de sus seguidores. Y tú, Padre, cómo habrás sufrido en el proceso sin juicio a que lo sometieron sus enemigos. Cuando pensaban sólo en sus poderes. El pequeño poder que cada ser humano imagina tener. Los sacerdotes buscando el ambicioso equilibrio del doble poder: religioso y político. Soñando con todos los poderes en sus manos, como si fueran dioses, o déspotas, o tiranos. Y los gobernantes. ¡Qué tristeza en ese cuadro! Nadie niega sus poderes, pero ellos luchando cada día para tornarlos claros y visibles. ¿Y qué poder era más fuerte que el poder romano? ¿Qué ha quedado del imperio fuerte? ¿Dónde están los poderosos? Nada. Sólo un poco de recuerdo, y una historia que se lee. Nada más.

Y el que no podía hacer nada. El que pensaban impotente, un impostor y un vil falsario, los trae a la existencia en su venida. Porque habrá una resurrección especial, para su daño.

Y muchos de los que duermen en el polvo de la tierra serán despertados, unos para vida eterna, y otros para vergüenza y confusión perpetua (Dan. 12:2).

Y lo encuentran otra vez. Mas todo ha cambiado. Ya no tienen el poder. Son sólo cuerpos que salen del sepulcro. Una especie de triste humanidad sin los carbones de su vanagloria. Una herida de la raza humana que sangró sin que supieran. Un triste fracaso de la vida, sin más soplo de existencia que un suspiro. Y todo lo que fue, ¿dónde se ha ido? Y todo lo que tuvieron en ambición, ¿qué se ha hecho? Su todo era ficción, su todo no era nada. Y ahora que el mismo poder de los poderes los llama a la existencia, se sienten lo que son: una pequeña nada, y una ausencia. Pero una ausencia que sufre y una nada que llora. Les ha llegado el fin, y ven la diferencia. El mártir, se ha tornado rey. El Rey del universo. Y todo ojo lo ve. Ya no es posible pensar en el desprecio. Ya no se puede ignorar su realidad y sus poderes. Tu Hijo es todo. Y su todo, de apariencia tan pequeña cuando vino, se ha tornado la grandeza misma de tu gloria.

Y todos lo ven. Todos los que participaron de su condenación, y también los que creyeron que vendría. Los vivos y los muertos. Reunida la última generación humana con la generación de los que lo crucificaron, más todos los que creyeron en su venida, desde que este mensaje comenzó a proclamarse en el tiempo del fin. Los perdidos se espantarán de miedo; los creyentes se asombrarán de gozo. Y todos sabrán que él ha venido.

Año Bíblico: Hechos 4-6

SEÑALES DE SU VENIDA

Y estando él sentado en el monte de los Olivos, los discípulos se le acercaron aparte, diciendo: Dinos, ¿cuándo serán estas cosas, y qué señal habrá de tu venida, y del fin del siglo? Respondiendo Jesús, les dijo: Mirad que nadie os engañe. Mateo 24:3-4.

Si hubiera estado con tu Hijo, cuando, sentado en el monte de los Olivos, dos días antes de la última Pascua, se aprestaba para darles las últimas instrucciones a los discípulos, yo también le habría hecho la misma pregunta: "¿Qué señal habrá de tu venida, y del fin del siglo [mundo]?" El había pasado todo el día enseñando en el templo. Muchas cosas. La principal: el juicio sobre Israel y el nuevo pueblo de Dios. Terminó diciendo: *Porque os digo que desde ahora no me veréis, hasta que digáis: Bendito el que viene en el nombre del Señor* (Mat. 23:39). Sus palabras casi forzaban la pregunta. Además es bien posible que tú hayas enviado tu Espíritu para orientar sus mentes hacia esa pregunta. Yo sé que había algunas enseñanzas que ellos necesitaban recibir para ellos y para nosotros. Y, por supuesto, tú, Padre, no querías que ellos perdieran la oportunidad de oírlas.

Y, entonces, les dice algo, como introducción a su sermón profético: *Mirad que nadie os engañe.* Y lo que más me asombra es que no nos hemos dado cuenta de que en esta frase se basa todo el sermón. Sí, las señales que vienen eran para que estuviéramos orientados en cuando al tiempo de su segunda venida. Pero su preocupación mayor está en la abundancia de engaño que habría sobre la tierra en el tiempo del fin. Y da las señales para que sepamos cómo evitarlo. Engaño de falsos Cristos. Engaño de falsos profetas. Engaño de milagreros. Engaño de falsos predicadores. Engaño de siervos malos. Los falsos Cristos falsifican al Señor. Los falsos profetas multiplican la maldad. Los milagreros desvían del verdadero camino, si les fuera posible, hasta a los escogidos. Los falsos predicadores introducen enseñanzas erradas aun sobre la venida de Cristo. Y los siervos malos explotan a sus consiervos induciéndolos a creer falsas interpretaciones de la Escritura y dicen: "Mi Señor se tarda en venir".

Pero él viene. Lo dicen las guerras y las calamidades. Y lo dice la angustia, la maldad y la gran tribulación, la inmoralidad, la infidelidad, la agresión, la maldad, la secularización y la lascivia. Lo dice también la predicación del Evangelio. No hay razón alguna para dejarse engañar. Pero habrá tanto engaño y tanta maldad que el amor de muchos se resfriará, y hasta los escogidos correrán peligro. *Mas el que persevere hasta el fin, éste será salvo* (Mat. 24:13).

Ayúdame, Padre, a perseverar en la fe. Ayuda a tu iglesia a permanecer en la fe. Ayuda a cada cristiano a no apartarse de la fe. Porque por la fe, seremos salvos en ti.

Año Bíblico: Hechos 7-9

PREPARACION

Pero sabed esto, que si el padre de familia supiese a qué hora el ladrón habría de venir, velaría, y no dejaría minar su casa. Por tanto, también vosotros estad preparados; porque el Hijo del Hombre vendrá a la hora que no pensáis. Mateo 24:43-44.

¡Qué no harías tú, Padre, por vernos preparados! Todo lo que revelaste, y las advertencias, y las amonestaciones, y las recomendaciones, describen tu interés. Pero nosotros... ¡Ah, nosotros!, siempre lo mismo. Lentos para responder a tus ruegos. Como que estuviéramos inmunes a todo peligro y nada pudiera perdernos. Cuando en realidad estamos perdidos. ¡Perdidos, y sin saberlo!

Una vez, en el sur de Chile, dos hombres iban viajando en un automóvil. Tenían que encontrar a una determinada persona, pero sus instrucciones no eran suficientemente precisas. Llegaron a un lugar donde se entrecruzaban varios caminos campesinos. ¿Cuál tomar? Un niño, pobremente vestido, apareció por uno de ellos. Se dijeron el uno al otro: Preguntémosle a ese chico. Y le preguntaron: "¿Para dónde va este camino?" "No sé", dijo el niño. "¿Y este otro?" "No sé", respondió. "¿Y este?" "No sé". "¿Y este?" "Tampoco sé", respondió con cierta timidez. Y uno de los hombres le dijo: "¡Ah, chiquillo inútil! ¡Tú no sabes nada!" Y el niño, sin atemorizarse, dijo: "Sí, señor, yo no sé nada; pero no estoy perdido".

¿Qué hacer para estar preparados? Cristo les contó la parábola de las diez vírgenes. El reino de los cielos es semejante a diez vírgenes que tomando sus lámparas, salieron a recibir al esposo. Cinco era prudentes y cinco insensatas. Las insensatas no llevaron aceite para sus lámparas y las prudentes, sí. La alegría en la casa de la novia era muy grande. Se demoraron en salir hacia la casa del novio para celebrar la fiesta de los siete días. Y todas se durmieron. A la medianoche se escucharon los gritos de la gente: "¡Viene el esposo! ¡Viene el esposo! ¡Salgan a recibirlo!" Y todos salieron. Las necias, no teniendo aceite, y con lámparas apagadas, no pudieron entrar en la casa con el esposo. Las sabias, siguieron con él porque tenían aceite en sus lámparas. Y el aceite es símbolo del Espíritu Santo.

También les contó la parábola de los talentos. Un hombre llamó a sus siervos y les entregó sus bienes. Cinco talentos a uno, tres talentos a otro, y al tercero un talento. Los dos primeros trabajaron y doblaron la cantidad. El otro, lo escondió en la tierra. No ganó nada. "Siervo fiel", dijo el hombre a cada uno de los dos primeros. "Siervo inútil", le dijo al otro. La fidelidad a la misión era vital. Y entonces les habló de las ovejas y los cabritos. Los primeros sirvieron a mucha gente. Y el rey les dijo: "A mí lo hicieron". Los otros no sirvieron a nadie, y les dijo: "Ni a mí lo hicieron". La preparación está relacionada con el Espíritu Santo, con la misión y con el servicio. "Por tanto, también vosotros estad preparados".

Año Bíblico: Hechos 10-12

NO EXISTE ATRASO

Pero si aquel siervo malo dijere en su corazón: Mi señor tarda en venir; y comenzare a golpear a sus consiervos, y aun a comer y a beber con los borrachos, vendrá el señor de aquel siervo en día que éste no espera, y a la hora que no sabe, y lo castigará duramente, y pondrá su parte con los hipócritas; allí será el lloro y el crujir de dientes. Mateo 24:48-51.

Hay tantas ideas extrañas en este tiempo. Yo a veces me pregunto: ¿Cómo te sentirás tú con tantas doctrinas necias que inventamos los seres humanos? Y no puedo dejar de responderme: Triste, porque nos has revelado todo lo que necesitamos para estar bien preparados para la segunda venida de tu Hijo. He leído artículos escritos por teólogos sobre el "atraso" del Señor. Y no los entiendo. Una elaborada teología, hasta con textos bíblicos; pero no los entiendo. No que no entienda las ideas expuestas. Lo que no entiendo es la actitud que los lleva a la llamada teología del atraso.

Yo leo lo que tú inspiraste a los escritores bíblicos y me resulta todo tan claro y tan sencillo. No necesito inventar una teología. Está todo en su lugar. ¿Cómo pueden imaginar un atraso? Primero, no fijaste fecha ni hora para la venida de tu Hijo. Y él mismo fue claro en esto: *El día y la hora nadie sabe* —dijo—, *ni aun los ángeles de los cielos, sino sólo mi Padre* (Mat. 24:36). Si no dijo el día ni la hora de su regreso, ¿cómo puede estar atrasado?

Segundo, hay una cadena de profecías que tienen que cumplirse antes de que tu Hijo retorne. Y la mayoría de ellas se encuentra en el libro del Apocalipsis. Dice Juan, que escribe las cosas que deben suceder "pronto" (*táxei*), que el tiempo cuando deben ocurrir está "cerca" (*engús*, 1:1,3). Comienza el libro con la profecía de las siete iglesias, cuyo cumplimiento se inicia en el tiempo del apóstol y, luego, sucesivamente cubre los tiempos de la historia hasta que llega a referirse a los tiempos escatológicos y la segunda venida de Cristo, al final del libro. En esa misma extensión temporal que abarca toda la existencia del cristianismo ocurren las otras profecías anunciadas por Juan. Al comienzo del libro habla de la segunda venida de Cristo, pero sin referencia temporal alguna. Lo que debe suceder "pronto" no es la segunda venida, sino los acontecimientos anunciados por las profecías. Pero cuando llega a la parte final del libro, después que todos los acontecimientos han dejado de ser profecía y se han tornado hechos de la historia, Juan habla de la segunda venida como algo que debe ocurrir "pronto" (*taxú*, 22:7, 12). Y termina diciendo en el nombre de Jesús: "Ciertamente vengo *pronto*" (*taxú*, 22:20). El tiempo de la segunda venida sólo es "pronto" cuando se han cumplido las profecías del Apocalipsis; y todavía no se han cumplido todas. ¿Cómo podría estar atrasado?

Tercero, el que dice: "Mi señor se tarda en venir", es el siervo malo. No hay atraso, y su venida, ahora que estamos al final de todo, ocurrirá "pronto".

Año Bíblico: Hechos 13-15

COMO PENSABAN LOS CRISTIANOS

Pero con respecto a la venida de nuestro Señor Jesucristo, y nuestra reunión con él, os rogamos, hermanos, que no os dejéis mover fácilmente de vuestro modo de pensar, ni os conturbéis, ni por espíritu, ni por palabra, ni por carta como si fuera nuestra, en el sentido de que el día del Señor está cerca. Nadie os engañe en ninguna manera; porque no vendrá sin que antes venga la apostasía, y se manifieste el hombre de pecado, el hijo de perdición. 2 Tesalonicenses 2:1-3.

Saber el pensamiento total de los cristianos del primer siglo es difícil. No hay suficiente información; pero tú, Padre, ayudaste a preservar lo que necesitábamos para no errar en nuestro camino hacia la salvación. Después de todo, tú eres el único que sabe lo que necesitamos. Nosotros mismos podemos equivocarnos y en nuestro deseo de saberlo todo, podríamos demandar cosas sin ninguna trascendencia. ¿Para qué saber cada detalle de lo que los cristianos primitivos creían? Sí, eso tiene un valor histórico muy grande, para saber el progreso de sus ideas. Pero lo importante no es lo que ellos creían, ni si progresaron o no en sus ideas; sino lo que tú, Padre, nos enseñas para nuestra salvación. Y eso podemos obtenerlo de la Escritura, independientemente de si ellos lo creían así, o no. Pero, en relación con lo que ellos creían sobre el tiempo de la segunda venida de Cristo, nos dejaste la información en la Escritura. ¿Por qué? Posiblemente para evitarnos la confusión teológica de los últimos tiempos.

Algunos enseñan hoy que los cristianos primitivos estaban confundidos en cuanto al tiempo de la segunda venida, y pensaban que Cristo volvería en sus días. Antes que terminara la primera generación de cristianos. Y esto se presenta como un argumento para no tomar la Escritura como base de toda doctrina. Pero en la Epístola a los Tesalonicenses, escrita a mediados del primer siglo, a unos veinte años, o menos, de la ascensión de Cristo, Pablo les dice que no modifiquen lo que creen sobre el tiempo de la segunda venida, aunque se lo pidiera una carta apostólica. Porque lo que piensan está en armonía con la revelación. Cristo no volverá en sus días. La idea de que él vendrá inmediatamente es un engaño.

Antes que se produzca la segunda venida, tenía que producirse la apostasía. Y Pablo les hace recordar que él mismo ya les había enseñado esto. No sólo sabían acerca del tiempo; sabían también sobre la apostasía y sobre lo que estaba impidiendo su surgimiento. Cuando el que la detiene fuese retirado, vendría el hombre de pecado, como una acción del misterio de iniquidad, cuya obra continuaría en acción hasta la segunda venida de Cristo. Porque sólo será destruido con el resplandor de su venida. Este conocimiento no elimina la fuerte motivación ética de la segunda venida. Por lo contrario. La comprensión del día del Señor produce cambios importantes en el estilo de vida y da al cristiano una razón adicional para vivir en armonía con tu voluntad.

Año Bíblico: Hechos 16-18

COMO LADRON EN LA NOCHE

Pero acerca de los tiempos y de las ocasiones, no tenéis necesidad, hermanos, de que yo os escriba. Porque vosotros sabéis perfectamente que el día del Señor vendrá así como ladrón en la noche; que cuando digan: Paz y seguridad, entonces vendrá sobre ellos destrucción repentina, como los dolores a la mujer encinta, y no escaparán. Mas vosotros, hermanos, no estáis en tinieblas, para que aquel día os sorprenda como ladrón. 1 Tesalonicenses 5:1-4.

La venida de tu Hijo será como ladrón en la noche. Los ladrones vienen de muchas maneras y siempre de sorpresa. Una vez me contaron uno de los modos que los ladrones habían inventado para tomar por sorpresa a alguien. Llamar a la puerta, en un departamento, ya no producía resultados. Por el mirador de la puerta se podía ver quién estaba llamando. Inventaron otro método. Agua. Muy simple. Comenzaba a entrar agua en el departamento, por debajo de la puerta. Una pequeña inundación. La persona que estaba dentro de la casa sólo pensaba en el agua y abría la puerta para descubrir de dónde venía. Pero la fuente del agua la esperaba con un revólver en la mano. ¡Sorpresa! Era un ladrón.

Tu Hijo vendrá como ladrón. Como un asalto. Una sorpresa. Mas no para todos. Sólo para la gente desinteresada de ti. Concentrada en su propio modo de vida. Preocupada por la paz y la seguridad, sí; pero una seguridad y una paz basadas en la presunción de sus propias palabras. Un modo de vida propio. Una forma de autoengaño que los lleva a creer que es realidad lo que sólo existe en su discurso. Como la ficción. Los hechos se realizan en ella en perfecta armonía con la situación creada imaginariamente. Pero no son reales. No piensan en la venida de tu Hijo porque no viven su realidad. Viven en la tiniebla de la imaginación propia.

Pero tus hijos no están en ese tipo de tinieblas. Son hijos de luz. Su vida se realiza a plena luz del día y no se duermen. Viven una vida de fe, de caridad, de esperanza; y en estrecha compañía con tu Hijo que viene. Se consuelan unos a otros, edificándose mutuamente en amor, y la sorpresa de su retorno no es para ellos. *Mas vosotros, hermanos* —les decía Pablo—, *no estáis en tinieblas para que aquel día os sobrecoja como ladrón.*

¿Qué luz tienen ellos? La todopoderosa luz de tu Palabra. La conocen, la respetan, la siguen. Cada paso que dan, con su mente o sus acciones, lo deciden en plena armonía con tu misma voluntad, revelada en tu Palabra. Nunca se confunden. El mundo entero puede llenarse de tinieblas. Cada persona puede extraviarse en sus ficciones. Pero ellos no se alejan. Saben que el día de tu Hijo vendrá como ladrón, y velan. Saben que vendrá en la hora más oscura de la noche, y no se duermen. Esperan. Con esperanza esperan y esperan porque creen. La destrucción y los dolores no les pertenecen. Ellos en ti se alegran y viven para ti. Nada les resulta más atractivo y más placentero que el retorno de tu Hijo y en él viven, y se mueven en él, y en él existen.

Año Bíblico: Hechos 19-21

VIENE CON RETRIBUCION

Porque es justo delante de Dios pagar con tribulación a los que os atribulan, y a vosotros que sois atribulados, daros reposo con nosotros, cuando se manifieste el Señor Jesús desde el cielo con los ángeles de su poder, en llama de fuego, para dar retribución a los que no conocieron a Dios, ni obedecen al evangelio de nuestro Señor Jesucristo; los cuales sufrirán pena de eterna perdición, excluidos de la presencia del Señor y de la gloria de su poder, cuando venga en aquel día para ser glorificado en sus santos y ser admirado en todos los que creyeron (por cuanto nuestro testimonio ha sido creído entre vosotros). 2 Tesalonicenses 1:6-10.

Hablar de retribución, de aplicar castigo, parece extraño a tu carácter. Y lo es. Tú no eres pronto en castigar. Porque eres un Dios de paciencia: das nuevas oportunidades y esperas. Siempre abierto, dando a los pecadores nuevas posibilidades al arrepentimiento. Pero has señalado un día cuando vendrá la retribución.

Me llama la atención que tú coloques la retribución directamente relacionada con lo que los seres humanos incrédulos hacen en la tierra contra tus hijos: "Es justo pagar con tribulación a los que os atribulan". Y la justicia también demanda que, a los que fueron víctimas de los malvados, tú les concedas paz y reposo. Y esto ocurrirá a ambos grupos, cuando "se manifieste el Señor Jesús desde el cielo con los ángeles de su poder".

Además de atribular a los santos, ¿qué otros males hicieron los que merecen el castigo? Dos males muy graves: Primero, no te conocieron. Segundo, no obedecieron el Evangelio. El primer pecado, más que una falta de no conocerte, es una falta de no reconocerte. Es decir, te ignoran voluntariamente. Esto incluye ignorarte con una actitud de desprecio y con una actitud de indiferencia. La mayoría de los pecadores no expresa un desprecio abierto contra ti. La mayoría te trata con indiferencia. No te ofenden, ni te alaban. No te critican, ni te sirven. Actúan como si estuvieran en una plataforma superior, sin que tu presencia llame su atención. Pero hay otra actitud más agresiva: La que mostró el Faraón cuando Moisés le pidió que dejara salir al pueblo. "¿Quién es Jehová para que yo le obedezca?", dijo con arrogancia.

El segundo pecado es la desobediencia al Evangelio. Lo conocen, y a lo mejor hasta manifiestan simpatía por él, pero no lo obedecen. Lo extraño en esto es que el Evangelio deba ser obedecido. La mayoría de la gente entiende que el Evangelio sólo debe ser creído. Y, por supuesto, creído sólo de palabra. Piensan que diciendo: creo en el Evangelio, ya están salvos. Pero evidentemente no es así. Hay que obedecerlo. Esto es, un asentimiento con las acciones. La aceptación de la palabra también es importante, pero puede ser sólo una expresión de buenas intenciones, y nada más. Las acciones representan el compromiso real de la voluntad. Por eso, la entrega a ti incluye las buenas intenciones y, sobre todo, las acciones.

Año Bíblico: Hechos 22-23

EN UNA NUBE BLANCA

Miré, y he aquí una nube blanca; y sobre la nube uno sentado semejante al Hijo del Hombre, que tenía en la cabeza una corona de oro, y en la mano una hoz aguda. Apocalipsis 14:14.

Todo lo que tú, Padre, revelas a través de Juan, en el capítulo 14 de Apocalipsis, está relacionado. Y viene así desde el capítulo 12. El gran conflicto entre el bien y el mal aparece en su dimensión cósmica: Satanás se rebela en el cielo, intenta destruir a Jesucristo y no lo consigue, persigue a la iglesia para destruir los resultados de la misión y fracasa, hace la guerra al Remanente, pensando que por ser pocos le será más fácil derrotarlos, y descubre que no es así; porque el Remanente huye a ti. Y tu archienemigo levanta dos poderes tremendos: uno que suma el control religioso con el control político, y el otro que suma a estos dos, la extensión mundial de su dominio. Pero el Remanente los desenmascara y estos poderes no pueden prevalecer. Tú les aseguras a tus hijos la victoria y les muestras el resultado final del conflicto, aunque éste no haya llegado aún: Están delante de tu trono, salvados, como primicias para ti y para el Cordero.

Entre tanto la misión del Remanente continúa en la tierra. Primero anuncian el Evangelio eterno en el contexto del juicio investigador, porque la hora de tu juicio ha llegado. Luego proclaman la caída de Babilonia, y después anuncian la acción de tu ira por medio de juicios que quitan el reposo a la bestia y a su imagen, los dos poderes por medio de los cuales el dragón hace guerra al Remanente. Este sigue firme, con la paciencia de los santos, guardando tus mandamientos y atesorando la fe de Jesucristo. Y el siguiente acontecimiento en la serie es la venida de tu Hijo, en una nube blanca. Victorioso, con una corona de oro, y una hoz aguda en su mano.

Y un ángel viene a él desde el santuario celestial, del Lugar Santísimo, desde donde también había salido el victorioso Hijo del Hombre, y le dice: Mete tu hoz y siega; porque la hora de segar ha llegado.Y el que viene sobre la nube siega la tierra. Y otro ángel, viniendo del mismo santurario, con poder sobre el fuego, le dice: Mete tu hoz aguda, y vendimia la tierra. Y el Victorioso vendimia la tierra. Junta las gavillas de los redimidos para llevarlos consigo hacia la vida eterna. Y arroja a los perdidos como uvas desgranadas en el lagar de tu ira, para ser destruidos, por siempre, y sin retorno.

Es el triunfo sobre el mal. Tu victoria completa y la victoria de los que están contigo. No hay razón de pensar en el fracaso. Contigo, tu victoria será también nuestra victoria; y venceremos. Al dragón le gustaría que sólo viéramos los males de la iglesia y concluyéramos tristes que no se puede vencer. Pero habrá una victoria, tan grande y tan plena, como es plena y es grande la tuya. Alabado sea tu nombre, y tu poder, y tu reino; porque para siempre es tu misericordia.

Año Bíblico: Hechos 24-26

EL JINETE DEL CABALLO BLANCO

Entonces vi el cielo abierto; y he aquí un caballo blanco, y el que lo montaba se llamaba Fiel y Verdadero, y con justicia juzga y pelea. Apocalipsis 19:11.

Además de victoriosos, tu Hijo y tu pueblo Remanente son fieles. Porque así como su victoria es también nuestra victoria, de la misma manera su fidelidad es la nuestra. Viene una nueva secuencia. En la anterior nos mostrabas la victoria, por Cristo, en la guerra del dragón; y el triunfo en el juicio, por la sangre del Cordero. En ésta, describes la fidelidad de tu pueblo, bajo las condiciones espirituales y sociales más adversas. El mundo entero está en confusión. Las plagas están cayendo, todas ellas. Ulceras y pestilencias sobre los que siguen a la bestia y adoran su imagen. Sangre y muerte en el mar. Contaminación de muerte en los ríos. Calor de sol incontrolable sobre la tierra. Tinieblas y blasfemias en el trono de la bestia. Conflicto espiritual en toda la tierra. Un terremoto tan grande que parte en pedazos la gran Babilonia y un granizo tan enorme que arranca blasfemias de los hombres malos.

Y viene la sentencia sobre la gran ramera: la estructura político-religiosa de la apostasía. Todos los reyes han fornicado con ella. Y, adornada de fiesta, se llena de toda inmundicia espiritual, de toda abominación doctrinal, y de toda fornicación apóstata. Poderosa, cabalga en los poderes de la bestia; y maneja, con plena autoridad, todo el poder de los reyes; y los pueblos, y las muchedumbres, y las naciones la siguen. Hace guerra contra el Cordero y contra su pueblo. Pero el Cordero la vence y se queda abandonada, desolada y desnuda; quemada bajo su propio incendio.

Luego, desde otro ángulo, aparece la descripción espiritual del ambiente donde tu pueblo vive, fiel y verdadero. Donde tus hijos, bajo la dirección de la lluvia tardía, iluminan el mundo con tu gloria. Si la estructura político-religiosa que predomina es una ramera, su condición espiritual es Babilonia. Confusión. La característica principal del mundo es confusión. El arma más poderosa del dragón es confusión. La misma forma de existencia de la apostasía es confusión. Pero tu pueblo no está en la confusión. Es fiel y verdadero. Y llama a todos los seres humanos a dejar la confusión para que no tengan parte en los pecados de Babilonia. Muerte, y llanto, y hambre, y fuego para la reina. Viuda y abandonada: los mercaderes ya no compran su mercadería de la confusión, y los frutos codiciados por su alma se han apartado de ella. Nunca se alimentó de la verdad proclamada por santos y profetas. Sólo se halló en ella la sangre de ellos, y las hechicerías multiplicadas de sus engaños.

Y entonces se proclama tu salvación, y tu honra, y tu poder. Ocurren las bodas del Cordero. Y tu Hijo, el Fiel y Verdadero, retorna a la tierra en un caballo blanco, reflejando así la justicia de su lucha y su propia pureza, en la vida de sus fieles, y santos, y verdaderos.

Año Bíblico: Hechos 27-28

EL ESTILO DE VIDA DE LOS FIELES

También debes saber esto: que en los postreros días vendrán tiempos peligrosos. 2 Timoteo 3:1.

Días de intensa depravación moral. Pero tu pueblo, Padre, no puede, ni debe seguir ese camino. La lista de pecados es impresionante: amadores de sí mismos, avaros, vanagloriosos, soberbios, blasfemos, desobedientes a los padres, ingratos, impíos, sin afecto natural, implacables, calumniadores, intemperantes, crueles, aborrecedores de lo bueno, traidores, impetuosos, infatuados, amadores de los deleites más que de ti, con pura apariencia de piedad, concupiscentes, enemigos de la verdad, corruptos de entendimiento, réprobos en cuanto a la fe, insensatos. ¡Qué terrible! Y te pregunto: ¿No invadirá también a tu pueblo esta maldad siendo tan grande?

¡Oh, Dios, líbranos del mal y la inmundicia de este tiempo! Y pensar que existen predicadores que anuncian un mundo cada vez mejor. Que afirman que el progreso espiritual del ser humano mejorará más y más en el futuro; cuando tú dices que *los malos hombres y los engañadores irán de mal en peor, engañando y siendo engañados* (2 Tim. 3:13). Por eso, necesitamos de ti, no sólo para entender que es imposible la restauración del ser humano en virtud de su propio progreso; sino también para vivir cristianamente cuando el estilo cristiano de vida es rechazado.

Tú quieres que nosotros, en este peligroso tiempo del fin, sigamos tu doctrina, y lo que tú nos indicas en cuanto a la conducta, el propósito, la fe, la longanimidad, el amor, la paciencia, las persecuciones, y el padecimiento. Que vivamos de manera exactamente contraria a la forma de vivir que siguen los que te rechazan. Si ellos ensalzan sus valores propios, nosotros ensalzamos los tuyos; si ellos son vanagloriosos, soberbios y blasfemos, nosotros somos humildes, sencillos y reverentes; si ellos son desobedientes a los padres, nosotros los honramos y obedecemos; si ellos traicionan, nosotros somos fieles; si ellos aman los deleites, nosotros te amamos a ti; si ellos sólo tienen la apariencia de piedad, nosotros la vivimos; si ellos rechazan la verdad, nosotros la practicamos; si ellos son insensatos, nosotros somos sabios en ti, en tu Palabra, en tu ley, en tu verdad y en tu Evangelio.

Padre, danos el poder de tu Santo Espíritu para vivir nuestra esperanza. La esperanza bienaventurada del encuentro personal con Jesucristo. El viene, y nosotros lo esperamos. Lo queremos esperar con ropas blancas, lavadas en la sangre del Cordero. Danos fe. La fe que actúa por amor. La fe que crece por la acción de tu Palabra. La fe que nunca falta por el don de tu poder. La fe que sigue en el camino sin desvío. Somos hijos tuyos y queremos actuar como tus hijos en toda circunstancia. Danos tu gracia para que el tiempo peligroso en que vivimos sea en realidad el tiempo de los postreros días, los días del encuentro con tu reino eterno.

Año Bíblico: Romanos 1-4

UN REINO ETERNO

Y en los días de estos reyes el Dios del cielo levantará un reino que no será jamás destruido, ni será el reino dejado a otro pueblo; desmenuzará y consumirá a todos estos reinos, pero él permanecerá para siempre. Daniel 2:44.

Nos diste también una ventana para ver el tiempo de la venida de tu Hijo, desde la estructura política del mundo. Epoca de Nabucodonosor, alrededor de seis siglos antes de Cristo. El Imperio Neobabilónico acababa de establecerse. Entre los que fueron sometidos se encontraba el pueblo de Israel. La victoria de Babilonia sobre Israel, políticamente hablando, parecía lo más natural del mundo. Pero esta conquista implicaba mucho más que la cuestión política visible en la superficie. Tenía que ver con tu soberanía, como gobernante del universo, y con la relación que Israel debía mantener contigo.

Si Israel hubiera permanecido fiel, nadie lo habría vencido y eventualmente su historia se habría integrado con la llegada de tu reino. Pero rechazó tu gobierno. Prefirió seguir el curso de las naciones, y perdió el poder. Porque tu reino, ahora, no es una estructura política: Es un poder. Tu poder actuando y sometiendo los demás poderes. Tu pueblo en pleno triunfo sobre toda clase de enemigos. Pero habías retirado tu poder de Israel. Y, aunque todavía era tu pueblo, fue vencido por una nación pagana. Lo impresionante de tu reino, como poder, es que puede vencer a las naciones que conquistan a tus hijos, desde adentro de ellas mismas. Y, aunque cautivo y aparentemente derrotado, tú pusiste a Daniel en el proceso de esta conquista, para dar a Nabucodonosor un mensaje del triunfo de tu reino, como estructura política.

En un sueño nocturno vio una estatua extraña. Metales distintos, con valor descendente desde la cabeza a los pies: cabeza de oro, pecho y brazos de plata, vientre y muslos de bronce, piernas de hierro, pies de hierro y barro. Y una gran piedra cayendo sobre ella la destruyó completamente, y la piedra creció tanto, que llenó toda la tierra. Así, según la clara interpretación que tú le diste, cada sección era un reino político, y la historia de la humanidad apareció en el sueño de Nabucodonosor, porque tú querías que él, y nosotros, supiéramos en qué momento de la historia aparecería la estructura política de tu reino. Y se sucedieron los reinos: Babilonia, Medo-Persia, Grecia, Roma, y los reinos resultantes de la división de Roma. Todos están en el pasado. Vivimos en el tiempo de las naciones en que se dividiría el Imperio Romano. La siguiente estructura política mundial es una roca que crece: Tú reino. Y está creciendo tu reino, desde el poder hacia la estructura visible.

Establecerás tu reino cuando Cristo vuelva al mundo por segunda vez. Y si el rey de Babilonia se humilló delante de ti, por la sola noticia de su venida, mucho más debemos humillarnos nosotros que estamos al borde mismo de su realidad. ¡Ayúdanos, Padre, para entrar en tu reino como verdaderos ciudadanos que te sirven!

Año Bíblico: Romanos 5-7

LA MUERTE Y LA RESURRECCION

Entonces Jehová Dios formó al hombre del polvo de la tierra, y sopló en su nariz aliento de vida, y fue el hombre un ser viviente. Génesis 2:7.

"La paga del pecado es muerte; pero Dios, el único que es inmortal, otorgará vida eterna a sus redimidos. Hasta ese día, la muerte constituye un estado de inconsciencia para todos los que hayan fallecido. Cuando Cristo, nuestra vida, aparezca, los justos resucitados y los justos vivos serán glorificados y arrebatados para salir al encuentro de su Señor. La segunda resurrección, la resurrección de los impíos, ocurrirá mil años más tarde (Rom. 6:23; 1 Tim. 6:15-16; Ecl. 9:5-6; Sal. 146:3-4; Juan 11:11-14; Col. 3:4; 1 Cor. 15:51-54; 1 Tes. 4:13-17; Juan 5:28-29; Apoc. 20:1-10)" *(Manual de la iglesia,* Creencia Fundamental N.º 25).

Tú, Padre, no revelaste detalladamente la forma como hiciste al ser humano. Nada sabemos de la mezcla que tú hiciste, ni del proceso seguido. Sólo dices, en forma simple, que lo hiciste de tierra. Sólo un poco de polvo. Luego, lo formaste; y un soplo tuyo, un aliento de vida en sus narices, lo puso a respirar. Nada especialmente complicado. Ninguna sofisticación. No intervienen fuerzas misteriosas, ni astros, ni planetas, ni espíritus extraños, ni fórmulas mágicas, ni expresiones cabalísticas, ni habitantes de otros mundos, encarnados o no. Todo fue como eres tú: directo, claro, simple y poderoso. Todo lo demás lo hiciste en grupos. Todos los vegetales juntos; como también juntos los animales de la tierra; y lo mismo ocurrió con todos los peces, y con las aves en los cielos. Sólo una orden y fueron. Pero al ser humano lo creaste individual: uno por uno. Primero Adán; Eva, después. Una misma clase de creación: individual. No porque fueras individualista, sino porque querías darles individualidad. Hiciste una persona a la vez.

La persona humana sólo tiene un componente: la tierra. Fue a una forma hecha de tierra que tú diste vida. La vida no entró en ella como un elemento que conforma el pan cuando se amasa. La masa era de tierra, nada más. Y así como se transforma la masa cuando, en el horno, se somete al calor para tornarse pan, de la misma manera la tierra se transformó en ser humano, cuando le infundiste vida con tu aliento.

No era tierra, ni tampoco soplo. Era una persona viva, capacitada para transmitir la vida. ¿Y qué es la vida? No es un elemento de nuestro cuerpo. Pero sin ella, los elementos terrestres de este cuerpo son sólo tierra; y nada más. La vida es algo nuestro, sin ser nuestro. Y aunque la tengamos, o mejor, aunque vivamos, nosotros no somos vida. Somos personas vivas, pero vida, no. Tú eres vida. Tú puedes instaurar la vida. Nosotros sólo podemos transmitirla. Tú puedes producir la vida; nosotros sólo podemos protegerla, ni siquiera sostenerla. Tú eres vida y nunca mueres; nosotros sólo vivimos porque tú lo quieres. Tú cuando quieres la instauras y la restauras cuando quieres. Tú no quieres destruirla. Sólo quieres crearla.

Año Bíblico: Romanos 8-10

CIERTAMENTE MORIRAS

Y mandó Jehová Dios al hombre, diciendo: De todo árbol del huerto podrás comer; mas del árbol de la ciencia del bien y del mal no comerás; porque el día que de él comieres, ciertamente morirás. Génesis 2:16-17.

Tú creaste la persona viva, no para su destrucción. Querías que ella viviera para siempre. Pero aparece aquí una condición. Como si fuera una especie de eternidad condicional. La condición era moral: sólo obediencia. "Aquí hay un árbol —tú dijiste—. No puedes comer de su fruto. Porque el día que de él comieres, sin duda morirás". Y no sabemos lo que dijo Adán. Pero casi lo escucho con mi propio sentimiento. Yo hubiera hablado con urgencia: "Sí, mi Dios, como tú digas. Jamás yo comeré de un fruto tal. ¿Perder la vida? ¿Dejar de ser lo que yo soy por tu regalo? Jamás. Yo sólo quiero vivir como tú quieres. Y sólo quiero vivir sin la muerte. Su ausencia me deleita; lo que quiero es la vida sin fin".

Y en este ánimo tranquilo hacia la vida, tú viste que era bueno hacer otra persona. No era bueno que Adán viviera sólo. No era bueno para él ni para la vida. Había tantos seres vivos sobre el mundo, todos atractivos, todos acompañados, todos adaptados. Y Adán les puso nombre. Una tarea grata, casi un juego. Miraba las características de cada especie y les ponía un nombre que las describiera. Pero él estaba solo. Y tú que eres la vida no tuviste dificultad para solucionar su problema. De él mismo sacaste una costilla y le creaste una persona que se adaptara a él. Salvando las diferencias, del mismo modo como sucedía entre los animales: un macho y una hembra. La primera pareja eran compañeros. Complementos. Adaptables. Eva era otra persona viva. Igual a Adán, pero de sexo diferente. Destinados ambos a extender la vida en el espacio. Porque entonces no había ninguna preocupación con el tiempo: la muerte no existía. Cada ser humano que viniera a la vida se extendería en el tiempo ilimitadamente. Sólo faltaban más personas para poblar la tierra y esa fue la misión que tú les diste.

Fructificad y multiplicaos; llenad la tierra y sojuzgadla, y señoread en los peces del mar, en las aves de los cielos, y en todas las bestias que se mueven sobre la tierra (Gén. 1:28).

Y Adán se sintió bien. "Esto —dijo— es ahora hueso de mis huesos y carne de mi carne; ésta será llamada Varona, porque del varón fue tomada". Se identificó inmediatamente con ella y ella con él. Ambos constituían una unidad físico-espiritual indivisible. Estaban bien integrados y eran también una unidad de afectos y de misiones. ¿Qué les restaba? Sólo vivir. Y Adán le contó a Eva la restricción del árbol. Ninguno de los dos quería saber nada de la muerte. Pero sería necesario obedecer y ellos estaban determinados a ser obedientes. El tiempo de la vida estaba abierto. Sólo tendrían que seguir andando siempre contigo, y nunca acabaría. Nunca.

Año Bíblico: Romanos 11-13

AL POLVO VOLVERAS

Con el sudor de tu rostro comerás el pan hasta que vuelvas a la tierra, porque de ella fuiste tomado; pues polvo eres, y al polvo volverás. Génesis 3:19.

Y el misterio del mal hizo su entrada. Y lo hizo por el único lugar que era posible: el árbol de la ciencia del bien y del mal. ¿Por dónde más? No había nada restringido para la pareja humana. Todo lo que hicieran, en todo lo demás, sería siempre bueno y muy bueno. Pero ese árbol no era de ellos. No lo podían tocar. ¿Qué extraño elemento tenía el árbol, para producir la muerte con su fruto? ¿Veneno? En esa perfección del Edén no existía veneno. ¿Hechizo? ¿De quién? Dios no era un hechicero. ¿Y Luzbel? El rebelde Luzbel no tenía acceso a nada más sino al árbol prohibido para hacerlos comer del fruto.

¿No podrías haber dejado cerrada esa puerta también? Entonces el mal no habría tenido entrada alguna. Pero el hombre y la mujer serían criaturas diferentes: autómatas, o un poco mejor, seres de instintos. Programados para hacer algunas cosas, siempre iguales. Sin juicio propio. Sin la elección que hace del ser humano una persona individual, con uso de razón y libre. Sin esa libertad moral, tan superior a todo lo que existe en este mundo. Hace unas semanas escuché una historia de una perrita blanca, motudita, chiquita, que tuvo un cachorrito bien menudo también. Se le murió y lo retiraron de la casa. Ella lo buscaba por todas partes, todo el tiempo. Un día, en el dormitorio de los niños, encontró un perrito de peluche. Lo tomó con su hocico por el cuello y lo llevó hacia otra pieza. Y repitió la acción vez tras vez. Y vivía llevándolo, de esa manera, para todas partes. ¿Se había vuelto loca la perrita? No. Era el instinto. Su instinto la mandaba y ella lo seguía. Y así hiciste tú a los animales. Pero a la persona viviente, no.

¡Libre! La libertad siempre es un riesgo. Permite la elección, y ésta puede ser errada. Y Eva cometió un error. Sabía dónde estaba el punto posible para el mal. Todo lo que debía hacer era mantenerse distante. Pero la distancia física es una pura formalidad. Si elijo estar distante del lugar físico donde se practica el mal, mi elección es sabia, y es moralmente válida. Pero si soy bueno sólo porque no estoy donde el pecado se comete, no soy bueno moralmente. Soy circunstancialmente bueno, y esto dura poco. Tú no querías esta clase de bien. Tú querías que hiciéramos el bien por nuestra propia opción, por obediencia activa; porque esto haría del ser humano la persona libre que creaste. Y Eva se acercó al árbol prohibido cuyo fruto no tenía nada particularmente dañino; sólo contenía la oportunidad de mostrar que tu deseo tenía valor, que tú eras respetado, al mismo tiempo que daba la oportunidad para que el ser humano fuera realmente un ser moral, de plena libertad para servirte. Pero Eva, y luego Adán, por la desobediencia siguieron el camino de la muerte y su retorno al polvo se hizo inevitable.

Año Bíblico: Romanos 14-16

LA MUERTE, CONSECUENCIA DEL PECADO

Mas ahora que habéis sido libertados del pecado y hechos siervos de Dios, tenéis por vuestro fruto la santificación, y como fin, la vida eterna. Porque la paga del pecado es muerte, mas la dádiva de Dios es vida eterna en Cristo Jesús Señor nuestro. Romanos 6:22-23.

El argumento de Pablo es que los cristianos tenemos vida eterna, porque hemos sido libertados del pecado. Es decir, si no hay pecado en nosotros, ya no podemos morir; porque la muerte es una consecuencia del pecado. El pecado es una separación de ti. Es una rebelión. El ser humano en rebelión es diferente al que tú creaste. No tiene fe. Y la persona sin fe no puede obedecer. Es como un árbol sin raíces. Jamás daría frutos. Si los diera, todo el mundo entendería: es un milagro. Y todo ser humano que produce acciones buenas, lo consigue por milagro. Me refiero al bien real, a ese que viene desde el fondo del alma. Cuando la persona es buena en el deseo, en la intención, en las acciones, en los objetivos, y hasta en las mismas consecuencias que siempre atribuimos a tu propia bondad y a tu dominio.

Tú haces el milagro transformando una vida que ha perdido la virtud de continuar, porque se muere, en una forma de existencia para siempre: que posee vida eterna. Y ya no muere para siempre. Es como el paralítico de Betesda, que estaba enfermo, enfermo y enfermo. Paralítico, sin acción, sin movimiento. Ya ni esperanza le quedaba al pobre. Treinta y ocho años lo mismo. ¿Qué más podía él esperar? Su viaje diario al estanque de Betesda era una rutina. Nada había allí que lo sanara. Las aguas se movían, pero si lograban hacer lo que la gente decía que podían, él jamás lo pudo comprobar. Otros entraban primero. Y eran tantos. ¿Quién era el que alcanzaba sanidad? Nunca sabía.

Y ocurrió de un modo tan natural. Tan simple, como si nada estuviera por pasar. Cuando Jesús lo vio acostado, sabiendo que llevaba mucho tiempo así, le dijo: "¿Quieres ser sano?" ¡Qué pregunta! Era tan obvio y al mismo tiempo tan absurdo. "Claro que sí, pero... ¡es imposible! Siempre hay otro. Cuando se agita el agua y yo trato de entrar, otro desciende antes que yo. Y así, jamás". No era puro cinismo. Era también un gran sentido sobre una triste realidad inalterable. ¿Qué hacemos con la muerte? No podemos librarnos de sus garras por quererlo. Ni decir que ella no existe, como dijo la serpiente. La declaración, "No moriréis", es ficción, pura ficción; la realidad concluye en una tumba.

Y entonces ocurre lo inaudito. "Levántate, toma tu lecho, y anda", le dijo tu Hijo. Y al instante fue sanado. Ya todo era diferente. Su lecho en sus espaldas era el claro testimonio del milagro. Podían discutirle lo contrario y nada le afectaba. Vivía tu poder. Y en tu poder no hay muerte, porque tu don es vida eterna en Jesucristo.

Año Bíblico: 1 Corintios 1-4

SOLO DIOS ES INMORTAL

Te mando delante de Dios, que da vida a todas las cosas, y de Jesucristo, que dio testimonio de la buena profesión delante de Poncio Pilato, que guardes el mandamiento sin mácula ni reprensión, hasta la aparición de nuestro Señor Jesucristo, la cual a su tiempo mostrará el bienaventurado y solo Soberano, Rey de reyes, y Señor de señores, el único que tiene inmortalidad, que habita en luz inaccesible; a quien ninguno de los hombres ha visto ni puede ver, al cual sea la honra y el imperio sempiterno. Amén. 1 Timoteo 6:13-16.

Tú sabes, Padre, que al ser humano le gusta jugar a la eternidad. Dice que tiene un alma inmortal. E inventa una serie de formas mediante las cuales el alma continúa viviendo. Todas misteriosas, como el misterio de los dioses paganos que nunca han existido. Todas complicadas, como es siempre complicada la mentira. Todas pidiendo sacrificios, y acciones, y obras propias; como si la eternidad fuera una compra y una venta, hecha con el dinero de la vida misma, que ya nadie tiene, y se ha perdido. Desde que entramos en pecado, no hay nada ni nadie que tenga vida eterna, salvo tú, que eres eterno y siempre lo has sido. Sólo podemos tenerla por regalo. Como un regalo tuyo, en Jesucristo.

Pero aun teniendo vida eterna, por regalo, no somos inmortales; porque sólo tú lo eres. La inmortalidad es un estado de tu naturaleza. La muerte, en ti, es imposible por el hecho de que tú eres Dios. Porque tú mismo eres la vida. Nosotros sólo vivimos. Pero tú eres la vida misma y nada podrá jamás disminuirla, ni apagarla, ni mucho menos destruirla.

Cuando enfrentamos cada día los deberes comunes de la vida, no estamos simplemente actuando con acciones sueltas, aisladas, intrascendentes y banales. Cada acción se inscribe en la existencia como un claro testimonio de aquello que nosotros somos. Lo que tú haces siempre tiene permanencia. Hay siempre un brillo temporal, de eternidad, en tus acciones. Cuando le hablaste a Moisés para otorgarle la ley sobre el monte Sinaí, dejaste una marca de tu propia presencia en su semblante. Un brillo de tu gloria. Tu huella personal hecha de todo lo que tú eres. Siempre hay vida en todo lo que tú haces. La huella que nosotros dejamos en los hechos que hacemos, sin tu ayuda, cuando actuamos solos, es volátil. Y así pasamos por la vida, de un hecho a otro hecho, como de un suspiro a otro suspiro, tratando de hacer algo permanente; y todo lo que hacemos, se apaga sin dolor en la memoria.

Sólo hay un modo de hacer y ser eterno. Por un regalo tuyo. Cuando tú nos das la vida eterna, nos entregas también un modo nuevo de actuar. Más parecido al tuyo. El acto diario de la vida no es sólo un pequeño hacer para el sustento de la vida. Es un servicio por amor que abarca al prójimo y mi vida, pero está dirigido siempre a ti; porque en ti y por ti vivimos, y nos movemos, y somos; y es sólo para ti que hacemos todo y vivimos.

Año Bíblico: 1 Corintios 5-7

¿COMO ES LA MUERTE?

Acuérdate de tu Creador en los días de tu juventud, antes que vengan los días malos, y lleguen los años de los cuales digas: No tengo en ellos contentamiento;... antes que la cadena de plata se quiebre, y se rompa el cuenco de oro, y el cántaro se quiebre junto a la fuente, y la rueda sea rota sobre el pozo; y el polvo vuelva a la tierra, como era, y el espíritu vuelva a Dios que lo dio. Eclesiastés 12:1, 6-7.

¿Qué es la muerte? Es la quebradura en la cadena de plata, la rotura en el cuenco de oro, el destrozo del cántaro junto a la fuente, la rotura de la rueda sobre el pozo, y el polvo sin la vida que retorna a tierra oscura.

No te pregunto, Padre: ¿Por qué morimos? Bien yo sé la razón. Está escrita en la ciencia del cuerpo y en la de la psicología. La ciencia del odio también la grita. La pregona el dolor, la miseria, la guerra. Cada paso que damos, es un paso hacia la muerte. Cada día que pasa, cada hoja que cae, secando la vida, nos acerca a la muerte. Cada triste suspiro, cada quejido del alma, es un paso hacia la muerte. Todo en nosotros se deshace, gota a gota, hacia la muerte.

¿Cómo es la muerte? ¿Seguirá doliendo la rotura que duele? Y el destrozo que en un instante deshace las entrañas, y esparce los trozos quebrados bajo la tierra triste, ¿seguirá quebrando algo de mí cuando no viva? ¿Qué será de mi grito, y de mi canto, y de mi sueño? ¿Qué será de lo que soy cuando no sea? ¿Y qué de mi flor, cuando no huela? ¿Pasaré como nube en la distancia sin dejar una huella? ¿O ya no habrá nube, ni distancia, ni pisada, ni huella?

Mi polvo vuelve al polvo. Mi espíritu expansivo y al mismo tiempo introvertido, mi espíritu sanguíneo, mi forma de ser tan mía propia, mi propio carácter, vuelve a ti y a tu registro cierto. Porque nada se pierde hasta que vengas y porque esto que somos, volverá a la vida. Y ese mi mismo espíritu humano, la misma forma de ser, exactamente el mismo carácter que tuve, volverá a vivir, porque tú quieres. Y seremos otra vez lo que ya fuimos. No habrá pared alguna. Ni una puerta cerrada que detenga el paso para ver lo que tú ves sin restricción a cada instante. Y allí veremos lo que somos, como fuimos y como seremos siempre.

Hasta que llegue el día de tu juicio, el polvo es pura tierra y mi espíritu es apenas un registro; y esta persona viva que tú hiciste dejará de ser, porque no existe. Muerte. Se quebró el cántaro: la muerte. Y el oro de la vida se ha deshecho, por la muerte. La vida total que tú me has dado, vuelve a ti; y la energía de la lámpara quebrada, vuelve a su generador, sin conservar la forma individual que tuvo mientras alumbraba. Y en la muerte, no soy nada; porque es eso lo que muere: lo que ahora soy. Lo que tú hiciste. Lo que sin querer destruyo estando lejos de ti. Y haciendo el mal que me destruye, te pongo triste.

Año Bíblico: 1 Corintios 8-10

LOS MUERTOS DUERMEN

Dicho esto, les dijo después: Nuestro amigo Lázaro duerme; mas voy para despertarle. Dijeron entonces sus discípulos: Señor, si duerme, sanará. Pero Jesús decía esto de la muerte de Lázaro; y ellos pensaron que hablaba del reposar del sueño. Entonces Jesús les dijo claramente: Lázaro ha muerto. Juan 11:11-14.

Tu Hijo estaba al otro lado del Jordán. Se había ido allá, desde Jerusalén, después de celebrar la fiesta de la dedicación, en el invierno. En esa ocasión los incrédulos le habían dicho: "¿Hasta cuándo nos turbarás el alma? Si tú eres el Cristo, dínoslo abiertamente" (Juan 10:24). Pero la gente incrédula es siempre igual. No asume responsabilidad espiritual por nada. Hay siempre alguien que tiene la culpa, y todo lo que ocurre es responsabilidad de otras personas; o, en última instancia, tuya. Les respondió Jesús: "Os lo he dicho, y no creéis; las obras que yo hago en nombre de mi Padre, ellas, dan testimonio de mí; pero vosotros no creéis, porque no sois de mis ovejas".

Luego siguió diciendo que sus ovejas oyen su voz y lo siguen. Como resultado, les da vida eterna, y le pertenecen; porque tú se las diste. Y entonces dijo la frase explosiva del día: "Yo y el Padre uno somos". Los incrédulos, que estaban pidiendo un lenguaje más claro, implícitamente diciendo que no podían creer porque Cristo no era claro en sus expresiones, se pusieron violentos. Evidentemente no querían el lenguaje claro para creer, sino para condenar. Y desde luego que entre creer y condenar hay una diferencia muy grande. Los creyentes seguían a Jesús. Los incrédulos, deseosos de condenarlo, lo acusaron de blasfemia y tomaron piedras para apedrearlo.

Cristo se encontraba al otro lado del Jordán, donde al principio había estado Juan el Bautista, bautizando. Pero en Betania, cerquita de Jerusalén, ocurrió un problema. Lázaro se enfermó. Sus hermanas enviaron la noticia a tu Hijo, quien anunció: "Esta enfermedad no es para muerte, sino para gloria de Dios". Y se quedó dos días más. "Vamos a Judea", dijo después. Sus discípulos le hicieron recordar el peligro de apedreamiento en Jerusalén. Pero tu Hijo no estaba preocupado con eso. Le importaba el cumplimiento de la misión; y anunció la razón del viaje: "Lázaro duerme, mas voy a despertarlo". Pensaron los discípulos que la razón era muy débil, para el tremendo riesgo que todos ellos correrían. Y pensando que les hablaba del reposar del sueño, dijeron: "Si duerme, sanará". Entonces les dijo claramente: "Lázaro ha muerto".

No fue Cristo el único que definió la muerte como un sueño. Tú revelaste esta descripción de la muerte desde tiempos muy antiguos. Ya Moisés, había registrado este concepto en las palabras de Job: *Así el hombre yace y no vuelve a levantarse; hasta que no haya cielo, no despertarán* (Job 14:12). Y David: *Respóndeme, oh Jehová Dios mío; alumbra mis ojos, para que no duerma de muerte* (Sal. 13:3). Ver también Daniel 12:2.

Año Bíblico: 1 Corintios 11-13

LOS MUERTOS NO SIENTEN NI RECUERDAN

Porque los que viven saben que han de morir; pero los muertos nada saben, ni tienen más paga; porque su memoria es puesta en olvido. También su amor y su odio y su envidia fenecieron ya; y nunca más tendrán parte en todo lo que se hace debajo del sol. Eclesiastés 9:5-6.

¡Cuán bien lo sabemos! ¿Quién duda de la muerte? La muerte no tiene incrédulos; todos sabemos que habremos de morir. Y lo ignoramos voluntariamente, como un juego. El juego del hacer de cuentas. Y hago de cuenta que no existe. Pero llega, y sé que llega. Y cuando llega, lloro. Lloro por la persona que así pierdo, y por la persona que yo soy, y que mañana también yo perderé, cuando me muera. Y cuando muera, no sabré si otros me lloran. No sabré si me recuerdan. Ni siquiera sabré si otros se mueren.

La muerte es una amnesia, y mucho más que una memoria perdida que la edad ha hecho más torpe, o ha destruido el Alzhaimer. La muerte es un olvido; un olvido que nada registra, ni siquiera a sí misma.

A veces mi memoria no dice los nombres que quiero recordar. A veces se olvida de cosas que yo no quisiera olvidar. A veces juega conmigo, como queriendo humillarme un poco, y se me borra algo tan simple, en el momento que más lo necesito; y pocos minutos después, me lo recuerda tan claro, como si siempre hubiera estado así, sin un olvido. Y yo me siento mal. Pero me siento. Y sólo puedo sentirme porque vivo. Pero cuando me llegue la muerte, ni bien ni mal me sentiré. Ya no estará ni aquello con lo cual puedo sentir; yo estaré muerto. Por eso no me quejo de mi falta de memoria. Tampoco me avergüenzo cuando ella juega conmigo. Yo sé que la vida es mucho más que recordar las cosas que yo quiero, y aunque no pueda recordarlas siempre, con vivir ya es mucho, y me consuelo.

Cuando sé con claridad lo que es la muerte, y acepto que vendrá, sin espantarme, puedo vivir la vida mucho mejor, porque disfruto de todo sin quejarme, sabiendo que lo poco del sentir que ahora siento, es mucho más que mi silencio total cuando me muera. Los vivos sabemos que vamos a morir. Y es mejor que lo sepamos con saber honesto. No con ese hipócrita saber que juega a no saber, cuando ese engaño no vale para nadie. Sólo es un juego contra el mismo que lo juega. Sólo es un falso sentir que nadie siente. Vivir sabiendo que morimos es planear la eternidad, ya sin la muerte. Porque no existe otra manera de librarse de esta enorme distancia con los vivos, salvo el don de vida eterna que tú nos prometiste. Y vivo sin angustia. Miedo no tengo. Yo creo en tu promesa. Yo sé que cuando llegue el día que nadie quiere recordar para sí mismo, y se acabe mi acción y mi memoria; aunque este cuerpo que me diste se deshaga, y esta mente que me da tantas delicias, se me apague, tu memoria seguirá sin un olvido; y yo, por tu regalo, volveré a encontrarme de nuevo con los vivos, y viviré contigo por siempre, sintiendo plenamente, y sin olvido.

Año Bíblico: 1 Corintios 14-16

LOS MUERTOS NO PIENSAN

No confiéis en los príncipes, ni en hijo de hombre, porque no hay en él salvación. Pues sale su aliento, y vuelve a la tierra; en ese mismo día perecen sus pensamientos. Salmo 146:3-4.

Cada parte del ser humano que tú creaste es importante. No podemos prescindir de ninguna de ellas. Tampoco podemos vivir sin sus funciones, individuales o combinadas. ¿Qué sería la vida si no sintiéramos? ¿Y vivir sin desear, cómo sería? No me gustaría perder la facultad de aceptar, o rechazar, o decidir. Creo que me sentiría muy mal si en mi cuerpo no hubiera emociones, ni afectos, ni planes, ni canciones. Si yo fuera sólo un cuerpo, sería nada más que materia; y el ser espiritual que tú has creado, dejaría de ser. Yo no puedo ser otro. Si soy otro, ya no soy.

De todo esto, lo más precioso que tú me diste, y de lo cual, en cierta medida, depende todo lo demás que integra mi personalidad, es el pensamiento. Pensar es tan vital para mi persona, y para la persona de cada uno, que somos lo que cada uno es específicamente, en gran medida, por causa de lo que pensamos. Pensar y creer son las características que distinguen al ser humano del resto de la creación. De paso, el verdadero pensar está siempre unido a la facultad de creer. Quien no cree, piensa mal; y quien piensa mal, no cree. La falta de fe, reduce el pensamiento. La eliminación total del pensamiento es muerte. Por eso la falta de fe es una pequeña muerte. Una especie de anticipo de la muerte. Y la muerte anticipada es aun peor que la muerte completa, porque es una muerte consciente. La persona todavía piensa. En la muerte total, perece el pensamiento.

La pérdida del pensamiento comienza con el mal pensamiento. Y el mal pensamiento es el comienzo de pensar el mal, colocando así en nuestra mente, en acción, toda la potencia destructora del mal. Cada vez que pienso mal, me alejo de ti y me desvío mucho más hacia la muerte.

Por eso que el salmista llama la atención a los valores reales de la vida, ausentes en los príncipes humanos, pero siempre activos en ti, porque en ti está la salvación. Tú eres el perfecto ayudador. Toda existencia verdadera, tú la creaste. Tú tienes la verdad, y la justicia, y el pan. La libertad, la compasión, el amor. Proteges a los extranjeros. A los huérfanos y a las viudas tú los sostienes. Tú guardas la verdad inalterable y tu justicia no cesa; porque reinas para siempre y eres para siempre Dios. Tan confiable mañana como confiamos hoy en tus bondades.

Nosotros, en cambio, mira lo que somos: Una pequeña persona del absurdo. Colocamos nuestra confianza en príncipes humanos que pronto ni podrán ya recordarnos. Pues el príncipe, lo mismo que todos los hijos de los hombres, perderá su aliento y volverá a la tierra. Y en ese mismo día perecerán todos sus pensamientos. En cambio, sólo en ti hay salvación de la muerte; porque tú vives y salvas para siempre.

Año Bíblico: 2 Corintios 1-4

LUGAR DE LOS MUERTOS

Mas el hombre morirá, y será cortado; perecerá el hombre, ¿y dónde estará él? Job 14:10.

Para todo hay espacio, y existe un lugar para cada cosa que tú creaste. Y el ser humano vive, unido para siempre a su lugar de origen. Pero cuando muere, y ya no vive como las cosas vivas, y ni siquiera existe como existen las cosas que no viven, ¿adónde irá? ¿Tendrá una morada en tus dominios? ¿Adónde irá con su silencio y su vacío?

Sólo el seol es su morada; sólo el hades, su albergue. Nada más que su sepulcro con las paredes de tierra, con su lecho hecho de pausa y con la pausa hecha de vacío. Nada más que una espera donde se acaba la acción y donde no hay compañía.

Por eso, *todo lo que te viniere a la mano para hacer, hazlo según tus fuerzas; porque en el Seol* [sepulcro], *adonde vas, no hay obra, ni trabajo, ni ciencia, ni sabiduría* (Ecl. 9:10). Muchos piensan que sus muertos van al cielo cuando mueren; pero están en el sepulcro, sin saber a dónde han ido. Duermen. Su sueño no tiene pesadilla, ni alegría, ni pena, ni rencores, ni miedo. Sólo un silencio callado, sólo un callado vacío. Ni siquiera el consuelo del que espera sabiendo; porque nada es el hombre cuando está en el sepulcro. Nada más que recuerdo. Sólo un lecho sombrío. Tenemos esperanza cuando estamos vivos. Pero el muerto no sabe ni quiere nada, ni espera.

Bien sabemos, oh Dios, las promesas que hiciste desde siempre, en la Biblia. Nunca has anunciado que cuando llegue la muerte nos iremos al cielo. El mismo *David no subió a los cielos* (Hech. 2:34), y Cristo prometió que iríamos a las moradas celestiales sólo en su segunda venida.

En la casa de mi Padre —dijo— *muchas moradas hay; si así no fuera, yo os lo hubiera dicho; voy, pues, a preparar lugar para vosotros. Y si me fuere y os preparare lugar, vendré otra vez, y os tomaré a mí mismo, para que donde yo estoy, vosotros también estéis* (Juan 14:2-3).

David no hablaba de sí mismo cuando dijo: *A Jehová he puesto siempre delante de mí; porque está a mi diestra, no seré conmovido. Se alegró por tanto mi corazón, y se gozó mi alma; mi carne también reposará confiadamente; porque no dejarás mi alma en el Seol, ni permitirás que tu santo vea corrupción* (Sal. 16:8-10). Según Pedro, en su famoso sermón del día de Pentecostés, David hablaba de Cristo.

Varones hermanos —dijo—, *se os puede decir libremente del patriarca David, que murió y fue sepultado, y su sepulcro está con nosotros hasta el día de hoy. Pero siendo profeta, y sabiendo que con juramento Dios le había jurado que de su descendencia, en cuanto a la carne, levantaría al Cristo para que se sentase en su trono, viéndolo antes, habló de la resurrección de Cristo, que su alma no fue dejada en el Hades, ni su carne vio corrupción* (Hech. 2:29-31).

Año Bíblico: 2 Corintios 5-7

LA ESPERANZA DE LA RESURRECCION

Si el hombre muriere, ¿volverá a vivir? Todos los días de mi edad esperaré, hasta que venga mi liberación. Entonces llamarás, y yo te responderé; tendrás afecto a la hechura de tus manos. Job 14:14-15.

La esperanza que tú transmitiste a través de la Biblia fue siempre la resurrección. Sin la resurrección, la vida más allá de la muerte no existe. La resurrección es la restauración de la vida, después de la muerte, por tu poder mediante Jesucristo. Los que resuciten volverán a vivir con todas las características propias de su personalidad individual.

De cierto, de cierto os digo —dijo Cristo—: *El que oye mi palabra, y cree al que me envió, tiene vida eterna; y no vendrá a condenación, mas ha pasado de muerte a vida. De cierto, de cierto os digo: Viene la hora, y ahora es, cuando los muertos oirán la voz del Hijo de Dios; y los que la oyeren vivirán. Porque como el Padre tiene vida en sí mismo, así también ha dado al Hijo el tener vida en sí mismo; y también le dio autoridad de hacer juicio, por cuanto es el Hijo del Hombre. No os maravilléis de esto; porque vendrá hora cuando todos los que están en los sepulcros oirán su voz; y los que hicieron lo bueno, saldrán a resurrección de vida; mas los que hicieron lo malo, a resurrección de condenación* (Juan 5:24-29).

Tu Hijo vinculó la resurrección física, el retorno de los muertos creyentes a la vida, con la resurrección espiritual de los que creen. Cuando una persona, ya condenada por sus propios pecados, acepta a Jesucristo por la fe como su Salvador personal, pasa por una transformación de vida equivalente a la transformación que va de la muerte a la vida. Y el poder que actúa en esta transformación es el mismo que actuará en la resurrección física. La muerte al pecado, con la consiguiente resurrección espiritual, ocurre en el presente. Ahora. El que oye la palabra de tu Hijo y cree en ti, tiene la vida eterna ahora. La resurrección física, o resurgimiento a la vida desde el sepulcro, ocurrirá como consecuencia de la resurrección espiritual que experimentamos en la vida presente.

La resurrección de los creyentes se basa en la resurrección de tu Hijo. *Mas ahora Cristo ha resucitado de los muertos; primicias de los que durmieron es hecho. Porque por cuanto la muerte entró por un hombre, también por un hombre la resurrección de los muertos* (1 Cor. 15:20-21). De la resurrección de Cristo, además de la resurrección física, dependen también el perdón de los pecados, la fe y la predicación del Evangelio (ver 1 Cor. 15:14, 17).

La resurrección física es resurrección corporal. Cristo resucitó con el mismo cuerpo tangible que tenía antes de la crucifixión; y los creyentes, cuando Cristo venga por segunda vez, también volverán a la vida en el cuerpo que eran, transformado (Juan 20:14-18; Fil. 3:20-21).

Año Bíblico: 2 Corintios 8-10

SEREIS MANIFESTADOS CON EL

Si, pues, habéis resucitado con Cristo, buscad las cosas de arriba, donde está Cristo sentado a la diestra de Dios. Poned la mira en las cosas de arriba, no en las de la tierra. Porque habéis muerto, y vuestra vida está escondida con Cristo en Dios. Cuando Cristo, vuestra vida, se manifieste, entonces vosotros también seréis manifestados con él en gloria. Colosenses 3:1-4.

Cuando tú, oh Padre, resucitas espiritualmente a una persona, le das un nuevo estilo de vida. Su marca fundamental es la intimidad contigo gracias a la unidad con tu Hijo. Cristo es nuestra vida. En el presente se manifiesta como estilo de vida; en la resurrección, al fin del tiempo, como cuerpo glorificado. El estilo de vida nuevo, afecta la personalidad completa del ser humano, porque en vez de ser incrédulo, ahora cree. Cuando el ser humano pecador cree, comienza a producirse el proceso de la restauración. Porque redención es restauración. El creyente es salvado del pecado, de un estilo de vida independiente y rebelde, pecaminoso, para ser colocado en otro, de semejanza a Cristo. Y así se produce la restauración de tu imagen en nosotros.

Adquirimos la personalidad de una nueva criatura: somos una persona nueva. *De modo que si alguno está en Cristo, nueva criatura es; las cosas viejas pasaron; he aquí todas son hechas nuevas. Y todo esto proviene de Dios, quien nos reconcilió consigo mismo por Cristo, y nos dio el ministerio de la reconciliación* (2 Cor. 5:17-18). La vida nueva es producto de una intimidad de reconciliación contigo, por medio de Jesucristo, tu Hijo. Este estilo de vida no puede quedar escondido; se manifiesta en forma plenamente visible y se convierte, por eso, en un testimonio. El reconciliado, reconcilia. Y porque está reconciliado y reconcilia, si muere, no podrá ser retenido por el vencido poder del sepulcro: volverá a la vida. "Y los muertos en Cristo resucitarán primero". Esto es una nueva manifestación de tu poder. Así como le das una vida nueva ahora, le darás también la vida eterna, renovada.

La manifestación con Cristo en gloria, esto es, la participación de su gloria por la resurrección, a su venida, es un don especial de tu misericordia. Un regalo. La resurrección es un regalo. Nadie lo merece. Pero al mismo tiempo no lo das sin nuestra participación. No lo ganamos, pero tampoco estamos ausentes, o indiferentes, o ajenos al proceso que lo otorga. Porque unos resucitarán para vida eterna; y otros, para condenación perpetua. ¿En qué reside la diferencia? ¿En tu propia voluntad ejercida con poder arbitrario y discriminatorio? Nada de eso. Tú no discriminas, ni eres arbitrario. Tú eres justo. Y el regalo de la resurrección, además de ser un regalo de amor misericordioso, será también un acto de justicia. Los "benditos y santos", o "los que hicieron lo bueno", resucitarán primero, en una resurrección de vida; luego, en la segunda resurrección, al final del milenio, los injustos, o "los que hicieron lo malo", para condenación (Juan 5:29).

Año Bíblico: 2 Corintios 11-13

SEREMOS TRANSFORMADOS

He aquí, os digo un misterio: No todos dormiremos; pero todos seremos transformados, en un momento, en un abrir y cerrar de ojos, a la final trompeta; porque se tocará la trompeta, y los muertos serán resucitados incorruptibles, y nosotros seremos transformados. Porque es necesario que esto corruptible se vista de incorrupción, y esto mortal se vista de inmortalidad. Y cuando esto corruptible se haya vestido de incorrupción, y esto mortal se haya vestido de inmortalidad, entonces se cumplirá la palabra que está escrita: Sorbida es la muerte en victoria. 1 Corintios 15:51-54.

No todos moriremos, pero todos seremos transformados. Cuando tu Hijo retorne, habrá una generación de seres humanos vivos. Los redimidos no necesitarán pasar por el sepulcro como una consecuencia de su pecado. Pero los incrédulos, sí, pasarán por ella. Morirán cuando Cristo retorne al cielo con los redimidos. Los justos vivos y los justos resucitados serán todos transformados. ¿Qué es la transformación? ¿Se trata de una transformación del carácter para ajustarlo al estilo de vida de la vida eterna? El carácter ya ha sido transformado con la justificación que eliminó los pecados pasados y con la vida nueva, por medio del Espíritu, que restauró en ellos la imagen del Creador, borrada por la experiencia con el mal en que vivieron.

La transformación es una transformación del cuerpo para adaptarlo a la vida eterna. Ahora, en esta ajena vida terrenal, el cuerpo es corruptible. *Mas nuestra ciudadanía está en los cielos, de donde también esperamos al Salvador, al Señor Jesucristo; el cual transformará el cuerpo de la humillación nuestra, para que sea semejante al cuerpo de la gloria suya, por el poder con el cual puede también sujetar a sí mismo todas las cosas* (Fil. 3:20-21).

La transformación del cuerpo es el acto final de Cristo en su trabajo de transformación y restauración que ha estado haciendo en nosotros a través de todo el proceso de la redención. Es la llegada en el camino de la perfección. Mientras estemos aquí, en este mundo, estaremos transitando cada día por el camino de la perfección, que es Cristo. Por haber cometido pecado, y todos pecamos, somos todos pecadores. Ya no podemos ser perfectos como consecuencia de nuestras acciones perfectas. Pero sí podemos ser perfectos en Cristo. Y todas las buenas obras de la nueva criatura, son un testimonio de lo que tú y tu Hijo pueden hacer en la vida pecadora para restaurarla al propósito inicial que tuviste en su creación. La perfección nuestra sólo puede provenir de una intimidad contigo, a través de Cristo, que recibimos como un regalo tuyo.

La transformación de la corruptibilidad de nuestro cuerpo en incorruptibilidad, y de su mortalidad en inmortalidad, es otro de tus maravillosos regalos que nos acondicionan para la vida eterna.

Año Bíblico: Gálatas 1-3

NO PRECEDEREMOS A LOS QUE DURMIERON

Tampoco queremos, hermanos, que ignoréis acerca de los que duermen, para que no os entristezcáis como los otros que no tienen esperanza. Porque si creemos que Jesús murió y resucitó, así también traerá Dios con Jesús a los que durmieron en él. Por lo cual os decimos esto en palabra del Señor: que nosotros que vivimos, que habremos quedado hasta la venida del Señor, no precederemos a los que durmieron. Porque el Señor mismo con voz de mando, con voz de arcángel, y con trompeta de Dios, descenderá del cielo; y los muertos en Cristo resucitarán primero. Luego nosotros los que vivimos, los que hayamos quedado, seremos arrebatados juntamente con ellos en las nubes para recibir al Señor en el aire, y así estaremos siempre con el Señor. 1 Tesalonicenses 4:13-17.

La mentalidad apostólica, y de toda la iglesia primitiva, seguía una dirección diferente a la seguida por la mayor parte de los cristianos hoy. Ellos pensaban, Padre, en términos de tu revelación, exclusivamente. Para ellos los muertos estaban en el sepulcro. No estaban en ningún otro lugar de ventaja sobre los vivos, como sería el caso si ya estuvieran en el cielo. Por el contrario, los que según ellos podrían tener una ventaja sobre los demás, serían los cristianos que estuviesen vivos en el tiempo de la segunda venida de tu Hijo.

Pero tú, a través de Pablo, revelaste que ni los vivos tendrán ventaja sobre los muertos, ni los muertos pueden tenerla sobre los vivos. Todos los creyentes estarán vivos cuando Cristo venga. No hay un grupo que vaya delante del otro, porque los muertos en Cristo resucitarán primero. Sí, habrá otros que también resucitarán, pero los creyentes resucitan en primer lugar.

¿Tiene esto algún significado en una experiencia de eternidad que no puede ser eclipsada por nada?

Sí, tiene un gran valor espiritual para el presente. Los cristianos de Tesalónica, lo mismo que los que vivieron en todas las épocas y lugares, posteriormente a ellos y anteriores a la segunda venida, reciben algo que necesitan: aliento. Pablo, después de decir que los vivos no precederán a los muertos, dice: *Por tanto, alentaos los unos a los otros con estas palabras.*

Es cierto que el verdadero aliento cristiano es ajeno a la igualdad en la recompensa. Primero, porque la resurrección no es recompensa, sino regalo. Segundo, porque la recompensa como tal, aunque proceda de ti, no es tu propia persona. Pero la esperanza es una fuente de aliento, porque procede de ti. Y cuanto más clara sea la esperanza y más completo su conocimiento, más fuerte el aliento que recibimos para la vida, especialmente en circunstancias negativas, como las que pasaban los miembros de la iglesia de Tesalónica.

Año Bíblico: Gálatas 4-6

LA VIDA ES EFIMERA

El hombre nacido de mujer, corto de días, y hastiado de sinsabores, sale como una flor y es cortado, y huye como la sombra y no permanece. ¿Sobre éste abres tus ojos, y me traes a juicio contigo? ¿Quién hará limpio a lo inmundo? Nadie. Ciertamente sus días están determinados, y el número de sus meses está cerca de ti; le pusiste límites, de los cuales no pasará. Si tú lo abandonares, él dejará de ser; entre tanto deseará como el jornalero, su día. Job 14:1-6.

Nace el ser humano, como una flor, y es cortado. ¿Cuánto dura la flor? La vida es un suspiro, y es una nube viajera. Si piensa en tu eternidad, inevitablemente pregunta: ¿Cuánto es la eternidad? Y es siempre un poco más. Y tú me prometiste que esta vida tan breve se tornará en una existencia para siempre, por tu bendita grandeza.

Me cuesta entender las dos cosas: la brevedad de la vida y su eterna permanencia. ¿Por qué no entiendo que es breve? Porque la quiero sin fin. Y no soy sólo yo quien la quiere para siempre. Todos los que creen en la reencarnación; los que dicen que, cuando mueren, se van al cielo contigo; y los que no creen en nada, pero tienen miedo de la muerte y la evitan como pueden. Nadie quiere una vida breve, nadie desea la muerte. Todos buscamos más vida, aunque sea un poco tan sólo; pero al llegar a ese poco, se le ha tornado tan insuficiente que busca siempre más vida.

No importa si ella es grata, o si la persona está hastiada de sinsabores, o llena de alegría; cuando uno llega al final de la vida, siempre la ve como un soplo, siempre la siente muy breve; y aunque su flor está marchita, la quisiera guardar por mucho, mucho tiempo, como un pétalo en un libro: ¡que no se acabe su sueño!

¿Cómo siendo la vida tan valiosa, tiene que ser tan breve? Sí, yo entiendo lo del pecado. Se deteriora, se gasta, se desintegra, se acaba. Yo sé. Sin que nadie me lo diga, lo sé por la experiencia. Por lo que leo, lo sé; yo lo sé también por lo que escucho y por lo que vivo. La vida es corta y muy breve. Pero ¿por qué? Sí, ¿por qué? Y yo entonces me respondo lo que tú mismo me has dicho: Se acaba por el pecado, se reduce por el mal; la maldad mata y destruye como si fuera una plaga, o una tormenta en su furia, y el pecado toma el dominio, llevándola en poco tiempo para su cárcel hecha de tierra y a su dominio de sombra; y yo me quedo sin ella.

Tampoco entiendo su eternidad. Claro que sé cómo viene. Tú la regalas, no a todos. A todos tú se la ofreces; pero no todos te la reciben. Muy simple. Tú no la das al que no quiere tenerla. Si no sabe qué hacer con ella, si con ella sólo se pierde, ¿para qué más tiempo perdido, si todo acaba en lo mismo? Pero el que cree, recibe; y yo te creo creyendo. Aunque no entienda yo el tiempo, no me dejes sin la vida. Igual la quiero yo: mía, como tú quieras donarla. Breve, muy breve en mis días; y en los tuyos, para siempre.

Año Bíblico: Efesios 1-3

EL MILENIO Y EL FIN DEL PECADO

Vi a un ángel que descendía del cielo, con la llave del abismo, y una gran cadena en la mano. Y prendió al dragón, la serpiente antigua, que es el diablo y Satanás, y lo ató por mil años. Apocalipsis 20:1-2.

"El milenio es el reino de mil años de Cristo con sus santos en el cielo que se extiende entre la primera resurrección y la segunda. Durante ese tiempo serán juzgados los impíos. La tierra estará completamente desolada, sin habitantes humanos, pero sí ocupada por Satanás y sus ángeles. Al terminar ese período, Cristo y sus santos, junto con la Santa Ciudad, descenderán del cielo a la tierra. Los impíos muertos resucitarán entonces, y junto con Satanás y sus ángeles rodearán la ciudad; pero el fuego de Dios los consumirá y purificará la tierra. De ese modo el universo será librado del pecado y de los pecadores para siempre (Apoc. 20; 1 Cor. 6:2-3; Jer. 4:23-26; Apoc. 21:1-5; Mal. 4:1; Eze. 28:18-19)" (*Manual de la Iglesia*, Creencia Fundamental, N.º 26).

Tu ángel desciende con la llave del abismo. Así estaba la tierra cuando tú la creaste. Era un abismo; *ábussos*, según la versión de los Setenta. Ahora, el ángel trae la llave para retornar la tierra al mismo abismo. Es decir, para colocarla en la necesidad de una nueva creación. Sin embargo, el asunto principal que deseas revelarnos no está relacionado con la tierra, como planeta, sino con el destino del diablo y Satanás. El ángel trae una grande cadena para él. Viene a atarlo y lo consigue. Lo amarra por mil años. Es una cadena de circunstancias que incluye la ausencia de seres humanos —los impíos están muertos, todos ellos, y los redimidos van al cielo, con Cristo—, y la desolación de la tierra. Ante estas condiciones, no puede seguir trabajando en su satánico proyecto.

El milenio comienza con la segunda venida de Cristo, la resurrección de los creyentes muertos, la transformación de los creyentes vivos, la muerte de todos los impíos, y el encarcelamiento de Satanás. Reducido a la inacción, sufre. Mil años, con todos sus ángeles, contemplando el resultado final de su obra destructora sobre la tierra. Todo en ruinas. Muertos sus seguidores humanos; y los santos, muy lejos de él, se le han tornado inaccesibles. Sólo trajo destrucción y ruina; y es eso —ruina y destrucción— lo que tiene en el milenio.

En cambio, los redimidos, vivos y resucitados, son bienaventurados y santos; y la muerte segunda no tiene ninguna potestad sobre ellos. Son libres para siempre, con el Señor. Por eso es *bienaventurado y santo el que tiene parte en la primera resurrección; la segunda muerte no tiene potestad sobre éstos, sino que serán sacerdotes de Dios y de Cristo, y reinarán con él mil años* (Apoc. 20: 6). Finaliza el milenio con el retorno de la Santa Ciudad trayendo a Cristo y los fieles, con la resurrección de todos los incrédulos muertos, con la liberación de Satanás, por un corto tiempo, con su destrucción final, después de esto, y con el reinado de Cristo, para siempre.

Año Bíblico: Efesios 4-6

LA TIERRA DESOLADA Y VACIA

Miré a la tierra, y he aquí que estaba asolada y vacía; y a los cielos, y no había en ellos luz. Miré a los montes, y he aquí que temblaban, y todos los collados fueron destruidos. Miré, y no había hombre, y todas las aves del cielo se habían ido. Miré, y he aquí el campo fértil era un desierto, y todas sus ciudades eran asoladas delante de Jehová, delante del ardor de su ira. Porque así dijo Jehová: Toda la tierra será asolada; pero no la destruiré del todo. Jeremías 4:23-27.

Caos. Tú, Padre, no hiciste la tierra para el caos. Esta es la condición en que estaba la tierra cuando comenzaste la creación: desordenada y vacía. Tampoco llega a esta situación por la actividad depravadora del hombre, que en nuestro tiempo ciertamente está en un proceso antiecológico y destructor. Y no será destruida por el hombre, porque antes que complete su obra de explotación destructora, tu Hijo vendrá para *destruir a los que destruyen la tierra* (Apoc. 11:18).

La tierra llega al estado caótico por el cataclismo que produce la segunda venida de Cristo. Tu propia fuerza sacude la tierra y destruye toda la obra humana que contiene los rastros y hasta la propia presencia del pecado. Todo tiene que ser purificado para quedar nuevo. Lo viejo y contaminado tiene que ser destruido y purificado. Como la destrucción de Jericó, cuando el pueblo de Israel comenzó la conquista de la tierra prometida. *Y será la ciudad anatema a Jehová* —dijiste a Moisés—, *con todas las cosas que están en ella;... Y consumieron con fuego la ciudad, y todo lo que en ella había* (Jos. 6:17, 24).

Tu cataclismo será grandioso. Desvanecerás el cielo y lo enrollarás como un pergamino antiguo que se cierra. Trasladarás los montes, reordenando la propia geografía de la tierra. Y removerás las islas de sus lugares. Nada será igual a lo que estaba. Un caos. Pero será el caos total sólo para hacer todo de nuevo al fin del milenio.

Cuando pienso en el milenio, y la prisión del demonio, y el reino de los cielos donde cada redimido vivirá contigo por mil años, vuelvo a asombrarme con tu forma de hacer todas las cosas. A mí me parecería que nada de eso es necesario. Que una orden tuya bastaría. Una palabra ordenando la purificación de la tierra. Una orden que diga: que todo lo antiguo acabe y que ahora todo se haga nuevo. Suficiente. Pero tú nunca prescindes del proceso. Lo haces aunque no lo necesites. Sólo porque lo necesitan tus criaturas, para entender las cosas. Tú condescendencia con nosotros y con las inteligencias creadas por ti, en otros mundos, no tiene límites.

Y esto me da una inmensa seguridad en ti. Yo sé así que jamás harás nada que me deje perdido. Ni siquiera intelectualmente perdido. Tú afirmas una verdad y me la explicas. Tú decretas una ley y me la aclaras. Tú haces de nuevo el mundo y me lo muestras. No sólo como producto final; también como plan, como acción, como proceso. Todo lo abres a mis ojos, que se asombran más y más, y me conquistas.

Año Bíblico: Filipenses

REINARON CON CRISTO

Y vi tronos, y se sentaron sobre ellos los que recibieron la facultad de juzgar; y vi las almas de los decapitados por causa del testimonio de Jesús y por la palabra de Dios, los que no habían adorado a la bestia ni a su imagen, y que no recibieron la marca en sus frentes ni en sus manos; y vivieron y reinaron con Cristo mil años. Apocalipsis 20:4.

Al leer este texto me llama la atención la coherencia de tu revelación y la forma real que tienes tú para cumplir con tus promesas.

En el libro de Daniel tú prometiste dar el reino y el juicio a los santos, y esto parecía imposible bajo las condiciones de cautiverio en que Israel, tu pueblo, se encontraba en Babilonia. Es verdad que Daniel tu siervo, a quien dijiste tú estas cosas, era un líder nacional; pero tú hablabas de todos los santos, no solamente de uno que estaba en una situación muy especial. Porque, contra el cuerno pequeño y a favor de tu pueblo que él perseguiría y destruiría, tú dijiste: *Pero se sentará el Juez, y le quitarán su dominio para que sea destruido y arruinado hasta el fin, y que el reino, y el dominio y la majestad de los reinos debajo de todo el cielo, sea dado al pueblo de los santos del Altísimo, cuyo reino es reino eterno, y todos los dominios le servirán y obedecerán* (Dan. 7:26-27).

Esto fue escrito, como promesa, casi seis siglos antes de Cristo. Un siglo después de Cristo repetiste de nuevo la promesa. Esta vez, en el mensaje a la iglesia de Tiatira; hablando tu Hijo al vencedor, lo dijo de esta manera: *Al que venciere y guardare mis obras hasta el fin, yo le daré autoridad sobre las naciones y las regirá con vara de hierro, y serán quebradas como vaso de alfarero; como yo también la he recibido de mi Padre* (Apoc. 2:26-27).

Prometiste otorgar, a los creyentes vencedores, la misma autoridad que has dado a tu Hijo sobre las naciones. Y tantos siglos han pasado; sin embargo, cada vez que repites la promesa conserva la unidad con las promesas anteriores como si no hubiera transcurrido tiempo alguno. Parece todo tan real y tan tuyo, por el modo de ser y de expresarse; y tan verdadero que no deja duda al creyente.

La acción del Juez, en pleno juicio, ocurre antes del fin y hasta el fin, cuando el cuerno pequeño sufriría destrucción y ruina. Y después del fin, entregarías el reino y el dominio, la majestad y el juicio, en manos de tus santos. Por otro lado, al que venciere hasta el fin, le otorgarías la autoridad sobre naciones y gobiernos. Todo esto se cumple durante y al final del milenio. Lo que nos espera al final, como hijos tuyos, es un reino de poder eterno. Pero no es el poder lo que me atrae. A mí me atraes tú. Yo quiero estar contigo. Comprender mejor las bases de tu ser, que hacen posible la atracción a ti que siento y vivo; porque tú eres Dios, y nadie es como tú que perdonas y salvas, que cumples tus promesas y nos amas.

Año Bíblico: Colosenses

EL JUICIO QUE LOS SANTOS HACEN

¿O no sabéis que los santos han de juzgar al mundo? Y si el mundo ha de ser juzgado por vosotros, ¿sois indignos de juzgar cosas muy pequeñas? ¿O no sabéis que hemos de juzgar a los ángeles? ¿Cuánto más las cosas de esta vida? 1 Corintios 6:2-3.

Tú das a los creyentes la autoridad para realizar dos tipos de juicio. Uno es el juicio sobre pleitos entre miembros de tu iglesia, y el otro es el juicio sobre los perdidos: seres humanos incrédulos y ángeles caídos. El primero ocurre aquí y ahora, bajo las actuales condiciones de influencia del mal que siempre tiene lugar. El otro, durante el milenio. Ningún creyente pone en duda el poder para juzgar al mundo pecador y a todos los ángeles caídos. Pero el poder para juzgar los pleitos entre miembros de la iglesia, podría prestarse a discusión o hasta a rechazo; porque nos afecta a nosotros mismos de un modo inmediato y real.

Pero tú no querías que tus fieles llevasen sus diferencias a los tribunales de justicia, integrados por personas no creyentes. Tú dices que para nosotros es mejor que estos problemas sean resueltos dentro de la iglesia misma, y por las personas que tienen la responsabilidad de dirigirla. Con esto tú implicas un trato más justo. Más en armonía contigo y con tu manera de evaluar las acciones todas de la vida. Más sabio. Tú nos instas también a no tener pleito alguno con los hermanos. Por supuesto, primero no provocando situaciones conflictivas. Y segundo, estando dispuestos a sufrir el agravio que nos hagan, y a soportar el ser defraudados cuando esto ocurra.

La importancia de ser jueces en el milenio reside en su relación con nuestra entrada al cielo. Sólo los salvados podrán hacer el juicio y los que puedan hacer el juicio del milenio alcanzarán la salvación. Esto nos coloca de nuevo en la necesidad de ser completamente justos ahora. Es en los juicios y en los actos justos que hoy realizamos, donde logramos la preparación adecuada para el juicio del milenio. Quiere decir que nuestra presencia en el milenio depende de lo que vivimos ahora en esta vida.

El juicio del milenio en realidad no decide quién se salva y quién se pierde. Esta decisión se hará durante el juicio investigador, antes de la segunda venida de Cristo, comenzando en 1844 con los vivos y terminando cuando Jesucristo salga del Santuario Celestial, para volver al mundo en busca de los suyos. El objetivo del juicio en el milenio es explicar las razones que tuviste tú para condenar a los perdidos. Tú eliminarás toda clase de dudas que pudieran surgir en la mente de los redimidos en cuanto a las personas perdidas. Quizá pudiera haber, entre los perdidos, alguna persona cuya vida aquí en la tierra nos pareció tan alejada del mal, que su salvación era segura. O también podrá existir el caso contrario. El juicio mostrará cuán tercos fueron al rechazar todo lo que has hecho para redimirlos, y nos sentiremos seguros de tu amor y tu justicia.

Año Bíblico: 1 Tesalonicenses

EL ULTIMO ENGAÑO

Cuando los mil años se cumplan, Satanás será suelto de su prisión, y saldrá a engañar a las naciones que están en los cuatro ángulos de la tierra, a Gog y a Magog, a fin de reunirlos para la batalla; el número de los cuales es como la arena del mar. Apocalipsis 20:7-8.

Sí, va a ser emocionante. Todo estará claro para todos. Ninguna duda. Ningún criterio disidente. Ninguna frustración causada por tus decisiones. Cada hijo tuyo sentirá tu justicia como una realidad llena de gozo. Los cantos y las alabanzas no cesarán de repetirse. Porque tú eres digno. Porque todos tus juicios son justos. Porque para siempre es tu misericordia.

Y comienzan los preparativos para el retorno a la tierra. Mil años de gobierno celestial habrán pasado. Es ya tiempo de renovar la tierra y transformarla en la morada que tú siempre quisiste hacer para nosotros, desde el mismo momento de la creación. Y la santa ciudad, dispuesta como una esposa ataviada para su marido, desciende. Con tu Hijo acompañado de sus redimidos. Y al llegar al mundo, llamas a la vida a todos los pecadores de todos los tiempos. Esta es la segunda resurrección general. La primera fue sólo de justos, en el momento mismo de la segunda venida. Y antes de ella, justo antes de la segunda venida, hubo una resurrección especial de justos y pecadores: los justos que estuvieron relacionados con el tiempo final, cuando se anunció el retorno de tu Hijo, y los pecadores que participaron en su crucifixión.

Cuando Satanás ve que sus seguidores de todos los tiempos resucitan, vuelve a actuar con rapidez y con astucia. Produce el último engaño, sutil y convincente, el peor de todos sus engaños. Les dice que él los ha resucitado y lo único que impide la conquista total del mundo para ellos, es ese grupo que está dentro de la ciudad. No es difícil vencerlos. El tiene todo el poder. La prueba está en la resurrección de todos ellos. Y todos se consagran a la tarea de la conquista.

Pero el triunfo del mal ya es imposible. Su suerte final ha sido decidida. Tú les concedes ese corto tiempo, tan sólo para hacer visible a todo el universo la naturaleza irreversible del mal. Una vez que vienen a la existencia, toda su acción es siempre contra ti; y es también contra la vida.

Sitian la ciudad. Parece tan vulnerable ante su mezquina comprensión de la grandeza divina. Nunca tuvieron respeto a tu poder y lo desprecian hasta el mismo fin. Nadie puede vivir así. Ellos están confirmando que el decreto final del juicio tuyo, es lo único que corresponde a su malicia. Y es exactamente para eso que tú lo revelaste. Nosotros podemos comprender anticipadamente lo que en el mal existe, desde su comienzo hasta su fin. Es pura rebelión y es destrucción eterna, sin retorno. Mas tú, oh Dios, tú eres la vida; y sólo en ti la conseguimos como vida eterna.

Año Bíblico: 2 Tesalonicenses

Y LOS CONSUMIO

Y subieron sobre la anchura de la tierra, y rodearon el campamento de los santos y la ciudad amada; y de Dios descendió fuego del cielo, y los consumió. Apocalipsis 20:9.

Tu extraña obra ha llegado. ¿Desde dónde miras tú a la multitud enfurecida que pretende conquistar a tus redimidos? O tal vez debiera preguntar: ¿Desde dónde tú no miras? Porque todo está abierto para tus ojos sabios. No se te esconden mis hechos ni mis acciones. Tú ves desde el comienzo cuanto pienso y cuanto quiero. Y aquella multitud de fuertes que quiere conquistarte en tus dominios, nada sabe de ti. Nunca quisieron conocerte. Siempre buscaron sus caminos propios. Siempre anduvieron por su propia senda. Cada paso que dieron, fue un paso hacia sí mismos. ¿Y qué encontraron en ellos? Un pequeño montón de barro: comprimido y reseco. Un deseo endurecido por el dominio. Nada más que una agonía. Nada más.

Tú los contemplas, callado: ¿Por qué nunca quisieron? ¿Por qué me rechazaron? Y tú sabes el porqué, pero aún sientes la pena de tener que destruirlos, para siempre. Y no tienes otra alternativa. Ya todo tú probaste, todo; y ellos todo han rechazado. Están listos para el castigo del fuego eterno. Pero tú nunca lo estás. ¡Qué extraña obra es para ti! Y ellos, ¡qué pena! Serán destruidos eternamente, como Sodoma y Gomorra.

Y a los ángeles que no guardaron su dignidad, sino que abandonaron su propia morada, los ha guardado bajo oscuridad, en prisiones eternas, para el juicio del gran día; como Sodoma y Gomorra y las ciudades vecinas, las cuales de la misma manera que aquéllos, habiendo fornicado e ido en pos de vicios contra naturaleza, fueron puestas por ejemplo, sufriendo el castigo del fuego eterno (Jud. 6-7).

Fuego eterno que elimina para siempre. Como ha llegado la hora de la "redención eterna" para los que están en la ciudad, también ha llegado la hora de tu "juicio eterno" para los rebeldes (Heb. 6:2). Y los que quieren tomarla, ven el fuego descendiendo. Porque "de Dios descendió fuego del cielo y los consumió" (Apoc. 20:10). Luego el fuego se expande por toda la tierra. Porque todas estas cosas han de ser deshechas. *Y los cielos pasarán con grande estruendo, y los elementos ardiendo serán deshechos, y la tierra y las obras que en ella hay serán quemadas* (2 Ped. 3:10).

Y el diablo que los engañaba fue lanzado en el lago de fuego y azufre, donde estaban la bestia y el falso profeta... Y la muerte y el Hades [sepulcro] *fueron lanzados al lago de fuego* (Apoc. 20:10, 14). Nada pecaminoso escapa. Su destrucción es eterna. *Porque he aquí, viene el día ardiente como un horno, y todos los soberbios y todos los que hacen maldad serán estopa; aquel día que vendrá los abrasará, ha dicho Jehová de los ejércitos, y no les dejará ni raíz, ni rama* (Mal. 4:1). Destruido para siempre, el mal nunca más será permitido. Y tus redimidos vivirán sin él, sólo contigo, eternamente.

Año Bíblico: 1 Timoteo

SANTA MANERA DE VIVIR

Puesto que todas estas cosas han de ser deshechas, ¡cómo no debéis vosotros andar en santa y piadosa manera de vivir! 2 Pedro 3:11.

Padre, estamos en los últimos tiempos y la hora de tu juicio se aproxima. Los que esperamos creyendo, sabemos que el mal irá en aumento; y la gente vivirá de mal en peor. Yo enfrento esta realidad con arrepentimiento. Perdona, Señor, lo que hice mal. Yo he pecado delante de ti. No supe hacer lo bueno. No siempre hice lo malo, pero tampoco hice siempre lo bueno. Soy pecador delante de ti. Ten misericordia de mí conforme a la multitud de tus misericordias, conforme a la grandeza de tus bondades. Yo sé que tú perdonas. Yo sé que tú salvas. Sálvame de mis enemigos, y líbrame de mi pecado; porque mi pecado está siempre delante de mí, y contra ti he pecado.

Yo espero en ti. Sólo en ti yo espero porque nada más existe como tú. Dios que perdona la iniquidad, que se olvida del pecado. Dios que busca y salva como nadie. Yo en ti confío. Y cada vez que a ti me vuelvo, tú estás ahí para salvarme. Me consuelas, me limpias, me transformas. Me das esta esperanza que llena mi alma de alegría y me das una nueva vida. Y estando en esta esperanza, según tu promesa, espero un cielo nuevo y una tierra nueva, donde mora la justicia. Dame, pues, la diligencia de tu propio Espíritu, para que pueda yo vivir sin mancha, irreprensible, en paz. Sabiendo que tu paciencia para conmigo es para mi propia salvación, dame, te ruego, la firmeza de tu santidad. Y ayúdame a crecer en tu gracia y en el conocimiento redentor de Jesucristo, mi Rey, mi Salvador, mi vida eterna.

Y cuando siento que tú, por medio de tu Espíritu, te acercas, me siento hecho de nuevo. Como árbol de follaje ausente, triste del invierno, angustiado y vacío, que de pronto se viste de hojas nuevas, de flores y de frutos, porque ha llegado el tiempo de tus bendiciones. Siento que la tierra sufre, que los hombres lloran, que los niños ya no saben dónde se encuentra su padre. Las madres andan perdidas y los hombres no se encuentran. ¿Dónde está la santidad entre los hijos de tu pueblo? ¿Dónde el pan que tú repartes? ¿Por qué no lo comemos con el sabor de tu mano, con el cuerpo de tu fuerza? ¿Por qué amasamos nuestra harina propia y sólo comemos la hojarasca de un pan enmohecido, de una idea sin fuerza, distante de tu verbo?

Señor, tu santidad: es sólo tu piedad lo que nos falta. Tu aurora, tu luz, tu propia verdad sin una ausencia. Tu estilo de vida sin rencor, como una luna llena, sin la sombra de mi propia ausencia. Yo quiero estar presente, contigo, donde estés. En medio de la calle, en la ciudad perdida. Distante, en el camino, buscando al extraviado. Siguiendo tu pisada como una forma nueva de ser y de servirte. Haciendo lo que mandes, porque yo sé que nada se parece más a ti, que tu propia manera de ser y de vivir, bajo el poder que, en el Espíritu, nos diste.

Año Bíblico: 2 Timoteo

VIVIENDO A LA ESPERA DE LA DESTRUCCION

Por lo cual, oh amados, estando en espera de estas cosas, procurad con diligencia ser hallados por él sin mancha e irreprensibles, en paz. 2 Pedro 3:14.

Las esperamos porque tú las anunciaste. Y lo que tú dices, ocurre. Hasta las cosas ocurrieron cuando tú las dijiste, en la creación. "Sea", dijiste, y pasaron a existir. Y cada vez que tú dices, con la intención de que así sea, ocurre. Y estas cosas que esperamos, incluyen cielos nuevos y tierra nueva, como también la quemazón de la tierra y de las obras que hay en ella, el arder de todos los elementos calcinados, el estruendo de los cielos que pasan, y el fuego destructor en tu día de juicio.

Todo es parte de lo que esperamos. Tú dijiste que sería así, y esperamos que así será. Yo no lo dudo. Pero si esto digo, me pregunto: ¿cuánto de mí se compromete con la espera? ¿Cómo llego a ser en mi forma de vivir, porque espero lo que tú nos anunciaste? Y lo que espero también es destrucción. Y por supuesto, no la quiero para mí: la espero para el mundo, para el mal, para el dominio que ejerce presión sobre mi mente hacia el pecado; la espero para el mismo demonio.

Y entonces me pregunto: ¿Con cuánto de tu vida tú la esperas? ¿Con la mente que recibe la verdad de sus anuncios, con la boca que dice lo que quiere, con los gestos sin mayores compromisos que sus formas? ¿Con cuánto de lo que eres? Y tengo que admitirlo, porque mentirme a mí, aunque es posible, es un absurdo; y quién sabe, también una locura. Yo tengo que admitirlo: existen todavía sectores de dominio que conservo. Oh, sí, en mi intención te pertenezco entero, y sin reservas. Tú eres el único que manda. Sigo sólo tu palabra. Estoy dispuesto a todo por ti, cuando tú quieras. Si has de juzgarme por estas intenciones, yo sé que no estoy mal. Pero también yo sé que no es así. No juzgas tú mis intenciones sin sus frutos y sus obras. Como tampoco juzgas tú mis obras, sin sus mismas intenciones.

Yo sé, tú nunca aceptas la parte por el todo. No desechas la entrega que ya te hice. Pero esperas lo que resta; porque es eso lo que hará que tengas en tu mano, tú, mi todo. Y es todo lo que soy, lo que tú esperas de mí, cuando me entrego. Yo espero destrucción, al fin del tiempo, cuando el milenio haya llegado al fin del juicio tuyo; pero no es mi destrucción lo que yo espero. Ayúdame a entregarte todo lo que soy. Porque una parte de mí está en tu mano; y la otra, la conservo en mi propia reserva; esto me divide a mí como a un demente. Y así yo soy, pero al mismo tiempo no soy: sufro una locura espiritual que me destruye.

Quiero seguir por tu camino, sin reducir la marcha y sin desvío. Quiero ser un hijo tuyo, sin restricciones de mi propia voluntad, para mí mismo. Sólo quiero que tú no me abandones; que sigas tu obra en mí, hasta que acabes.

Año Bíblico: Tito

EL JUICIO DEL TRONO BLANCO

Y vi un gran trono blanco y al que estaba sentado en él, de delante del cual huyeron la tierra y el cielo, y ningún lugar se encontró para ellos. Apocalipsis 20:11.

Cuando tus enemigos, rodeando la ciudad, estén listos para atacarla, tú estableces tu gran trono blanco. Y se torna visible. Tú mismo eres visible para todos. Y la furia se detiene. Ya no avanzan tan confiados, ya no gritan furibundos, ya no ven que su poder es poderoso. De repente, se dan cuenta que eres tú. Y ven que eres el Juez. El único que tiene los poderes. El único que sabe de la vida. El único que vive, sin la muerte.

Y entonces descubren que tú puedes, y más, que tú eres Dios. El Dios que ellos negaron. El Dios que rechazaron. El Dios que quiso redimirlos, y ellos, ni en cuenta lo tomaron. Se inclinan ante ti. Y en ese instante está presente la humanidad entera. Desde el ingrato Adán que tú creaste, hasta el último, en el tiempo de la historia. Los buenos y los malos. Todos están y te reciben. Ya nadie duda: Tú eres Dios. Pero ya es tarde para aquella multitud que está rodeando la ciudad, para atraparla. Para ellos, tú eres Juez. Y con los libros de la vida y de la muerte, tú declaras la sentencia sobre el mundo, por las obras de impiedad que todos hicieron contra ti.

Allí será el llanto y el crujir de dientes, cuando veáis a Abraham, a Isaac, a Jacob y a todos los profetas en el reino de Dios, y vosotros estéis excluidos. Porque vendrán del oriente y del occidente, del norte y del sur, y se sentarán a la mesa en el reino de Dios. Y he aquí, hay postreros que serán primeros, y primeros que serán postreros (Luc. 13:28-30).

Estas palabras se cumplen de manera dramática y real, contra la vida de los que no creyeron.

Y los que están dentro de la ciudad, también observan lo que ocurre. *Porque todos compareceremos ante el tribunal de Cristo. Porque escrito está: Vivo yo, dice el Señor, que ante mí se doblará toda rodilla, y toda lengua confesará a Dios* (Rom. 14:10-11).

No tienen otra alternativa. Todos confiesan que Cristo, tu Hijo, es el Señor; y tú eres Dios de gloria para siempre.

Por lo cual Dios también le exaltó hasta lo sumo, y le dio un nombre que es sobre todo nombre, para que en el nombre de Jesús se doble toda rodilla de los que están en los cielos, y en la tierra, y debajo de la tierra; y toda lengua confiese que Jesucristo es el Señor, para gloria de Dios Padre (Fil. 2:9-11).

Ya no hay preguntas ni dudas sobre tu justicia; y tus redimidos confiarán en ti por toda la eternidad.

Año Bíblico: Filemón

EL LIBRO DE LA VIDA

Y el que no se halló inscrito en el libro de la vida fue lanzado al lago de fuego. Apocalipsis 20:15.

La idea de que tú guardas registros en los cielos, y que todas las acciones de los seres humanos quedan anotadas en tus libros, parece repugnante a algunas personas. Piensan que el concepto en sí, es muy primitivo. ¿Cómo tú, que eres amor, vas a llevar esa morbosa contabilidad de los pecados? ¿Para qué, además, si tú lo sabes todo?

Confieso que no es fácil responder. Especialmente porque en su forma de ridiculizar esta enseñanza, dicen que tú usas estas metáforas tan sólo para ayudar nuestra ignorancia. Pero una vez que hemos crecido en el conocimiento de ti, ya no necesitamos esta pequeña muleta de la teología. Solían decir también que si llevaras tales libros, tendrías que tener un espacio tan grande que, por su propio tamaño, penetra en el absurdo. No es posible que existan. Pero ese argumento se ha apagado. Desde que inventamos las computadoras, y en tan poco espacio almacenamos montañas de complicada información, ya no es posible la ridiculización por causa del espacio.

Queda el argumento moral. ¿Se trata de una actitud morbosa, o es un acto de justicia seria que pretende probar lo que sentencia? Tú no dictas sentencia por decreto. Tú pruebas lo que afirmas. Y si alguien quisiera preguntar por qué condenas, los libros le darán una respuesta verdadera. Los hechos de cada uno. Los hechos reales, cómo fueron, en el momento que ocurrieron, las circunstancias que los rodearon, las influencias que participaron, las motivaciones que presionaron. Todo está presente en los registros, mostrando que no hay nada trivial en tu sentencia.

Pero a mí no me preocupa en nada ninguno de los argumentos en contra de los libros; ni siquiera los propios argumentos a favor. Me parece intrascendente la misma discusión sobre este asunto. Para mí, lo que más vale es lo que dices cuando nombras *el libro de la vida*. Este es el libro de la vida del Cordero. En él están los nombres de los redimidos y no figuran los nombres de los que adoraron a la bestia. Todos los que están inscritos en él, entrarán en la santa ciudad y, luego, en la tierra nueva (Apoc. 13:8; 21:27). La salvación, para este grupo, no es una recompensa por sus buenas obras. Es un regalo que tú les das, porque fueron inscritos en el libro de la vida del Cordero. Es su vinculación con el Cordero lo que los hace entrar en tus moradas. En los otros libros están inscritas las obras de los que serán juzgados durante el milenio. Porque ellos, sí, recibirán la recompensa de sus obras; y por sus malas obras son condenados y se pierden.

Yo no discuto sobre los libros. Sólo te pido que, por tu misericordia, me incluyas en el libro de la vida del Cordero, porque él me ha redimido. Su sangre es mi derecho, porque derecho propio yo no tengo. Pero sé que él dio su vida para que yo pueda vivir para tu reino.

Año Bíblico: Hebreos 1-3

POR LOS SIGLOS DE LOS SIGLOS

Y el diablo que los engañaba fue lanzado en el lago de fuego y azufre, donde estaban la bestia y el falso profeta; y serán atormentados día y noche por los siglos de los siglos. Apocalipsis 20:10.

El tormento por los siglos de los siglos parece crearnos confusión. Tu Palabra no tenía el objetivo de desorientar. Primero porque tú no eres un Dios de confusión, sino de orden. Segundo, porque el contexto total de la Escritura permite comprender mejor el contenido de esta frase, si no colocamos en ella nuestras propias ideas al respecto.

Expresiones como "por los siglos de los siglos", "perpetuamente", "para siempre", "no se apagará ni de día ni de noche", son expresiones similares y tienen más el sentido de aniquilación que de durabilidad del castigo. Un caso que sirve de ejemplo es la destrucción de Edom.

Y sus arroyos se convertirán en brea, y su polvo en azufre, y su tierra en brea ardiente. No se apagará de noche ni de día, perpetuamente subirá su humo; de generación en generación será asolada, nunca jamás pasará nadie por ella (Isa. 34:9-10).

Lo que dura para siempre no es el objeto, la ciudad, o la persona a quien se aplica el fuego, sino el fuego mismo en sus efectos destructivos. Edom fue destruida para siempre y el fuego produjo un efecto por los siglos de los siglos. Cuando el fuego eterno actúa, la persona que se quema no tiene posibilidad alguna de librarse de ser aniquilada. Y eso le pasará al diablo, y a la bestia, y al falso profeta cuando sean lanzados en el lago de fuego. Serán aniquilados para siempre. Y nunca más podrán actuar en nada que se relacione con los redimidos, ni podrán tener contacto con nadie en todo el universo, porque su existencia habrá terminado.

No se trata de una acción de castigar que se repite y se repite sin interrupción, ni intermitencia, por los siglos de los siglos. Es un castigo que produce efectos finales, sin que el castigado tenga nuevas oportunidades de vida, ni siquiera para seguir sufriendo este castigo. Otro elemento que ayuda a comprenderlo así, es lo que el texto describe. Lo que es lanzado al lago de fuego, sufre, por el fuego eterno, lo que tú has llamado "muerte segunda". Es una muerte final. Sin ninguna apelación y sin retorno. Esta no es la muerte-consecuencia que todos sufrimos en esta tierra, como resultado de la existencia del pecado que deteriora el cuerpo y nos conduce hacia el sepulcro. Es la muerte-castigo que acaba para siempre con el pecador. El lago de fuego destruirá todo el mal de tal manera que hasta el mismo sepulcro será aniquilado en él.

Padre, en lugar de recibir una muerte que dure por los siglos de los siglos, te ruego que me des la vida prometida por ti, que dura por los siglos de los siglos, para siempre, eternamente.

Año Bíblico: Hebreos 4-6

LA PACIENCIA DEL SEÑOR

El Señor no retarda su promesa, según algunos la tienen por tardanza, sino que es paciente para con nosotros, no queriendo que ninguno perezca, sino que todos procedan al arrepentimiento. 2 Pedro 3:9.

Puede ser que nosotros tengamos un apuro teológico con tu promesa. Desde el punto de vista de la teología, tendríamos interés que tu promesa se cumpliera en forma inmediata. Pero yo me he dado cuenta que tú no actúas para satisfacer nuestras necesidades teológicas, sino nuestras necesidades de salvación. De paso, aunque éstas son reales, mucho más que las expectativas ideológicas, les prestamos mucho menos atención. Y tú sabes la razón. Todas las necesidades de salvación demandan un compromiso verdadero con ellas. Ese compromiso es el problema. No queremos que nadie nos pida cuenta de lo que hacemos. Nos incomoda. Es como perder algún derecho, como el de privacidad, por ejemplo.

Deseamos que nadie se meta en nuestros asuntos. Pero nosotros estamos más que dispuestos a entrometernos en los tuyos. Incluso a criticarte. Algunos, según el apóstol Pedro, consideran que tú estás retardando tu promesa; y, al pensar que está atrasada, te critican. No piensan en el juicio. Se olvidan de la destrucción. Sólo toman en cuenta la venida de tu Hijo, en su lado glorioso y atractivo. La celebración y la fiesta. Todos estamos listos para la fiesta. Pero ¿cuántos estamos realmente preparados para evitar la destrucción? Es decir, ¿cómo está nuestra relación con el Cordero? ¿Estamos registrados en su libro de la vida?

Tú lo sabes. Y al ver nuestra inconstancia, y los peligros que corremos por no haber entrado en la experiencia de un arrepentimiento pleno, esperas. No digo: Te atrasas. Esperas. Con toda paciencia esperas. Y tu paciencia nada tiene que ver con la relajación de la conducta. No te vuelves más tolerante con el mal, porque tú esperas. Tú tienes paciencia con el pecador y, gracias a ella, le extiendes la oportunidad de arrepentirse. Le das tiempo. Y trabajas por él. No reduces la calidad del arrepentimiento. Le das más tiempo para arrepentirse.

Y tened entendido que la paciencia de nuestro Señor es para salvación (2 Ped. 3:15).

No es para que nos relajemos. Ni es para que crezcamos en la indiferencia o el cinismo. Pero nosotros así lo interpretamos y vivimos así. En la Biblia hay un ejemplo claro de esta situación: Tu espera en el diluvio. Los antediluvianos se corrompieron cuando "esperaba la paciencia del Señor, en los días de Noé, mientras se preparaba el arca". Y sólo ocho personas se salvaron (1 Ped. 3:20). ¿Es, entonces, improductiva tu paciencia y, por eso, innecesaria? No, nunca improductiva. Tu paciencia eliminará la duda de todos en tu juicio; y todos sentiremos, en forma unánime, que has sido justo y te glorificaremos (Rom. 15:6).

Año Bíblico: Hebreos 7-9

ESPERANZA DE JUSTICIA

Pero nosotros esperamos, según sus promesas, cielos nuevos y tierra nueva, en los cuales mora la justicia. 2 Pedro 3:13.

Todo lo que existe será completamente destruido. Pero no es el fin de todo. Sólo es la destrucción que precede a la construcción. Toda vez que se construye una casa, por ejemplo, se inicia un proceso de aparente caos. Sale tierra, de la tierra, para abrir los cimientos. Piedra y maderas aparecen en pilas sin sentido. Arena y cemento y otros materiales se acumulan sin arreglo ni paciencia. Todo está como en desorden, en un proceso aparentemente destructivo. Pero al fin hay una casa y un jardín y niños que los disfrutan.

Los cielos, encendiéndose, serán deshechos; y los elementos, siendo abrasados, se fundirán. Destrucción de la peor. La que desintegra. Pero hay más en tu promesa. Hay también un cielo nuevo y una tierra nueva. Y hay justicia.

Poco pensamos en la justicia, cuando contemplamos tu promesa de la tierra nueva. La justicia es lo contrario a la maldad, a la violencia, a la rapiña; y su imagen opuesta son trapos de inmundicia. La justicia es integridad y rectitud, fidelidad y mansedumbre, equidad y juicio, santificación y verdad. La justicia es hacer el bien. Su imagen verdadera eres tú mismo. Tu Hijo la distribuye, en abundancia. Y nosotros, la recibimos por la fe, la disfrutamos como un regalo tuyo en Jesucristo, la vivimos como una obra del Espíritu Santo, y la compartimos como una acción de testimonio (Sal. 45:7; Eze. 45:9; Isa. 64:6; Sal. 15:2; Isa. 33:15; 11:5; Sof. 2:3; Sal. 82:3-4).

Para nosotros, en este mundo, sólo existe la justicia como justificación. La tenemos porque somos justificados por la fe en Cristo Jesús. Es un regalo. Pero en la nueva tierra la tendremos como una realidad de la vida. Si aquí somos justificados, allá seremos justos. En este mundo no hay justo ni aun uno; pero en el cielo ni uno será injusto. La justicia será un modo de vida normal. Y eso será muy bueno para todos nosotros. No habrá malas acciones, ni maldad, ni rapiña, ni violencia. Nadie se aprovechará de los otros. No habrá abusos, ni actos de sabotaje. No habrá orgullo, ni acciones egoístas. No habrá envidias, ni traiciones. Nadie arrebatará lo que es del otro, ni el otro tendrá nada de que vengarse. Seremos todos justos, como tú. Y qué buena será la vida sin sabor de injusticia. En lugar de estar vestidos con trapos inmundos, vestiremos tus ropas blancas, inmaculadas y limpias, para siempre.

Y el fruto de justicia se siembra en paz para aquellos que hacen la paz (Sant. 3:18).

Y el efecto de la justicia será paz; y la labor de la justicia, reposo y seguridad para siempre (Isa. 32:17).

Año Bíblico: Hebreos 10-11

LA TIERRA NUEVA

Vi un cielo nuevo y una tierra nueva; porque el primer cielo y la primera tierra pasaron, y el mar ya no existía más. Apocalipsis 21:1.

"En la tierra nueva, donde morarán los justos, Dios proporcionará un hogar eterno para los redimidos y un ambiente perfecto para la vida, el amor y el gozo sin fin, y para aprender junto a su presencia. Porque allí Dios mismo morará con su pueblo, y el sufrimiento y la muerte terminarán para siempre. El gran conflicto habrá terminado y el pecado no existirá más. Todas las cosas, animadas e inanimadas, declararán que Dios es amor, y él reinará para siempre jamás. Amén (2 Ped. 3:13; Isa. 35; 65:17-25; Mat. 5:5; Apoc. 21:1-7; 22:1-5; 11:15)" (*Manual de la iglesia*, Creencia Fundamental N.º 27).

Cuando tú hagas la tierra nueva, será un tierra fresca, diferente de la anterior por su naturaleza, no por su edad. No será joven, ni reciente, ni original. Es la misma tierra vieja que continúa, pero no continúa igual. Tiene también algo nuevo: la renovación. Es nueva en el sentido de la renovación.

La promesa de la tierra nueva nos llega como la promesa de otorgarnos por herencia la casa paterna, restaurada completamente. Es nueva, sin dejar de ser la misma. En ella hay continuidad y renovación. Lo nuevo es la limpieza: tú le habrás quitado toda contaminación del pecado. Lo nuevo es tu presencia personal, visible y real. Todas las restricciones para asociarnos contigo, causadas por el pecado, habrán sido eliminadas con la extirpación del mal. Lo antiguo es esta misma tierra: como planeta sigue igual.

Nos darás, Padre, una tierra que, para nosotros, seguirá siendo familiar. Las noches de luna llena volverán a repetirse; más bonitas, por cierto, pero muy similares. La redonda visión del universo volverá a encenderse, más clara, con la misma visión estrellada de nuestras noches oscuras. Y habrá mares, y ríos, y montañas, y lagos: más armónicos, ¡bellos!, con la misma atracción que hoy sentimos por ellos.

La nueva tierra que has prometido es real. No es un cielo distante, ni es un mundo de sueños. Es la tierra que amamos, nuestro hogar; este suelo que podemos pisar, y tocar, y evaluar, y medir, y gustar. La vida de la tierra nueva también es real. Viviremos en ella, como ahora vivimos. No será como andar en las nubes, con un arpa en la mano, tocando y tocando, volando y volando. La tierra será semejante al Edén; viviremos en ella como Adán y como Eva: trabajando, labrando, formando jardines, atendiendo las bestias, protegiendo los campos, y agrandando sus huertos. El trabajo será sin cansancio, y la siembra sin angustia. Las cosechas serán muy buenas. Todos tienen de todo y lo disfrutan con gozo. No habrá fieras, ni miedos. No habrá plagas, ni angustia. Somos todos tus hijos y herederos de todo.

Año Bíblico: Hebreos 12-13

LA BELLEZA DE LA TIERRA NUEVA

Se alegrarán el desierto y la soledad; el yermo se gozará y florecerá como la rosa. Isaías 35:1.

La tierra florecerá con su abundancia, y cantará con gozo su alegría. La gloria de las montañas crecerá de tiempo y dominio. Verán tu gloria, como gloria de Dios; del Dios nuestro que vive en la hermosura divina, para siempre.

No habrá allí manos cansadas, ni débiles, ni personas afligidas. No habrá tristes, de corazón solitario; ni pobres, ni desolados. No habrá ciegos, ni sordos. Ni cojos, ni desvalidos. Porque los ojos de los ciegos serán abiertos, y los oídos de los sordos escucharán. Entonces el cojo saltará como un ciervo, y cantará la lengua del mudo.

Aguas serán cavadas en el desierto, y torrentes en la soledad. El lugar seco se convertirá en estanque, y el sequedal en manaderos de aguas. Y la morada de los chacales, y la guarida de sus cachorros, será lugar de cañas y juncos.

Y habrá veredas muy nuevas, y caminos expandidos, y los santos caminarán en ellos. Y el Camino de Santidad, sin los inmundos de ahora; porque nadie se extraviará; porque todos serán muy fieles y todos irán andando con el Señor que los guía.

No habrá en ella leones, ni fieras que los persigan. Los redimidos recorrerán tranquilos sus dominios, como dueños sin querella, como patrones sin miedo. Irán solos o acompañados, sin peligro de asaltos. Los campos están sembrados y las colinas se ven cubiertas de trigo. Las uvas y la vendimia multiplican la dulzura, como un panal de la tierra, como una bomba de zumo.

Y el canto, con alegría, se repite y se repite. Resuena como campana, como campana repica. Vuelve a cantar el gozo, sin cesar, con los metales. Se repite con las cuerdas. Se asoma con los timbales. Se engrandece en las trompetas y se agita en los clarines. Y el gozo danza con la alegría de nuevo en la aurora, y en la noche no se duerme; porque su alegre grandeza se hace violines de luces.

Los niños retozan por los prados con los leones. Y los corderos y el lobo, y el leopardo con los cabritos, se acostarán por los prados como si fueran hermanos. Y los becerros tranquilos, con las bestias de la casa, irán juntos con los leones por esos campos sin miedo, comiendo paja de bueyes, pastoreados por un niño. Y las vacas con las osas no pelearán por sus crías: serán siempre buenas amigas; porque el daño ya no existe, ni la fiereza, ni el odio.

Y será la justicia cinto de sus lomos, y la fidelidad ceñidor de su cintura (Isa. 11:5).

Año Bíblico: Santiago

LA NUEVA JERUSALEN

Y yo Juan vi la santa ciudad, la nueva Jerusalén, descender del cielo, de Dios, dispuesta como una esposa ataviada para su marido (Apocalipsis 21:2).

La ciudad capital de tu reino es maravillosa. Forma parte de la nueva tierra con su belleza indescriptible. *Cosas que ojo no vio, ni oído oyó, ni han subido en corazón de hombre, son las que Dios ha preparado para los que le aman* (1 Cor. 2:9).

Has puesto, Padre, tu propia gloria en ella. Es preciosa por los metales preciosos que contiene, pero más preciosa es por tu presencia. Tú estás en ella, y haces que su fulgor sea semejante a una piedra preciosísima, como piedra de jaspe; diáfana como cristal.

Le hiciste doce puertas, tres en cada uno de sus cuatro lados; y cada puerta la hiciste de una perla. Le pusiste doce cimientos, todos ellos de piedras preciosas: jaspe, zafiro, ágata, esmeralda, ónice, cornalina, crisólito, berilo, topacio, crisopraso, jacinto y amatista. Su muro de jaspe, tú lo hiciste; y también sus calles, de oro puro, transparente como vidrio. De oro hiciste la ciudad entera, semejante al vidrio limpio. ¡Preciosa!

¡Cómo has alterado los valores de las cosas! El oro, tan valioso para el criterio humano, se ha tornado pavimento en tu ciudad. No ha perdido su brillo de naranja cristalecida, ni tampoco su belleza; pero es algo tan común que hasta ladrillos de oro has puesto en la ciudad. La Nueva Jerusalén es tu morada y para los redimidos, es la casa para el fin de semana; es un lugar de encuentro, para el culto y la alabanza. Todo lo contrario a las costumbres nuestras: Vivimos en las ciudades y los que tienen un rincón de tierra apropiado, pasan los fines de semana en el campo.

No tiene templo. ¿Para qué construirías un símbolo de tu presencia, si estás tú mismo, presente cada día? Y está presente el Cordero. Y la gloria de los dos sirve de luz a la ciudad. Y cada sábado, viniendo de los edénicos jardines donde viven, se juntan los redimidos para su encuentro semanal contigo. Y el culto se hace grandioso, porque grandioso eres tú. Tú presencia llena toda la tierra. Y tu bondad cubre la vida de los redimidos. Cada persona es valiosa. Cada individuo te alaba.

No entrará en ella ninguna cosa inmunda, o que hace abominación y mentira, sino solamente los que están inscritos en el libro de la vida del Cordero (Apoc. 21:27).

¿Y qué hacemos para estar en su libro? Vivir con él cada día; porque estar en el libro de la vida del Cordero significa haber vivido con él aquí, en el mundo, y significa seguir viviendo con él, eternamente.

Año Bíblico: 1 Pedro

LA HERENCIA DE LOS MANSOS

Bienaventurados los mansos, porque ellos recibirán la tierra por heredad. Mateo 5:5.

Esta tierra, renovada y nueva, es tu herencia para los santos. Es tuya, siempre lo fue. Pero desde la entrada del mal, el enemigo la reclamaba. El fue un invasor, nunca su propietario. Pero tu Hijo pagó un precio por ella para recuperarla. Dio su vida por los seres humanos y por la tierra. No para salvar la tierra, porque ella no será salva, sino restaurada. Pero al vencer al demonio retiraste todo su derecho de ocupación y la entregaste a tus hijos, como su herencia.

Porque los malignos serán destruidos, pero los que esperan en Jehová, ellos heredarán la tierra... Los justos heredarán la tierra, y vivirán para siempre sobre ella (Sal. 37:9, 29).

Los mansos, los que esperan en Jehová, los justos heredarán la tierra. Describes, así, Padre, las personas que tú esperas recibir en tus moradas.

Ser manso significa ser como Cristo. Cuando frente al tribunal lo condenaban sin ser culpable, nada hacía para defenderse. Su rostro mostraba la seriedad del dolor, pero no estaba ceñudo. No había ira ni sentimientos de venganza, en medio de su aflicción. La injusticia no lo irritaba, ni lo hería la maldad. Calmo, como quien sabe lo que hace, seguía, paso a paso, el proceso; sin quejarse, ni ofenderse. El era amigo de todos, aunque fuesen sus enemigos. Su mansedumbre era tierna, sin reclamos ni cinismos, sin rechazos ni angustia. El era una persona buena, de una bondad sin rencores. Y en lo alto de la cruz, bajo el dolor del pecado —no el propio, sino el de los hombres—, seguía haciendo bondades al pedir el perdón para sus verdugos airados.

Ser manso, porque tú quieres, es una vida que fluye como las aguas de un río, distribuyendo verdores, sin reclamo de beneficios para su curso de amores.

Los que esperan en ti nunca esperan del ser humano. Ellos le dan. Todo lo que reciben de ti, lo comparten. Son canales de tus bendiciones, porque "al que espera en Jehová, le rodea la misericordia" (Sal. 32:10). Además de ser generosos, por causa de tu generosidad también viven con seguridad. No vacilan, no dudan, no se avergüenzan, no fallan. Jamás se confunden con nada porque estando en tu verdad todas las cosas son claras.

Ciertamente ninguno de cuantos esperan en ti será confundido; serán avergonzados los que se rebelan sin causa (Sal. 25:3).

Los justos heredarán la tierra, porque esto es justo. Tú no la hiciste para morada de gente mala, ni perversa. La hiciste para tus hijos, y ellos hacen lo justo, aquello que concuerda con tu voluntad y que a ti te agrada.

Año Bíblico: 2 Pedro

LA CIUDAD QUE TIENE FUNDAMENTOS

Por la fe Abraham, siendo llamado, obedeció para salir al lugar que había de recibir como herencia; y salió sin saber a dónde iba. Por la fe habitó como extranjero en la tierra prometida como en tierra ajena, morando en tiendas con Isaac y Jacob, coherederos de la misma promesa; porque esperaba la ciudad que tiene fundamentos, cuyo arquitecto y constructor es Dios. Hebreos 11:8-10.

Llamaste a Abrahán de la ciudad de Ur de los caldeos, una ciudad pagana y sin historia de piedad para contigo. Lo llamaste para fundar tu pueblo en la tierra que tú le prometiste. Y él obedeció. Se fue de su tierra en busca de una herencia. La herencia de tu promesa. No existe mejor herencia. Toda vez que tú prometes, esa promesa es lo mejor que disponemos; porque tú eres Dios. No la cambiamos por nada. Y Abrahán tampoco estaba dispuesto a cambiarla.

Se fue a la tierra de Canaán, y a tierra de Canaán llegó. Su viaje fue por la fe, y Abrahán se convirtió en el padre de la fe. El viaje de la fe desde Ur, la tierra sin fe, hasta Canaán, la tierra prometida. Promesa y fe se pertenecen. La promesa, por la fe, se torna realidad anticipada. Y Abrahán, aunque nunca llegó a ser dueño real de la tierra prometida, siempre la tuvo por propiedad suya y de sus descendientes; porque tú la prometiste.

Siguió siendo extranjero en esa tierra que, por tu promesa, era suya; viviendo en ella como si fuera ajena. Y nunca se sintió frustrado, ni olvidado de ti, ni abandonado como si no hubieras cumplido tu promesa. El sabía bien que tú la cumplirías. Pero había otra razón superior para no sentirse defraudado. El esperaba algo mucho más estable que la tierra de Canaán. Esperaba tu ciudad con fundamentos.

No sé si Abrahán había visto los preciosos fundamentos de tu santa ciudad. Los varios colores de las piedras preciosas, y la belleza de sus armonías. Bien pudiera ser que tú le mostraste, mediante una visión, sus edificios y sus calles de oro puro; que él vio hasta tu presencia permanente en ella. Y si la vio, sabía muy bien lo que esperaba. Pero si no la vio, esto tampoco habría hecho para él ninguna diferencia. Porque él creía. De todas maneras él esperaba esa ciudad, hecha por ti. Tú el arquitecto, el constructor, el soberano. Generoso soberano que deseaba compartirla con Abrahán, con los que creen, con los redimidos.

Cuando yo encuentro personas que la esperan, y las encuentro en todas partes del mundo, están siempre provistas de una fe semejante a la fe de Abrahán, que nunca duda. Se aproxima el tiempo cuando veremos la ciudad; no ya como visión, ni siquiera sólo como revelación. Será una realidad, como tus hijos del pasado y del presente han esperado siempre. Y la veremos como una plena realidad, porque en ella viviremos para siempre.

Año Bíblico: 1 Juan

EL TRABAJO EN LA TIERRA NUEVA

Edificarán casas, y morarán en ellas; plantarán viñas, y comerán el fruto de ellas. No edificarán para que otro habite, ni plantarán para que otro coma; porque según los días de los árboles serán los días de mi pueblo, y mis escogidos disfrutarán la obra de sus manos. Isaías 65:21-22.

No hiciste, Padre, a la familia humana para el ocio. Ni la tierra para estar abandonada. Parece que la vida sin trabajo tiene más problemas que con él. Yo conocí a un hombre a quien no le gustaba trabajar. Vivía en una casa decrépita. Las maderas, por el abuso del tiempo y la falta de cuidado, estaban desteñidas y comenzaban a perder pedazos, como una ropa vieja. El techo, de reumática postura, se hundía en varias partes y su aspecto era miserable.

Tenía una galería que abarcaba la mitad izquierda del frente, con la puerta principal en un costado, que él había convertido en un depósito de objetos viejos: colchones en desuso mostrando sus entrañas, muebles cojos y averiados, artefactos oxidados, alfombras desgastadas con olor añejo, y muchos otros objetos que ya habían perdido su carnet de identidad. El espacio del jardín, al frente de la casa, y el patio posterior, eran verdaderos cementerios de máquinas sin vida.

El interior de la casa era un intestino abierto con todo derramado. Nunca imaginé que alguien pudiera acumular tantos trastos viejos, en espacio tan pequeño. Por todas partes, pilas de diarios amarillos y revistas de fechas sin recuerdos. En esa casa sobraba todo, menos ganas de trabajar. La consecuencia era un caos. No era para esto que hiciste al ser humano. Ni es así como será la tierra nueva. Sus habitantes trabajarán, en la casa y en el campo. Sin fatiga. Sentirán el bienestar que deja en el espíritu el trabajo terminado. La sensación bonita de hacer lo que les gusta. Y el gusto de hacerlo todo con agrado. Las condiciones todas serán muy favorables. Lo que siembren y lo que planten dará cosechas y frutos abundantes.

Cada uno tendrá su propio lugar, como el jardín del Edén era la casa para Adán y Eva. Pero allí no habrá individualismo. Todos seguirán un estilo de vida basado en la colaboración. Se ayudan. Comparten todo lo que tienen. Nadie es egoísta y por eso disfrutan de la vida. Es la vida más productiva que pueda existir; y, al mismo tiempo, la forma de vida más libre de tensiones. No existen la ansiedad ni la angustia. Nadie se acongoja porque nada es incierto. Todos viven confiados. Saben que la naturaleza responde generosamente, que el clima no enloquece, que la gente no hace daño, que ellos mismos son confiables para los demás. Y saben también que estás tú para guiar a cada cual en todo lo que sea necesario. Además no habrá límite al progreso. La mente podrá inquirir hallando las respuestas. Y el trabajo intelectual, científico y humano, será tan productivo como el trabajo agrícola. Así, el trabajo será un modo de entender tus obras y una forma de hacer lo que te agrada.

Año Bíblico: 2 y 3 Juan

DIOS VIVE CON SU PUEBLO

Y oí una gran voz del cielo que decía: He aquí el tabernáculo de Dios con los hombres, y él morará con ellos; y ellos serán su pueblo, y Dios mismo estará con ellos como su Dios. Apocalipsis 21:3.

Lo mejor de la tierra nueva será tu compañía. Poder conversar contigo cara a cara en todo tiempo. A veces pasamos por circunstancias extrañas de la vida cuando necesitaríamos hablar directamente contigo, y preguntarte. Pero aquí, en este mundo donde el pecado lo condiciona todo, por nuestro propio bien, no puedes presentarte. Tú no puedes venir y aparecer como si todo tuviera la pureza requerida en tu presencia. No la tenemos. Y si tú vinieras en persona, sería como mandar un gigantesco foco de luz, encendido, dentro de una cámara de revelación fotográfica, y pretender que sus efectos no se sientan en las placas en proceso de revelación. La imagen que se está formando, con la ayuda de los productos químicos del Calvario, que actúan sin la presencia de la luz en nuestro sensible papel fotográfico, sería destruida.

Y estamos aquí, en medio del proceso de restauración. Tu imagen está de nuevo formándose en nosotros. Tu luz no puede aparecer antes de tiempo. No fuimos hechos para su ausencia. Pero el mal nos ha alterado. Ahora somos de tinieblas. La sombra negra del pecado se ha hecho parte de nosotros. Y si tú vinieras, toda tiniebla sería destruida, incluyendo nuestra propia persona.

Pero esta condición pecaminosa no estará en la nueva tierra. Tu presencia será constante. Serás un vivo tabernáculo de luz siempre brillando. No como el tabernáculo de Israel donde tu presencia brillaba como un símbolo. Pero aun así, ellos podían encontrarse allí contigo. En la tierra nueva el encuentro será una realidad. Tu propia persona será la luz de nuestro tabernáculo y ya no necesitaremos hablarte a través del sacerdote. Directamente, cara a cara, más directo que la conversación que tuviste con Moisés en el monte, cuando le diste las tablas de la ley. Moisés te vio por las espaldas, cuando te alejabas de él. Cuando llegaste, la luz era tan fuerte que no pudo verte.

Y te hablaremos, y tú responderás. Serás como un vecino amigo, como un padre bondadoso, como un amigo cercano. Habrá una alegría muy íntima en cada redimido cuando converse contigo. Porque, más que un vecino amigo, serás el propio Dios del universo, y tanto te habrás acercado al ser humano, que vivirás siempre con ellos, como su propio Dios. Y ellos, sintiéndose tu pueblo, comprenderán los objetivos que tuviste tú al crearlos.

Yo quiero estar así, contigo, en la tierra nueva. Pero no quisiera esperar tanto para vivir tu intimidad. La quiero ahora mismo, con las limitaciones que mi condición de pecador tiene para mí. La quiero precisamente por eso: Porque el pecado me extravía, y tú iluminas mi camino hacia la vida eterna.

Año Bíblico: Apocalipsis 1-3

LA SALUD EN LA TIERRA NUEVA

En medio de la calle de la ciudad, y a uno y otro lado del río, estaba el árbol de la vida, que produce doce frutos, dando cada mes su fruto; y las hojas del árbol eran para la sanidad de las naciones. Apocalipsis 22:2.

Siempre te interesó, oh Padre, la salud física de tus hijos. Todo el sistema de alimentación que diste a Adán y Eva, tenía esta finalidad. Pero no sólo se basa en la alimentación; también incluye el trabajo, la actividad espiritual y el estilo de vida. Hay una serie de remedios naturales como el ejercicio, el sol, el aire, el agua y la comida que ciertamente mantienen el organismo en condiciones de buen funcionamiento. Pero no pueden evitar el cansancio físico, ni el envejecimiento de los tejidos, ni el deterioro de la vida.

El ser humano ha estado siempre en busca de la eterna juventud. Por algún tiempo de la historia, los españoles que vinieron a conquistar las Indias, se dieron a la búsqueda de El Dorado, que incluía la fuente de la eterna juventud. Pero nunca la encontraron. El esfuerzo de la ciencia médica por eliminar la vejez también ha tenido sus capítulos importantes. En vano. Todavía, en nuestro tiempo, los gerontólogos buscan con mucha pasión el modo de superar el deterioro de la vejez. No consiguen nada definitivo. Y nadie encontrará la fórmula especial que evitará el proceso del envejecimiento y la muerte.

En la tierra nueva vuelve a repetirse lo que tú ya hiciste en el Edén. La presencia del árbol de la vida. No sabemos cómo era su fruto en el hogar de Adán y Eva, pero sí sabemos algo de cómo será en la morada de los redimidos. Ubicado en la Nueva Jerusalén, en medio de la calle central y a un lado y otro del río, dará cada mes un fruto diferente. Qué fruto será en el primer mes y cuáles en los meses sucesivos, no sabemos. Pero sí sabemos que hasta sus hojas serán para la sanidad de las naciones. Todos los redimidos podrán comer del árbol de la vida y quedarán libres del cansancio en el trabajo; se librarán de las arrugas y de todos los signos de la vejez, lo mismo que del deterioro que la vida sufre en esta tierra. La piel continuará joven para siempre. Los órganos del cuerpo no se agotarán en sus funciones. Los músculos serán flexibles y firmes. Los huesos, duros y resistentes. La mente seguirá su ágil trabajo, produciendo sin cesar el pensamiento inteligente y sabio. Nada estará cerrado a nuestra búsqueda y aquello que requiere mucho tiempo para ser observado en ciclos plenos, también será accesible; porque la buena salud nos dejará seguir actuando sin interrupción y sin discontinuidad.

No dirá el morador: Estoy enfermo; al pueblo que more en ella le será perdonada la iniquidad (Isa. 33:24).

Y estando libres del pecado, por tu obra, estaremos libres también de todas sus consecuencias. Y viviremos para siempre con buena salud y sin interrupciones.

Año Bíblico: Apocalipsis 4-6

LA ADORACION EN LA TIERRA NUEVA

Porque como los cielos nuevos y la nueva tierra que yo hago permanecerán delante de mí, dice Jehová, así permanecerá vuestra descendencia y vuestro nombre. Y de mes en mes, y de día de reposo en día de reposo, vendrán todos a adorar delante de mí, dijo Jehová. Isaías 66:22-23.

Adorarte es mucho más que frecuentar un culto con fidelidad. Ciertamente esto es necesario y no debemos abandonarlo, por razón alguna. El encuentro contigo en una iglesia y con los demás miembros de tu pueblo, parece indispensable para la propia expresión de la vida individual. Ninguno de los múltiples aspectos de la personalidad consigue realizarse en aislamiento. Tampoco la expresión espiritual.

Y tú mismo eres un Dios comunitario. Tres en uno, nunca es una soledad; y es siempre compañía. Cuando nosotros te adoramos en tu compañía, agregamos nuestra compañía. Lo hacemos no sólo por el culto que te rendimos, sino también porque nos acercamos a ti en grupo, comunitariamente.

La adoración es una forma de reconocimiento. La más sublime. Entre nosotros expresamos reconocimientos que son puramente formales. La entrega de una placa, que el patrón o los dirigentes de una organización entregan a sus empleados cuando éstos cumplen un determinado tiempo de servicio. Veinte años, veinticinco, treinta o cuarenta. Muchos años. Hay que reconocer lo que ayudaron, la persistencia, la dedicación, la identidad con esta empresa. Y se les da una placa, con algunas frases y el nombre escrito sobre una superficie de metal. Reconocimientos. De paso, debieran hacerse mucho más. Pero se torna formal por causa de los grupos grandes. Son muchos los que han completado tantos años, y se lee la lista. Luego alguien dice: Pasen los nombrados a la oficina del jefe de personal, o al director de recursos humanos, para retirar su placa. Y se perdió lo espiritual, lo íntimo y lo más emocionante: el toque individual de afecto verdadero que debe acompañar a todo genuino reconocimiento.

El culto es diferente, el de la tierra nueva de manera muy especial. El culto que te rendimos tiene siempre el propósito de contemplar tu grandeza, reconociendo todo lo que has hecho por nosotros desde la creación a la salvación, y todo lo demás. Lo que haces nos afecta personalmente, y la adoración comunitaria que te rendimos, es afectiva y personal; muy propia de cada uno de nosotros hacia ti. Nuestra alabanza lo dice, lo repite la oración que te ofrecemos. Todo lo que hacemos en el culto es un reconocimiento a tu persona; y nada, en la adoración, es para nosotros, salvo tu respuesta que viene en la voz del predicador al explicarnos tu Palabra. Y en la tierra nueva, tendremos el mayor placer espiritual de ir a la ciudad para adorarte comunitariamente; y, al mismo tiempo, siempre como un acto personal, cada sábado y en toda ocasión que tú mismo determines, para rendirte culto. Daremos la gloria a tu nombre por la multitud de beneficios que tu mano generosa nos ha dado.

Año Bíblico: Apocalipsis 7-9

NO HABRA MAS DOLOR

Enjugará Dios toda lágrima de los ojos de ellos; y ya no habrá muerte, ni habrá más llanto, ni clamor, ni dolor; porque las primeras cosas pasaron. Apocalipsis 21:4.

El fin del dolor parece una imposibilidad. Nos encontramos con él en todo lo que hacemos. Sea como dolor físico, sentimental o emocional. El dolor es una especie de sombra psíquica. Se agranda, se encoge, nos rodea; corre delante de nosotros, o perezosamente nos sigue por detrás. Cuando parece que se ha ido, retorna sin anuncio. Es un intruso a veces; otras, parece una presencia natural.

Y cuando duele el alma es mucho peor. Viene por nada; a veces, sólo una ofensa tenue, o un simple olvido, y nada más. Pero otras, viene como un rugido brusco, como un ciclón devastador: alguien que acaba una amistad de amores, un incendio inesperado, una muerte de alguien muy querido y muy cercano, un accidente, un sinsabor.

Mucha gente te pregunta a los gritos: ¿Por qué? Y tú lo has dicho muchas veces. Pero no queremos aceptarlo. Eso de que el dolor nació para este mundo en el Edén, con el pecado, para la mayoría de la gente es muy difícil de entender. La gente quiere explicaciones más directas. Quiere saber el porqué de su dolor personal. Espera que tú vengas a ellas, en persona, para decirles la razón de su propio sufrimiento. O, por lo menos, que se lo saques inmediatamente. Si es por causa de un problema, que se lo resuelvas. Si por una enfermedad, que la cures. Si por un muerto: ¿Por qué?

Y estos reclamos se extienden un poco más, casi ofensivamente, contra ti. Ocurre un accidente a un hijo muy querido, y la pregunta viene: "¿Por qué, Dios, tú me abandonas? ¿Por qué me has hecho esto? Y a mí, si yo hago todo lo que tú me pides". No, no es que él incomode a los mortales. No es él quien hace el daño del dolor y el sufrimiento. El mismo sufre a causa de nuestro dolor. El enemigo hace los daños que sufrimos, él mata, él causa los desastres y siembra las desgracias. Toda su obra mala. La comenzó con Eva y con Adán, dos víctimas llorosas del mal que él inventó. Tú, Padre, no quieres el dolor ni el sufrimiento.

Y en la tierra nueva no habrá más llanto, ni clamor, ni dolor. Al fin en paz y libres de todas las angustias. Será una realidad tan diferente, en cuanto al dolor, que olvidaremos lo anterior, como si no hubiera existido. Sólo pensar en ello debiera ser un incentivo suficiente para vivir más cerca de ti. La gente, en este mundo, cuando descubre a alguien que puede curarle sus dolencias, se apega a esa persona con una cierta forma de fidelidad que a veces impresiona. ¿Por qué no aproximarnos más a ti, sabiendo que tú nos sanarás de todos los dolores, para siempre? Parece lógico y muy conveniente. Con todo, como eso está reservado para el futuro, la gente no lo siente igual. Pero cuando estemos en tu reino, nuestra gratitud no acabará jamás, y te honraremos para siempre.

Año Bíblico: Apocalipsis 10-11

UN INCENTIVO DE ETERNIDAD

Porque esta leve tribulación momentánea produce en nosotros un cada vez más excelente y eterno peso de gloria; no mirando nosotros las cosas que se ven, sino las que no se ven; pues las cosas que se ven son temporales, pero las que no se ven son eternas. Porque sabemos que si nuestra morada terrestre, este tabernáculo, se deshiciere, tenemos de Dios un edificio, una casa no hecha de manos, eterna, en los cielos. 2 Corintios 4:17-5:1.

La vida es una leve tribulación. La eternidad que nos ofreces es un gozo ilimitado, interminable. Si lo pensáramos bien, aun a riesgo de no conseguirlo, sería mejor intentarlo. Después de todo en esta vida estamos arriesgando constantemente. Cuando hacemos un negocio, ni idea tenemos de su resultado final. Pero hacemos cálculos cuidadosos. La cantidad que vamos a invertir, los posibles imprevistos, las cantidades que planeamos conseguir, los esfuerzos que demanda la operación. Todo. Pero el riesgo no podemos eliminarlo. ¿Y si todo eso falla?

Yo tengo unos amigos que se embarcaron en un negocio de cebollas, más o menos grande. Calcularon los costos, hicieron los contactos con los compradores, calcularon la cosecha y la venta del producto. Todo estaba bien en el proyecto. Además, la demanda del producto era buena. Hicieron la plantación. Y claro, el peligro mayor en el trabajo agrícola se encuentra en la cosecha. ¿Producirá la siembra todo lo que pensamos o deseamos? Pero cuando llegó el tiempo, la cosecha era abundante. Y comenzaron a recoger las cebollas. Muchas. Qué bueno, el negocio va a resultar excelente. Pero fallaron los compradores. Simplemente, no compraron. Y todo el negocio se perdió. El riesgo se hizo realidad. Pero la gente sigue plantando cebollas, y sigue corriendo el riesgo del fracaso. Porque el riesgo no es razón para dejar de hacer las cosas e intentar sus beneficios.

Pero cuando se trata de las cosas que no se ven, nos parecen irreales; y por eso, no las procuramos. Olvidamos que hasta en nuestras propias personas existe una parte visible y otra no visible. Con todo no por eso despreciamos nuestro propio interior que nunca vemos. No por ser invisible deja de ser real. Muy por el contrario, lo invisible de nuestro cuerpo manda y controla nuestra parte visible. Y lo interior es más vital que lo exterior. Cuando las cosas que ahora no vemos, sean visibles, nos daremos cuenta que no sólo son visibles: también son eternas.

Así que, por eso es mediador de un nuevo pacto, para que interviniendo muerte... los llamados reciban la promesa de la herencia eterna (Heb. 9:15).

Y es la promesa y es el reino lo que tú, Padre, nos darás cuando lleguemos a vivir en tus moradas. Invisibles ahora, pero no para siempre. Abre, Padre, nuestros ojos, para que podamos ver el fin de tus promesas; y aceptándolas hoy, por la fe, podamos recibirlas en la realidad.

Año Bíblico: Apocalipsis 12-14

UN ANTICIPO DE LA HERENCIA

En él también vosotros, habiendo oído la palabra de verdad, el evangelio de vuestra salvación, y habiendo creído en él, fuisteis sellados con el Espíritu Santo de la promesa, que es las arras de nuestra herencia hasta la redención de la posesión adquirida, para alabanza de su gloria. Efesios 1:13-14.

La tierra nueva es nuestra herencia. Es tu posesión verdadera. Y por ser tú nuestro Padre, también nos haces herederos. Pero eso está aún en el futuro. Nadie puede recibir la herencia antes de tiempo, a menos que el padre le entregue una parte como anticipo, o la totalidad por adelantado. El hijo pródigo es un caso de herencia adelantada. Recibió la parte que le habría correspondido si su padre hubiese muerto.

También tú otorgas una parte de la herencia como anticipo: el Espíritu Santo. ¿En qué sentido es el Espíritu Santo un anticipo de la herencia? El, aparentemente, nada tiene que ver con la tierra nueva. Como planeta, nada. Como tierra renovada, mucho. El participará en la renovación de la tierra del mismo modo como participó en su creación.

Y el Espíritu de Dios se movía sobre la faz de las aguas (Gén. 1:2).

Pero esto no es todo. Más que por el hecho de su futura presencia en la renovación de la tierra, el Espíritu Santo es un anticipo de la tierra nueva porque él trae hasta nosotros, hoy, la experiencia real de tu presencia. La tierra nueva sin tu presencia, no sería lo mismo. Nunca prometiste una tierra donde no estuvieras tú. Por el contrario, lo grandioso de la tierra nueva está justamente en tu presencia real. Y lo que aquí sólo hemos vivido como experiencia espiritual, lo viviremos allí como una diaria realidad, viva y visible. Es cierto que hoy tú estás presente en mí también como plena realidad, pero es por medio del Espíritu Santo. Porque él es Dios, como tú eres Dios; al estar conmigo, la presencia de Dios es real en mí.

Esta realidad de Dios en mí, por medio del Espíritu Santo, me anticipa la realidad de vida que viviremos en la tierra nueva. Por eso es un anticipo de la tierra nueva. Y hay otro elemento en esta realidad. Es lo que soy, o llego a ser por su presencia. Sin el Espíritu yo soy un pecador que no podrá llegar jamás a ser un redimido de la tierra nueva. Ni siquiera tendría un mínimo deseo de estar allí. Pero cuando el Espíritu reside en mi vida y yo me dejo conducir por él, tengo el deseo de llegar a la tierra nueva y me transforma para que mi llegada allá sea posible. Por eso cuando el Espíritu me alcanza, hasta mi mente es renovada y yo comienzo a ver lo que antes no veía. Y aquello que parecía invisible, se me torna plenamente visible. Tu herencia y tu promesa de la tierra nueva es mucho más que una promesa tan sólo; se torna realidad, presente cada día en mi experiencia de vida aquí en la tierra, porque ya no vivo sin ti. Tú y yo vivimos juntos por medio del Espíritu.

Año Bíblico: Apocalipsis 15-17

EL GALARDON

Por la fe Moisés, hecho ya grande, rehusó llamarse hijo de la hija de Faraón, escogiendo antes ser maltratado con el pueblo de Dios, que gozar de los deleites temporales del pecado, teniendo por mayores riquezas el vituperio de Cristo que los tesoros de los egipcios; porque tenía puesta la mirada en el galardón. Hebreos 11:24-26.

Moisés, tu hijo, tu profeta, el líder que diste al pueblo de tu elección, parecía estar perdido en el paganismo idólatra de Egipto. Parecía desconocer tus planes para él en el futuro. Pero una cosa quedó clara en su mente convertida cuando entendió su propia identidad contigo y con tu pueblo. Descubrió tu galardón, la tierra prometida. ¿La tierra de Canaán? Sí, por supuesto, ese era el punto de toda su atención y de todo su interés en relación con el pueblo de Israel. Pero entendió también el galardón eterno que siempre has prometido. La tierra nueva, tu reino con la vida eterna.

Moisés entendió muy bien tu galardón cuando tuvo que escribir, bajo la inspiración que le enviaste por medio del Espíritu Santo, la historia de Abrahán. Estaba el patriarca meditando en tu poder y en la victoria que le habías dado sobre la coalición de reyes dirigida por Quedorlaomer, quien a su vez había vencido a los reyes de la llanura. Y le hablaste con promesas especiales, como ya lo habías hecho en varias ocasiones.

No temas, Abraham —le dijiste—; *yo soy tu escudo, y tu galardón será sobremanera grande* (Gén. 15:1).

Inmediatamente Abraham entendió que tú le hablabas de la herencia.

Señor Jehová —te respondió—, *¿qué me darás, siendo así que ando sin hijo, y el mayordomo de mi casa es ese damasceno Eliezer?... Mira que no me has dado prole, y he aquí que será mi heredero un esclavo nacido en mi casa* (Gén. 15:2-3). El galardón y la herencia eran la misma cosa. Todo lo que tenía Abrahán ya era mucho, pero él estaba pensando en la herencia tuya, que sólo podría recibir si poseía un hijo. Pero no lo tenía. La herencia la recibiría, en ese caso, Eliezer. Y así ya no sería suya. Y tú le prometiste un hijo y una herencia que sería verdaderamente suya, el galardón de la tierra prometida.

Y Moisés entendió que el galardón era también la tierra nueva y la esperó con todo su interés. Tan grande era su deseo que nada fue más fuerte: ni su madre la hija de Faraón, ni los tesoros egipcios, ni el reino más grande de la tierra. Sólo le atraía el galardón. La tierra que tú le prometiste: la tierra de Canaán y la nueva tierra, como patria verdadera.

Año Bíblico: Apocalipsis 18-19

UN REINO SIN DESTRUCCION

Y en los días de estos reyes el Dios del cielo levantará un reino que no será jamás destruido, ni será el reino dejado a otro pueblo; desmenuzará y consumirá a todos estos reinos, pero él permanecerá para siempre. Daniel 2:44.

Todos los reinos de la tierra fueron destruidos. Pero el tuyo *no será destruido jamás.* Cuando tú nos hablas de la tierra nueva, estás hablando de la historia divina, en contraste con la historia humana. Estas dos historias son de naturaleza distinta. El elemento central de la historia humana es el *cambio.* El de la historia divina, la *permanencia.*

Heráclito, un filósofo de la antigua Grecia, decía que la realidad es como un río. Está en flujo constante. El cambio se repite. Y en la historia cambia todo. Todos los reinos fueron destruidos. Algunos parecían indestructibles y duraron mucho tiempo. Entre estos está el Imperio Romano. Sus historiadores y el pueblo común hablaban de la eterna Roma. Pero nada humano es eterno. Y el cambio entró también en ella, destruyendo para siempre el único imperio que, según parecía, contaría el tiempo de su historia por milenios.

Más recientemente, tuvimos la Unión Soviética. Sólo duró unos setenta y cinco años, pero tenía la apariencia de la eternidad. Un escritor decía que, para destruirla, se necesitaría una guerra de cien años; y al final de ella, su enemigo no estaría vivo para celebrar la victoria. Se acabó como un suspiro. Raramente una generación consigue ver un cambio significativo de la historia. Su proceso demanda tanto tiempo que sólo vemos los cambios en los libros de historia. Pero el cambio de la Unión Soviética fue tan rápido que nuestra generación ha tenido tiempo por demás para verla pasar, sin mucha gloria.

¿Por qué destruyes tú los reinos de los hombres? Porque no siguen tus designios. Tú determinas una misión que ellos deben cumplir, pero no cumplen. Y los condenas.

¿Por haberos multiplicado más que las naciones que están alrededor de vosotros —dijiste al antiguo Israel—, *no habéis andado en mis mandamientos, ni habéis guardado mis leyes? Ni aun según las leyes de las naciones que están alrededor de vosotros habéis andado. Así, pues, ha dicho Jehová el Señor: He aquí yo estoy contra ti; sí, yo, y haré juicios en medio de ti ante los ojos de las naciones... y esparciré a todos los vientos todo lo que quedare de ti* (Eze. 5:7-8, 10).

Tu reino será eterno porque en la tierra nueva no habrá desobediencia. No entrará en ella ninguna cosa contaminada con el mal. Nada que te contradiga. Nada que te desobedezca. La historia de tu reino, siendo una historia divina, permanecerá para siempre; porque su gobierno está en tu propia mano; y tú, para siempre permaneces.

Año Bíblico: Apocalipsis 20-22

EL REINO DE NUESTRO SEÑOR

Los reinos del mundo han venido a ser de nuestro Señor y de su Cristo; y él reinará por los siglos de los siglos. Apocalipsis 11:15.

Estas palabras pertenecen a la séptima trompeta. Una profecía apocalíptica que revelaste a Juan para su libro de las revelaciones de Jesucristo, tu Hijo. En las siete trompetas le mostraste la conducta de las naciones, desde los tiempos de la primera venida de Cristo hasta su segunda venida. Es decir, hasta el comienzo de tu reino que no será destruido nunca. Prescribiste una misión a los gobiernos de las naciones: la administración del poder y los recursos para el bien de los pueblos. Con el poder les debían asegurar el orden y la libertad. Con los recursos de la tierra, los medios para atender las necesidades de la vida. Pero no cumplieron.

Como todo está contaminado de egoísmo, también las naciones fueron gobernadas con el mismo defecto. Y los gobernantes, en vez de atenderlas y protegerlas y cuidarlas, aprovechándose del poder y explotando los recursos naturales de la tierra sin repartir sus beneficios, han abusado de ellas. *Y se airaron las naciones, y tu ira ha venido, y el tiempo de juzgar a los muertos... y de destruir a los que destruyen la tierra* (Apoc. 11:18).

Como una medida para introducir el orden en el gobierno de la familia humana, en forma definitiva, tú retomas el poder que habías colocado en manos de los gobernantes del mundo; y sus reinos y gobiernos pasan a ser de nuestro Señor y de su Cristo. Tú eres nuestro Señor. Los gobernantes sólo tienen el poder como una parte de la mayordomía que tú les encomendaste. No les pertenece. Y de hecho, ellos lo tienen tan sólo por un tiempo, como claramente se ve en los gobiernos democráticos. Cuando terminan el período para el cual fueron elegidos, dejan el poder en manos de otro. Y el tiempo de su gobierno está llegando a su fin. Tendrán que devolverlo a su dueño real. Y al retomarlo, tú restablecerás tu reino directo, y reinarás por los siglos de los siglos.

Lo importante de tu reino, que ya está por ser establecido en su eterna duración, se encuentra en la alegría de las naciones que lo integran. Los veinticuatro ancianos que representan, simbólicamente, a todos los que serán gobernados por ti, declaran su alegría con un canto de alabanza.

Te damos gracias —dicen—, *Señor Dios Todopoderoso, el que eres y que eras y que has de venir, porque has tomado tu gran poder, y has reinado* (Apoc. 11:17).

Esta alegría que se expresa en un canto de gratitud, debe nacer en nuestro corazón desde ahora mismo. Es ahora cuando se determina si nosotros formaremos parte de ese reino. Es ahora cuando aceptamos la ciudadanía en él que tú nos quieres otorgar. Y por la acción del Espíritu Santo, anticipo de tu reino en nosotros, podemos vivir como ciudadanos de tu reino desde ahora mismo.

Año Bíblico: Repaso del Nuevo Testamento

ALABANZA PARA SIEMPRE

Al que está sentado en el trono, y al Cordero, sea la alabanza, la honra, la gloria y el poder, por los siglos de los siglos. Apocalipsis 5:13.

Precioso amanecer de California. He estado trabajando en la Universidad de Loma Linda esta última semana. Son las seis de la madrugada. Los pájaros comienzan su culto matinal y una alondra, con toda libertad, ensaya las variadas formas de su canto. Yo me siento muy bien. Estoy escribiendo la última meditación de este libro que me ha mantenido en una larga conversación contigo. Más de un año en este proceso que me ha hecho pensar de nuevo las verdades reveladas por ti para nuestra seguridad. No me canso de alabar la misericordia de tu gracia, al extenderte hacia nosotros por medio de la revelación y decirnos claramente lo que es la verdad de tantas cosas. Por esto, y mucho más, la alabanza y la honra y la gloria y el poder te pertenecen. Y yo me lleno de alegría al expresarlo esta mañana.

Según Juan, la alabanza del texto de hoy —dicha en el momento en que tú estabas en tu trono, recibiendo a tu Hijo como el Cordero digno de abrir el libro de los siete sellos— fue expresada por todo lo creado que está en el cielo, y sobre la tierra, y debajo de la tierra, y en el mar, y todas las cosas que en ellos hay (Apoc. 5:13). Y todo lo que respira alabe a Jehová, porque para siempre es su misericordia.

La visión de los capítulos cuatro y cinco de Apocalipsis ha producido un poco de discusión. Unos dicen que se refiere al momento cuando Cristo ascendió al cielo y fue recibido por ti, entronizándolo como reconocimiento del éxito en la misión que vino a cumplir sobre la tierra. Otros creen que habla del momento cuando tu Hijo cambia la función de sacerdote intercesor por la de sumo sacerdote expiador, sumando las funciones de los dos oficios en uno solo, que abarca la aplicación de sus méritos redentores y la defensa de los justos como abogado, en el juicio investigador.

Sea que se refiera a la inauguración de su ministerio en el santuario celestial, después de su ascensión, o al comienzo de su obra como sumo sacerdote, la escena, en ambas ocasiones, ocurre en el Lugar Santísimo del Santuario Celestial. Y la alabanza por la toma del poder y el establecimiento de tu reino, que es también el reino suyo, vuelve a repetirse cuando está concluyendo su ministerio en el Santuario y se halla listo para ejecutar tus planes de gobierno eterno, como vimos en la meditación de ayer. En ambas ocasiones se abre el cielo. En la primera es una puerta abierta que deja ver tu trono, o Lugar Santísimo; y en la segunda, tu templo fue abierto en el cielo y se veía el arca de tu pacto (Apoc. 4:1; 11:19). El trono y el arca del pacto son la misma cosa. Tu presencia está en los dos. El propiciatorio del arca fue siempre un símbolo de tu trono. Tu trono está visible, se aproxima tu reino, y nosotros lo esperamos.

Y al que está sentado en el trono, y al Cordero, sea la alabanza, la honra, la gloria y el poder, por los siglos de los siglos. Amén.

Año Bíblico: Vistazo general de toda la Biblia

INDICE DE REFERENCIAS BIBLICAS